Donations
Le guide pratique

Sylvie Dibos-Lacroux
Ex-avocate au barreau de Paris
Avec la collaboration de
Michèle Auteuil
Juriste et journaliste juridique

22e édition

2022

prat éditions

Tous les ouvrages sont disponibles sur :
www.prat-editions.fr

Direction éditoriale : Anne-Laure Marie
Édition : Elvane Sahin
Relecture-correction : Nawshaba Imambaccus
Composition : Marine de Percin
Crédits photo de couverture : © Sandor Kacso-Fotolia.com

206, boulevard de la République
92210 Saint-Cloud

ISBN : 978-2-8095-1694-4
ISSN : 1272-4955

Transmettre son patrimoine à ses enfants, à ses petits-enfants… Favoriser son conjoint, un enfant, un ami, une fondation… Vous voulez faire une donation mais vous n'en connaissez pas les règles ?

Pour vous aider à prévoir la transmission de vos biens en toute tranquillité, ce guide pratique répond à toutes les questions que vous vous posez sur les donations :

- Quels sont les différents modes de donations existants ?
- Quelles sont les démarches pour réaliser une donation ?
- À qui pouvez-vous donner ?
- Combien pouvez-vous transmettre ?
- Quels sont les avantages fiscaux d'une donation ?
- Combien coûte une donation ?

Au moment où vous vous préparez à léguer une partie de vos biens, vous vous interrogez sur vos droits de donateurs :

- Si le bénéficiaire de la donation décède avant vous, pouvez-vous récupérer votre bien ?
- Est-il possible de favoriser un de vos enfants ?
- Pouvez-vous poser des conditions lors de la donation comme le maintien dans la sphère familiale ?
- Pouvez-vous transmettre votre entreprise dans le cadre d'une donation ?
- Est-il indispensable de rédiger un testament pour que vos volontés soient respectées ?

Pour faciliter vos démarches, cet ouvrage vous explique les règles du droit, les coûts, les bénéficiaires légaux et ce qui se passe au décès du donateur. Enrichi de modèles de lettres et d'un lexique, ce guide vous permettra d'organiser au mieux la transmission de vos biens à vos proches.

Anne-Laure Marie
Directrice Prat Éditions

LISTE DES ABRÉVIATIONS

Art.	:	Article
Bull. civ.	:	Bulletin civil de la Cour de cassation
CA	:	Cour d'appel
CASF	:	Code de l'action sociale et des familles
C. assur.	:	Code des assurances
C. cass., civ. 1re	:	Première chambre civile de la Cour de cassation
C. cass., com.	:	Chambre commerciale de la Cour de cassation
C. civ.	:	Code civil
C. com.	:	Code de commerce
CE	:	Conseil d'État
CEDH	:	Cour européenne des droits de l'homme
CGCT	:	Code général des collectivités territoriales
CGI	:	Code général des impôts
C. gal prop. pers. pub.	:	Code général de la propriété des personnes publiques
CMF	:	Code monétaire et financier
CPC	:	Code de procédure civile
D.	:	Dalloz
Gaz. Pal.	:	Gazette du Palais
Instr. min.	:	Instruction ministérielle
JCL	:	Juris-classeur Édition
JO	:	Journal officiel
JOAN	:	Journal officiel de l'Assemblée nationale
LPF	:	Livre des procédures fiscales
Rép. min.	:	Réponse ministérielle
TGI*	:	Tribunal de grande instance

* Depuis le 1er janvier 2020, le tribunal d'instance a fusionné avec le tribunal de grande instance au sein du tribunal judiciaire.

Table des matières

■ QUELLES SONT LES RÈGLES GÉNÉRALES ? 1

Quel est l'ordre successoral légal ?..**2**

Les héritiers légaux..2

L'attribution de la succession en l'absence de conjoint survivant............3

L'attribution de la succession en présence du conjoint survivant 9

Les personnes déclarées indignes de succéder 15

Le droit à la succession dans le couple...17

Quelles sont les limites à la liberté de donner ?.....................................**18**

La protection du donateur mineur ou majeur protégé 18

La protection des héritiers réservataires 24

La protection du mariage..25

La protection des créanciers du donateur en cas de fraude..................25

Les droits du bénéficiaire de la libéralité 26

En quoi consistent les pactes de famille ?..**28**

La renonciation à l'action en réduction..28

La renonciation à l'action en retranchement...30

■ QUE POUVEZ-VOUS DONNER ? 31

Comment donner en conservant l'usage du bien ?.................................**32**

La donation avec réserve d'usufruit..32

La donation avec réserve du droit d'usage et d'habitation 37

Peut-on imposer des conditions ?..**40**

La donation avec clause de retour 40

La donation ou le legs avec clause d'inaliénabilité 46

La donation ou le legs avec charges ou conditions 52

La donation ou le legs graduel 58

La donation ou le legs résiduel..61

La double libéralité de l'usufruit et de la nue-propriété.........................63

Comment donner un capital d'assurance-vie ? 64
Les différents types de contrat 64
Le contrat 66
Le bénéficiaire 66
L'usufruit et la nue-propriété du capital attribués à deux bénéficiaires 72
Les règles fiscales 72
Le recours des héritiers 78
Comment donner les parts d'un immeuble ? 81
La transmission de parts de SCI 81
La transmission de parts d'indivision 83
La tontine : une formule obsolète et risquée 84

COMMENT POUVEZ-VOUS DONNER ? 85
Comment faire une donation ? 86
La donation notariée 86
Le don manuel 89
La donation déguisée 97
La donation indirecte 98
Comment faire un testament ? 101
Les différents testaments 101
Les différents legs 108
L'exécuteur testamentaire 110
Le mandataire successoral 111
Comment annuler la libéralité ? 115
La révocation des testaments 115
L'annulation du testament après le décès du testateur 117
La révocation des donations 122
La donation-partage, une transmission équitable ? 128
Comment faire une donation-partage ? 128
Qui peut faire une donation-partage ? 129
Que peut-on donner ? 131
Peut-on faire annuler une donation-partage ? 136
Peut-on vendre les biens donnés ? 137
Comment faire la donation-partage d'une entreprise ? 139
Les règles 139
Les modalités de la transmission 140
Les droits de mutation 141
Comment faire un testament-partage ? 143
Les bénéficiaires 143
La rédaction du testament-partage 143
Les effets du testament-partage 143
L'action en réduction 144

Comment faire une donation au dernier vivant ? 146
Pourquoi faire une donation au dernier vivant ? 146
En quoi cela consiste ? 146

À QUI POUVEZ-VOUS DONNER ? 147

Quelles démarches pour donner à ses enfants ? 148
L'enfant non encore né 148
L'enfant mineur 148
L'enfant marié 149
L'enfant adopté 149
L'enfant de son conjoint 150
L'enfant adultérin 151
Aider un enfant sans l'avantager 151
Avantager un enfant par rapport à ses frères et sœurs 152
La donation pour établir un enfant 152
Léguer un bien spécifique à un enfant 153
Les donations-partages 153
Les droits de mutation 154

Quelles démarches pour donner à ses petits-enfants ? 158
Les moyens de favoriser ses petits-enfants 158
Les droits de mutation 159

Quelles démarches pour donner à son époux ? 164
La situation du conjoint survivant (dispositions légales) 164
Les donations ou testaments en faveur du conjoint 171
Le choix du régime matrimonial 184
Les recours des enfants contre les libéralités faites entre époux 195
Les droits de mutation 199

Quelles démarches pour donner à son partenaire pacsé ou à son concubin ? 201
Donations ou testaments 201
Les droits de mutation 204

Quelles démarches pour donner à des membres de sa famille ? 208
Les parents et les grands-parents 208
Les frères et sœurs, neveux et nièces 209
Les autres membres de la famille 211

Quelles démarches pour donner à une personne non parente ? 213
Donation ou testament 213
Les personnes interdites 214
Les droits de mutation 217

Quelles démarches pour donner ou léguer à une personne morale ?... 218
Les personnes morales de droit public ... 218
Les personnes morales de droit privé ... 219
Les réclamations des familles ... 222
Les droits de mutation ... 223

COMBIEN COÛTE UNE DONATION OU UN TESTAMENT ? ... 225
Quels sont les frais de notaire ? ... 226
La fixation des tarifs ... 226
Les honoraires ... 226
Les émoluments ... 227
Les frais fiscaux ... 229
Le coût d'un testament ... 230
Le coût d'une donation ... 231
Comment sont calculés les droits de mutation ? ... 235
L'évaluation des biens ... 235
Les abattements ... 245
Les exonérations ... 250
Les réductions ... 257
La transmission d'entreprise ... 257
Le paiement des droits de mutation ... 262
Le contrôle fiscal des déclarations ... 270
Les dettes de l'actif successoral ... 270
Rectification fiscale (procédure) ... 270
Rectification fiscale (prescription) ... 272
Le contrôle fiscal sur demande ... 272
Les tarifs des droits de mutation ... 273

QUE SE PASSE-T-IL AU DÉCÈS DU DONATEUR OU DU TESTATEUR ?... 275
Quelles sont les formalités ? ... 276
Les comptes bancaires du défunt ... 276
L'acte de notoriété ... 277
La déclaration de succession ... 278
Que doit-elle préciser ? ... 278
Les délais ... 278
Les personnes tenues d'effectuer la déclaration ... 279
Dispense de déclaration ... 280
Sanctions en cas de dépassement des délais ... 280
Le cas particulier des immeubles sans titre de propriété ... 281
Les déclarations de successions en Corse ... 282
L'enregistrement du testament ... 283
La recherche d'un testament ... 284

L'attribution des legs aux légataires.....284
Les dettes de la succession.....289
Les aides sociales récupérables sur la succession.....291
Le remboursement des allocations de solidarité aux personnes âgées.....295
Les aides non récupérables.....296

Comment comprendre la réserve et la quotité disponible ?.....297
La notion de réserve et de quotité disponible.....297
Les héritiers réservataires.....298
Les autres héritiers (frères et sœurs, neveux, cousins...).....302
Tableau récapitulatif.....302

Qu'est-ce que la réduction des donations ?.....303
Le principe de la réduction.....303
L'ordre de la réduction.....303
L'action en réduction.....305
Le calcul de la réduction.....306
La réduction en nature ou en valeur.....308
La réduction des donations-partages.....311

Qu'est-ce que le rapport des donations ?.....314
Les biens concernés.....314
Les personnes concernées.....314
Les donations rapportables.....316
Les legs rapportables.....321
Les donations dispensées de rapport.....321
Le calcul du rapport.....328

MODÈLES DE LETTRES ET DE DOCUMENTS.....333
Informer les héritiers que le conjoint reste dans le logement familial.....335
Donner mandat à un héritier de souscrire la déclaration de succession au nom de tous.....336
Relancer un assureur qui tarde à régler les capitaux décès ou la rente souscrite par un proche décédé.....337
Informer les cohéritiers du souhait de sortir de l'indivision.....338
Saisir l'AGIRA après le décès pour savoir si une assurance-vie a été souscrite.....339
Contacter l'huissier de justice afin qu'il demande à un héritier de prendre parti sur l'héritage.....340
Demander à un cohéritier le versement d'une indemnité d'occupation pour un logement en indivision.....341

LEXIQUE.....343

INDEX.....347

Quelles sont les règles générales ?

➤ Le Code civil organise l'attribution et la répartition des biens d'un défunt lorsque celui-ci n'a pas, de son vivant, organisé lui-même sa succession.

➤ Le Code civil prévoit aussi un certain nombre de règles encadrant les transmissions de biens par testaments ou donations, règles destinées pour la plupart à protéger la famille ou les personnes les plus fragiles.

➤ Parallèlement, les pactes de famille permettent d'élargir la liberté de disposer de ses biens.

Quel est l'ordre successoral légal ?

Lorsque le défunt n'a pas disposé de ses biens de son vivant (par des donations ou des legs), la loi organise la dévolution (c'est-à-dire l'attribution et la répartition) des biens entre ses héritiers selon l'ordre successoral légal prévu par le Code civil.

Les héritiers légaux

Les personnes de la famille sont classées en « ordre » par le Code civil. À l'intérieur de chaque ordre, les héritiers héritent selon leurs degrés.

› Quatre ordres d'héritiers

L'article 734 du Code civil prévoit quatre ordres d'héritiers :
- les enfants et leurs descendants ;
- les père et mère et les frères et sœurs et leurs descendants ;
- les grands-parents et arrière-grands-parents ;
- les cousins, oncles, etc., autres que les frères et sœurs et leurs descendants.

Si l'un des ordres est appelé à la succession, il élimine les ordres suivants :
- s'il y a des enfants (1er ordre), ils éliminent les parents et les frères et sœurs (2e ordre) ;
- s'il y a des parents (2e ordre), ils éliminent les grands-parents (3e ordre) (C. civ., art. 734).

La présence d'un seul héritier dans un ordre prime sur les héritiers des ordres suivants et les exclut totalement. Ainsi, si la personne décédée laisse un seul enfant (1er ordre), celui-ci héritera de la totalité de la succession, et les autres parents n'auront droit à rien.

Le conjoint survivant fait bien partie des héritiers légaux mais, pour des raisons historiques, il n'est pas classé dans un ordre : en effet, lorsque les ordres ont été créés en 1804, il n'était pas un successible.

› Les degrés

À l'intérieur d'un ordre, chaque degré correspond à une génération. L'héritier le plus proche en degré du défunt exclut tous les autres héritiers dans un même ordre.

Dans l'ordre des descendants, l'enfant est au premier degré par rapport au père ou à la mère, le petit-fils au deuxième degré. La présence de l'enfant empêche le petit-fils d'hériter.

Dans l'ordre des ascendants, le père est au premier degré par rapport à son enfant, le grand-père paternel au deuxième degré. La présence du père empêche le grand-père d'hériter.

› La ligne

La suite des degrés forme la ligne. La ligne directe est la suite des degrés entre personnes qui descendent l'une de l'autre (grands-parents, parents, enfants, petits-enfants...).
La ligne collatérale est la suite des degrés entre personnes qui ne descendent pas les unes des autres mais qui descendent d'un auteur commun (frères, sœurs, oncles, tantes, neveux, nièces, cousins...).

> **Cas pratique**
> Deux cousins germains sont sur la ligne collatérale. Ils descendent tous deux d'un même grand-parent.

› La fente

La fente correspond à la séparation entre la branche maternelle et la branche paternelle du défunt. La fente s'applique à tous les ordres, sauf bien entendu aux enfants et au conjoint survivant.
Quand il n'y a pas d'enfant (ni de petits-enfants), la succession est répartie entre les héritiers issus de la branche maternelle et ceux issus de la branche paternelle.
La moitié dévolue à chaque branche sera attribuée à l'héritier le plus proche par l'ordre et par les degrés du défunt.

> **Cas pratique**
> Si le défunt a encore ses deux parents et ne laisse pas de conjoint, la succession est divisée en deux : la moitié pour le père (branche paternelle) et la moitié pour la mère (branche maternelle).
> Le grand-père paternel est exclu de la succession par le père qui est à un degré plus proche du défunt.

Les enfants sont les premiers appelés à la succession. Ils excluent tous les autres héritiers.
S'il n'y a pas d'enfants, les biens peuvent alors être répartis entre les parents et les frères et sœurs. Les autres personnes de la famille (cousins, oncles...) n'héritent qu'à défaut d'héritiers plus proches.
En outre, la présence ou non du conjoint survivant va modifier les règles d'attribution successorale. Il faut en effet distinguer deux situations possibles : la dévolution de la succession en l'absence de conjoint survivant et la dévolution de la succession en présence du conjoint survivant.
La loi sur le mariage entre personnes de même sexe ne modifie pas l'ordre des successions.

L'attribution de la succession en l'absence de conjoint survivant

› Les enfants

Les enfants excluent tous les autres héritiers (sauf la part attribuée au conjoint survivant ; voir *L'attribution de la succession en présence du conjoint survi-*

vant, p. 9). S'il n'y a ni testament ni conjoint survivant, les enfants se répartissent la totalité de la succession à parts égales.
Ils viennent à égalité dans la succession de leur père ou de leur mère, qu'ils soient nés de mariages différents, de parents non mariés ou qu'ils soient adoptés.
Il faut que leur filiation soit légalement établie (notamment par la reconnaissance si les parents ne sont pas mariés).
L'enfant adopté de façon plénière a les mêmes droits que les autres enfants dans la succession de son père et de sa mère adoptifs. L'adoption plénière coupe tous les liens entre l'enfant et sa famille biologique. Il n'hérite que de ses parents adoptifs.
L'enfant adopté de façon simple hérite non seulement de son père et de sa mère adoptifs mais aussi de son père et de sa mère biologiques. L'adoption simple ne supprime pas les liens de l'enfant avec sa famille biologique. L'enfant adopté simple peut donc hériter de quatre parents : de ses parents biologiques (à condition qu'il ait été reconnu par eux ou qu'il soit né pendant leur mariage) et de ses parents adoptifs.

Cas pratique

Monsieur X s'est marié trois fois. De son premier mariage, il a eu deux enfants. De son deuxième mariage, il a eu trois enfants et a adopté un enfant pendant son troisième mariage. Sa dernière épouse est décédée avant lui. Sa succession sera partagée à parts égales entre ses six enfants.

L'adopté simple n'est toutefois pas totalement assimilé aux autres enfants :
- dans certains cas, il peut être taxé, au titre des droits de succession, comme un non-parent, au tarif maximum de 60 % (voir *Quelles démarches pour donner à ses enfants ?*, p. 148) ;
- il peut être déshérité par ses grands-parents adoptifs car il n'est pas réservataire pour leur succession ;
- s'il décède sans enfant, les biens donnés par l'adoptant ou recueillis dans sa succession retournent à l'adoptant ou à ses descendants. De même, les biens donnés par ses parents biologiques ou hérités d'eux retournent à ces derniers ou à leurs descendants.
Les autres biens de l'adopté décédé sont divisés par moitié entre la famille biologique et la famille adoptive en respectant toutefois les droits du conjoint si l'adopté était marié au moment de son décès (C. civ., art. 368-1).

› Les petits-enfants

Les petits-enfants font partie du groupe des descendants, mais viennent après les enfants. Ils n'héritent pas de leurs grands-parents si les enfants sont encore vivants.
Toutefois, quand un enfant est décédé avant son père ou sa mère, sa part dans la succession de ces derniers est attribuée à ses propres enfants. On dit que les petits-enfants viennent en représentation de leur père ou mère dans la succession de leurs grands-parents (C. civ., art. 751 et s.).

Cas pratique

Albert a eu trois enfants : Édouard, Hélène et Raymond.

Édouard a eu lui-même deux enfants : Lucien et Alix. Il décède avant son père.

À la mort d'Albert, sa succession sera divisée en trois parts (trois « souches ») : 1/3 pour Hélène, 1/3 pour Raymond et 1/3 pour Lucien et Alix (soit 1/6 chacun). Lucien et Alix viennent en représentation de leur père Édouard.

La représentation a lieu à l'infini. Un arrière-petit-fils peut hériter de son arrière-grand-père si le petit-fils et le fils sont décédés avant l'arrière-grand-père.
La représentation s'applique si l'héritier est décédé, s'il a été déclaré indigne de succéder et s'il a renoncé à la succession de son parent (C. civ., art. 754).
Les enfants peuvent donc désormais renoncer à la succession de leur père ou mère pour en faire bénéficier leurs enfants (les petits-enfants du défunt).
La représentation a lieu aussi si tous les enfants sont décédés avant leur parent. Les petits-enfants réservataires recueillent tous les biens de la succession de leur grand-parent.

› Les parents (père et mère)

Le père et la mère du défunt ne sont appelés à la succession que s'il n'y a pas d'enfants. Ils recueillent toute la succession si le défunt n'a ni frères ni sœurs ; ils partagent les biens avec ces derniers dans le cas contraire.
En l'absence de frères et sœurs, si les deux parents sont encore vivants, la moitié de la succession est attribuée à la mère, l'autre moitié au père.
Si l'un des parents est décédé et en l'absence de grands-parents, l'autre parent recueille la totalité de la succession.
Quand il y a des frères et sœurs, la moitié de la succession est attribuée aux frères et sœurs et l'autre moitié aux parents (soit 1/4 chacun et l'autre moitié pour les frères et sœurs).
Si seul le père (ou seule la mère) est vivant, il (ou elle) recueille 1/4 de la succession et les frères et sœurs du défunt se partagent les 3/4 de la succession.
La répartition est différente en présence du conjoint survivant (voir *L'attribution de la succession en présence du conjoint survivant*, p. 9).

› Les frères et sœurs

Les frères et sœurs ou leurs enfants (s'ils sont décédés) recueillent toute la succession du défunt si ce dernier n'a lui-même pas d'enfants ni descendants, pas de conjoint et lorsque le père et la mère sont eux-mêmes décédés (C. civ., art. 737).
Si le défunt ne laisse ni enfants, ni descendants, ni conjoint survivant, mais que son père et sa mère sont encore vivants, les frères et sœurs partagent la succession avec ces derniers (1/4 pour le père, 1/4 pour la mère et la moitié pour les frères et sœurs).
Si l'un des parents est décédé, les frères et sœurs recueillent les 3/4 de la succession.
La loi n° 2001-1135 du 3 décembre 2001 a modifié les droits des frères et sœurs lorsque le défunt n'a pas, de son vivant, rédigé de testament ou organisé sa succession (succession *ab intestat*).

Avant la loi, ils étaient exclus par les enfants ou descendants mais partageaient la succession avec le père et la mère du défunt et recueillaient la quasi-totalité de la succession lorsque le défunt n'avait ni descendants, ni ascendants.
Les frères et sœurs sont désormais primés par le conjoint (voir *L'attribution de la succession en présence du conjoint survivant,* p. 9).
Par ailleurs, la loi du 3 décembre 2001 a supprimé les distinctions entre les collatéraux consanguins, utérins ou germains. Désormais, les biens sont répartis de façon égalitaire entre eux.

› Les neveux et nièces

Les neveux et nièces (qui sont au troisième degré par rapport au défunt) n'héritent pas de leur oncle (ou tante) si ce dernier laisse des frères ou sœurs (qui sont au deuxième degré).
Mais, comme les petits-enfants (qui peuvent représenter les enfants), la représentation profite également aux neveux et nièces du défunt.
Les neveux et nièces du défunt peuvent hériter de leur oncle ou tante par représentation lorsque leur parent qui était un frère ou une sœur du défunt est décédé avant ce dernier.
Ils représentent leur parent et se partagent entre eux la part qui lui aurait été dévolue s'il avait été vivant.
Ils héritent également par représentation quand tous les frères et sœurs du défunt sont déjà décédés lors de l'ouverture de la succession.
Ils se partagent la part de succession qui aurait dû être attribuée à leur parent prédécédé.

Cas pratique

Paulin, célibataire et sans enfants, a deux sœurs, Yvette et Tatiana. Yvette, décédée, a eu deux enfants et Tatiana trois enfants. Lorsque Paulin décède, sa succession est divisée en deux parts égales : 1/2 pour Tatiana et 1/2 pour les deux enfants d'Yvette (soit 1/4 chacun). Les enfants de Tatiana n'héritent pas de leur oncle.

Comme les enfants et descendants, ils peuvent représenter leur parent si celui-ci a été déclaré indigne de succéder ou a renoncé à la succession de son frère ou de sa sœur (possibilité apportée par la loi n° 2006-728 du 23 juin 2006 et applicable aux successions ouvertes depuis le 1er janvier 2007 ; C. civ., art. 754 ; voir *Les personnes déclarées indignes de succéder,* p. 15).

› Les ascendants

Les ascendants comprennent les parents, les grands-parents et arrière-grands-parents.
Les ascendants, autres que les parents, ne sont appelés à la succession que dans l'hypothèse où le défunt ne laisse ni enfants, ni frères et sœurs, ni conjoint.
Si les deux parents du défunt sont encore vivants, ils excluent les autres ascendants.
Si seul le père du défunt est encore vivant, la succession est attribuée pour moitié au père et pour moitié aux grands-parents maternels.

Si seule la mère du défunt est encore vivante, la succession est attribuée pour moitié à la mère et pour moitié aux grands-parents paternels (C. civ., art. 738-1).
Lorsque la succession est dévolue à des ascendants, elle se divise par moitié entre ceux de la branche paternelle et ceux de la branche maternelle.
Dans chaque branche succède, à l'exclusion de tout autre, l'ascendant qui se trouve au degré le plus proche.
Les ascendants au même degré (exemple, grand-père et grand-mère paternels) succèdent par tête. Ils se partagent la part attribuée à leur branche.
À défaut d'ascendant dans une branche, les ascendants de l'autre branche recueillent toute la succession (C. civ., art. 747 et s.).

À NOTER

Pas de représentation en faveur des ascendants La représentation n'a pas lieu en faveur des ascendants. Le plus proche exclut toujours le plus éloigné. Un grand-père ne peut pas représenter son fils dans la succession de son petit-fils (C. civ., art. 752-1).

› Les autres collatéraux (cousins, grands-oncles, etc.)

Ils ne peuvent hériter du défunt que s'il n'y a ni descendants, ni ascendants, ni conjoint survivant, ni frères et sœurs ou leurs descendants (C. civ., art. 740).
Dans cette hypothèse, le principe de la fente s'applique.
La fente successorale est la division entre la branche maternelle et la branche paternelle du défunt. Cette division a pour but de répartir une succession de façon équitable entre les deux familles d'un défunt quand il n'y a comme héritiers que des collatéraux, autres que les frères et sœurs ou descendants de ces derniers (neveux ou nièces) (C. civ., art. 749).

Cas pratique

Le défunt ne laisse comme héritiers que des cousins. Sa succession sera divisée en deux parts égales : une pour les cousins de la branche paternelle, l'autre pour les cousins de la branche maternelle. À l'intérieur de chaque branche, c'est le cousin le plus proche du défunt qui recueille la part attribuée à sa branche. S'ils sont au même degré, ils se partagent cette part.
S'il ne figure plus personne dans l'une des deux branches, c'est l'autre branche qui recueille la totalité de la succession.

Ces règles s'appliquent en principe pour les collatéraux jusqu'au sixième degré (C. civ., art. 745).
Les parents collatéraux, autres que les frères et sœurs et les descendants de ces derniers, n'héritent pas au-delà du sixième degré.
En ligne collatérale, les degrés se calculent par générations, d'une personne à l'autre en passant par l'auteur commun. Il faut compter les générations en partant du défunt, en remontant à l'auteur commun puis en redescendant jusqu'à l'héritier.

Cas pratique

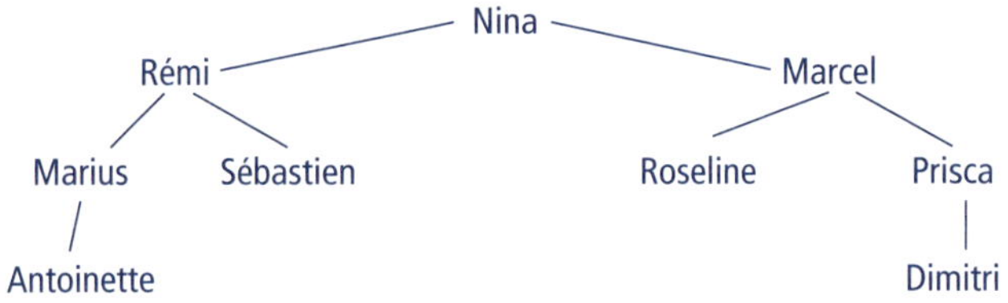

L'auteur commun étant Nina,
Rémi et Marcel sont au 2e degré, l'un par rapport à l'autre,
Marius et Marcel (ou Roseline et Rémi) sont au 3e degré,
Marius et Sébastien par rapport à Roseline et Prisca sont au 4e degré,
Dimitri est au 6e degré par rapport à Antoinette.

› Les ordres et degrés de parenté au sein d'une succession

	1er ordre	2e ordre	3e ordre	4e ordre
1er degré	Enfants	Père, mère		
2e degré	Petits-enfants	Frères, sœurs	Grands-parents	
3e degré	Arrière-petits-enfants	Neveux, nièces	Arrière-grands-parents	Oncles, tantes
4e degré		Petits-neveux, petites-nièces		Cousin(e)s germain(e)s, grands oncles, grandes tantes
5e degré		Arrière-petits-neveux, arrière-petites-nièces		Petit(e)s cousin(e)s

Les enfants (1er ordre, 1er degré) héritent ; à défaut, les petits-enfants (1er ordre, 2e degré) et ainsi de suite.

› L'État

Si, dans une succession, ne sont présents que des collatéraux (autres que les frères et sœurs et les descendants de ces derniers) au-delà du sixième degré, les biens sont attribués en principe à l'État (C. civ., art. 745).
Cette règle s'applique bien entendu lorsque le défunt n'a rédigé aucun testament. La loi du 3 décembre 2001 a supprimé la disposition qui voulait que les collatéraux jusqu'au 12e degré puissent hériter si le défunt était dans l'incapacité de rédiger un testament (enfant de moins de 16 ans ou incapable majeur).

Les droits des collatéraux cessent au 6e degré, quelle que soit la capacité du défunt.
Une succession abandonnée ou une succession où il n'y a aucun héritier ni légataire est une succession en « déshérence ». L'État peut réclamer une succession en déshérence en demandant l'envoi en possession au tribunal (C. civ., art. 811). L'autorité chargée du domaine fait procéder à l'inventaire des biens. La déshérence de la succession prend fin en cas d'acceptation de la succession par un héritier.
Une succession vacante est une succession pour laquelle aucun héritier ne s'est présenté, que ces héritiers soient inconnus ou qu'ils y aient tous renoncé, y compris l'État. Une succession est également vacante lorsque, après l'expiration d'un délai de 6 mois depuis l'ouverture de la succession, les héritiers connus n'ont pas opté (accepté ou renoncé à la succession), de manière tacite ou expresse (C. civ., art. 809).
Il s'agit souvent d'une succession déficitaire.
En cas de succession vacante ou lorsqu'il n'y a pas d'héritiers, le tribunal nomme un curateur chargé de faire l'inventaire des biens, de les vendre, de régler les créanciers. La curatelle est confiée au service des domaines.

L'attribution de la succession en présence du conjoint survivant

La situation du conjoint lors du décès de son époux(se), en l'absence de donations ou de testaments en sa faveur, a été profondément modifiée par la loi n° 2001-1135 du 3 décembre 2001 (applicable depuis le 1er juillet 2002).
Le conjoint survivant est désormais classé parmi les héritiers et voit la part qui lui est attribuée largement plus importante que celle prévue avant la réforme (il est vrai que cette dernière était dérisoire puisqu'elle était limitée, en présence d'enfants, à un quart de la succession en usufruit).
Il devient par ailleurs héritier réservataire en l'absence d'enfants.
L'importance de la part de succession qui lui sera attribuée dépend donc des autres héritiers en présence.
Est conjoint successible (héritier), le conjoint marié non divorcé. Le conjoint séparé de corps ou en instance de divorce reste conjoint successible. Le concubin, pacsé ou non, n'est pas héritier.

› En présence des enfants communs (ou des petits-enfants)

La solution est différente selon que les enfants du défunt sont issus des deux époux (le défunt et son conjoint successible) ou sont issus d'un autre mariage ou d'une autre union du défunt (C. civ., art. 757).
Si les enfants sont issus du même couple, le conjoint a droit, à son choix, à :
- l'usufruit de la totalité des biens existants ;
- ou la pleine propriété du quart des biens.

Il n'y a pas de formalisme imposé pour l'option du conjoint entre la pleine propriété et l'usufruit. Cette option se prouve par tous moyens (par exemple, le fait d'encaisser les loyers des biens de la succession peut faire présumer que le conjoint a opté pour l'usufruit).
Avant d'avoir opté, le conjoint ne peut disposer des biens (les vendre).
Les héritiers peuvent cependant forcer le conjoint à choisir entre les deux options. Ils doivent lui demander, par lettre recommandée avec avis de réception, de prendre parti. S'il ne le fait pas dans le délai de 3 mois, il sera réputé avoir opté pour l'usufruit.
Par ailleurs, le conjoint est réputé avoir opté pour l'usufruit s'il décède sans avoir pris parti (C. civ., art. 758-1 à 758-4 ; CPC, art. 1341).

NOTRE CONSEIL

Fiscalement, le choix du conjoint est neutre, il est, dans tous les cas, exonéré de droits de succession. Mais du point de vue pratique, le conjoint a intérêt, quand cela est possible, à opter pour l'usufruit de la totalité de l'héritage.
Il pourra ainsi conserver son cadre de vie en continuant à utiliser les biens mobiliers et immobiliers composant la succession.

› En présence d'enfants du défunt nés d'une autre union

S'il y a des enfants issus d'une autre union du défunt (précédent mariage ou enfants naturels), le conjoint successible a droit à la pleine propriété du quart de la succession (sans possibilité d'opter pour l'usufruit).

› En présence du père et de la mère du défunt (mais en l'absence d'enfants)

Les droits successoraux des parents

Le conjoint survivant recueille la moitié des biens. L'autre moitié est dévolue pour un quart au père et pour un quart à la mère.
Si l'un des parents est décédé, sa part (1/4) est attribuée au conjoint survivant (C. civ., art. 757-1).

Le droit de retour des parents

Parallèlement à leurs droits successoraux, les parents bénéficient d'un droit de retour des biens familiaux.
Le droit de retour accordé aux parents est la possibilité de récupérer une partie des biens qu'ils avaient donnés à leur enfant décédé à condition que ce dernier n'ait pas eu d'enfant (1/4 pour le père et 1/4 pour la mère).
La valeur de ces biens s'impute en priorité sur leurs droits successoraux. Ils ne peuvent cumuler leurs parts héréditaires et les biens qui font l'objet du droit de retour.

Lorsque le droit de retour ne peut s'exercer en nature, il s'exécute en valeur, dans la limite de l'actif successoral (C. civ., art. 738-2).

› En présence des frères et sœurs (mais en l'absence d'enfants et des parents)

L'exclusion des frères et sœurs

Depuis le 1er juillet 2002, les frères et sœurs sont exclus de la succession non seulement par les enfants ou descendants du défunt, mais aussi par le conjoint survivant.
Désormais, le conjoint exclut les frères et sœurs et recueille la totalité de la succession lorsqu'il est en concurrence avec ces derniers.

Le droit de retour des frères et sœurs

Lorsqu'ils sont ainsi exclus de la succession, ils peuvent néanmoins revendiquer certains biens de la succession en exerçant leur droit de retour (C. civ., art. 757-3).
Ce droit de retour leur permet de récupérer des biens provenant de leurs parents et qui avaient été transmis au défunt par succession ou par donation. Ces biens peuvent être des biens immobiliers (terrain, maison, appartement) ou mobiliers (meubles, objets de famille, titres...).
Plusieurs conditions doivent être réunies :
- les biens doivent provenir des parents communs au défunt et à ses frères et sœurs ;
- les biens doivent exister encore en nature dans la succession (et ne doivent pas avoir été vendus ni donnés par le défunt).
Le droit de retour ne s'exerce que sur la moitié de ces biens.

Cas pratique

Un père a trois fils. Il fait donation à son fils aîné d'un terrain. Ce fils, marié sans enfant, décède. Ses parents sont également décédés.
Le conjoint survivant recueille toute la succession du fils sauf le terrain qui est attribué pour moitié aux deux frères du défunt.
Si le défunt avait eu des frères issus du premier mariage de sa mère, cette règle ne serait pas applicable.

Le droit de retour des frères et sœurs quand le défunt ne laisse ni descendants, ni son père, ni sa mère, est un droit légal que le défunt ne peut écarter par testament.
Ce droit de retour s'appliquera même si un testament prévoit un legs universel en faveur du conjoint (rép. min. n° 85443, JOAN, 11.7.2006, p. 7371).
Fiscalement, les frères et sœurs qui recueillent ces biens sont considérés comme des héritiers de leur frère ou sœur décédé et ils sont imposés au tarif applicable à cette catégorie d'héritiers.

À NOTER

Le droit de retour d'une entreprise familiale Si les biens transmis au conjoint sont une entreprise familiale elle-même transmise par les parents du défunt, la question se pose de savoir si les frères et sœurs pourront revendiquer la moitié de cette entreprise dans l'hypothèse où elle a été rachetée, a changé d'activité ou fait l'objet d'une fusion ou d'un apport partiel d'actifs depuis la transmission par les parents…
Les juridictions devront déterminer s'il s'agit de la même entreprise existant encore en nature dans le patrimoine du défunt et justifiant le partage entre le conjoint et les frères et sœurs.

› En présence des grands-parents (mais en l'absence d'enfants et des parents)

Exclusion des grands-parents

Les grands-parents sont exclus de la succession de leur petit-fils si ce dernier était marié.
La loi n° 2001-1135 du 3 décembre 2001 (applicable depuis le 1er juillet 2002) a en effet fait primer le conjoint survivant sur les ascendants ordinaires.
Avant la loi, le conjoint survivant ne recueillait que la moitié des biens en usufruit et seulement si le défunt laissait des ascendants ordinaires dans les deux branches (paternelle et maternelle). Dans l'hypothèse où il n'y avait d'ascendant que dans une seule branche, le conjoint survivant recueillait la moitié des biens en toute propriété.
Pour les successions ouvertes depuis le 1er juillet 2002, le conjoint doit recueillir tout l'actif successoral même si les grands-parents du défunt sont encore vivants.

Pension alimentaire pour les grands-parents

Mais pour préserver les intérêts des grands-parents ainsi écartés de la succession, la loi du 3 décembre 2001 leur a reconnu une créance alimentaire sur la succession.
Si les grands-parents sont dans le besoin, ils peuvent demander à la succession une pension alimentaire qui sera prélevée sur les biens de la succession.
Cette possibilité de demander une pension alimentaire n'existe que si le conjoint recueille la totalité de la succession (quand il n'y a ni enfants, ni père, ni mère du défunt) ou les 3/4 des biens (quand il y a le père ou la mère du défunt) (C. civ., art. 758).
Le délai pour la réclamer est d'1 an à partir du décès. Ce délai peut partir à compter de la date à laquelle les héritiers cessent d'acquitter les prestations qu'ils fournissaient auparavant aux ascendants. Le délai se prolonge, en cas d'indivision, jusqu'à l'achèvement du partage.
Elle est supportée par tous les héritiers et, en cas d'insuffisance, par tous les légataires particuliers, proportionnellement à leur part.
Toutefois, si le défunt a expressément déclaré que tel legs sera acquitté de préférence aux autres, ce legs ne sera réduit qu'en dernier, après la réduction de tous les autres legs.

Fiscalement, la créance d'aliments des ascendants n'est pas déductible au titre du passif successoral.

› La pension alimentaire pour le conjoint

Le conjoint successible a droit à une pension alimentaire s'il est dans le besoin au décès de son époux.

Évaluation des besoins

Les besoins dépendent des ressources dont le conjoint disposait avant le décès de son époux mais aussi de toutes celles, d'origine légale, testamentaire ou conventionnelle, que peut éventuellement lui procurer ce décès : usufruit, capital décès de la Sécurité sociale, pension de réversion, allocation de veuvage, bénéfice d'une assurance-vie souscrite par le défunt au profit du survivant…
Les besoins du conjoint survivant sont évalués au jour du décès.
Ils peuvent aussi être pris en considération au moment de la demande de pension alimentaire. C'est la solution retenue par la Cour de cassation dans l'arrêt suivant.

Cas pratique

Il faut dire que la situation était originale puisque la veuve, qui avait bénéficié d'une donation déguisée de la part de son défunt mari, avait été condamnée à rembourser à la succession la somme correspondant à cette donation. Cette même veuve réclamait une pension alimentaire à la succession de son mari (en l'occurrence aux deux enfants de son mari).
La cour d'appel avait jugé qu'elle ne pouvait pas bénéficier d'une pension alimentaire puisque, au moment du décès, elle était propriétaire de deux immeubles qui pouvaient être loués et augmenter ainsi le montant de sa retraite.
Sur ce point, l'arrêt d'appel est cassé. Les juges auraient dû évaluer les besoins de la veuve au moment où ils statuaient et prendre en compte sa condamnation au profit de la succession (C. cass., civ. 1re, 18.10.1994, Bull. civ. n° 295, p. 214).

Ce droit à pension alimentaire ne peut pas être remis en cause en raison de l'attitude du conjoint survivant.

Cas pratique

Une veuve obtient le versement d'une rente mensuelle de 1 200 F (183 €) par mois, versée par le légataire universel de la succession de son mari. Ce dernier saisit le juge pour ne pas avoir à régler cette somme en invoquant le fait que l'épouse avait quitté son mari atteint d'un cancer et ne lui avait prodigué aucun soin. La cour d'appel donne raison au légataire mais l'arrêt est cassé par la Cour de cassation : cette faculté d'invoquer des torts du conjoint pour éviter le paiement d'une pension alimentaire ne s'étend pas au devoir de secours entre époux dont l'obligation alimentaire pesant sur la succession de l'époux décédé n'est que la continuation (C. cass, civ. 1re, 17.1.1995, D. 1995, II, p. 329 ; voir aussi C. cass., civ. 1re, 9.3.1994, D. 1995, p. 44).

Délai pour agir

Le conjoint a un délai d'1 an à compter du décès pour réclamer la pension alimentaire à la succession.
Si les héritiers lui versent spontanément cette pension, le délai d'1 an court à partir du jour où ce versement cesse. Le délai se prolonge, en cas d'indivision, jusqu'à la fin des opérations de partage (C. civ., art. 767).
La pension alimentaire est prélevée sur l'hérédité. Elle est due par la succession et non par les héritiers. Si un héritier renonce à la succession, il n'est pas tenu de payer cette pension.
Elle est prélevée sur les biens de la succession et, en cas d'insuffisance, doit être supportée par tous les légataires particuliers, proportionnellement à la valeur des biens qu'ils reçoivent.
La pension que le conjoint survivant peut demander à la succession de l'époux prédécédé n'est pas soumise aux droits de mutation par décès car le bénéficiaire la reçoit en qualité de créancier de la succession et non en sa qualité d'héritier. Par ailleurs, les héritiers ne peuvent pas la déduire au titre du passif successoral.

› Le conjoint divorcé et le concubin

Le conjoint divorcé

Le conjoint divorcé n'a plus, à aucun titre, la qualité d'héritier par rapport à son ex-époux(se).
Il n'est en aucun cas appelé à la succession sauf bien entendu si l'ex-conjoint décédé a rédigé un testament ou effectué une donation en sa faveur (non révoquée au moment du divorce).
Il peut alors recueillir ces dons ou legs mais sera taxé d'un point de vue fiscal comme le sont les bénéficiaires ne faisant pas partie de la famille (60 % de droits de succession sur la valeur transmise).
Le seul avantage auquel il peut prétendre porte sur la pension de réversion de la retraite de son ex-conjoint assuré.
En effet, lorsqu'un assuré décède, la pension de réversion (partie de la retraite du défunt) peut être partagée entre ses différents conjoints au prorata de la durée de vie commune.
Depuis la réforme des retraites (loi n° 2003-775 du 21 août 2003) entrée en vigueur le 1er juillet 2004, le conjoint divorcé peut toucher la pension de réversion même s'il est remarié. Cette disposition ne concerne que les personnes dont la pension de réversion a pris effet depuis le 1er juillet 2004.

Le concubin (pacsé ou non)

Le fait de signer un PACS ne rend pas le concubin héritier de la succession. Aucun bien ne lui est attribué si le défunt n'a pas, de son vivant, prévu un testament ou effectué une donation en sa faveur.
De même, le concubin non pacsé, même si le concubinage était notoire, n'est jamais appelé de plein droit à la succession de son concubin décédé.

Le concubin est considéré comme étranger à la succession et, à ce titre, ne peut recevoir que les dons ou legs que le défunt lui aurait consentis de son vivant. À noter toutefois que le concubin peut recevoir, sous certaines conditions, le capital décès de la Sécurité sociale.

À NOTER

Mariage entre personnes du même sexe, ou couple pacsé La loi sur le mariage pour tous ne modifie pas la situation du concubin ou du partenaire pacsé. Ils restent exclus de la succession du défunt en l'absence de dispositions testamentaires prises en leur faveur. Seul le conjoint marié est héritier.

Les personnes déclarées indignes de succéder

Certaines personnes peuvent être déclarées indignes de succéder ce qui signifie qu'elles sont exclues de la succession.
La loi n° 2001-1135 du 3 décembre 2001 a réformé les causes d'indignité en prévoyant des causes automatiques d'indignité et des cas où l'indignité n'est que facultative et doit être prononcée par un juge.

› Les causes

Les causes automatiques d'indignité successorale s'appliquent aux héritiers qui ont causé ou tenté de causer la mort du défunt :
- celui qui est condamné, comme auteur ou complice, à une peine criminelle pour avoir volontairement donné ou tenté de donner la mort au défunt ;
- celui qui est condamné, comme auteur ou complice, à une peine criminelle pour avoir volontairement porté des coups ou commis des violences ou voies de fait ayant entraîné la mort du défunt sans intention de la donner (C. civ., art. 726).

Peut être déclaré indigne de succéder par le tribunal, celui qui est condamné :
- comme auteur ou complice, à une peine correctionnelle pour avoir volontairement donné ou tenté de donner la mort au défunt ;
- comme auteur ou complice, à une peine correctionnelle pour avoir volontairement commis des violences ayant entraîné la mort du défunt sans intention de la donner ;
- pour témoignage mensonger porté contre le défunt dans une procédure criminelle ;
- pour s'être volontairement abstenu d'empêcher soit un crime, soit un délit contre l'intégrité corporelle du défunt d'où il est résulté la mort, alors qu'il pouvait le faire sans risque pour lui ou pour les tiers ;
- pour dénonciation calomnieuse contre le défunt lorsque, pour les faits dénoncés, une peine criminelle était encourue (C. civ., art. 727).

À NOTER

Celui qui est condamné pour violences conjugales ne peut plus hériter Un nouveau cas d'indignité successorale a été créé par la loi n° 2020-936 du 30 juillet 2020, visant à protéger les victimes de violences conjugales.
Désormais peut également être déclarée indigne d'hériter la personne qui est condamnée comme auteur ou complice, à une peine correctionnelle pour avoir commis des tortures et actes de barbarie, des violences volontaires, un viol ou une agression sexuelle envers la personne décédée (C. civ., art. 727, 2° *bis*).

› L'action

La déclaration d'indignité est prononcée après l'ouverture de la succession par le tribunal judiciaire, à la demande d'un autre héritier. La demande doit être formée au plus tard dans les 6 mois du décès si la décision de condamnation ou de déclaration de culpabilité est antérieure au décès, ou dans les 6 mois de cette décision si elle est postérieure (C. civ., art. 727-1).
En l'absence d'héritier, la demande peut être formée par le ministère public.
Une fois la déclaration d'indignité successorale prononcée par le tribunal judiciaire, l'héritier indigne perd sa vocation à hériter du défunt, et ne peut pas bénéficier de la part de l'héritage dont il devait hériter.

› Le pardon du défunt

Le défunt peut, lorsqu'il a eu connaissance des faits reprochés à son héritier, vouloir lui pardonner et le conserver dans ses droits d'héritier. Pour cela, il doit préciser, par une déclaration expresse de volonté par testament, qu'il entend le maintenir dans ses droits héréditaires ou lui a fait une libéralité universelle ou à titre universel (C. civ., art. 728).

À NOTER

Les enfants de l'indigne peuvent hériter Les enfants de l'indigne ne sont pas exclus par la faute de leur auteur et peuvent représenter l'indigne dans la succession. Ils partagent à égalité la part d'héritage que leur parent aurait reçue s'il n'avait pas été déclaré indigne.

Le droit à la succession dans le couple

Statut dans le couple	Droit dans la succession du défunt	Fiscalité
Époux	OUI Droits légaux	Exonération totale.
Conjoints séparés de corps	OUI Le conjoint séparé de corps hérite sauf si la convention de séparation de corps par consentement mutuel comprend une clause de renonciation aux droits successoraux.	Exonération totale.
Ex-époux	NON Jamais	
Époux en instance de divorce	OUI Si le jugement ou l'acte de divorce n'est pas devenu définitif.	Exonération totale.
Partenaires de PACS	NON	Exonération totale.
Concubins	Pas de droits légaux dans la succession. Possibilité de se léguer des biens par testament.	Taxation à 60 %.

Cas pratique

Parents d'un enfant, mon compagnon et moi avions l'intention de nous marier. Il est décédé des suites d'un accident avant la cérémonie. Quid de la transmission de ses biens ?

Aux yeux de la loi successorale, les concubins, tout comme les partenaires pacsés, sont des étrangers l'un pour l'autre.

N'étant pas mariée avec lui, vous n'avez aucun droit sur l'héritage. L'intégralité du patrimoine de votre compagnon revient à votre enfant, sauf si votre compagnon avait rédigé un testament en votre faveur. Dans ce cas vous recevrez ce qu'il vous a légué, sous réserve que les biens transmis n'empiètent pas sur les droits réservés à votre enfant.

Quelles sont les limites à la liberté de donner ?

Donner ses biens est un acte grave car le donateur s'appauvrit sans contrepartie. La donation est irrévocable. C'est la raison pour laquelle un certain nombre de règles ont été prévues pour assurer la protection des personnes ne pouvant assurer seules la protection de leurs propres intérêts. Des règles sont aussi prévues pour préserver les enfants ou la famille des risques de dilapidation du patrimoine.

La protection du donateur mineur ou majeur protégé

La loi déclare « incapables » de faire un testament ou de donner ses biens certaines personnes en raison de leur trop jeune âge ou en raison de leur état mental (C. civ., art. 901 à 904) ; sont donc concernés par cette interdiction les mineurs et les majeurs protégés.

› Les mineurs

Donation

Principe

Le mineur non émancipé est frappé d'une incapacité totale de consentir une donation (le mineur émancipé a les mêmes droits qu'un majeur).

L'incapacité du mineur a pour but d'assurer sa propre protection en l'empêchant d'agir contre ses intérêts. La donation doit être autorisée par le représentant légal du mineur, ses parents ou son tuteur.

S'agissant d'une incapacité de jouissance, c'est-à-dire l'incapacité totale de donner, le représentant légal du mineur ne peut consentir une donation au nom de ce mineur (C. civ., art. 1398).

Pour décider qu'une donation est annulable, il faut se placer à la date de la donation.

La donation consentie par un mineur ayant agi en état d'incapacité est exposée à une nullité relative ce qui signifie que le mineur peut confirmer la donation lorsqu'il devient majeur.

À défaut de confirmation, la nullité peut être demandée par le mineur lui-même dans les 5 ans qui suivent sa majorité ou son émancipation. En l'absence de dénonciation dans ce délai de 5 ans, la donation est validée.

S'il décède avant d'avoir pu exercer l'action en nullité, celle-ci est ouverte à ses héritiers qui doivent agir dans ce même délai de 5 ans.

Il importe peu que le mineur devenu majeur soit décédé sans avoir pris lui-même l'initiative de demander la nullité. Ses héritiers peuvent néanmoins la demander.

Le bénéficiaire de la donation ne pourrait éviter la nullité de la donation qu'en prouvant que le mineur, devenu majeur, avait l'intention de confirmer la donation annulable.

Exceptions

• Les cadeaux d'usage

Les cadeaux et présents d'usage échappent à la réglementation des libéralités.

Le mineur peut donc, sans l'autorisation de son représentant légal, faire un cadeau d'usage.

Pour que le cadeau soit autorisé, il faut que sa valeur et sa nature soient en rapport avec les situations sociales respectives de celui qui donne et de celui qui reçoit, l'événement à l'occasion duquel il est consenti ainsi qu'avec les usages. Il faut aussi qu'il soit justifié par une relation familiale, amicale ou amoureuse. Les juges doivent donc statuer au cas par cas.

• La donation par contrat de mariage

Le futur époux mineur peut consentir une donation à son futur conjoint par contrat de mariage à condition d'obtenir le consentement et l'assistance de ceux dont le consentement est requis pour la validité même du mariage (C. civ., art. 1095). Cette situation est toutefois peu fréquente. Pour se marier, il faut avoir fêté ses 18 ans, sauf dispense accordée pour raison grave par le procureur de la République. À défaut d'avoir obtenu ce consentement, la donation par contrat de mariage serait annulée (le contrat de mariage demeurerait valable). La nullité ne peut être demandée que par le mineur lui-même ou par les personnes dont le consentement était requis, et cela au plus tard jusqu'à l'expiration de l'année suivant la majorité du mineur.

• Les dons rémunératoires

Les dons sont dits rémunératoires, lorsqu'ils sont consentis en contrepartie d'un service rendu. Ils échappent eux aussi aux règles des libéralités, dans la mesure où ils s'apparentent à un paiement.

Un mineur peut donc consentir ce type de dons par l'intermédiaire de son représentant légal.

Testament

Concernant la possibilité de rédiger un testament, les règles sont moins strictes.

Avant 16 ans, il n'est pas possible de faire un testament. L'interdiction est totale.

De 16 à 18 ans, le mineur non émancipé ne peut léguer que la moitié des biens dont il pourrait disposer s'il était majeur.

Un majeur peut donner ou léguer tous ses biens s'il n'a pas d'héritiers réservataires.

S'il a des héritiers réservataires (enfants ou conjoint), il ne peut donner ou léguer que la quotité disponible de son patrimoine (voir *Comment comprendre la réserve et la quotité disponible ?*, p. 297).

Cette limitation permet de tenir compte de la volonté de l'adolescent tout en protégeant sa famille des conséquences d'un acte, peut-être irréfléchi.

Le mineur émancipé (16 ans minimum) étant reconnu « capable » au même titre qu'un majeur, peut valablement rédiger son testament (C. civ., art. 904).

Cette demi-incapacité du mineur âgé de 16 à 18 ans est écartée dans les deux cas suivants :
- si le mineur est appelé sous les drapeaux en période de guerre ;
- si le mineur n'a aucun parent proche, c'est-à-dire aucun parent au sixième degré compris.
Dans ces cas, il peut léguer tous ses biens (C. civ., art. 904).
Mais, même s'il est âgé de plus de 16 ans, le mineur ne peut jamais rédiger un testament en faveur de son tuteur, sauf si le tuteur est un ascendant du mineur en tutelle (parents ou grands-parents).
Lorsque le mineur devient majeur ou s'il est émancipé, il pourra léguer ses biens par testament à la personne qui a été son tuteur, à condition toutefois que le compte définitif de la tutelle ait été préalablement rendu et apuré.

› Les majeurs protégés

Pour faire une libéralité, il faut être sain d'esprit. Certains adultes ne peuvent être à même de disposer à titre gratuit de leurs biens en raison de leur « insanité d'esprit ».
Le majeur placé sous un régime de protection légale est déclaré « incapable » par la loi.
Cette règle a pour but de le protéger contre ses propres actes (C. civ., art. 901).

À NOTER

Le mandat de protection future Depuis le 1er janvier 2009, toute personne peut établir un mandat de protection future, par acte sous seing privé ou acte notarié.
Il s'agit de désigner à l'avance la personne qui sera chargée de la représenter et de s'occuper de ses intérêts en cas d'altération de ses facultés mentales ou corporelles liée à l'âge, à une maladie ou à un accident.
Le mandataire peut être tenu de prendre en charge la personne affaiblie, la protéger, la soigner ou la représenter dans sa vie quotidienne ainsi que la gestion de son patrimoine (administration, défense de ses intérêts...).
Les parents d'un enfant en situation de handicap peuvent aussi désigner un mandataire chargé de veiller matériellement et affectivement cet enfant. Le mandat, dans ce cas, prend effet au moment du décès des parents ou lorsqu'ils ne sont plus capables d'assurer cette prise en charge.
L'intérêt du mandat de protection future est d'éviter d'avoir à ouvrir une procédure judiciaire de désignation d'un tuteur ou d'un curateur.
Les modèles réglementaires de mandat de protection future sont prévus dans le décret n° 2009-1628 du 23 décembre 2009.

Le majeur en tutelle

Donations

Depuis le 1er janvier 2009, la personne en tutelle peut, avec l'autorisation du juge ou du conseil de famille s'il a été constitué, être assistée ou au besoin représentée par le tuteur pour faire des donations (C. civ., art. 476). À noter que la fonction de juge des tutelles est désormais exercée par le juge des contentieux de la protection, un magistrat rattaché au tribunal judiciaire.

Testament

Depuis le 1er janvier 2009, pour rédiger un testament, le majeur en tutelle doit obtenir l'autorisation du juge ou du conseil de famille s'il a été constitué, à peine de nullité de l'acte. Le tuteur ne peut ni l'assister ni le représenter à cette occasion.
En revanche, il peut révoquer son testament fait avant ou après l'ouverture de la tutelle, seul, sans assistance ni représentation (C. civ., art. 476).
Le testament fait antérieurement à l'ouverture de la tutelle reste valable à moins qu'il ne soit établi que, depuis cette ouverture, la cause qui avait déterminé le testateur à disposer a disparu.

Le majeur en curatelle

Donations

Le majeur en curatelle n'est soumis qu'à une incapacité d'exercice. Cela signifie qu'il peut faire une donation mais avec l'assistance de son curateur.
Cette nullité de protection peut être demandée par le donateur lui-même (s'il retrouve la raison), par son tuteur ou curateur (qui aurait été nommé par la suite) ou après son décès, par ses héritiers ou légataires universels.

Testament

Le majeur en curatelle peut faire un testament sans l'assistance du curateur (C. civ., art. 470 et 476).

Le majeur placé sous sauvegarde de justice

Le majeur placé sous sauvegarde de justice a le droit de faire une donation ou de léguer ses biens par testament.
Il faut savoir toutefois que la preuve de son insanité d'esprit peut être plus facilement rapportable, surtout si la sauvegarde de justice est suivie de la mise en place d'une tutelle.

› Les personnes ayant agi sous un état de démence

Une libéralité qui aurait été consentie alors que son auteur n'était pas sain d'esprit doit être annulée (C. civ., art. 901).
L'insanité d'esprit regroupe toutes les variétés d'affections mentales qui ont pu entraîner un dérèglement des facultés de discernement de l'auteur de la donation ou du testament.
Il peut s'agir d'une altération mentale passagère (par exemple, provoquée par une maladie, des drogues, l'alcool, par un traitement ou des médicaments) ou plus durable.
C'est à celui qui demande l'annulation du testament ou de la donation d'apporter la preuve du dérèglement mental de son auteur au moment de l'acte. Celui qui dispose est présumé sain d'esprit et il appartient en conséquence au contestataire

de l'acte de faire tomber cette présomption par la preuve contraire (C. cass., civ. 1re, 15.11.1989, JCP 1990 G, IV, p. 116).
La preuve peut être apportée par témoins, attestations, enquêtes, expertises, ou même comparution personnelle des intéressés.
Si celui qui demande la nullité de l'acte parvient à prouver que dans la période précédant et suivant la donation ou le testament, l'auteur n'avait pas toutes ses facultés mentales ou que son état mental était déficient (par exemple, en cas de démence constante de l'intéressé ou de dégradation progressive de ses facultés), c'est alors à celui qui veut faire valider la donation ou le testament de prouver que l'acte a été fait dans un intervalle de lucidité.
L'action en nullité ne peut être engagée que par les héritiers ou les légataires du testateur ou du donateur.

Annulation d'un testament

Le dérèglement mental peut être prouvé même s'il s'agit d'un testament authentique (notarié). Le fait qu'un notaire ait rédigé le testament au fur et à mesure de la dictée du testateur ne suppose pas que ce testateur était sain d'esprit. Dans un cas jugé par la Cour de cassation, une expertise médicale avait été ordonnée pour vérifier l'état mental d'un testateur qui avait institué, par testament authentique, sa quatrième femme légataire universelle (C. cass., civ. 1re, 25.5.1987, D. 1988, II, p. 79).
La preuve de ce dérèglement est bien sûr difficile à apporter. Il faut savoir que, généralement, les testaments contestés sont validés en raison de la difficulté d'apporter la preuve d'un dérèglement mental et de la volonté des juges de respecter au maximum la liberté de tester.

Cas pratique

Le fait que l'auteur du testament se soit suicidé après la rédaction de son acte n'est pas suffisant pour prouver son insanité d'esprit et pour faire annuler le testament.
Un homme avait rédigé un testament 3 mois avant de se suicider. Ses héritiers voulaient faire annuler cet acte pour insanité d'esprit. Ils avaient produit devant le tribunal plusieurs attestations relevant que le comportement du rédacteur du testament « s'était dégradé », qu'il était atteint d'une « affection mentale », qu'il était dans « l'impossibilité de discerner la portée de ses actes », « que ses propos étaient incohérents », qu'il semblait « d'une grande mélancolie ».
Ces attestations n'ont cependant pas été suffisantes. Pour le tribunal, elles ne faisaient, en effet, que refléter l'opinion des témoins et ne rapportaient aucun fait précis qui pouvait démontrer que le testateur avait perdu sa lucidité au moment où il avait rédigé son testament et permettre aux juges de déclarer la nullité de ce testament (CA Caen, 11.1.2000, JCP Droit de la famille 2.2001, n° 24, p. 27).

L'ivresse peut suffire à faire annuler le testament s'il s'avère que l'état d'ébriété de son auteur était tel que ses facultés mentales étaient réellement altérées.
Mais si on arrive à prouver qu'une personne même en état d'ébriété quasi permanent avait néanmoins des périodes de lucidité et qu'elle avait rédigé son testament pendant une de ces périodes, l'acte ne sera pas annulé.

La prise de drogues peut aussi altérer les facultés mentales du testateur. Pour faire annuler un testament il faut prouver qu'il a été rédigé alors que son auteur subissait encore les effets de ces drogues.

Annulation d'une donation

Les règles sont les mêmes que celles applicables aux testaments (voir *Annulation d'un testament*, p. 22).
Par exemple, la démence d'un donateur avait été reconnue alors qu'il avait consenti une donation sous l'emprise d'une haine aveugle et déréglée à l'encontre de ses enfants.
Les cas d'annulation des donations sont toutefois plus rares car, en principe, les donations sont rédigées par un notaire, ce qui est une garantie de validité.
Mais lorsqu'il s'agit d'un don manuel, les demandes d'annulation peuvent être plus fréquentes.
Si la demande d'annulation est fondée sur l'incapacité du donateur, la difficulté est de prouver cette insanité d'esprit.

Cas pratique

Concernant un don manuel réalisé par la remise d'un chèque, un litige opposait les héritiers de l'auteur du chèque et le bénéficiaire de ce don.
Le chèque établi quelques jours avant la mort de son auteur avait été rédigé d'une main tremblante et la banque l'avait refusé pour signature non conforme. Les héritiers considéraient que cette écriture anormale reflétait l'insanité d'esprit de son auteur. Ils voulaient donc faire annuler cette donation.
Mais les juges ont considéré que la difficulté matérielle de rédaction du chèque ne signifie pas pour autant que son auteur est atteint d'une perte de conscience l'empêchant d'exprimer une volonté libre et saine.
Le don a été validé à défaut de réelle preuve de l'insanité d'esprit de l'auteur du chèque (CA Poitiers, 26.3.2002, JCL Droit de la famille, 12.2002, n° 150, p. 24).

Pour faire la preuve de l'insanité d'esprit, il est possible de demander la nomination d'un expert médical. L'expert doit pouvoir consulter le dossier médical du donateur afin d'évaluer l'état de ses capacités mentales au moment de la donation.

Cas pratique

La question s'est posée de savoir si le dossier était protégé par le secret médical et si le médecin qui avait soigné le donateur pouvait refuser sa communication à l'expert.
La réponse est négative : puisque cette règle a pour but de protéger celui qui fait une donation, le secret peut être levé dès lors que la révélation du secret médical entre dans le cadre de cette protection. Les héritiers (qui demandent la nullité de la donation) ont un intérêt légitime à faire valoir cette protection.
Toutefois, seul l'expert mandaté peut prendre connaissance des termes du dossier (C. cass., civ. 1re, 22.5.2002 ; Juris-Data n° 2002-014431).

Prescription de l'action

La prescription de l'action en nullité est de 5 ans.
Ce délai court à compter du décès du disposant (le testateur ou le donateur) et non à compter de l'acte incriminé.

> **Cas pratique**
>
> Une veuve rédige en 2002 un testament authentique aux termes duquel elle lègue la plus forte quotité disponible de sa succession à une de ses filles en précisant les biens qui lui étaient attribués en priorité et l'ordre dans lequel ils devaient lui revenir. Elle décède en 2007. En 2009, sa seconde fille demande l'annulation du testament pour cause d'insanité d'esprit de la testatrice.
> La question était de savoir si le délai de 5 ans pour demander la nullité du testament était ou non expiré.
> La cour d'appel a calculé le délai de 5 ans à compter de la date du testament et a déclaré cette action en nullité irrecevable car prescrite.
> La Cour de cassation casse cet arrêt. L'action en nullité d'un acte à titre gratuit pour insanité d'esprit ne pouvant être introduite par les héritiers qu'à compter du décès du disposant, la prescription n'avait pu commencer à courir avant le décès du testateur. Le point de départ de l'action en nullité pour insanité d'esprit est le décès du disposant (C. cass., civ. 1re, 20.3.2013, n° 11-28318).

La protection des héritiers réservataires

Les règles précisées précédemment peuvent être modifiées par un testament ou une donation et chacun peut disposer librement de ses biens de son vivant ou par testament.
Mais cette liberté n'est pas totale et il n'est pas possible de donner ou de léguer la totalité de son patrimoine puisque certains héritiers ne peuvent jamais être déshérités. Il s'agit des enfants et des descendants du défunt, et, depuis la loi du 3 décembre 2001, du conjoint survivant.
Ils sont héritiers réservataires, c'est-à-dire qu'une part de la succession leur est obligatoirement réservée, quelles que soient les dispositions prises par le défunt de son vivant ou par testament.
Lorsque de son vivant le défunt a donné ou légué plus que ce que la loi lui permet, les libéralités devront être réduites (action en réduction) pour que la réserve puisse être reconstituée.
La réduction des libéralités a lieu au décès du donateur (voir *Qu'est-ce que la réduction des donations ?*, p. 303).

À NOTER

Renoncer à sa part de réserve La loi du 23 juin 2006, applicable depuis le 1er janvier 2007, offre la possibilité aux héritiers réservataires de renoncer à leur part de réserve au moment de la donation. Cela signifie que la donation excessive n'aura pas à être réduite, même si elle dépasse la quotité disponible (sur la renonciation à la réserve, voir *En quoi consistent les pactes de famille ?*, p. 28).

La protection du mariage

Les époux ne peuvent faire donation de leurs biens que s'ils ont assumé leurs obligations vis-à-vis de leur conjoint.
C'est ainsi, par exemple, que les libéralités faites par une personne mariée à son ou sa concubin(e) peuvent être annulées si le donateur n'a pas assumé les charges du mariage ou encore s'il a utilisé des biens communs.
L'annulation doit être justifiée par la protection de la famille légitime du défunt. Elle n'est pas prononcée si les intérêts de la famille ont été respectés.

Cas pratique

Un homme marié sous le régime de la communauté légale avait quitté son épouse (sans divorcer) et avait vécu pendant 13 ans, jusqu'à son décès, avec une autre femme. Il lui avait constitué un important patrimoine foncier grâce à ses revenus professionnels.
La veuve et le fils assignaient la concubine pour qu'elle restitue à la succession les fonds versés, considérant qu'ils avaient été détournés de la communauté.
La Cour de cassation a refusé d'annuler les donations. Chaque époux peut disposer librement de ses gains et salaires après s'être acquitté des charges du mariage.
Le mari s'était acquitté des charges du mariage puisqu'il avait laissé à sa femme, après leur séparation, la jouissance d'un immeuble lui appartenant en propre et lui avait versé une pension alimentaire. Par ailleurs, les sommes ayant servi à l'acquisition des donations n'étaient pas des sommes économisées par la communauté. La succession ne pouvait donc pas réclamer à la concubine le remboursement des sommes qui lui avaient été données (C. cass., civ. 1re, 29.2.1984, D. 1984, II, p. 601).

La protection des créanciers du donateur en cas de fraude

Lorsqu'une personne organise son insolvabilité en faisant, notamment, donation de ses biens, ses créanciers peuvent demander que la donation leur soit inopposable, c'est-à-dire que le bien donné soit considéré comme faisant toujours partie du patrimoine de leur débiteur (le donateur).
Il s'agit de l'action paulienne prévue à l'article 1341-2 du Code civil.

Cas pratique

En 1978, deux frères se portent cautions solidaires en garantie d'un prêt consenti à la société civile immobilière dont ils sont respectivement gérant et associé.

En 1991, la créance de la banque s'élève à plus de 2 millions de francs. Devant la défaillance de la débitrice principale (la société), la banque assigne les cautions en remboursement du prêt. Elle se rend alors compte que les cautions avaient, en 1989, reçu des biens de leurs parents par donation-partage et, le même jour, donné ces mêmes biens à leurs enfants respectifs.

La banque a réussi à faire annuler ces dernières donations en prouvant que les cautions avaient volontairement organisé leur insolvabilité puisqu'ils connaissaient la mauvaise santé financière de la société et que les donations ne présentaient pas réellement d'intérêt immédiat pour les bénéficiaires (enfants en bas âge). La mauvaise foi était caractérisée et les donations avaient été consenties en fraude des droits de la créancière (C. cass., civ. 1re, 17.2.2004, Gaz. Pal. 28.10.2004, II, p. 7).

Les droits du bénéficiaire de la libéralité

› Le donataire

Le bénéficiaire de la donation (donataire) est seul propriétaire du bien donné à partir du moment où il accepte cette donation.

Il peut donc en disposer comme il l'entend (donner le bien à son tour, le vendre, l'utiliser, le louer, le prêter…).

Les seules réserves à ce droit absolu de propriétaire sont reconnues lorsqu'une clause figure dans l'acte de donation, restreignant les pouvoirs du donataire.

Ces clauses peuvent prévoir :

- le droit de retour en faveur du donateur ;
- l'obligation d'exécuter une charge ou de respecter une obligation sous peine de révocation.

Une autre limite aux droits de propriété du donataire est une sorte de sanction en cas d'« ingratitude » de sa part. Il y a ingratitude notamment lorsque le donataire a attenté à la vie du donateur, s'est rendu coupable envers lui de sévices, délits ou injures graves, s'il lui refuse des aliments.

La donation peut aussi être annulée, sous certaines conditions, pour survenance d'enfant (C. civ., art. 953 et s. ; voir *Comment pouvez-vous donner ?*, p. 85).

Enfin, le donataire peut, au moment du décès du donateur, subir la réduction de sa donation si celle-ci dépasse en valeur le montant de la quotité disponible et porte atteinte à la réserve des héritiers.

Si le donataire est un héritier réservataire (un enfant notamment), il devra rapporter sa donation à la succession (voir *Que se passe-t-il au décès du donateur ou du testateur ?*, p. 275).

› Le légataire

Le testament ne prend effet qu'au moment du décès du testateur, à l'ouverture de sa succession.

Le légataire devra s'adresser aux héritiers pour prendre possession de son legs (voir *Que se passe-t-il au décès du donateur ou du testateur ?*, p. 275).

Le testament peut être révoqué, comme la donation, pour inexécution des conditions et pour ingratitude. Si la révocation du testament est demandée pour injures graves à la mémoire du défunt, l'action doit être intentée dans l'année qui suit le délit (C. civ., art. 1047).

Cas pratique

Je suis titulaire d'une concession funéraire dans le cimetière de ma commune. Puis-je la donner ou la léguer par testament ?

Le titulaire de la concession peut la léguer (par testament) ou la donner (par acte notarié).

Il ne peut en aucun cas la vendre car les droits du titulaire d'une concession sont hors commerce.

Le bénéficiaire de cette transmission doit en principe être une personne de la famille si une ou plusieurs personnes de cette même famille ont déjà été inhumées.

Mais si aucun corps n'y est enterré, la concession peut être transmise à une personne étrangère à la famille (la sépulture ne devient une sépulture familiale que par la première inhumation qui y est faite).

Enfin, le titulaire de la concession peut tout à fait prévoir la liste des personnes admises à être enterrées dans la concession. Cette liste est établie lors de l'acquisition de la concession.

Si le titulaire de la concession n'a pris aucune disposition, la concession est transmise à son décès à ses héritiers en indivision perpétuelle (les fils ou fille aîné(e) n'ont aucune priorité d'attribution de la concession de leur parent).

La transmission ne peut se faire qu'aux héritiers. Seuls ces derniers (ainsi que leurs conjoints survivants) ont le droit de se faire inhumer dans la concession.

Si l'un des héritiers veut conserver la concession et que les autres y renoncent, il devra leur payer une indemnité calculée en fonction du prix d'attribution (prix fixé par la commune) et de la durée de la concession. La renonciation ne peut se faire qu'au profit des autres héritiers.

En quoi consistent les pactes de famille ?

La loi préserve les intérêts de certains héritiers (les enfants et le conjoint survivant) en les déclarant héritiers réservataires, c'est-à-dire ne pouvant jamais être déshérités.
Mais, depuis le 1er janvier 2007, la loi laisse aussi à ces héritiers la possibilité de renoncer à leurs droits. Cette renonciation, autrefois strictement interdite, est aujourd'hui autorisée mais encadrée.

La renonciation à l'action en réduction

À l'ouverture de la succession, lorsqu'il apparaît que la valeur d'un bien donné ou légué dépasse la quotité disponible, la libéralité doit être réduite, ce qui signifie que le bénéficiaire doit indemniser les héritiers réservataires afin que leur part de réserve soit reconstituée. L'héritier, au moment de l'ouverture de la succession, peut toujours renoncer à cette réduction et décider de laisser son efficacité à la libéralité excessive.
Mais le problème est que le donateur ne sait pas, au moment où il fait cette donation, quelle sera la valeur du bien retenue par rapport à la valeur de sa succession et de la réserve de ses héritiers.
Ce problème peut être écarté puisque, depuis le 1er janvier 2007, la loi autorise les héritiers réservataires à renoncer par avance à leur action en réduction.
La renonciation peut avoir lieu au moment de la libéralité, sans attendre l'ouverture de la succession. Il s'agit d'un « pacte successoral » ou « pacte de famille ».
Grâce à cette renonciation, le donateur peut disposer plus librement de ses biens en faveur des personnes de son choix, puisqu'il peut donner sans craindre une remise en cause des donations par ses héritiers réservataires (C. civ., art. 929 et s.).

Cas pratiques

- Le donateur peut ainsi donner un bien important de son patrimoine à une personne de sa famille qui n'est pas héritière (un petit-enfant ou un neveu, par exemple), même si ce bien dépasse largement la valeur de la quotité disponible.
- Cette disposition peut aussi être utile pour transmettre une entreprise si tous les héritiers se mettent d'accord sur le nom du repreneur.
- Les enfants peuvent renoncer volontairement à leurs droits successoraux du vivant de leurs parents pour favoriser un frère ou une sœur en situation de handicap ou en situation précaire.
- Un enfant peut renoncer à sa réserve pour avantager un demi-frère (dans une famille recomposée) ou encore ses propres enfants.

La renonciation doit être faite au profit d'une ou plusieurs personnes déterminées. Elle ne peut pas être faite de façon générale.
En revanche, elle peut porter sur une partie de la réserve de cet héritier (la moitié, le quart, les trois quarts…) ou sur sa totalité. Elle peut aussi ne concerner qu'un seul bien donné.
La renonciation concerne aussi les représentants de l'héritier qui a renoncé. Ils doivent respecter le pacte signé par l'héritier.
Si, lors de l'ouverture de la succession, il se révèle que l'atteinte à la réserve est supérieure à celle prévue dans la renonciation, l'excédent doit être réduit comme toutes les libéralités excessives.

› Les formalités

Le fait pour les héritiers d'accepter de renoncer à leur part de réserve est une décision grave. Les conditions de cette renonciation sont donc très encadrées et sa révocation reste possible dans certains cas.
La renonciation doit être acceptée par le donateur.
Elle est interdite au mineur, même émancipé, ainsi qu'aux incapables majeurs.
La renonciation doit être établie séparément par acte authentique (notarié) reçu par deux notaires (elle peut être faite dans le même acte par plusieurs héritiers réservataires).
Le renonçant doit être averti des conséquences de sa décision.

› La révocation du pacte de famille

Après le décès du donateur, l'héritier qui a renoncé peut revenir sur sa décision et en demander la révocation pour l'une des causes suivantes :
- le bénéficiaire ne remplit pas ses obligations alimentaires à son égard ;
- l'héritier est, lors de l'ouverture de la succession, dans un état de besoin qui n'existerait pas s'il n'avait pas renoncé à sa réserve ;
- le bénéficiaire de la renonciation s'est rendu coupable d'un crime ou d'un délit contre sa personne.

Les délais pour demander la révocation de la renonciation sont assez brefs, puisqu'en cas de besoin, l'héritier doit agir dans l'année qui suit le décès et, dans les autres cas, dans l'année qui suit le fait reproché ou la connaissance de ce fait.
La révocation n'a jamais lieu de plein droit. Il faut qu'elle soit prononcée par un tribunal (C. civ., art. 930-3).

› Les aspects fiscaux

La renonciation de l'héritier réservataire ne constitue pas une libéralité vis-à-vis du bénéficiaire et ne donne donc pas lieu au paiement des droits de mutation (C. civ., art. 930-2). La renonciation, par ailleurs, doit être faite au profit d'un bénéficiaire déterminé.
En conséquence, le bénéficiaire de la renonciation tient ses droits, non pas du renonçant, mais de l'auteur de la libéralité. La libéralité est donc imposable selon les tarifs applicables entre le donateur et le bénéficiaire, et non en fonction des liens qui unissent le renonçant et le bénéficiaire.

La renonciation à l'action en retranchement

L'action en retranchement permet aux enfants issus d'une précédente union du défunt de limiter les effets d'un avantage matrimonial accordé au conjoint survivant dans un régime de communauté (par exemple, la clause d'attribution intégrale). Si l'avantage matrimonial a pour effet de donner au conjoint survivant une part supérieure au montant de la quotité disponible entre époux, les enfants peuvent réduire cette part (voir *L'action en retranchement*, p. 197).

› Les modalités de la renonciation

Les enfants issus d'une précédente union du défunt peuvent renoncer à exercer l'action en retranchement avant le décès de l'époux bénéficiaire.
La renonciation peut viser l'ensemble des biens de la communauté ou un bien déterminé (par exemple, une maison). L'intérêt de cette renonciation est de permettre à l'époux survivant de rester en possession des biens du défunt, les enfants pouvant récupérer les biens au décès de leur beau-père ou belle-mère.
En contrepartie de cette renonciation, les héritiers bénéficient de plein droit d'un privilège sur les meubles. Ils peuvent également demander, nonobstant toute stipulation contraire, qu'il soit dressé un inventaire des meubles et un état des immeubles.

› Les formalités

Comme la renonciation à l'action en réduction (voir *La renonciation à l'action en réduction*, p. 28), les conditions de cette renonciation sont encadrées.
La renonciation doit être acceptée par le conjoint.
Elle est interdite au mineur, même émancipé, ainsi qu'aux incapables majeurs.
La renonciation doit être établie séparément par acte authentique (notarié) reçu par deux notaires (elle peut être faite dans le même acte par plusieurs héritiers réservataires). Elle est signée séparément par chaque renonçant en présence des seuls notaires.
Le renonçant doit être averti des conséquences juridiques futures de sa décision.

› Les aspects fiscaux

La renonciation, quelles que soient ses modalités, ne constitue pas une libéralité. Les enfants sont imposés comme s'ils avaient reçu les biens de leur père ou de leur mère, et non pas du conjoint survivant (leur beau-père ou leur belle-mère).

NOTRE CONSEIL

Protéger le confort des vieux jours Certes, c'est aujourd'hui (et pas dans 30 ans) que vos proches ont besoin d'un coup de pouce financier. Sans oublier que malgré quelques coups de rabots, la fiscalité des donations reste une bonne affaire. Mais le mieux est l'ennemi du bien. N'allez pas, par peur obsessionnelle de la fiscalité successorale, donner trop. Faites vos comptes pour ne pas mettre en péril la tranquillité de vos vieux jours. Donner d'accord, mais choisissez la bonne manière et le moment de donner en restant raisonnable.

Que pouvez-vous donner ?

➤ Tous les biens dont on est propriétaire peuvent être donnés : argent, objet, immeuble, portefeuille de valeurs mobilières, parts de société…

➤ Mais tout en restant une donation, c'est-à-dire la transmission gratuite d'un bien, l'acte peut être assorti de conditions permettant ainsi au donateur de conserver l'usage du bien ou d'obtenir une prise en charge de ses frais afin de ne pas se dépouiller entièrement.

Comment donner en conservant l'usage du bien ?

La donation ne peut pas porter sur des biens que le donateur ne possède pas encore (seules les donations au dernier vivant, entre époux ou les donations par contrat de mariage de biens « à venir » sont autorisées). Mais, tout bien, objet mobilier, immeuble, somme d'argent, valeur mobilière, créance… que possède le donateur peut être donné quelle que soit sa valeur. De même, tout bien peut être légué.
Le donataire (bénéficiaire) devient propriétaire du bien donné dès qu'il accepte la donation. Il est toutefois possible de donner sans se dépouiller entièrement et notamment de conserver l'usage (et la gestion) du bien donné. L'intérêt dans ce cas est d'organiser la transmission de ses biens tout en continuant à en profiter.

La donation avec réserve d'usufruit

Pour éviter de se dépouiller irrévocablement d'un bien, le donateur peut donner la nue-propriété d'un bien tout en s'en réservant la jouissance ou l'usufruit. En donnant la nue-propriété d'une maison, le donateur qui conserve l'usufruit peut continuer à y vivre, la louer ou y loger une personne de son choix.
Le donateur peut ainsi continuer à utiliser le bien et à en percevoir les revenus.
Le bénéficiaire de la donation en nue-propriété d'un immeuble ne peut ni y vivre ni le vendre.
Il est en revanche tenu de payer les gros travaux affectant notamment le toit ou les murs.
Il n'en deviendra entièrement propriétaire qu'au décès de l'usufruitier.
La donation de la nue-propriété n'est donc pas un moyen de favoriser immédiatement un héritier.
Elle représente cependant un intérêt fiscal car les droits sont calculés sur la valeur de la nue-propriété déterminée d'après le tableau prévu à l'article 669 du Code général des impôts (voir *L'évaluation de l'usufruit et du droit d'habitation*, p. 238).
Au décès de l'usufruitier, l'usufruit s'éteint, c'est-à-dire qu'il réintègre le patrimoine du nu-propriétaire. Celui-ci devient propriétaire à part entière et n'aura aucun droit à payer à la succession de l'usufruitier.

› La réversion de l'usufruit

L'usufruit peut être établi au profit de deux personnes successivement : un époux donne un bien en nue-propriété à son enfant avec réserve d'usufruit, par exemple. Une clause prévoit que l'usufruit est transmis à son conjoint à son décès et qu'il ne s'éteint qu'au décès de ce dernier.

Au décès du premier des époux usufruitier, son conjoint peut continuer de demeurer dans les lieux sans que cette prise d'usufruit soit considérée comme un acte sous-entendant sa volonté d'accepter la succession.
Le conjoint peut donc tout à fait renoncer à la succession, tout en conservant cet usufruit.
Son usufruit lui est définitivement acquis à compter de la donation contenant la clause de réversibilité, seul l'exercice est différé au décès du donateur.

Cas pratique

Deux époux font une donation en faveur de leurs cinq enfants de la nue-propriété d'un immeuble en faisant réserve expresse, à leur profit et au profit du survivant d'entre eux, de l'usufruit du bien donné.
Au décès du mari, les héritiers et le conjoint renoncent à la succession.
Le fisc estimant que le conjoint survivant avait procédé à certains actes (au nombre desquels était inclus l'exercice de l'usufruit) rendant cette renonciation inopérante, il lui réclame le paiement des droits de succession.
La question qui se posait était de savoir si le fait d'exercer ce droit d'usufruit devait être considéré comme une acceptation tacite de la succession.
La réponse des juges est négative. Le droit d'usufruit a pris naissance au moment de la donation et non pas après le décès (C. cass., civ. 2e, 8.6.2007, n° 05-10727).

Les droits de mutation sont calculés, lors de la donation, en tenant compte du premier usufruitier uniquement. Au premier décès, le nouvel usufruitier acquitte ses droits de mutation en fonction de la valeur de son usufruit (lui-même calculé en fonction de son âge). Si le second bénéficiaire de l'usufruit est plus jeune que le premier, le nu-propriétaire a droit à une restitution d'une partie des droits de donation qu'il a acquittés au moment de la donation. Cette restitution est la différence entre ce qu'il a payé et ce qu'il aurait payé si les droits avaient été calculés en fonction de l'âge du second bénéficiaire.
Si le second bénéficiaire de l'usufruit est plus âgé que le premier, le nu-propriétaire n'a pas à payer un supplément de droits de donation.

À NOTER

Suppression de la clause de réversion entre époux La réversion d'usufruit en faveur du conjoint reste révocable à tout moment (et notamment à l'occasion d'un divorce). En effet, il ne s'agit pas d'une donation de biens présents prenant effet au cours du mariage (donation irrévocable même en cas de divorce), mais d'une donation de biens présents prenant effet à terme (au décès du premier époux).

› Les droits de l'usufruitier

L'usufruit est le droit de jouir d'un bien qui appartient à quelqu'un d'autre. Le droit d'usufruit n'est pas équivalent au droit d'un locataire (qui habite un logement qui ne lui appartient pas) puisque le droit d'usufruit ne se limite pas à un simple droit d'usage ou d'habitation. L'usufruitier peut vendre ou donner son droit d'usufruit ou en recueillir les « fruits » ou revenus. Mais il n'a pas le droit

de modifier la « substance » du bien et doit le rendre, à la fin de l'usufruit, au nu-propriétaire. Par exemple, il ne peut pas transformer une résidence secondaire en un commerce. De même, il est responsable si le bien est détruit, sauf s'il prouve que la destruction est due à un cas fortuit ou à la force majeure (exemple : si la foudre a provoqué un incendie).
La vente globale du bien n'est possible que d'un commun accord entre le nu-propriétaire et l'usufruitier.
Le nu-propriétaire peut vendre la nue-propriété du bien mais cette vente ne modifie pas les droits de l'usufruitier.
L'usufruit s'éteint généralement au décès de l'usufruitier (sauf si l'usufruit est établi pour une durée déterminée) et réintègre le patrimoine du nu-propriétaire qui devient seul propriétaire du bien (C. civ., art. 578 et s.).
Fiscalement, le nu-propriétaire ne paie pas de droits de mutation au décès de l'usufruitier.

L'usufruit porte sur un immeuble (maison, terrain, appartement)

S'il s'agit d'une maison ou d'un logement mixte (d'habitation et professionnel), l'usufruitier peut l'habiter ou le louer et percevoir les loyers (les fruits).
Si le logement est situé dans une copropriété, à défaut d'accord entre le nu-propriétaire et l'usufruitier, depuis le 1er juin 2020, la participation à l'assemblée générale et le droit de vote appartiennent au nu-propriétaire (loi sur le statut de la copropriété n° 65-557 du 10 juillet 1965, art. 23).
S'il s'agit de terres agricoles ou d'un local commercial, l'usufruitier ne peut, sans l'accord du nu-propriétaire, consentir un bail rural ou commercial. La différence avec les baux d'habitation s'explique par le fait que le commerçant ou l'agriculteur locataire bénéficie d'un véritable droit au renouvellement du bail qui empêcherait le nu-propriétaire de reprendre les biens loués à la fin de l'usufruit (C. civ., art. 595).
La question s'est posée de savoir si l'usufruitier pouvait, seul, procéder aux renouvellements successifs du bail commercial ou rural. La Cour de cassation a répondu par la négative. L'article 595 du Code civil ne fait aucune distinction entre la conclusion d'un bail et son renouvellement. L'usufruitier doit donc faire concourir le nu-propriétaire à l'acte de renouvellement. À défaut, ce renouvellement serait annulé (C. cass., civ. 3e, 24.3.1999).
L'usufruitier doit régler la taxe foncière normalement établie à son nom en vertu de l'article 1400 II du Code général des impôts, à la différence du locataire ou du titulaire du droit d'usage et d'habitation.
La taxe d'habitation doit être réglée par celui qui habite dans le logement. Il peut s'agir de l'usufruitier ou d'un locataire si l'immeuble est loué. Toutefois, en 2023, aucun contribuable ne paiera plus de taxe d'habitation pour le logement constituant sa résidence principale.
Les obligations de l'usufruitier concernant les réparations sont plus larges que celles d'un locataire, puisqu'il est tenu d'effectuer toutes les réparations sauf celles qualifiées de grosses réparations qui sont à la charge du nu propriétaire. Les

grosses réparations concernent le toit et les gros murs, en d'autres termes les réparations nécessaires à la conservation de la structure de l'immeuble.
Cela signifie que, quel que soit le coût des réparations, l'usufruitier doit les assumer si elles ne concernent pas les murs et le toit de l'immeuble.

Cas pratique

Dans un immeuble en copropriété, un lot était détenu par un usufruitier et par deux nus-propriétaires. D'importants travaux sont décidés par la copropriété :
- étanchéité des terrasses ;
- réparation des ascenseurs : pose de moteurs neufs et armoires de manœuvres neuves ;
- réfection de l'installation de chauffage : remplacement d'une chaudière vétuste au fuel par une chaudière au gaz.

L'usufruitier considérait qu'il ne s'agissait pas de dépenses d'entretien, ni même de gros entretien : le remplacement du système de chauffage coûtait trois fois plus cher que le simple remplacement de la chaudière ; l'étanchéité est un élément de maçonnerie de l'immeuble et, à ce titre, concerne la structure de l'immeuble, et la pose de moteurs neufs équivalait à équiper l'immeuble d'ascenseurs neufs.
Saisie de ce litige, la cour d'appel donne une définition très restreinte des grosses réparations. Le seul critère est de savoir si les réparations sont nécessaires ou non à la conservation de l'immeuble. Concernant les travaux en question, la réponse est négative.
L'étanchéité ne constitue pas toute la maçonnerie. La structure de l'immeuble n'est pas atteinte par des infiltrations d'eau. Les ascenseurs ou le système de chauffage sont des éléments d'équipements. Elle condamne l'usufruitier à prendre à sa charge les frais de ces travaux. Le fait que ces dépenses soient très importantes est sans rapport avec la définition des « grosses réparations » (CA Paris, 11.1.2000, JCL, Loyers et copropriété, 2000, n° 122, p. 18).

L'usufruit porte sur des sommes d'argent

L'usufruitier peut disposer des sommes figurant sur les comptes bancaires, d'épargne, etc. Il peut encaisser les sommes, les utiliser pour acquérir des biens, etc.
Ses droits sont donc importants dans ce domaine puisqu'il est pratiquement seul propriétaire de cet argent et c'est la raison pour laquelle l'usufruit de sommes d'argent est appelé « quasi-usufruit ».
Pendant la durée de l'usufruit, le nu-propriétaire ne peut en principe pas intervenir pour contrôler l'usage de cet argent par l'usufruitier.
Au décès de l'usufruitier, le nu-propriétaire sera titulaire d'une créance (équivalente au montant des sommes en question) qui sera déduite de l'actif successoral.

L'usufruit porte sur des valeurs mobilières

S'il s'agit de titres ou d'actions, l'usufruitier perçoit les dividendes.
La question s'est posée de savoir si l'usufruitier devait se contenter de percevoir les revenus de ces actions ou s'il pouvait également gérer le portefeuille en ven-

dant et en rachetant des nouvelles valeurs sans l'accord du nu-propriétaire. La Cour de cassation a décidé que l'usufruitier d'un portefeuille de valeurs mobilières était autorisé à gérer le portefeuille en vendant les titres. Sa seule obligation étant de s'abstenir de diminuer la valeur en capital du portefeuille. Cela signifie qu'il n'est pas propriétaire du prix de vente des actions, qu'il ne peut en disposer. Cela signifie aussi qu'il ne peut donner les actions en nantissement. Les actions ne sont donc pas, comme l'argent liquide, la propriété de l'usufruitier et ne constituent donc pas un « quasi-usufruit » (C. cass., civ. 1re, 12.11.1998, D. 1999, II, p. 167).

ATTENTION

Suspicion de fraude En cas de donation de la nue-propriété avec réserve d'usufruit, le fisc peut réintégrer dans la succession la valeur des biens donnés si le donateur décède dans l'année de la donation. En effet, le fisc présume que les actions, les obligations, les parts de fondateur ou bénéficiaires, parts sociales ou toute autre créance dont le défunt a eu la propriété ou a perçu des revenus ou à raison desquelles il a effectué une opération quelconque moins d'1 an avant son décès font partie de son patrimoine – dans cette hypothèse, les droits de mutation payés au moment de la donation viennent en déduction des droits de succession (CGI, art. 752).

Cas pratique

Le propriétaire d'un logement donné en location dans le cadre de la loi Pinel peut-il faire donation à son enfant de la nue-propriété de ce logement ?

Cette donation n'est pas possible, sous quelque forme que ce soit.

Le démembrement de propriété, c'est-à-dire la répartition des droits entre un nu-propriétaire et un usufruitier intervenant pendant la période d'engagement de location entraîne la reprise immédiate des avantages fiscaux accordés au titre de la défiscalisation Pinel. Toutefois, la remise en cause des avantages fiscaux n'a pas lieu si le démembrement de propriété intervient à la suite du décès de l'un des époux. Le conjoint qui devient usufruitier doit demander la reprise du régime à son profit. En revanche, une fois achevée la période d'engagement de location, le propriétaire du logement peut en disposer librement, le vendre, en faire donation, réaliser un démembrement de propriété…

À NOTER

Le PEA Il n'est pas possible de faire donation de la nue-propriété d'un PEA (plan d'épargne en actions). Le démembrement de titres (nue-propriété et usufruit) figurant sur le plan entraîne la clôture du plan pour non-respect des conditions. Le PEA ne peut appartenir qu'à une seule personne.

L'usufruit porte sur des objets ou biens meubles

L'usufruitier peut utiliser une voiture, se servir des meubles, les louer mais ne peut pas les vendre puisqu'il doit les rendre à la fin de l'usufruit. S'agissant de choses qui se détériorent peu à peu ou qui s'usent par le fait de les utiliser, elles

doivent être rendues, à la fin de l'usufruit, dans l'état où elles se trouvent. L'usufruitier n'est pas obligé de les conserver dans l'état où elles se trouvaient au début de l'usufruit.
Si l'usufruit porte sur un fonds de commerce, l'usufruitier peut l'exploiter. Il a sur les marchandises un quasi-usufruit (comme sur l'argent) puisqu'il s'agit de biens dont on ne peut avoir l'usage sans les consommer. Elles peuvent donc être vendues par l'usufruitier.

› Les règles fiscales

Sur le paiement différé des droits de succession pour les nus-propriétaires et l'évaluation fiscale de l'usufruit, voir *Droits de mutation*, p. 232.

La donation avec réserve du droit d'usage et d'habitation

Le donateur peut conserver sur le bien donné un droit d'usage et d'habitation, droit qui s'éteint à son décès. Cette formule lui permet de conserver l'usage des lieux tout en ayant transmis la propriété (C. civ., art. 625 et s.).
Le droit d'usage et d'habitation doit être publié au fichier immobilier par un notaire.
À défaut, ce droit ne serait pas opposable aux acquéreurs de l'immeuble ce qui signifie qu'ils pourraient expulser le titulaire du droit.
Souvent, le droit d'usufruit et le droit d'usage et d'habitation sont confondus. Il est vrai que la plupart du temps, les titulaires de ces droits demeurent dans les lieux. Leurs droits sont cependant différents.

› Les droits de l'usager

Le titulaire du droit d'usage et d'habitation ne peut pas transmettre son droit

Le droit d'usage et d'habitation est un droit strictement personnel qui ne peut être transmis à un tiers. Le titulaire de ce droit ne peut le donner, ni le vendre, ni le transmettre par testament.
Dans cette même logique, le droit est insaisissable par les créanciers du titulaire et le titulaire ne peut pas consentir une hypothèque à ses créanciers.
Il est cependant admis que le titulaire puisse renoncer à son droit en faveur du propriétaire du logement. Par exemple, si un parent donne un immeuble à son enfant en se réservant le droit d'usage et d'habitation et qu'il ne peut plus y vivre en raison de son âge ou de sa maladie, il peut renoncer à son droit moyennant le versement d'une rente viagère (la rente peut permettre de payer les frais d'une maison de retraite).

Le titulaire du droit d'usage et d'habitation ne peut pas louer les lieux

L'usager n'a pas non plus le droit de louer les lieux à un tiers, ni de lui laisser l'usage des lieux à titre gratuit. Le droit d'usage et d'habitation ne peut être exercé que par son titulaire et par sa famille.
Par « famille », il faut entendre les enfants (légitimes, naturels ou adoptifs) et le conjoint (même si le mariage a été célébré après la constitution du droit d'usage et d'habitation).
Si le donateur qui s'est réservé le droit d'usage et d'habitation vit en concubinage ou est pacsé, il faut que l'acte de donation prévoie que le droit est consenti non seulement au donateur mais aussi « à son partenaire » ou « à la personne vivant avec lui ». Si le donateur vit avec un frère ou une sœur, cette précision devra aussi figurer dans l'acte.
L'intérêt pour le propriétaire du bien est que le logement ne risque pas d'être occupé par un locataire lors du décès de l'usager. Il pourra donc rapidement prendre possession des lieux.
Au contraire, le droit d'usufruit peut être cédé. L'usufruitier peut librement louer les locaux et conserver les loyers.

Le titulaire du droit d'usage et d'habitation doit entretenir l'immeuble et payer les impôts

Pendant la durée d'exercice de ce droit, il est tenu de procéder aux réparations d'entretien (qui incluent le remplacement des éléments d'équipement tels que l'ascenseur ou la chaudière) et aux réparations locatives (comme un locataire). Le gros œuvre est en principe à la charge du propriétaire.
S'il ne le fait pas et s'il en résulte de graves dégradations sur l'immeuble, son droit peut être supprimé ou converti en rente viagère. La demande de suppression est de la compétence du tribunal judiciaire. Il prononcera la suppression du droit s'il reconnaît un abus de jouissance de la part du titulaire (le simple fait d'abandonner les lieux ne constitue pas un abus de jouissance).
L'usager est redevable des impôts (taxe d'habitation et taxe foncière) comme l'usufruitier.
Si l'immeuble est en copropriété, le règlement peut prévoir qui du propriétaire ou de l'usager sera convoqué aux assemblées. À défaut de précisions, un mandataire commun doit être désigné.

NOTRE CONSEIL

Ne pas donner votre résidence principale Il ne faut jamais, sous quelque forme que ce soit, donner votre résidence principale. Même si l'acte notarié de donation indique que vous en conservez l'usufruit, donc le droit de continuer d'y habiter, rien n'empêche des enfants sous influence de vous mettre la pression pour que vous alliez vivre dans une maison de retraite.

› Les règles fiscales

Fiscalement, le bien sur lequel s'exerce le droit d'usage et d'habitation est réputé appartenir pour la pleine propriété au donateur (comme l'usufruit).

Pour l'impôt sur la fortune immobilière (IFI, ex-ISF), la valeur globale de l'immeuble est retenue dans le patrimoine du titulaire du droit d'usage et d'habitation.

Le droit d'usage et d'habitation est évalué à 60 % de la valeur de l'usufruit (sur les tables de valeur de l'usufruit, voir *L'évaluation de l'usufruit et du droit d'habitation*, p. 238).

Peut-on imposer des conditions ?

La donation est un acte généreux. Mais, rien n'empêche d'insérer dans l'acte de donation des clauses mieux adaptées à la situation personnelle du donateur ou du donataire, et plus protectrices des intérêts de la famille, dans toutes les éventualités.
Certaines clauses peuvent en effet être incluses dans l'acte de donation dans l'intérêt du donateur et ayant pour effet de limiter les droits attachés à la propriété du bien (droit de retour, clause d'inaliénabilité, conditions ou charges imposées au donataire).
Le donateur peut aussi indiquer par une clause expresse qu'il entend donner le bien par préciput ou hors part, ce qui a pour effet d'avantager son héritier par rapport aux autres (voir Quelles démarches pour donner à ses enfants ?, p. 148).

La donation avec clause de retour

Dans l'acte, le donateur peut faire stipuler que si le donataire (bénéficiaire) décédait avant lui, le bien qui a été donné ne serait pas transmissible aux héritiers ou légataires de ce dernier, mais reviendrait dans son patrimoine (C. civ., art. 951 et 952).
Le droit de retour permet ainsi d'empêcher qu'un bien ne sorte de la famille du donateur et soit transmis, par exemple, à un tiers ou à son conjoint. Si la donation comprend la clause de droit de retour, le bien donné réintègre le patrimoine du donateur et ne fait pas partie de la succession du donataire (s'il l'a transmis par testament, le legs n'est pas exécuté).
L'acte peut aussi stipuler que le droit de retour ne sera appliqué que si le bénéficiaire de la donation ainsi que ses propres enfants décédaient avant le donateur. Cette clause envisage l'hypothèse où le bénéficiaire de la donation (décédé avant le donateur) a des enfants. Dans ce cas, le droit de retour ne joue pas, même si le donataire est décédé avant le donateur.

› Enfant adopté du donataire

La question s'est posée de savoir si un enfant adopté empêchait l'exercice du droit de retour.
Les juges ont considéré qu'il ne fallait pas faire de différence entre un enfant adopté et un autre enfant. Dès lors que le bénéficiaire de la donation avait adopté un enfant, le donateur ne pouvait exercer son droit de retour (CA Paris, 7.11.1999, JCP Éd. N 1993, II, p. 175).

› Renonciation à la succession du donataire

Lorsque le droit de retour est prévu en cas de prédécès du donataire et de ses descendants, la renonciation de ces descendants à la succession du donataire équivaut à un prédécès et permet l'exercice du droit de retour.

Cas pratiques

• Une mère avait donné à son fils une maison puis des terrains. Les donations comportaient chacune une clause de retour en cas de prédécès du donataire et en l'absence ou en cas de décès de ses descendants. L'enfant donataire décède avant sa mère et ses enfants renoncent à la succession de leur père.
Les juges ont validé le droit de retour au profit de la mère. L'héritier renonçant est censé n'avoir jamais été héritier. Le donataire ne laissant aucune postérité pour lui succéder, les biens donnés devaient retourner de plein droit dans le patrimoine de la donatrice (C. cass., civ. 1re, 23.5.2012, n° 11-14104).

• Une donation-partage avait été signée et le donateur avait prévu que le bien profiterait aux descendants du donataire en cas de prédécès de ce dernier.
Le donataire décède et ses descendants renoncent à sa succession.
Les juges ont considéré que le donataire n'avait pas eu d'enfants et ont fait jouer le droit de retour (C. cass., civ. 1re, 16.9.2014, n° 13-16164).

› Conséquences du retour

Ce droit de retour ne peut être stipulé qu'au profit du donateur seul.
L'exercice du droit de retour fait disparaître la donation rétroactivement, ce qui signifie que les hypothèques ou les gages qui ont pu être inscrits sur ces biens après la donation, tombent.
De même, si le bien a été vendu par le donataire, la vente est annulée.
L'exercice du droit de retour a pour effet de remettre les parties dans la même situation que si la donation n'était jamais intervenue.
Si des sommes ont été versées par le donataire à l'occasion de cette donation, ces sommes doivent être remboursées par le donateur.

Cas pratique

Un père fait donation à sa fille d'une maison d'habitation en incluant un droit de retour en cas de décès de cette dernière sans enfants et en mettant à sa charge le versement d'une somme de 100 000 F (15 245 €).
La fille, mariée mais sans enfant, décède avant son père, lequel demande en conséquence le retour de cette maison dans son patrimoine.
Il obtient gain de cause mais est condamné à rembourser à son gendre la somme de 100 000 F (15 245 €).
L'exercice du droit de retour a pour effet d'anéantir la donation rétroactivement et donc de rendre sans objet le versement de cette somme (C. cass., civ. 1re, 7.6.1995, D. 1995, II, p. 615).

Si des travaux ont été réalisés sur le bien donné, et si ces travaux se sont révélés utiles ou s'ils ont apporté une plus-value au bien, ils doivent être remboursés.

Cas pratique

Dans ce contentieux, une mère avait donné à son fils la nue-propriété d'une maison en conservant l'usufruit. L'acte contenait une clause de retour en cas de prédécès du donataire.

Après le décès de son fils, la mère entend exercer son droit de retour et demande l'expulsion de sa belle-fille. Cette dernière, en réponse, demande le remboursement des travaux qu'elle et son mari avaient effectués.

Cette dernière demande est rejetée par la cour d'appel. En tant que nu-propriétaire, le fils devait effectuer les grosses réparations nécessaires. Or les travaux dont le remboursement est demandé correspondaient à des dépenses d'aménagement ou de finition des lieux (travaux d'électricité, de cuisine, de revêtements de sol, de volets roulants, de portail, de plantations) et non à des grosses réparations nécessaires.

Sur ce point, l'arrêt est cassé. La cour d'appel aurait dû rechercher si le donataire et son épouse avaient ou non effectué des travaux qui avaient apporté une plus-value à la maison ou qui lui étaient utiles (C. cass., civ. 1re, 23.9.2015, n° 14-18131).

› Les droits de mutation

Deux questions relatives aux droits de mutation se posent lorsque s'exerce le droit de retour :

- faut-il payer des droits de mutation sur la valeur des biens qui réintègrent le patrimoine du donateur ?
- le fisc rembourse-t-il les droits payés lors de la donation rétroactivement annulée ?

À la première question, l'administration fiscale répond par la négative. Le droit de retour conventionnel (c'est-à-dire inscrit dans la donation) ne donne pas lieu au paiement des droits de mutation par décès sur la valeur des biens repris par le donateur au décès du donataire.

En ce qui concerne la seconde question, la loi de finances pour 2010 a mis fin à la divergence qui opposait l'administration et la Cour de cassation.

Désormais, en application de l'article 791 *ter* du Code général des impôts, le retour des biens dans le patrimoine du donateur après exercice du droit de retour légal des ascendants ou du droit de retour conventionnel entraîne la restitution des droits de mutation acquittés lors de la première donation.

Ce droit à restitution concerne les retours effectués depuis le 1er janvier 2010. La restitution doit être demandée au plus tard le 31 décembre de la deuxième année suivant celle au cours de laquelle le droit de retour a joué (LPF, art. R. 196-1).

En revanche, le droit de retour légal en cas d'adoption simple et le droit de retour légal des frères et sœurs du donataire prédécédé (prévus par les articles 368-1 et 757-3 du Code civil) n'ont pas été inclus dans le champ d'application de l'article 791 *ter* du Code général des impôts.

En cas de nouvelle donation

Si les biens retournés dans le patrimoine du donateur font l'objet d'une nouvelle donation, les droits de mutation acquittés lors de la première donation sont imputés sur les droits dus pour la seconde.

Les bénéficiaires de la donation doivent être des descendants ou ascendants (ligne directe). Le droit de retour mis en exercice peut être légal (C. civ., art. 738-2) ou conventionnel (C. civ., art. 951 et 952).
La nouvelle donation doit intervenir dans les 5 ans du retour des biens dans le patrimoine du donateur (CGI, art. 791 *ter*).
Une instruction fiscale est venue apporter les précisions supplémentaires :
- le bénéfice de l'imputation n'est pas subordonné au fait que les droits acquittés lors de la première donation aient été supportés par le donateur ;
- le fisc accepte également que l'intégralité des droits acquittés lors de la première donation s'impute sur les droits dus lors de la seconde, même si la seconde donation ne porte que sur une partie des biens qui ont fait l'objet du droit de retour. Mais il refuse toute restitution des droits qui n'auront pas été imputés à l'occasion de la seconde donation (instr. min., 10.7.2009, 7 G 7-09).
Cette règle est aussi applicable aux secondes donations consenties depuis le 29 décembre 2007, même si le retour s'est exercé avant cette date.

› Le droit de retour dans une donation-partage

Comme pour les donations simples, l'ascendant qui a réalisé la donation-partage (voir *Comment faire une donation-partage ?*, p. 128) ne peut, de lui-même, révoquer l'acte et récupérer les biens donnés. Les biens donnés dans une donation-partage le sont irrévocablement. Si un enfant s'estime lésé et entend revenir sur la donation-partage qu'il a acceptée, il ne peut le faire qu'au décès du donateur. En effet, si le principe d'égalité entre descendants n'a pas été respecté ou si un enfant a été négligé, la donation-partage ne sera pas nulle. L'enfant lésé pourra, au décès du parent donateur, exercer l'action en réduction sur la part des autres descendants et se constituer ainsi une part égale en valeur à celles déjà constituées dans la donation-partage (voir *Que se passe-t-il au décès du donateur ou du testateur ?*, p. 275).
Les biens donnés peuvent réintégrer le patrimoine du donateur en vertu d'une clause de droit de retour. Cette clause signifie que les biens retourneront dans le patrimoine du donateur si le donataire meurt avant lui. La clause peut aussi prévoir le droit de retour en cas de décès non seulement du donataire mais aussi de ses enfants. Cette clause permet d'éviter qu'un bien ne quitte la famille du donateur et soit, par exemple, transmis au conjoint de l'enfant décédé.

À NOTER

Modèle de clause prévoyant le droit de retour « Le donateur fait réserve expresse du droit de retour à son profit sur les biens donnés, pour le cas où le donataire viendrait à décéder avant lui sans enfant ni descendant et pour le cas encore où ceux qu'il aurait laissés viendraient eux-mêmes à décéder sans postérité.
La réserve du droit de retour ci-avant ne fera pas obstacle à l'exécution de toute donation ou de tout legs en usufruit que le donataire pourrait consentir au profit de son conjoint. Malgré cette réserve du droit de retour, le donataire pourra librement et sans le concours du donateur aliéner à titre onéreux les biens donnés mais ce dernier exercera alors son droit de retour, s'il y a lieu, sur le prix de l'aliénation ou ce qui en sera la représentation. »

Cas pratique

Un père effectue une donation-partage de ses biens et l'un de ses enfants reçoit dans son lot une maison familiale. Cet enfant se marie et rédige un testament par lequel il lègue tous ses biens à son épouse. Il meurt sans enfant.

Si la donation-partage a prévu une clause de retour, la maison ne sera pas transmise à l'épouse, mais sera réintégrée dans le patrimoine du père.

S'il n'y a pas de clause de retour, l'épouse du fils décédé héritera de la maison (en totalité ou en partie suivant les héritiers en présence).

› Le droit de retour s'effectue-t-il en nature ou en valeur ?

En principe, la restitution des biens doit se faire en nature, c'est-à-dire que le donateur doit récupérer le bien tel qu'il a été transmis. Lorsqu'un des parents effectue une donation-partage entre ses enfants et que l'un de ces enfants décède avant ce parent, le droit de retour ne s'exerce que sur le bien reçu par cet enfant. Par exemple, si le parent donne à un enfant un terrain et à l'autre enfant une maison, le droit de retour ne portera que sur le bien donné à l'enfant décédé avant le donateur. Mais, en présence d'une donation-partage consentie par les deux parents en faveur de leurs enfants, la jurisprudence reconnaît que si les donateurs forment une masse commune comprenant des biens communs et des biens propres et stipulent que ces biens forment une indivisibilité, la restitution peut se faire en valeur. On calcule la valeur de la restitution en fonction de ce que le parent a mis dans la masse globale des biens partagés.

Les biens donnés ne sont pas individualisés et le droit de retour peut s'exercer sur une quote-part en valeur des biens donnés, quelle que soit leur origine.

Cas pratiques

- Un couple possède en commun un appartement. Le mari possède en propre une maison à la campagne.

Ils réunissent leurs biens et font une donation-partage entre leurs deux enfants qui se partagent ainsi ces biens : le premier reçoit l'appartement et le second la maison de campagne.

Ce second enfant décède avant ses parents. Sa mère, devenue veuve, veut faire jouer le droit de retour à son profit. Dans ce cas, le droit de retour ne peut pas porter sur la maison qui n'a pas été donnée directement à cet enfant mais qui a été intégrée dans une masse commune, elle-même partagée entre les deux enfants. La donation avait été faite aux deux enfants et le droit de retour ne s'exerçait que pour l'un d'entre eux. Il ne sera donc restitué à la mère qu'une part de cette masse commune, soit la moitié (C. cass., civ. 1re, 4.10.1988, D. 1989, II, p. 33).

- Une veuve avait donné ses biens à ses deux enfants. Ceux-ci avaient partagé entre eux non seulement les biens donnés par la mère mais également les biens qu'ils avaient hérités de leur père décédé. Ce partage avait eu pour effet d'attribuer à l'un des enfants les biens donnés par la mère et à l'autre enfant les biens hérités du père.

Lorsque l'enfant propriétaire des biens donnés par la mère décède, cette dernière demande l'application de son droit de retour et réclame tous les biens attribués à cet enfant.
Il est reconnu que tous les biens que possédait cet enfant provenaient de la mère et pourtant le droit de retour ne peut porter que sur la moitié de ces biens. Même si le partage final entre les enfants avait attribué à l'un d'entre eux les biens maternels, il n'avait cependant reçu de sa mère que la moitié de ces biens. En conséquence, la mère n'a pu récupérer que la moitié des biens qu'elle avait donnés à ses deux enfants.

› Les droits de retour prévus par la loi

Le droit de retour des biens donnés à un enfant adopté

Lorsqu'une personne fait l'objet d'une adoption simple, ses liens avec sa famille d'origine ne sont pas rompus. Ils coexistent avec ses liens avec sa famille adoptive.
Concernant les biens que cette personne a pu recevoir par donation (ou succession), une règle spécifique est établie dans l'hypothèse où elle décède sans enfant. Les biens donnés par son père ou sa mère d'origine retournent à ces derniers ou à leurs descendants (C. civ., art. 368-1).
De la même façon, les biens donnés par l'adoptant retournent à ce dernier ou à ses descendants.
Ce droit de retour est cependant limité. Il a lieu à condition :
- que les biens existent encore en nature dans le patrimoine de l'adopté (s'ils ont été vendus, le droit de retour ne peut pas faire annuler la vente) ;
- que soient respectés les droits du conjoint de l'adopté si celui-ci est marié lors de son décès.

Le droit de retour en faveur des frères et sœurs du défunt

En l'absence d'enfants ou de descendants du défunt et lorsque ses père et mère sont décédés, le conjoint survivant recueille toute la succession.
Si cette succession comprend des biens qui ont été donnés au défunt par ses ascendants (ses parents ou ses grands-parents) ou dont il a hérité, le droit de retour s'exerce sur ces biens en faveur des frères et sœurs du défunt.
Ce droit de retour ne s'exerce que sur les biens qui existent encore en nature dans la succession. Si ces biens ont été donnés ou vendus par le défunt, ils ne peuvent être transmis aux frères et sœurs.
Par ailleurs, le droit de retour ne s'exerce que sur la moitié de ces biens.
Le législateur a voulu que ces biens ne sortent pas de la famille et soient attribués aux frères et sœurs du défunt ou à leurs descendants, eux-mêmes descendants du ou des parents prédécédés à l'origine de la transmission (C. civ., art. 757-3).

Le droit de retour en faveur du père et de la mère du défunt

La loi n° 2006-728 du 23 juin 2006, applicable depuis le 1er janvier 2007, a supprimé la réserve des ascendants. Cela signifie qu'ils peuvent être totalement exclus de la succession de leur enfant si ce dernier a disposé de ses biens, par testament ou donation, de son vivant.

Pour compenser cette suppression et pour éviter qu'un étranger légataire universel ne recueille tous les biens de la succession, il a été créé un droit de retour légal en faveur du père et de la mère du défunt : une partie des biens qu'ils ont donnés à leur enfant leur est restituée.

Le droit de retour ne peut s'exercer sur plus d'un quart de ces biens si un seul des parents est encore vivant ou sur la moitié de ces biens s'ils sont tous deux vivants (1/4 pour le père et 1/4 pour la mère).

La valeur de ces biens s'impute en priorité sur leurs droits successoraux (ils ne cumulent pas leurs parts héréditaires et les biens qui font l'objet du droit de retour).

À la différence du droit de retour institué en faveur des frères et sœurs, le droit de retour des parents est reconnu même si les biens n'existent plus en nature dans la succession. La restitution a alors lieu en valeur dans la limite de l'actif successoral (C. civ., art. 738-2).

Sur les règles fiscales, voir *Les droits de mutation*, p. 42.

La donation ou le legs avec clause d'inaliénabilité

Les clauses d'inaliénabilité sont des stipulations par lesquelles un disposant (le donateur ou le testateur) fait interdiction au gratifié d'aliéner (c'est-à-dire de vendre, léguer, donner ou hypothéquer) les biens donnés ou légués. L'interdiction d'aliéner signifie l'interdiction de toute transmission, qu'il s'agisse d'une transmission à titre onéreux (vente) ou à titre gratuit (donation).

Le terme « donation » comprend également les donations au dernier vivant que peuvent se consentir deux époux, même si ces donations ne prennent effet qu'aux décès des donateurs (C. cass., civ. 1re, 20.11.1985, Bull. civ. n° 313).

L'interdiction d'aliéner peut être absolue (interdiction de vendre ou de donner au profit de quiconque) ou relative (interdiction de vendre ou de donner au profit de telle personne précisée).

Le disposant peut également stipuler que l'aliénation des biens donnés ou légués ne pourra se faire sans son consentement, exprès ou tacite.

Puisque la clause d'inaliénabilité empêche le bénéficiaire de la donation ou du legs de vendre ou de donner le bien dont il est néanmoins propriétaire, il s'agit d'une limitation au droit de propriété.

Il est donc possible d'insérer une telle clause dans le testament ou la donation à condition toutefois que cette clause soit limitée dans le temps et justifiée par un intérêt sérieux et légitime.

› La clause doit être temporaire

La loi ne fixe pas de durée maximum à la validité de la clause d'inaliénabilité. Mais il faut que le bénéficiaire de la libéralité puisse tôt ou tard retrouver la liberté de disposer du bien donné ou légué.

Cas pratique

Un immeuble est légué à plusieurs personnes, dont un mineur ; la clause interdisant la vente de cet immeuble jusqu'à la majorité du mineur est valable.

Un père peut donner un bien à son enfant en prévoyant la clause d'inaliénabilité jusqu'à sa majorité.

La clause peut aussi être prévue pendant toute la vie du donateur. Elle est valable si on peut légitimement penser que le donataire (le bénéficiaire) vivra plus longtemps que le donateur.

En d'autres termes, la clause peut être validée si la période d'inaliénabilité est inférieure à la durée de vie probable du gratifié. Elle serait en revanche annulée si elle était prévue pour toute la vie du bénéficiaire (même s'il reste à ce dernier le droit d'en disposer par testament) ou pour une durée trop longue par rapport à l'âge du bénéficiaire.

Cas pratique

Une clause de testament obligeait les légataires à conserver l'immeuble légué pendant 30 ans. Cette clause a été annulée car non temporaire. En effet, les légataires étant âgés de 60 et 50 ans, la clause d'inaliénabilité atteignait leur espérance de vie et impliquait qu'ils ne pouvaient, de leur vivant, disposer des biens légués (CA Paris, 22.2.2001, D. 2001, IR, p. 1146).

› La clause doit être légitime

Le respect de la volonté du donateur est une priorité dès lors que la clause est légitime et non pas dictée dans le but de nuire au donataire.

Lorsque le donateur prévoit une interdiction de disposer du bien tant qu'il sera vivant, cette clause peut s'expliquer par le souci de garantir le droit de retour qu'il s'est réservé en cas de prédécès du donataire.

La jurisprudence a également admis que l'inaliénabilité pouvait être justifiée :

- dans le but d'assurer le service d'une rente viagère stipulée par le donateur à son profit (C. cass., civ. 1re, 20.7.1982, Bull. civ. I, n° 267) ;
- par un intérêt sentimental, par exemple, la volonté de conserver pendant une assez longue période de temps et dans les meilleures conditions possibles une maison familiale dans laquelle le donateur a vécu toute sa vie ;
- ou encore par un intérêt purement moral lorsque, par exemple, le donateur se réserve le droit d'usage et d'habitation sur une maison. L'interdiction de vendre cette maison est alors justifiée par le souci d'éviter d'avoir à traiter ou régler des litiges avec des tiers autres que le donataire. L'intérêt du donateur, dans ce cas est moral car ses droits ne seraient pas remis en cause par la vente de la maison : il pourrait continuer à y vivre même si le propriétaire change (C. cass., civ. 1re, 10.7.1990, Bull. civ. I, n° 192).

› Les conséquences de la clause d'inaliénabilité

Lorsque la clause est valable, le donataire n'a le droit ni de faire donation du bien, ni de le vendre. Il ne peut non plus consentir une hypothèque, un gage ou un nantissement sur le bien.
Si le donataire ne respecte pas la clause d'inaliénabilité, la donation est révoquée. La révocation prend effet à compter du jour où l'aliénation a été effective.

Cas pratique

Une mère avait fait donation à son fils d'un immeuble avec interdiction d'aliéner ce bien tant qu'elle serait vivante.
Le fils se marie et signe avec son épouse une donation au dernier vivant.
Il décède et son épouse reçoit dans la succession l'immeuble donné.
La mère demande donc la révocation de la donation puisque l'immeuble, malgré l'interdiction, avait été transmis de son vivant.
La belle-fille voulait au contraire faire admettre que la clause d'inaliénabilité avait été dictée dans un but égoïste et arbitraire puisque la donatrice n'avait jamais habité cette maison qui avait toujours été louée à un tiers.
L'argument de la belle-fille a été écarté et la clause d'inaliénabilité a été validée. La donatrice avait elle-même recueilli ce bien de sa mère et pouvait légitimement vouloir qu'il ne quitte pas la branche directe de sa famille. Par ailleurs, la clause était limitée dans le temps.
La donation a donc été révoquée pour violation de l'interdiction d'aliéner.
Un autre problème restait à régler. La mère demandait le remboursement des loyers perçus par le fils (puis par la belle-fille) depuis la donation. La révocation d'une donation a un effet rétroactif et prend effet à compter du jour où l'aliénation a été effective. En l'espèce, ce jour est le jour du décès du fils puisque l'épouse est devenue propriétaire de la maison à compter de ce jour. La Cour a donc condamné la belle-fille à rembourser les loyers perçus depuis le décès de son mari (C. cass., civ. 1re, 20.11.1985, Bull. civ. n° 313).

Le fait que des créanciers inscrivent une hypothèque judiciaire (non consentie par le donataire) n'entraîne pas la révocation de la donation puisqu'aucune saisie ne peut intervenir tant que la clause est en vigueur (C. cass., civ. 1re, 9.10.1985, Bull. civ. n° 123).

Cas pratique

Je dispose d'un bien donné par mes parents que je ne peux pas vendre en raison de l'insertion d'une clause d'inaliénabilité dans la donation. Puis-je considérer qu'il n'a aucune valeur vénale et, en conséquence, me dispenser de le déclarer à l' IFI (ex-ISF) ?
Si un bien a été donné avec une clause d'inaliénabilité, la valeur du bien donné n'est en rien affectée par la présence de cette clause.

L'interdiction d'aliéner n'affecte pas la valeur des biens concernés. Le fisc refuse de considérer que la présence de la clause fait perdre au bien sa valeur à déclarer, notamment pour l'IFI (ex-ISF). Cette solution a été affirmée par la Cour de cassation à propos d'un portefeuille d'actions donné avec interdiction de le vendre jusqu'au décès des donateurs.

Des parents font donation à leur fils de la nue-propriété d'actions. Quelques années plus tard, ils lui donnent l'usufruit.

La donation était assortie d'un droit de retour et d'une interdiction d'aliéner sans le consentement des deux parents donateurs jusqu'au décès de ces derniers.

Lors de sa déclaration fiscale de fortune, le fils déclare que la valeur de ses actions était nulle en raison des clauses figurant dans la donation.

Il reçoit un avis de mise en recouvrement d'un rappel d'impôt. Il adresse alors une réclamation qui est rejetée, puis assigne le directeur des services fiscaux afin d'obtenir le dégrèvement des droits et pénalités estimés dus.

Le tribunal ayant rejeté sa demande, il fait appel. La cour d'appel confirme le jugement et, finalement la Cour de cassation rejette son pourvoi.

Il voulait que les juges reconnaissent que la présence d'une clause d'inaliénabilité faisait perdre aux actions toute valeur vénale et entraînait une valeur nulle à déclarer.

Sa demande est rejetée et les biens grevés sont réintégrés dans le patrimoine de l'usufruitier pour leur valeur en pleine propriété.

Pour fixer cette valeur, la loi prévoit l'évaluation selon le dernier cours connu ou selon la moyenne des trente derniers cours qui précèdent la date d'imposition. La clause d'interdiction d'aliéner n'affectait en rien cette valeur qui doit figurer sur la déclaration de fortune (C. cass., com., 7.1.2004, Bull. civ., p. 8, n° 6).

À NOTER

Évaluation du bien L'interdiction temporaire d'aliéner le bien donné ne justifie pas une décote de sa valeur vénale pour le fisc.

› La suppression de la clause

Suppression à la demande du donataire

Le bénéficiaire de la donation avec clause d'inaliénabilité a la possibilité de demander la suppression de l'interdiction d'aliéner :

- si l'intérêt qui a justifié la clause a disparu (par exemple, si le donateur a déménagé alors que la clause d'inaliénabilité affectant la donation avec réserve d'usufruit avait pour justification la possibilité de demeurer dans le logement donné) ;
- ou s'il advient qu'un intérêt plus important que celui du donateur l'exige. Il s'agit ici de considérer l'intérêt du donateur et les motifs qui l'ont conduit à prévoir cette clause d'inaliénabilité (C. civ., art. 900-1).

Cette demande peut être faite à tout moment. Elle est de la compétence du tribunal judiciaire.

Disparition de l'intérêt du donateur

Dans certains cas, l'intérêt du donateur a disparu :
- si la clause d'inaliénabilité a été inscrite dans le souci de garantir l'exercice d'un droit de retour au cas où le donataire décéderait sans enfant. La clause peut être levée lorsque le donataire a plusieurs enfants ;
- si la clause d'inaliénabilité a été stipulée dans le seul but de garantir le versement d'une rente viagère par le gratifié au donateur, la mort de ce dernier entraîne la suppression du versement de la rente et de la garantie liée à ce droit viager.
Cela signifie que le donataire est libéré du respect de la clause d'inaliénabilité, qu'il peut le vendre et que les héritiers du donateur décédé n'ont pas le droit de demander la nullité de la vente du bien antérieurement stipulé inaliénable (C. cass., civ. 1re, 13.4.1992, Bull. civ. I, n° 123).

Cas pratiques

- Des parents avaient fait donation à leur fils de la nue-propriété d'une maison. Ils conservaient l'usufruit et le droit d'y vivre. Ils avaient aussi inséré dans l'acte une clause d'inaliénabilité tant qu'ils seraient vivants.

Le fils qui avait recueilli la donation voulait, pour apurer ses dettes et garantir ses créanciers, leur consentir une hypothèque conventionnelle.

Le fait de faire inscrire une hypothèque conventionnelle est une façon d'aliéner le bien et est donc contraire à la clause d'inaliénabilité. Il fallait donc déterminer si l'intérêt des parents était supérieur à l'intérêt du fils ou si, dans l'hypothèse inverse, il fallait ordonner la mainlevée de la clause.

L'interdiction d'aliéner était justifiée par la volonté des donateurs de conserver leur usufruit et leur droit d'usage et d'occupation sans troubles de jouissance : ce qui leur serait supprimé si un créancier pratiquait une saisie de la maison.

L'intérêt du fils n'a pas été jugé supérieur à l'intérêt de ses parents et la demande d'inscription hypothécaire a été refusée – la donation n'a pas été révoquée puisque les droits des parents avaient été respectés (CA Nancy, 2.9.1997, JCP 1998, IV, n° 2354).

- Un legs concernait un appartement frappé d'inaliénabilité. La clause a été levée en raison de l'impossibilité d'assumer les frais d'entretien.
- Certaines parcelles d'une exploitation agricole avaient été déclarées inaliénables. L'inaliénabilité a été supprimée en raison de la nécessité pour la rentabilité de l'exploitation de procéder à des échanges de parcelles.

Suppression à la demande des créanciers du donataire

La suppression de la clause d'inaliénabilité ne peut être demandée que par le donataire lui-même et non par ses créanciers.

Un donataire très endetté pourrait demander l'autorisation judiciaire de vendre le bien. En revanche, ses créanciers ne peuvent faire cette même demande pour récupérer leurs créances.

Cas pratique

Le propriétaire d'un terrain sur lequel était édifiée une maison d'habitation avait fait donation de ce bien à son fils. L'acte comportait une clause d'inaliénabilité. Le donataire ayant été déclaré en liquidation judiciaire, le liquidateur a demandé l'autorisation de procéder à la vente de l'immeuble donné, en dépit de la clause d'inaliénabilité, en invoquant les dispositions de l'article 900-1 du Code civil.

Les juges de la cour d'appel avaient considéré que la clause d'inaliénabilité insérée dans l'acte de donation était valable, mais, comparant les intérêts respectifs du donateur et des créanciers, avaient décidé que l'intérêt de ces derniers était plus important que l'intérêt ayant justifié cette clause. Ils ont donc autorisé la vente du bien.

Mais cet arrêt est cassé par la Cour de cassation. Elle relève que la clause insérée dans l'acte est « subordonnée à des considérations personnelles d'ordre moral et familial inhérentes à la donation » et en conclut que l'action en autorisation d'aliéner « est exclusivement attachée à la personne du donataire, de telle sorte qu'elle ne peut être exercée par le représentant (des) créanciers (du donataire) » (C. cass., civ. 1re, 29.5.2001, Bull. civ. n° 150, p. 98).

Suppression à la demande des héritiers du bénéficiaire

Lorsque la clause d'inaliénabilité est prévue pour garantir le paiement d'une rente viagère au profit du donateur, la mort du donateur entraîne la suppression du versement de la rente et en conséquence, l'absence de justification de la clause.

Cas pratique

Un donateur avait engagé une action en nullité d'une vente qui avait eu lieu malgré une clause d'inaliénabilité insérée dans une donation-partage. Il meurt pendant la procédure. Ses héritiers demandent la reprise de la procédure mais leur demande est rejetée.

En effet, le droit à rente viagère n'était pas transmissible aux héritiers du titulaire de ce droit.

La clause qui était justifiée pour garantir le versement de cette clause avait le même délai de validité que la rente elle-même. L'action en nullité engagée par le donateur se trouvait donc éteinte au moment du décès de ce dernier (C. cass., civ. 1re, 13.4.1992, Bull. civ. n° 123, p. 83).

› La révision de la clause

Le bénéficiaire de la donation avec clause d'inaliénabilité peut aussi demander la révision de la clause après l'expiration du délai de 10 ans suivant la mort du disposant. Les circonstances peuvent avoir changé, rendant les obligations imposées au donataire trop difficiles à respecter ou sérieusement dommageables (C. civ., art. 900-2 et s.).

Ces règles sont également valables pour les demandes de révision des charges qui peuvent affecter une donation ou un legs.
Lors d'une demande de révision de la clause, les juges examinent la situation plus ou moins grave du bénéficiaire et tentent d'adapter l'interdiction à ses nécessités. C'est ainsi que le donataire peut obtenir l'autorisation de vendre le bien donné à condition toutefois d'utiliser les fonds provenant de la vente à des fins en rapport avec la volonté du donateur. Cette solution peut être retenue pour contourner les clauses d'inaliénabilité trop lourdes assortissant les fondations (sur les cas et la procédure de révision, voir *Dons et legs faits à une fondation*, p. 220).

À NOTER
Modèle de clause prévoyant l'interdiction d'aliéner « En outre, comme condition particulière de la présente donation, le donateur interdit expressément au donataire d'aliéner les immeubles donnés pendant la vie du donateur et ce, sous peine de révocation de la présente donation. Le donateur se réserve expressément l'action révocatoire à cet effet. »

La donation ou le legs avec charges ou conditions

Il est possible de prévoir des modalités d'exécution des legs ou des donations, des charges ou des obligations que le bénéficiaire (légataire ou donataire) devra respecter s'il veut conserver le bien donné.

Cas pratique
J'envisage de donner 100 000 € à chacun de mes deux enfants, mais je souhaite que cette somme soit utilisée pour assurer leur avenir par l'acquisition d'un logement pour leur résidence principale. Comment faire pour que ces sommes ne soient pas dilapidées ou utilisées à autre chose ?
Rien ne vous empêche d'encadrer l'utilisation des sommes que vous allez leur transmettre, et prévoir une obligation d'emploi.
Vous pouvez demander au notaire d'insérer dans l'acte de donation-partage une clause stipulant que chaque enfant a l'obligation d'employer la somme reçue exclusivement au financement d'un logement qui sera sa résidence principale.

Au contraire, s'il n'exécute pas la volonté indiquée dans l'acte, le legs ou la donation pourra être révoqué(e).

Cas pratiques
- « Je lègue ce tableau au musée du Louvre à condition qu'il y reste constamment exposé » ;
- « Je lègue telle somme d'argent à la ville à condition qu'une des rues porte mon nom » ;
- « Je lègue ma propriété à la commune, à charge pour elle de créer un orphelinat » ;

- « Je lègue ma voiture à mon neveu, à condition qu'il se charge de toutes les formalités de mon enterrement » ;
- « Je vous donne cet immeuble à condition de ne pas le vendre pendant 2 ans » ;
- « Je vous donne ce bien à charge pour vous de l'entretenir » ;
- « Je vous donne cette maison à charge pour vous de prendre en charge mes frais de maladie ».

Mais les conditions imposées peuvent être très variées et peuvent se révéler extrêmement lourdes pour le bénéficiaire du bien. C'est pourquoi il lui est possible soit de demander au tribunal de les déclarer illicites (car contraires à la loi, à l'ordre public, aux libertés fondamentales ou encore dictées par un esprit de vengeance ou fondées sur un but illégitime), soit de demander l'aménagement des obligations pour trouver un compromis entre le respect de la volonté du disposant et leur réalisation par le bénéficiaire.

ATTENTION

Les droits de mutation Fiscalement, la charge imposée au donataire ou au légataire ne diminue pas la valeur du bien donné et les droits sont calculés sur la valeur globale du bien à la différence de la donation ne portant que sur la nue-propriété du bien. Dans ce cas, les droits sont calculés sur la valeur du bien diminuée de la valeur de l'usufruit conservé par le donateur.

Généralement, la condition ou la charge imposée au bénéficiaire de la donation est insérée dans l'acte de donation lui-même.
Si le donateur entend imposer une condition au bénéficiaire de la donation par acte séparé, la condition doit être rédigée, comme la donation, par acte authentique.
À défaut, la condition est nulle. Elle peut même entraîner la nullité de la donation elle-même, dès lors que celle-ci fait référence à des conditions imposées par le donateur et obligeant le donataire.

› La révocation pour non-exécution des obligations

Lorsque les conditions ou les charges imposées au bénéficiaire ne sont pas exécutées, la donation peut être révoquée. La demande de révocation peut être faite par le donateur lui-même ou par ses héritiers ou ses créanciers. Elle est possible pendant un délai de 5 ans à compter du jour de l'inexécution.
Pour empêcher cette révocation, le bénéficiaire peut évoquer soit l'illicéité de la clause, soit l'exécution partielle de la clause.
Les conditions ou charges imposées ne doivent pas être illicites ou contraires à l'ordre public.
Elles ne doivent pas porter atteinte aux droits fondamentaux de la personne humaine.
C'est ainsi qu'ont pu être déclarées illicites les clauses qui prévoyaient :
- l'obligation de demeurer dans une maison inhabitable ;

- l'obligation imposée par une grand-mère à son petit-fils d'exhumer les corps de la mère et des sœurs de celui-ci, alors que leur mari et père survivant s'y oppose et que leur mort remonte à plusieurs années ;
- l'interdiction pour un légataire de rechercher sa mère naturelle ;
- l'interdiction de divorcer ;
- l'interdiction de se remarier.

En revanche ont pu être validées les charges suivantes :
- l'obligation de fixer son domicile en un lieu déterminé ;
- l'obligation de prendre les nom et prénoms du testateur ;
- l'obligation de poursuivre les procédures engagées par le disposant.

Si les conditions ne sont pas remplies, la libéralité doit en principe être révoquée. La révocation signifie que le bénéficiaire devra restituer à la succession le bien donné ou le bien qu'il a recueilli au décès du testateur s'il s'agit d'un legs.

Cette révocation n'est cependant pas automatique et il est nécessaire qu'elle soit prononcée par le tribunal judiciaire. Les juges déterminent si la charge non exécutée était, pour le défunt, la cause principale de la libéralité (dans ce cas, ils prononcent la révocation) ou s'il s'agissait d'un simple souhait de sa part (il n'y a, dans ce cas, aucune sanction).

La charge non exécutée n'entraîne pas automatiquement la révocation et c'est au donateur (ou à ses héritiers) de prouver que l'exécution des charges ou conditions a justifié la libéralité (a été la « cause impulsive et déterminante »), que la libéralité était, par exemple, une récompense pour la bonne exécution des charges demandées.

Les juges déterminent également si la charge imposée a été ou non partiellement exécutée et si la volonté du testateur a été suffisamment ou insuffisamment respectée.

Cas pratique

Une personne avait légué ses biens à une congrégation religieuse à condition qu'elle maintienne son œuvre existante, c'est-à-dire un orphelinat. Après avoir reçu son legs, la congrégation religieuse avait transformé l'orphelinat en un centre médico-psychologique pour adolescents inadaptés. Cette transformation n'a pas été considérée comme une inexécution des charges. Les juges ont considéré que la volonté de la testatrice était d'aider l'enfance malheureuse, but que remplissait le centre créé pour les adolescents (C. cass., civ. 1re, 14.5.1974, Gaz. Pal. 1974, p. 633).

Il peut arriver que les charges imposées soient trop lourdes ou inexécutables, ou encore que les modalités d'exécution soient discutables. Les juges peuvent être amenés à accepter la modification de la charge imposée.

Cas pratiques

- La veuve d'un peintre avait fait donation à l'État d'une centaine de ses œuvres sous les conditions suivantes : toutes les œuvres devaient être exposées à la vue du public et regroupées sous le nom de leur auteur ; elles ne devaient pas être entreposées dans les réserves du musée et ne devaient pas être dispersées dans les musées de province.

L'État accepta la donation mais il s'avéra que le musée bénéficiaire de la donation ne pouvait pas respecter toutes ces conditions (toutes les œuvres ne pouvaient être exposées en même temps, certaines d'entre elles étaient exposées en province). Après la mort de la donatrice, le petit-fils du peintre, seul héritier, voulait faire annuler la donation pour inexécution des charges et récupérer les toiles.
Le tribunal de grande instance, compétent à l'époque, a confirmé la donation, prenant en compte les contraintes auxquelles sont tenus les musées et également le fait que la donatrice avait, de son vivant, toujours accepté cet état de fait sans remettre en cause la libéralité (TGI Paris, 7.4.1999).
- Une mère avait donné à l'une de ses filles une maison avec la charge de s'occuper d'elle, de la soigner en cas de besoin. À la suite d'un accident cérébral, la mère est hébergée par son autre fille. La mère demande la révocation de la donation pour inexécution des charges puis décède en cours de procédure. La seconde fille reprend l'instance contre sa sœur.

La cour d'appel révoque la donation en constatant que la fille bénéficiaire de la donation n'avait pas pris en charge sa mère quand elle en avait besoin et lui rendait très rarement visite.
La Cour de cassation casse cet arrêt. Avant d'annuler la donation, les juges auraient dû vérifier si la charge imposée à la fille n'avait pas été rendue impossible du fait de l'attitude de sa sœur qui s'était occupée d'autorité de sa mère. Les relations entre les filles étaient notoirement mauvaises et la première fille ne pouvait pas s'interposer entre sa mère et sa sœur pour exécuter ses obligations (C. cass., civ. 1re, 23.1.2008, n° 07-10163).

En cas de révocation de la donation pour inexécution des charges, le créancier peut néanmoins se substituer au donataire (bénéficiaire de la donation) pour exécuter ses obligations à sa place.

Cas pratique

La donation d'un immeuble avait été consentie avec l'obligation pour les donataires de payer mensuellement une rente viagère au donateur.
Cette obligation n'étant pas respectée, le donateur assigne le donataire pour faire annuler la donation pour inexécution des charges. Une hypothèque était inscrite sur cet immeuble.
Pour ne pas voir l'hypothèque anéantie du fait de l'annulation de la donation, la banque créancière offre de régler les échéances impayées pour le compte du donataire.
Devant la cour d'appel, cette offre est repoussée. Les juges considèrent en effet que la charge inexécutée était personnelle au donataire et ne pouvait être exécutée par un tiers.
Mais cet arrêt est cassé par la Cour de cassation. Dans une action en révocation de donation pour inexécution de la charge du paiement d'une rente viagère, le créancier hypothécaire du donataire défaillant, qui est devenu partie au litige, est en droit de se substituer à ce donataire pour exécuter l'obligation et empêcher ainsi cette révocation qui aurait pour effet d'anéantir rétroactivement l'hypothèque.

> La Cour applique le principe inscrit à l'article 1236 (art. 1346 nouveau) du Code civil selon lequel une obligation peut être acquittée par toute personne qui y est intéressée. L'intérêt de la banque était de conserver son hypothèque (C. cass., civ. 1re, 7.3.2000, JCL Droit de la famille 2.2001, n° 22, p. 26).

La révocation d'une donation entraîne restitutions réciproques.
Le donataire a le droit d'obtenir le remboursement des dépenses qu'il a faites.

> **Cas pratique**
> La révocation de la donation qui opère rétroactivement entraîne restitutions réciproques, de sorte que la demande tendant au remboursement des dépenses supportées par le donataire est la conséquence de la demande en révocation. Cette demande de remboursement est recevable même si elle n'est formulée que devant la cour d'appel (C. cass., civ. 1re, 28.1.2015, n° 13-27125).

NOTRE CONSEIL

Indiquer le caractère essentiel de la charge Si l'auteur d'un testament ou d'une donation estime primordiale l'exécution des charges liées à la libéralité, il est utile qu'il l'indique dans l'acte par :
– « cette condition est essentielle… » ;
– « cette charge est une condition expresse à la validité de la donation… » ;
– « cette donation sera révoquée de plein droit en cas d'inexécution… ».

› La révision des charges ou conditions trop difficiles

Le donataire ou le légataire peut demander en justice la révision des charges qui conditionnent la donation ou le legs lorsque, par suite d'un changement de circonstances, l'exécution en est devenue pour lui soit extrêmement difficile, soit sérieusement dommageable (C. civ., art. 900-2).

La publication préalable de la demande

Le gratifié qui entend demander en justice la révision des contributions ou charges grevant une libéralité qu'il a reçue doit faire publier un avis dans un journal diffusé dans le département du dernier domicile ou de la dernière résidence connu(e) en France du disposant (décret n° 84-943 du 19 octobre 1984).
Le tribunal, ou le juge de la mise en état, peut aussi ordonner au demandeur de procéder à toute autre mesure de publicité dans tout lieu jugé utile (notamment si le disposant habitait à l'étranger ou au contraire si ce sont les héritiers qui sont à l'étranger).
Cette mesure de publicité préalable a pour but de prévenir les héritiers du donateur ou du testateur afin qu'ils puissent se faire connaître et prendre part à l'instance s'ils n'étaient pas assignés par le demandeur. Il est en effet possible que le demandeur ne connaisse pas les héritiers ou qu'il n'en connaisse qu'une partie.
Les héritiers sont les premiers concernés par le sort du bien donné ou légué.

En effet, si les juges considèrent que le bénéficiaire du bien n'a pas rempli les conditions imposées par le testateur ou le donateur, la libéralité sera annulée et le bien pourra réintégrer le patrimoine des héritiers. Si les juges estiment au contraire que les charges ou les conditions sont trop lourdes, le bénéficiaire du legs ou de la donation verra sa propriété consolidée.
L'avis indique la juridiction qui sera saisie, mentionne l'identité des parties et précise l'objet de la demande en désignant les biens concernés. Cette publication doit avoir lieu 6 mois au plus et 3 mois au moins avant la date de l'assignation, à peine de nullité de celle-ci. Cette publicité a pour objet d'avertir les héritiers du donateur ou du disposant.

À NOTER
La publication n'est pas exigée lorsque la demande en révision des conditions et charges grevant une libéralité est formée par voie reconventionnelle en réponse à l'action en exécution ou révocation que les héritiers du disposant ont introduite (C. cass., civ. 1re, 28.1.2015, n° 13-27125).

L'action judiciaire

L'action est formée contre les héritiers (s'ils sont inconnus, elle est formée contre le ministère public).
L'action en suppression de la clause est de la compétence du tribunal judiciaire (il faut avoir un avocat).
Cette action ne peut être engagée qu'après l'expiration d'un délai de 10 ans après le décès du disposant (C. civ., art. 900-5).
Pendant le délai de 10 ans qui a suivi le décès du disposant, le gratifié doit prouver qu'il a tenté d'exécuter les charges.

Cas pratique
Une commune se voit remettre en donation une maison, à charge pour elle de l'affecter à une école. Plus tard, cette école est fermée par décision administrative.
La commune laisse les choses en l'état pendant 2 ans et les héritiers du donateur demandent la révocation de la donation.
La commune de son côté demande la suppression de ses obligations.
Les juges ont prononcé la révocation de la donation (le bien a réintégré le patrimoine des héritiers) en constatant que la commune n'avait absolument rien fait pendant les 2 ans qui ont suivi la fermeture de l'école pour tenter de trouver une solution qui respecte la volonté du donateur (C. cass., civ. 1re, 6.4.1994, D. 1995, somm. p. 49).

Le juge peut réduire en quantité ou en périodicité les prestations grevant les libéralités. Il peut aussi modifier l'objet en s'inspirant de l'intention du disposant.

Cas pratique

Une maison de retraite reçoit en legs une maison, à charge d'y établir à perpétuité une annexe de l'hospice destinée aux vieillards.

Le testament prévoyait que si cette condition n'était pas remplie, le bien légué serait attribué aux légataires universels du défunt.

Au bout de plusieurs années, la maison de retraite assigne les légataires pour faire annuler cette condition. De leur côté, ces derniers demandent l'annulation du legs.

Les juges ont rejeté la demande des légataires et ont accepté de revoir la charge imposée à la maison de retraite. Ils se sont fondés sur un rapport de faisabilité qui concluait que la transformation de la maison léguée en annexe était irréalisable (quel que soit le coût des travaux engagés) en raison notamment de l'impossibilité de respecter les normes de sécurité obligatoires. Ils ont donc accepté que la maison de retraite vende la maison léguée et consacre les sommes recueillies à la rénovation et à l'extension des bâtiments existants.

Les juges ont considéré que ce projet respectait la volonté du testateur (C. cass., civ. 1re, 7.3.2000, D. 2000, III, p. 431).

› La renonciation à une charge de la part du bénéficiaire

Le bénéficiaire de la charge imposée dans la donation peut tout à fait renoncer à réclamer son exécution. Il peut se contenter de ne pas exiger la condition mais il est préférable d'établir un écrit afin d'éviter les éventuelles contestations des héritiers dans le futur.

Pour cela, il n'est pas nécessaire de faire établir un acte notarié (même si la donation elle-même doit être notariée) et la renonciation peut être établie par un acte sous seing privé (sur papier libre).

Cas pratique

Des parents font une donation-partage à leurs enfants. L'un des enfants recueille un fonds de commerce, à charge pour lui de verser une soulte à ses frères et sœurs et une rente viagère à ses parents.

Quelque temps plus tard, les parents renoncent par acte sous seing privé à cette rente.

Le fils décède et ses héritiers cessent de verser la rente. Ils font savoir que les donateurs ont renoncé à cette rente.

Cette renonciation étant faite par acte sous seing privé, la question se posait donc de savoir si cet acte était valable… La Cour de cassation a répondu par l'affirmative (C. cass., civ. 1re, 5.4.2005, JCL Droit de la famille 2005, n° 144 p. 30, Bull. civ.).

La donation ou le legs graduel

La libéralité graduelle peut être prévue dans un testament ou une donation. Elle consiste à donner ou léguer un bien déterminé à un bénéficiaire (le grevé) avec l'obligation pour ce dernier de conserver le bien et de le transmettre, à son décès, à un tiers désigné dans l'acte (le second bénéficiaire).

Cette obligation de transmission ne peut avoir lieu qu'une seule fois et ne peut pas être imposée à nouveau au second bénéficiaire.
Auparavant interdits (sauf en faveur des enfants ou des frères et sœurs par les « clauses de substitution »), les donations ou legs graduels ont été autorisés par la loi n° 2006-728 du 23 juin 2006, applicable aux successions ouvertes depuis le 1er janvier 2007 (C. civ., art. 1048 et s.).

Cas pratiques

- Une personne peut transmettre un bien à son conjoint, à charge pour ce dernier de le transmettre aux enfants qu'elle a eu de son premier mariage. Le bien bénéficie ainsi au conjoint, mais n'est pas transmis à ses héritiers puisqu'il revient dans la famille du disposant.
- Un père peut transmettre un bien à l'un de ses enfants (marié, mais sans enfant) qui devra le transmettre à un petit-enfant. Cela permet d'empêcher le conjoint de l'enfant d'hériter du bien.
- Un père peut transmettre un bien à l'un de ses enfants (marié, mais sans enfant) qui devra le transmettre à ses frères ou sœurs. Cela permet de conserver le bien dans la famille.

Certaines conditions doivent toutefois être respectées. À défaut, la libéralité ne serait pas nulle, mais la clause ne produirait aucun effet.
La donation graduelle, comme toute donation, doit être notariée et doit être acceptée tant par le premier bénéficiaire (le grevé) que par le second. Ces acceptations doivent également être formalisées par acte notarié, en même temps que la donation ou dans un acte postérieur.
L'acceptation de la donation par le second gratifié peut toutefois intervenir après le décès du donateur. Tant que le second gratifié n'a pas accepté la donation, le donateur peut la révoquer (C. civ., art 1055).

› Les biens transmis par libéralité graduelle

Tout bien peut être transmis avec l'obligation de le transmettre à un tiers : les meubles, les immeubles, les portefeuilles d'actions, etc.
Cependant, les biens doivent être déterminés et identifiables et l'obligation ne peut pas porter sur une quotité de la succession (par exemple, sur 1/4 des biens). S'il s'agit d'un immeuble, la charge de transmettre à une personne déterminée doit être publiée.

› Le premier bénéficiaire (le grevé)

La charge de transmettre un bien donné à un tiers peut être imposée à toute personne, et non plus uniquement aux enfants (pour les petits-enfants) ou aux frères et sœurs (pour les neveux et nièces du donateur ou du testateur).
Le grevé a l'interdiction de vendre le bien ou de le donner, sauf s'il s'agit de valeurs mobilières. Dans ce cas, le grevé peut les vendre. La charge de les transmettre porte alors sur les nouvelles valeurs acquises en remplacement.

Protection de la réserve

Si le grevé (premier bénéficiaire) est un héritier réservataire, la charge de conserver le bien ne peut être imposée que sur la quotité disponible. Sa part de réserve doit être protégée et il ne peut pas être obligé de la transmettre à un bénéficiaire déterminé.
Il reste toutefois libre d'accepter que la charge grève tout ou partie de sa réserve. Cette acceptation peut être formalisée dans l'acte de donation ou dans un acte postérieur.
S'il s'agit d'un legs graduel, l'héritier dispose d'1 an à compter du jour où il a pris connaissance du testament pour demander la libération de sa réserve et la suppression de la charge. À défaut de respecter ce délai, il sera obligé de respecter cette charge.

Les droits de mutation

Le premier bénéficiaire est redevable des droits de mutation sur les biens qui lui sont transmis, selon les tarifs applicables à sa personne. Toutefois, la valeur des biens donnés peut être réduite du fait de l'interdiction de disposer des biens.

› Le second bénéficiaire

Le choix du second bénéficiaire

Le second bénéficiaire peut être n'importe quelle personne, même une personne morale. La seule restriction est que cette personne soit capable de recevoir (capacité juridique).
Si le second bénéficiaire décède avant le grevé ou s'il renonce à la libéralité, les biens restent dans le patrimoine du grevé et font partie de sa succession.
Le donateur ou le testateur initial peut toutefois prévoir cette hypothèse et désigner un autre second bénéficiaire.

Les droits de mutation

Le second bénéficiaire est réputé tenir ses droits de l'auteur de la libéralité et non pas du grevé. Il est donc imposé en fonction des liens de parenté qui l'unissent à l'auteur de la libéralité. Les biens sont évalués au jour du décès du premier bénéficiaire.
Par exemple, si un père transmet un bien à son conjoint à charge de le transmettre à ses enfants, ces derniers seront censés avoir reçu le bien de leur père et non de leur belle-mère. Les tarifs applicables seront donc ceux applicables en ligne directe, et non pas ceux applicables entre personnes non parentes.
Par ailleurs, les droits de mutation payés par le premier légataire ou donataire sont imputés sur les droits dus sur les mêmes biens par le second légataire ou donataire (CGI, art. 784 C).

La donation ou le legs résiduel

Les donations ou les legs résiduels consistent à transmettre un bien à un premier bénéficiaire en prévoyant qu'une seconde personne sera appelée à recueillir ce qui subsistera de ce bien à la mort du premier bénéficiaire.
Cette clause, auparavant autorisée pour les seuls testaments (legs *de residuo* devenu legs résiduel), a été étendue aux donations par la loi n° 2006-728 du 23 juin 2006 (applicable aux successions ouvertes depuis le 1er janvier 2007).
À la différence des libéralités graduelles, le premier bénéficiaire d'une libéralité résiduelle dispose de plus de liberté dans la gestion ou la disposition des biens transmis.
Lorsqu'il s'agit d'une donation, celle-ci doit être acceptée par les deux bénéficiaires.

Cas pratiques

- Le donateur ou le testateur peut assurer la transmission de ses biens à travers plusieurs générations, sans léser ses héritiers les plus directs. Par exemple, un immeuble de rapport peut assurer des revenus aux deux bénéficiaires.
- La libéralité résiduelle peut également être utilisée en faveur d'un enfant en situation de handicap qui ne peut pas lui-même assurer la transmission de ses biens.
- La libéralité résiduelle peut être utilisée pour le legs ou la donation d'un portefeuille d'actions. Le premier bénéficiaire dispose d'une totale liberté pour faire fructifier le portefeuille, le second recueillant les nouvelles valeurs acquises en remplacement.

Jurisprudence :

- Un mari avait légué à son épouse des valeurs mobilières en souhaitant qu'à son décès tout ce qui pourrait rester en nature ou en créance revienne à ses neveux.

Ce testament a été déclaré valable puisque la bénéficiaire a pu en disposer comme elle le voulait, vendre les titres ou les conserver, faire fructifier le portefeuille ou le laisser en l'état.
Au décès de l'épouse, les neveux du mari ont pu recevoir le portefeuille d'actions tel qu'il subsistait à cette période. La valeur du portefeuille retenue a été celle arrêtée au deuxième décès même si l'épouse avait vendu certains titres pour en acheter des nouveaux et avait fait fructifier l'ensemble de ces biens (C. cass., civ. 1re, 2.6.1993, D. 1993, p. 613).

- Dans un autre exemple, le legs *de residuo* avait été utilisé par une personne dont le seul héritier était son enfant majeur, placé sous tutelle (qui ne pouvait lui-même transmettre ses biens).

Le testament indiquait qu'elle instituait son fils légataire universel de tous ses biens en précisant que, dans le cas où son fils resterait célibataire, elle voulait que tous les biens qui resteraient à son décès reviennent à une association d'aide aux enfants en situation de handicap mental.
Le testament a été validé, malgré l'opposition de la famille, et les biens ont été transmis à l'association lors du décès du fils (C. cass., civ. 1re, 31.1.1995, D. 1996, p. 24).

› Les biens transmis par libéralité résiduelle

Tout bien peut être transmis avec cette obligation de le transmettre à un tiers : les meubles, les immeubles, les portefeuilles d'actions, etc.
Pour être valable, la libéralité résiduelle doit porter sur un bien déterminé et identifiable et l'obligation ne peut pas porter sur une quotité de la succession (par exemple, sur 1/4 des biens ou sur toute la succession).
Les biens doivent être identifiables et subsister en nature au décès du premier gratifié, sauf s'il s'agit de valeurs mobilières (actions, obligation, parts sociales). Si le premier bénéficiaire vend ces valeurs mobilières, le second gratifié peut recevoir celles acquises en remplacement (C. civ., art. 1049).

› Le premier bénéficiaire (le grevé)

En principe, le premier gratifié est entièrement libre de disposer des biens qui lui sont transmis. À la différence des legs graduels (voir *La donation ou le legs graduel*, p. 58), il peut les vendre, les louer, les hypothéquer, etc. Il ne peut toutefois pas les léguer puisque le bénéficiaire, à son décès, est déjà désigné.

Cas pratique

Le défunt avait de son vivant désigné son épouse légataire universelle, et ses neveux et nièces légataires de ce qui resterait de ces biens lors du décès de son épouse (legs résiduel).
Avant son décès, l'épouse avait vendu un immeuble et légué tous ses biens à un tiers. Celui-ci recueille tous les biens au décès de l'épouse et ses trois filles en héritent à leur tour.
Les neveux et nièces s'opposaient aux trois filles et contestaient le legs universel consenti par l'épouse. Ils réclamaient le montant de leur legs résiduel et la moitié de la valeur de l'immeuble vendu par leur tante.
Sur l'immeuble, leur demande a été rejetée. Les droits du second gratifié sur des immeubles ne se reportent ni sur le produit des aliénations, ni sur les nouveaux biens acquis.
En revanche, le notaire a engagé sa responsabilité personnelle en réglant la succession de l'épouse sans tenir compte du legs résiduel. L'épouse, en effet, ne pouvait pas léguer ses biens à un tiers puisque, à son décès, les biens devaient revenir aux neveux et nièces désignés (C. cass., civ. 1re, 20.2.2008, n° 06-14.704).

La liberté du premier de disposer librement des biens transmis peut toutefois être limitée dans la donation ou le testament. L'acte peut prévoir une clause d'interdiction de vendre les biens. Dans ce cas, le premier bénéficiaire peut les exploiter et en recueillir les revenus, mais sans pouvoir en disposer.

La protection de sa réserve

Puisque le premier bénéficiaire peut disposer comme il l'entend des biens transmis, le principe de la protection de la réserve n'est remis en cause que lorsqu'une clause prévoit l'interdiction de vendre. Dans ce cas, la clause d'interdiction de vendre les biens ne peut concerner que les biens constituant la quotité disponible.

Les droits de mutation

Le premier bénéficiaire est redevable des droits de mutation sur les biens qui lui sont transmis, selon les tarifs applicables à sa personne.

› Le second bénéficiaire

Les biens transmis

Le second bénéficiaire doit recueillir ce qui subsiste des biens transmis au premier bénéficiaire. Si ces biens ont été vendus, il ne peut pas revendiquer le prix de vente, ni les biens acquis en remplacement des biens vendus. Ses droits sont éteints par la vente du bien (sauf s'il s'agit de valeurs mobilières, voir *Les biens transmis par libéralité résiduelle*, p. 62).
Le second bénéficiaire ne peut pas non plus contester la façon dont le premier gratifié a géré les biens légués. Il ne dispose d'aucun pouvoir de contrôle.
Lorsque le second gratifié décède avant le premier bénéficiaire ou renonce au bénéfice de la libéralité, ses héritiers ne reçoivent pas les biens subsistants qui restent dans le patrimoine du premier gratifié et qui dépendent de sa succession.
Le disposant (donateur ou testateur) peut toutefois écarter ces règles et prévoir expressément que les héritiers du second bénéficiaire pourront recueillir les biens s'il décédait avant le premier bénéficiaire.
Le disposant peut aussi désigner un autre second gratifié.

Les droits de mutation

Le second gratifié est réputé tenir ses droits de l'auteur de la libéralité et non du premier gratifié (annulation rétroactive de la première transmission) (C. civ., art. 1051).
En conséquence, les droits de mutation sont calculés en fonction des liens de parenté qui unissent l'auteur de la libéralité et le second gratifié. Par ailleurs, les droits de mutation payés par le premier bénéficiaire peuvent venir en déduction des droits réclamés lors de la seconde transmission (déduction proportionnelle à la valeur des biens restant lors de la seconde transmission) (CGI, art. 784 C).

La double libéralité de l'usufruit et de la nue-propriété

L'opération consiste à donner à une personne l'usufruit d'un bien et à une autre personne la nue-propriété (C. civ., art. 899).
Il s'agit d'une sorte de substitution puisque le bénéficiaire de la nue-propriété deviendra propriétaire à part entière du bien au décès de l'usufruitier.
Cette opération est autorisée quel que soit le bénéficiaire. Elle n'est pas réservée aux enfants et petits-enfants.
Fiscalement, chaque bénéficiaire acquitte des droits sur la valeur des biens qu'il reçoit. Au décès de l'usufruitier, aucun droit n'est dû par le nu-propriétaire.
Cette opération est donc plus avantageuse que la transmission par une clause de substitution puisque les droits ne sont payés qu'une seule fois.

Comment donner un capital d'assurance-vie ?

L'assurance-vie est un bel outil de transmission et un placement assez rentable, qui permet de transmettre à qui vous voulez un capital exonéré de droits de succession ou faiblement imposé lorsque les montants transmis excèdent certains plafonds.

Les différents types de contrat

Le contrat d'assurance-vie est un contrat par lequel l'assureur s'engage, en contrepartie du versement de primes ou de cotisations, à verser un capital ou une rente soit à l'assuré, soit au souscripteur, soit au bénéficiaire.

Les principaux contrats d'assurance-vie sont :

- l'assurance en cas de vie ;
- l'assurance en cas de décès ;
- l'assurance mixte ;
- l'assurance survie.

D'un point de vue successoral, l'article L. 132-12 du Code des assurances prévoit que les sommes versées lors du décès d'un assuré à un bénéficiaire déterminé ou à ses héritiers ne font pas partie de la succession de l'assuré, quel que soit le degré de parenté existant entre ce dernier et le bénéficiaire.

Ne sont donc envisagés ici que les contrats d'assurance-vie en cas de décès, c'est-à-dire les contrats prévoyant le versement d'un capital ou d'une rente au décès de l'assuré.

La souscription d'un contrat d'assurance-vie en cas de décès fait partie des placements préférés des Français car il permet de transmettre un capital qui peut être exonéré des droits de mutation, ce qui n'est pas le cas pour les autres placements.

L'assurance-vie en cas de décès est une sorte de donation puisqu'il s'agit d'un avantage sans contrepartie accordé au bénéficiaire. Elle est assimilable également aux testaments, puisqu'elle prend effet au décès du souscripteur.

Il ne s'agit pas d'une libéralité ordinaire puisque les sommes perçues par le bénéficiaire ne sont pas prises en considération lors de l'évaluation de l'actif successoral (sauf exception ; voir *Les primes exagérées*, p. 78).

L'assurance-vie en cas de décès est ainsi un moyen de favoriser un héritier, son conjoint, concubin, partenaire pacsé ou un tiers sans que les autres héritiers ne puissent venir le contester, sauf à faire requalifier le contrat en contrat de capitalisation (voir *La requalification du contrat d'assurance-vie en contrat de capitalisation*, p. 78). L'assurance-vie permet aussi à un héritier de toucher un capital tout en renonçant à une succession déficitaire.

› L'assurance en cas de vie

L'assurance en cas de vie prévoit le versement d'un capital si l'assuré est en vie à la date d'expiration du contrat. L'objectif est la constitution d'une épargne et le bénéficiaire est souvent le souscripteur/assuré.
Le capital assuré n'est versé que si l'assuré est encore en vie à la date fixée au contrat.
Si l'assuré est décédé à la date d'expiration du contrat, le capital n'est pas versé et les primes sont en principe conservées par l'assureur (cependant, il est fréquemment prévu une contre-assurance permettant le remboursement des primes versées à un bénéficiaire déterminé).
Si l'assuré est encore en vie à la date prévue au contrat, le capital peut être versé à l'assuré lui-même ou à un bénéficiaire déterminé.
Le capital dû peut être transformé en rente viagère.
L'assurance peut être souscrite sur une ou deux têtes (c'est-à-dire qu'il suffit que l'un des assurés soit encore en vie lors de l'expiration du contrat pour que le capital puisse être versé).

› L'assurance en cas de décès

L'assurance en cas de décès prévoit le versement d'un capital lors du décès de l'assuré à un bénéficiaire.
Certains contrats prévoient une date de décès et le capital ne peut être versé que si l'assuré décède avant la date indiquée (assurance temporaire décès).
S'il est encore en vie à l'expiration du contrat, le capital n'est pas versé et l'assureur est en droit de conserver les primes à défaut de clause spécifique (contre-assurance) prévoyant le remboursement de ces primes à l'assuré.
Les contrats d'assurance en cas de décès peuvent être souscrits sur une ou deux têtes. Le capital est versé lors du premier décès.
Les primes sont versées par l'assuré jusqu'à son décès ou pendant une période déterminée (jusqu'à sa retraite, par exemple).

› L'assurance mixte

L'assurance mixte combine les modalités de l'assurance en cas de vie et de l'assurance en cas de décès.
Le contrat assurance mixte garantit le paiement du capital :
- soit au décès de l'assuré si ce décès intervient avant une date déterminée (assurance temporaire décès) ;
- soit après une date déterminée si l'assuré est encore en vie à cette date.
Le capital est donc toujours versé au bénéficiaire du contrat mais les primes sont relativement élevées car elles sont calculées pour les deux risques (décès et vie).

› L'assurance survie

Le contrat de rente-survie est un contrat d'assurance-décès permettant au souscripteur, le plus souvent le parent, de prévoir qu'à son décès, son enfant en situation de handicap obtiendra le versement d'un capital ou d'une rente viagère.
L'assurance « survie » prévoit le versement du capital à un bénéficiaire si ce dernier survit à l'assuré. L'assureur ne s'engage à verser le capital déterminé que si le

bénéficiaire indiqué au contrat est encore en vie lors du décès de l'assuré. Si le bénéficiaire est prédécédé, aucun capital n'est versé.
Les sommes versées par l'assureur au bénéficiaire peuvent l'être sous forme de capital ou de rente. S'il s'agit d'une rente, les versements ont lieu jusqu'au décès du bénéficiaire ou jusqu'à une date déterminée.
Exemple : une rente éducation versée jusqu'à la fin des études de l'enfant bénéficiaire.

Le contrat

La signature d'un contrat d'assurance-vie met en présence :
- l'assureur ;
- l'assuré, c'est-à-dire la personne sur la tête de qui repose l'assurance ;
- le souscripteur qui signe le contrat et verse les primes ;
- le bénéficiaire qui doit recevoir le capital ou la rente.

L'assuré, le souscripteur et le bénéficiaire peuvent être la même personne (notamment pour l'assurance « en cas de vie » où le capital est versé si l'assuré est encore en vie à la date prévue au contrat).
L'assuré, le souscripteur et le bénéficiaire peuvent également être trois personnes différentes (une personne peut souscrire un contrat en assurant une autre personne et en désignant un tiers bénéficiaire).
Les contrats d'assurance-vie sont généralement conclus sans limitation de durée. En contrepartie des primes versées par le souscripteur, l'assurance s'engage à verser un capital soit à l'assuré, soit à un bénéficiaire désigné.
Ils prévoient le versement du capital au souscripteur ou à l'assuré si, à une date déterminée, l'assuré est encore en vie (assurance en cas de vie), ou à un bénéficiaire déterminé en cas de décès de l'assuré (assurance en cas de décès).

Cas pratique

Le capital d'un contrat d'assurance en cas de décès peut-il être versé malgré le suicide de l'assuré ?

Si le suicide intervient lors de la première année du contrat, l'assurance ne peut pas jouer et le contrat n'a pas d'effet. Le risque est couvert à partir de la deuxième année. Ces règles sont cependant différentes pour les contrats de groupe et notamment ceux qui sont souscrits pour garantir le remboursement d'un prêt contracté pour financer l'acquisition du logement principal de l'assuré. L'assurance doit couvrir le contrat dès sa souscription.

Le bénéficiaire

Toute personne, quel que soit son âge ou sa qualité, peut être bénéficiaire d'un contrat d'assurance-vie.
Il peut y avoir un ou plusieurs bénéficiaires, mais il est important que ce ou ces derniers soient déterminés :
- soit par l'indication de leur nom et adresse ;

- soit par une référence à un lien familial (exemple : « mes deux neveux ») ou une définition permettant l'identification.
C'est ainsi que les bénéficiaires peuvent être :
- les enfants à naître de telle ou telle personne ;
- les héritiers ou ayants droit de l'assuré ou d'un bénéficiaire prédécédé.
Si le bénéficiaire est indiqué comme étant « le conjoint », le capital ou la rente est versé à la personne qui a cette qualité au moment du versement même si ce n'est pas la même qu'au moment de la souscription (C. assur., art. L. 132-8).

› L'intérêt de désigner un bénéficiaire

Il n'est pas nécessaire de désigner le bénéficiaire dès la souscription du contrat.
Le contractant (avec l'accord de l'assuré, s'il s'agit d'une personne différente) peut le faire à tout moment par avenant, par endossement de la police ou par testament (C. assur., art. L. 132-8). Il est néanmoins utile de désigner un bénéficiaire.
Lorsqu'un bénéficiaire est déterminé, les sommes versées par l'assurance ne font pas partie de la succession du contractant, ce qui signifie que les héritiers du contractant ne peuvent pas revendiquer les sommes versées au bénéficiaire pour le motif d'atteinte à leur réserve (C. assur., art. L. 132-13 ; voir *Que se passe-t-il au décès du donateur ou du testateur ?*, p. 275).
De même, les créanciers du contractant ne peuvent réclamer ce capital ou cette rente puisque ces sommes sortent du patrimoine de leur débiteur (C. assur., art. L. 132-14).
D'autre part, le capital ou la rente versés à un bénéficiaire déterminé à la suite du décès de l'assuré est exonéré en partie de droits de succession sauf exception.
Enfin, si les bénéficiaires désignés sont les « héritiers ou ayants droit » de l'assuré ou d'un bénéficiaire, ils se partagent les sommes versées par l'assurance au prorata de leur part héréditaire, même s'ils ont renoncé à la succession.
Si aucun bénéficiaire n'est désigné, le capital ou la rente sont versés à l'assuré ou réintégrés dans sa succession en cas de décès.

› La rédaction de la clause « bénéficiaire »

Si l'on veut qu'en cas de décès d'un enfant bénéficiaire, le capital soit transmis aux petits-enfants, il faut indiquer dans la case « bénéficiaire » : « Mon enfant..., vivant ou représenté ». Le terme « représenté » permet de transmettre la part d'un enfant prédécédé à ses propres enfants (c'est-à-dire les petits-enfants du souscripteur) qui viennent en « représentation » de leur parent.
Si en matière de succession la représentation est automatique (les petits-enfants se partagent la part de l'enfant qui est décédé), il n'en est pas de même en matière d'assurance.
Si l'un des bénéficiaires décède avant le souscripteur, le capital est partagé entre les autres enfants survivants. Les petits-enfants ne peuvent pas représenter leur parent décédé si une clause ne l'a pas prévu.
Si l'on veut que le capital soit partagé entre tous les enfants, il est utile d'indiquer comme bénéficiaires : « Mes enfants..., vivants ou représentés, nés ou à naître,

à défaut mes héritiers ». Cette formule permet d'inclure des enfants éventuellement nés après la souscription du contrat.
Attention au terme « conjoint ». En effet, les contrats ont souvent des clauses prérédigées telles que : « À mon conjoint, à défaut, à mes enfants nés ou à naître, à défaut… »

Cas pratique

Dans ce litige, le souscripteur du contrat vivait en concubinage et n'était pas marié. À son décès, son concubin réclame le capital mais l'assurance refuse de le lui verser.
La question était de savoir :
– s'il fallait appliquer à la lettre la clause et attribuer le capital aux enfants (seconds bénéficiaires) puisqu'il n'y avait pas de conjoint (simplement un concubin) ;
– ou au contraire, s'il fallait interpréter la clause en fonction des circonstances et considérer que le souscripteur voulait avantager son compagnon de vie, sans tenir compte du terme « conjoint » ou « concubin ».
Le tribunal a opté pour la première solution mais la cour d'appel a infirmé le jugement et a choisi la seconde interprétation. Elle a estimé, au contraire, que le souscripteur avait voulu avantager son concubin et a assimilé le terme « conjoint » au terme « concubin » (CA Rennes, 6.11.2002, JCL Droit de la famille 3.2003, n° 33, p. 26).

Compte tenu de ces divergences, il est indispensable d'être extrêmement vigilant lors de la souscription d'un contrat.

› Le changement de bénéficiaire

Le changement de bénéficiaire est possible si l'acceptation du bénéficiaire désigné n'est pas intervenue (C. assur., art. L. 132-8).
Tant que l'acceptation n'a pas eu lieu, le droit de révoquer cette nomination n'appartient qu'au stipulant et ne peut être exercé de son vivant ni par ses créanciers ni par ses représentants légaux. Lorsqu'une tutelle a été ouverte à l'égard du stipulant, la révocation ne peut intervenir qu'avec l'autorisation du juge des contentieux de la protection ou du conseil de famille s'il a été constitué.
La substitution de bénéficiaire peut être réalisée soit par voie d'avenant au contrat, soit par testament.

Cas pratique

Dans un premier temps (5 janvier 1999), un homme souscrit un contrat d'assurance sur la vie et désigne son épouse en qualité de bénéficiaire. Puis, dans un courrier daté du 5 juillet 2000, reçu par l'assureur le 20 juillet 2000, le souscripteur déclare désigner ses enfants en qualité de bénéficiaires du contrat, en lieu et place de son épouse.
Pendant cette même période, l'épouse accepte la clause bénéficiaire du contrat par courrier non daté, mais reçu par l'assureur le 10 juillet 2000.
La substitution de bénéficiaire a été déclarée valable. Cet acte n'a pas à être enregistré. Puisque l'acceptation a été postérieure au changement du nom du bénéficiaire, le bénéfice du contrat a été accordé aux enfants (C. cass., civ. 2e, 26.3.2015, n° 14-11206).

› L'acceptation du contrat par le bénéficiaire

Le bénéficiaire est la personne désignée sur le contrat pour recevoir les capitaux garantis et pour pouvoir toucher les capitaux. Il doit accepter le contrat.
L'acceptation du contrat par le bénéficiaire modifie les droits du souscripteur.
Avant l'acceptation, le souscripteur conserve le droit de modifier le nom du bénéficiaire. Si l'on veut conserver cette possibilité de modification, il est préférable de désigner le bénéficiaire par acte séparé, par un testament que l'on déposera chez un notaire, par exemple.
L'intérêt du dépôt chez le notaire est d'éviter le risque de perte et de faire en sorte que le testament soit retrouvé au moment de son décès.
Après l'acceptation, les droits du souscripteur dépendent de la date de cette acceptation.

L'acceptation a été formalisée avant la loi du 17 décembre 2007

Si l'acceptation est intervenue avant le 18 décembre 2007, elle devient définitive dès la signature par le bénéficiaire et le souscripteur perd le droit de modifier le nom de ce dernier.
En revanche, le souscripteur ne perd pas la faculté d'effectuer des retraits sur son contrat, dès lors que la faculté de rachat est prévue. Cette possibilité de disposer de son épargne malgré une éventuelle opposition du bénéficiaire résulte de la jurisprudence et notamment de l'arrêt de la Cour de cassation du 22 février 2008 (n° 06-11934).

L'acceptation est intervenue après la loi du 17 décembre 2007

La loi du 17 décembre 2007 a modifié la procédure d'acceptation du contrat par le bénéficiaire. Désormais, l'acceptation par le bénéficiaire n'est définitive que si le stipulant donne son consentement. L'acceptation et le consentement doivent être formalisés par un avenant signé du souscripteur, du bénéficiaire et de l'assureur, ou encore d'un acte notarié signé par le souscripteur et le bénéficiaire, puis notifié à l'assureur.
Grâce à cette réforme, les droits du souscripteur sont renforcés. Même si le bénéficiaire a été mis au courant du contrat et même s'il l'a accepté, le souscripteur conserve ses droits sur le contrat et peut modifier le nom du bénéficiaire, tant qu'il n'a pas donné son accord exprès à cette acceptation (C. assur., art. L. 132-9).
Mais lorsque l'acceptation a été validée par le souscripteur, il ne peut plus changer le nom du bénéficiaire ni opérer des retraits sur son contrat sans l'accord de ce dernier.

› La désignation d'un second bénéficiaire

La désignation d'un second bénéficiaire est utile dans l'hypothèse où le premier bénéficiaire désigné décède avant l'assuré. À défaut de désignation d'un second bénéficiaire, le capital versé par l'assurance réintègre la succession et il est partagé entre les héritiers.

Cas pratique

Une sœur souscrit un contrat d'assurance-vie et désigne comme bénéficiaire l'un de ses frères qui l'accepte définitivement. Ce dernier décède quelques mois avant sa sœur.

La fille du bénéficiaire décédé réclame la totalité du capital. Elle estime que l'acceptation de son père en tant que bénéficiaire rendait irrévocable l'attribution du capital à son profit et, après son décès, à sa succession.

Mais ce raisonnement est écarté. Si l'attribution du capital devient irrévocable après l'acceptation par le bénéficiaire, c'est toujours sous la condition suspensive de la survie du bénéficiaire après le décès du souscripteur. En l'espèce, la désignation du bénéficiaire était devenue caduque à la suite de son décès. Le capital devait être réintégré dans l'actif de la succession et être partagé entre les héritiers (C. cass., civ. 2e, 10.9.2015, n° 14-20017).

La désignation d'un second bénéficiaire est indiquée par la formule : « à défaut... ».

Le second bénéficiaire est appelé à recevoir le capital de l'assurance décès dans trois hypothèses :

- lorsque le premier bénéficiaire décède avant l'assuré ;
- ou encore dans l'hypothèse où ce premier bénéficiaire renonce au bénéfice de ce contrat ;
- et également quand le premier bénéficiaire décède après l'assuré mais sans avoir eu le temps d'accepter le contrat.

En principe, le capital d'une assurance-vie est versé au bénéficiaire désigné indépendamment de son acceptation.

Il en va différemment quand un second bénéficiaire est désigné. En effet, si le contrat n'était pas accepté, le capital pourrait être transmis au second bénéficiaire désigné, et non aux héritiers du premier bénéficiaire. Cette seconde désignation sous-entend que le souscripteur a entendu ainsi écarter les héritiers du premier bénéficiaire.

Cas pratique

Ainsi, dans une affaire dont la justice avait été saisie, il s'agissait de savoir si le montant de l'assurance-vie faisait partie du patrimoine du bénéficiaire alors qu'il ne l'avait pas formellement accepté. En l'espèce, une personne avait contracté une assurance-vie en faveur de son compagnon (premier bénéficiaire), et indiqué qu'en cas de prédécès du premier bénéficiaire, le capital sera attribué à ses propres enfants.

L'assuré décède et le premier bénéficiaire décède à son tour, 2 mois après, sans avoir eu le temps d'accepter le contrat. Les sommes sont versées par l'assurance aux héritiers du premier bénéficiaire. Les enfants du souscripteur assuré leur réclament ce capital.

Les juges devaient déterminer qui devait être le bénéficiaire du contrat :

– soit les héritiers du premier bénéficiaire ;

– soit les seconds bénéficiaires, enfants du souscripteur.

Ils ont opté pour la seconde solution : le capital doit, en principe, être transmis aux héritiers du bénéficiaire du contrat qui est décédé après le souscripteur et ce, même si ce bénéficiaire est décédé avant d'avoir accepté le contrat. Mais, lorsque le souscripteur a désigné un second bénéficiaire, le capital doit lui être versé dès lors qu'il n'y a pas eu acceptation de la part du premier (C. cass., civ. 1re, 9.6.1998, JCL resp. civ. et assur., 2.1999, p. 4).

ATTENTION

Acceptation par le second bénéficiaire Tant que le premier bénéficiaire n'a pas formulé son acceptation, le souscripteur peut le révoquer, et ce, même si le second bénéficiaire a déjà accepté le contrat.
Dans cet arrêt, le souscripteur avait désigné en premier bénéficiaire son « conjoint non séparé de corps » et à défaut, « ses enfants ». Ces derniers avaient accepté leur désignation.
Plus tard, le souscripteur avait décidé de changer le nom du premier bénéficiaire et, à son décès, le capital est versé à ce nouveau bénéficiaire. Les enfants réclament le versement du capital, faisant état de leur acceptation ayant rendu définitive leur nomination. Leur demande est rejetée. Leur désignation est effectivement définitive mais ils ne sont appelés qu'à défaut d'un premier bénéficiaire dont le nom reste révocable à défaut d'acceptation de sa part (C. cass., civ. 2e, 2.6.2005).

› La recherche du bénéficiaire après le décès de l'assuré

Si aucun bénéficiaire n'est désigné, le capital fait partie de la succession, se répartit entre les héritiers et est passible des droits de succession.
En revanche, si un bénéficiaire est désigné, le capital versé ne fait pas partie de la succession et doit être attribué à ce bénéficiaire.
Mais il est possible que le bénéficiaire ne soit pas tenu informé d'un contrat souscrit en sa faveur. Pour éviter que des contrats soient oubliés et que les capitaux ne soient jamais versés, la loi du 15 décembre 2005 complétée par la loi n° 2007-1775 du 17 décembre 2007 a mis en place plusieurs mesures :
- les assurances doivent s'informer du décès éventuel de leurs assurés et bénéficient, pour ce faire, de l'accès au répertoire national d'identification des personnes physiques. Peuvent être consultées les données relatives au décès des personnes qui y sont inscrites ;
- lorsque l'assurance est avertie du décès de son assuré, elle a l'obligation de rechercher le bénéficiaire et de l'avertir de l'existence du contrat stipulé à son profit.
Si l'assurance ne connaît pas le bénéficiaire et si le bénéficiaire lui-même ne connaît ni le nom de la compagnie d'assurance ni les références du contrat, il a la possibilité, après le décès de l'assuré, de s'adresser à un organisme centralisateur qui, dans les 15 jours de la réception de sa demande, doit interroger l'ensemble des compagnies d'assurance sur l'éventualité d'un contrat souscrit à son bénéfice (voir le modèle *Saisir l'AGIRA après le décès pour savoir si une assurance-vie a été souscrite*, p. 339). Ces dernières ont alors 1 mois pour avertir l'intéressé de l'existence d'un capital ou d'une rente garantis. L'organisme est l'AGIRA : 1, rue Jules Lefebvre, 75431 Paris Cedex 09.

L'entreprise d'assurance dispose d'un délai de 15 jours après réception de l'acte de décès pour demander au bénéficiaire du contrat d'assurance-vie, de lui fournir l'ensemble des pièces et documents nécessaires au paiement.
Il est interdit à l'assureur de demander des pièces déjà fournies ou redondantes.
S'il laisse passer ce délai de 15 jours pour réclamer les pièces nécessaires au paiement, l'assureur doit verser sur le capital dû au bénéficiaire un intérêt de retard égal au double du taux de l'intérêt légal, puis au triple du taux légal à l'expiration du délai d'1 mois.
À réception des pièces nécessaires, l'entreprise d'assurance doit verser au bénéficiaire le capital ou la rente garantis dans le délai maximal d'1 mois.
Le non-respect de ce délai d'1 mois oblige l'assureur à verser au bénéficiaire un intérêt de retard dont le taux est égal au double du taux de l'intérêt légal pendant 2 mois, puis à l'expiration de ce délai au triple du taux légal (C. assur., art. L. 132-23-1).

À NOTER
Récapitulatif annuel Les assurances doivent publier chaque année un récapitulatif des contrats d'assurance-vie dont les capitaux ou les rentes sont dus, mais n'ont toujours pas été versés aux bénéficiaires.

L'usufruit et la nue-propriété du capital attribués à deux bénéficiaires

Le souscripteur d'un contrat d'assurance-vie peut démembrer le capital et désigner un nu-propriétaire et un usufruitier. L'usufruitier peut être, par exemple, le conjoint et les nus-propriétaires les enfants. Au décès de l'assuré, l'usufruitier peut disposer du capital. Au décès de l'usufruitier, le nu-propriétaire a droit au capital équivalent (versé par la succession de l'usufruitier). Fiscalement, le nu-propriétaire n'a pas de droits à payer au décès de l'usufruitier.

Les règles fiscales

› Principe : exonération de droits de mutation

Les sommes versées à un bénéficiaire déterminé dans le cadre d'un contrat d'assurance-vie peuvent être entièrement exonérées de droits de mutation si les primes versées ou le capital attribué ne dépassent pas un certain plafond.
Si le bénéficiaire n'est pas déterminé, le capital versé au décès de l'assuré fait partie de sa succession et est soumis aux droits de mutation comme n'importe quel bien.
L'exonération dépend aussi de l'âge du souscripteur.
La souscription d'une assurance-vie reste donc la solution la plus intéressante pour favoriser une personne étrangère à la famille (pour qui les droits de mutation sont fixés à 60 %) ou un de ses héritiers que l'on veut avantager.
Mais l'exonération n'est pas totale puisque certains contrats sont imposables.

Cas pratique

Le notaire peut-il calculer ses émoluments sur le capital d'un contrat d'assurance-vie, alors que ce capital ne fait pas partie de la succession ?

La Cour de cassation a répondu par l'affirmative en distinguant les aspects civils et fiscaux du régime des contrats d'assurance-vie.

D'un point de vue civil, le capital issu du contrat est exclu de la succession de l'assuré.

Mais d'un point de vue fiscal, le capital est taxé et est intégré dans l'actif brut de la succession. Or le notaire calcule ses émoluments sur l'actif brut de la succession avant de soustraire le passif.

L'assiette de l'émolument coïncide avec celle de l'impôt.

Le notaire doit calculer ses émoluments sur la partie des primes qui excède 30 500 € ou sur le capital qui excède 152 500 € (selon la date de versements des primes).

Autre conséquence : le notaire ne peut pas percevoir des émoluments sur les capitaux reçus par le conjoint ou le partenaire pacsé puisque ces derniers sont totalement exonérés de droits (C. cass., com., 14.10.2011, n° 10-20218).

› Exception : taxation partielle des primes versées après 70 ans

Les contrats souscrits depuis le 20 novembre 1991

Si le souscripteur est âgé de 70 ans ou plus à la date de la signature du contrat ou en cours de contrat, le bénéficiaire du capital versé au décès devra payer des droits de mutation sur les primes qui dépassent 30 500 €.

Les primes excédant le seuil de 30 500 € versées par l'assuré après ses 70 ans sont ajoutées à son patrimoine et font partie de son actif successoral (ainsi que la valeur de rachat s'il s'agit de contrats d'assurances rachetables).

Les droits à payer dépendent des sommes versées excédentaires, du bénéficiaire et de son lien de parenté avec le défunt.

Cas pratique

Un assuré âgé de 75 ans souscrit un contrat d'assurance-vie en faveur d'un bénéficiaire et verse une prime unique de 45 000 €. À son décès, le bénéficiaire devra payer des droits de succession sur 14 500 € (45 000 € – 30 500 €).

Les droits à payer sont les mêmes que les droits de succession et sont calculés en fonction du degré de parenté du bénéficiaire avec le défunt. S'il s'agit d'un étranger à la famille, le taux est de 60 %.

Lorsque plusieurs contrats sont conclus sur la tête d'un même assuré, il est tenu compte de l'ensemble des primes versées après le 70e anniversaire de l'assuré pour l'appréciation de la limite de 30 500 €.

S'il y a plusieurs bénéficiaires, ils se partagent l'abattement de 30 500 € et l'impôt est réparti entre eux (CGI, art. 757 B).

En cas de démembrement de la clause bénéficiaire, le nu-propriétaire et l'usufruitier sont considérés comme bénéficiaires au prorata de la part leur revenant, déterminée selon le barème prévu à l'article 669 du Code général des impôts (voir *L'évaluation de l'usufruit et du droit d'habitation*, p. 238). L'abattement de 30 500 € est réparti de la même façon (BOI-ENR-DMTG-10-10-20-20 n° 225, 9.7.2013).

Si le bénéficiaire n'est pas déterminé, le capital versé au décès de l'assuré fait partie de la succession et il est soumis aux droits de mutation comme n'importe quel bien transmis aux héritiers. Les prélèvements fiscaux de 20 et 25 % restent applicables si le capital versé dépasse les plafonds fixés (voir *Exception : prélèvement fiscal sur les sommes transmises*, p. 75).

Les contrats souscrits avant le 20 novembre 1991

En principe, la taxation ne concerne que les contrats souscrits après le 20 novembre 1991.

Toutefois, cette taxation est également applicable aux contrats souscrits avant cette date lorsque le contrat a été modifié de façon substantielle après le 20 novembre 1991. On considère en effet qu'il ne s'agit plus du même contrat mais d'un nouveau contrat soumis à l'imposition.

La notion de « modification substantielle » a été revue par l'administration fiscale dans une instruction du 30 avril 2002 (BOI 7 G-5-02).

Avant cette instruction, le fisc considérait que l'économie d'un contrat était modifiée lorsque les parties modifiaient le versement des primes ou prévoyaient le versement de nouvelles primes non prévues dans le contrat d'origine (transformation d'un contrat à prime unique en un contrat à primes multiples ou en un contrat à versements libres) ou encore lorsque les primes payées après le 20 novembre 1991 étaient disproportionnées par rapport à celles payées antérieurement. Dans ces hypothèses, les primes payées après le 20 novembre 1991 étaient taxées même si le contrat avait été souscrit avant cette date.

L'administration a modifié cette doctrine. Désormais, le seul versement de nouvelles primes non prévues dans le contrat d'origine, ou le versement de primes disproportionnées, n'est plus considéré comme une modification substantielle du contrat.

Cas pratique

La question était de savoir si l'adhésion de l'épouse en 1995 au contrat d'assurance-vie souscrit par son époux en 1988 emportait ou non novation (nouveau contrat).

Pour le fisc, la transformation d'un contrat d'assurance à souscripteur unique en contrat d'adhésion conjointe constitue une novation de ce contrat. En conséquence, les bénéficiaires (petits-neveux) devaient payer des droits de mutation sur les sommes reçues après abattement de 30 500 €.

Mais la Cour de cassation rejette le pourvoi déposé par l'administration. Il n'y a pas novation car la souscription par l'épouse n'éteint pas le lien contractuel entre l'époux et l'assureur.

En conséquence, le contrat ayant été souscrit avant le 20 novembre 1991, seules les primes versées après le 13 octobre 1998 sont taxables (prélèvement de 20 % après abattement de 152 500 € ; CGI, art. 990-I) (C. cass., civ. 1re, 19.3.2015, n° 13-28776).

À NOTER

Le cas du capital inférieur aux primes versées La base de la taxation est donc le montant des primes versées. Mais lorsqu'à la suite de rachats ou d'avances non remboursées, le capital versé se trouve inférieur au montant des primes versées, l'assiette des droits est limitée à ce capital. L'abattement de 30 500 € est calculé sur ce capital (instruction fiscale du 29 mai 1992).

Déclaration des contrats

Tous les contrats d'assurance en cas de vie ou en cas de décès souscrits à compter du 20 novembre 1991 et conclus sur la tête d'un même assuré, en vertu desquels des primes ont été versées après son 70e anniversaire, doivent être déclarés par les bénéficiaires, au décès de l'assuré, dans les conditions fixées pour les déclarations de succession. La déclaration doit préciser, pour chaque contrat, la date et le montant des primes versées après le 70e anniversaire de l'assuré.
Les assureurs sont tenus, sur la demande des bénéficiaires, de leur communiquer les informations mentionnées ci-avant. Ils doivent également, dans les 45 jours qui suivent le jour où ils ont connaissance du décès de leur assuré, faire connaître aux services fiscaux les références du contrat, les identités de l'assuré et du ou des bénéficiaires ainsi que le montant des primes versées après les 70 ans de l'assuré. Ils ne peuvent se libérer des sommes dues aux bénéficiaires qu'après avoir reçu des services fiscaux une attestation de dépôt de la déclaration de succession (CGI, annexe II, art. 292 *a* et 292 *b*).

› Exception : prélèvement fiscal sur les sommes transmises

Pour les contrats souscrits après le 13 octobre 1998 ou, s'il s'agit d'un contrat antérieur, pour les primes versées après cette date :
- le capital versé par les assurances à hauteur de 152 500 € est versé sans droits de succession ;
- les sommes dépassant 152 500 € sont soumises à un prélèvement fiscal de 20 % ;
- depuis le 1er juillet 2014, un prélèvement de 31,25 % est effectué sur les sommes supérieures à 700 000 € ;
- un abattement supplémentaire de 20 % (applicable avant l'abattement de 152 500 €) bénéficie aux nouveaux contrats d'assurance-vie « contrat vie-génération » investis en parts ou actions depuis le 1er janvier 2014 (ainsi qu'aux anciens contrats transformés en contrat-vie-génération entre le 1er janvier 2014 et le 1er janvier 2016).

Cas pratique

Si le capital versé est de 450 000 €, le bénéficiaire paiera le prélèvement de 20 % sur 297 500 €, soit 59 500 €.

Ce prélèvement est versé directement par les assurances au comptable public compétent dans les 15 jours qui suivent la fin du mois au cours duquel les sommes ont été remises au bénéficiaire (CGI, art. 990-1).

Si un même bénéficiaire reçoit plusieurs versements de plusieurs compagnies d'assurance à la suite du décès du même assuré, il ne bénéficie qu'une seule fois de l'abattement de 152 500 € sur l'ensemble des sommes cumulées.
Lorsque les sommes sont versées à la Caisse des dépôts et consignations (sommes non réclamées), elles sont soumises à ces mêmes prélèvements de 20 % pour la fraction de la part taxable de chaque bénéficiaire inférieure ou égale à 700 000 € et de 31,25 % pour la fraction de la part taxable de chaque bénéficiaire excédant cette limite. Ce prélèvement est applicable depuis le 1er janvier 2016.
Ce prélèvement n'est pas applicable aux bénéficiaires qui sont exonérés de droits de succession à savoir :
- le conjoint survivant, le partenaire pacsé et, sous certaines conditions, les frères et sœurs du défunt ;
- les associations ou fondations reconnues d'utilité publique, les établissements d'enseignement d'utilité publique, les organismes à but charitable, les associations cultuelles... (voir *Exonération pour les dons et legs faits à certains établissements publics ou certaines associations*, p. 252).

Cas pratique

L'abattement personnel du bénéficiaire est-il applicable lorsque les sommes versées dans le cadre d'un contrat d'assurance-vie sont imposables ?

Les sommes payables en vertu d'un contrat d'assurance-vie à raison du décès de l'assuré au profit d'un bénéficiaire déterminé sont susceptibles d'être soumises :
– soit aux droits de mutation (primes excédant 30 500 €, souscripteur âgé de plus de 70 ans) ;
– soit au prélèvement forfaitaire de 20 % (ou 31,25 %) .
Lorsque les droits de mutation sont exigibles dans les conditions de droit commun sur la fraction des primes excédant 30 500 €, le bénéficiaire peut appliquer l'abattement auquel il a droit.
En revanche, aucun abattement n'est autorisé lorsque les sommes versées sont soumises au prélèvement de 20 % ou 31,25 % puisque ce prélèvement ne constitue pas des droits de mutation (rép. min. n° 30 877, JO Sénat, 28.6.2001, p. 2160).

IMPOSITION DES CONTRATS D'ASSURANCE-VIE

PRIMES CONTRAT	Primes versées avant le 13.10.1998	Primes versées après le 13.10.1998
Contrats souscrits avant le 20.11.1991	Pas de droits ni prélèvements	Prélèvement de 20 % sur le capital supérieur à 152 500 €. Prélèvement de 31,25 % sur la fraction supérieure à 700 000 € (CGI, art. 990-I).

IMPOSITION DES CONTRATS D'ASSURANCE-VIE		
PRIMES CONTRAT	Primes versées avant le 13.10.1998	Primes versées après le 13.10.1998
Contrats souscrits après le 20.11.1991 et assuré âgé de moins de 70 ans lors du versement des primes	Pas de droits ni prélèvements	Prélèvement de 20 % sur le capital supérieur à 152 500 €. Prélèvement de 31,25 % sur la fraction supérieure à 700 000 €.
Contrats souscrits après le 20.11.1991 et assuré âgé de plus de 70 ans lors du versement des primes	Droits de mutation calculés sur la fraction des primes qui dépasse 30 500 €	Droits de mutation calculés sur la fraction des primes qui dépasse 30 500 €.

› Exonération de droits pour le conjoint marié ou pacsé

Depuis le 22 août 2007, le conjoint survivant, marié ou pacsé, est exonéré de droits de succession (succession ouverte après cette date).
S'agissant des contrats d'assurance-vie, la même exonération est applicable, pour le conjoint comme le partenaire pacsé, au prélèvement fiscal de 20 % ou 25 % pour les sommes dépassant 152 500 € et aux droits de mutation calculés après l'abattement de 30 500 € (CGI, art. 990-I).

› Fiscalité successorale du PER assurance

Le plan d'épargne retraite (PER) peut être ouvert par toute personne qui le souhaite, en vue de se constituer un supplément de revenus au moment de la retraite. Le PER assurance, ouvert auprès d'un assureur, suit la fiscalité du contrat d'assurance-vie.

> **Cas pratique**
>
> **Au décès du titulaire d'un PER assurance, l'assureur verse les sommes dues aux bénéficiaires qu'il a désignés. Qu'en est-il de la taxation aux droits de succession de ces versements ?**
>
> En cas de décès du titulaire du PER avant 70 ans, chaque bénéficiaire a droit sur les capitaux qu'il reçoit à un abattement de 152 500 €. La part des capitaux qui excède ce seuil est soumise à taxation de 20 % jusqu'à 700 000 € et à 31,25 % au-delà (CGI, art. 990 I).
>
> Si le décès du titulaire du PER intervient après l'âge de 70 ans, le capital reçu par les bénéficiaires est soumis en totalité aux droits de succession.
>
> Toutefois, les sommes reçues ne sont taxées qu'après un abattement global de 30 500 €, réparti entre tous les bénéficiaires de tous les contrats souscrits par l'assuré décédé, s'il en avait souscrit plusieurs (CGI, art. 757 B).

Le recours des héritiers

› Les primes exagérées

Les héritiers peuvent contester la souscription du contrat lorsque le souscripteur a versé des primes hors de proportion avec ses moyens et manifestement exagérées par rapport à ses facultés financières, entraînant en conséquence la diminution de la part des héritiers.
Si le tribunal considère effectivement que les primes versées étaient excessives, elles sont alors considérées comme des donations. Les héritiers peuvent demander au bénéficiaire du contrat la réduction (si le bénéficiaire est un tiers) ou le rapport à succession (si le bénéficiaire est un héritier).
Si le bénéficiaire du contrat d'assurance est un héritier, il doit rapporter à la succession l'intégralité des primes et non pas uniquement la partie de ces primes constituant l'abus (voir *La notion de primes manifestement exagérées*, p. 324).

› Comment obtenir le paiement du capital décès ?

Vous devez demander à l'assureur le versement du capital décès en lui adressant notamment l'acte de décès, une copie de votre pièce d'identité et un relevé d'identité bancaire (voir le modèle *Relancer un assureur qui tarde à régler les capitaux décès ou la rente souscrite par un proche décédé*, p. 337).
En retour, l'institution d'assurance vous envoie un document que vous adresserez au service des impôts chargé des successions du domicile du proche décédé, accompagné de deux exemplaires du formulaire « Déclaration partielle de succession – Assurance-vie et certificat d'acquittement ou de non-exigibilité de l'impôt » n° 2705-A-SD (Cerfa n° 12321*07). Ce formulaire peut être téléchargé sur Internet sur le site www.impots.gouv.fr/portail/files/formulaires/2705-sd/2021/2705-sd_3448.pdf.
Sous quelques jours, le service des impôts vous adresse un document, destiné à l'assureur, indiquant que le capital décès est exonéré d'impôt ou au contraire supporte une taxation de tel montant. Une fois ce document en main, l'assureur doit vous verser le capital au plus tard dans le délai d'1 mois (C. assur., art. L. 132-23-1), sous peine d'avoir à vous verser des intérêts de retard.

› La requalification du contrat d'assurance-vie en contrat de capitalisation

Il existe une distinction entre les contrats d'assurance-vie et les contrats d'assurance de capitalisation ou d'épargne.
Un contrat d'assurance-vie est un contrat de prévoyance visant à garantir le risque d'un décès et ses conséquences financières pour le bénéficiaire désigné (un proche ou le conjoint très souvent). Un contrat de capitalisation se rapproche davantage d'un contrat de gestion du patrimoine, les primes versées étant destinées à obtenir le versement d'un capital à une échéance sans lien avec le décès du souscripteur ou à effectuer une libéralité si le bénéficiaire n'est pas le souscripteur du contrat. Le critère pouvant être retenu peut être l'intention du souscripteur.

Une troisième catégorie réunit les contrats dits « mixtes », c'est-à-dire ceux qui prévoient le versement d'un capital à l'échéance prévue ou au décès de l'assuré, si ce décès intervient avant cette échéance.
Cette distinction est importante puisque seuls les contrats d'assurance-vie bénéficient des règles prévues aux articles L. 132-12 et L. 132-13 du Code des assurances qui soustraient de l'actif successoral le capital versé au bénéficiaire (dispense de rapport et de réduction ; exonération sous certaines conditions des droits de mutation).
En revanche, s'il s'agit d'un contrat d'épargne ou de capitalisation, le bénéficiaire, s'il est héritier, doit rapporter à la succession le capital versé. Le bénéfice de ce contrat est par ailleurs réduit s'il excède la quotité disponible.
Établir les critères de distinction est difficile puisque les deux sortes de contrats peuvent prévoir que le capital sera versé à un bénéficiaire au moment du décès du souscripteur.
Dans les deux contrats également, les primes peuvent être versées sur plusieurs années ou sur un temps plus court.
Les juges saisis d'une contestation entre les héritiers peuvent écarter le nom donné au contrat litigieux et le requalifier soit de contrat d'assurance-vie, soit de contrat de capitalisation.
Le critère pour déterminer s'il s'agit d'un contrat d'assurance-vie ou d'un contrat de capitalisation est l'aléa existant ou non dans le contrat.
Est un contrat d'assurance-vie le contrat qui prévoit soit la possibilité pour l'assuré d'utiliser les fonds, soit le versement du capital à un bénéficiaire désigné au moment du décès de l'assuré. L'aléa est la date incertaine de ce décès.
Les contrats mixtes ne peuvent pas être requalifiés en contrats de capitalisation dès lors qu'ils comportent un aléa.
Cet aléa existe lorsque les effets du contrat dépendent de la durée de la vie humaine.
Le contrat qui comporte un aléa constitue donc un contrat d'assurance sur la vie soumis aux règles du Code civil et du Code des assurances (capital versé hors succession, dispense de rapport, contrôle des primes manifestement exagérées).

Cas pratique

Une personne avait souscrit des contrats d'assurance-vie auprès de la société Cardif Société Vie (la société) et avait désigné, quelque temps plus tard, quatre bénéficiaires à parts égales. Les contrats prévoyaient que le capital (à une date déterminée dans l'acte) serait versé soit à l'adhérente si elle était encore vivante à cette date, soit aux bénéficiaires désignés.
À son décès, elle laisse pour lui succéder son fils adoptif, qui a fait opposition au paiement des sommes dues au titre de ces contrats ; il considère qu'il s'agit d'un contrat de capitalisation ou d'épargne et non d'un contrat d'assurance-vie. En effet, le montant du capital versé ne dépendant pas de la survie du souscripteur, il n'y a aucun aléa financier. En conséquence, le capital versé doit faire partie de l'actif successoral.

> Sa demande est rejetée. Les juges ont relevé que les contrats litigieux comportaient un aléa puisque, à la date de souscription, l'assurée ignorait qui d'elle ou des bénéficiaires recevrait le capital.
> Les juges ont également vérifié que les primes versées n'étaient pas manifestement exagérées par rapport aux facultés financières de l'adhérente. En effet, les règles du rapport successoral et celles de la réduction pour atteinte à la réserve des héritiers ne s'appliquent pas aux sommes versées par le contractant à titre de primes, sauf si elles sont manifestement exagérées eu égard à ses facultés. Un tel caractère s'apprécie au moment du versement, en considérant l'âge et les situations patrimoniale et familiale du souscripteur. En l'espèce, les primes d'un montant global de 310 000 F (47 260 €) ne représentaient qu'un quart du patrimoine mobilier de l'adhérente et n'étaient donc pas manifestement exagérées eu égard à ses facultés (C. cass., ch. mixte, 23.11.2004, n° 02-11352).

Trois autres arrêts de la Cour de cassation statuant en chambre mixte ont été rendus le même jour sur ce même sujet. La Cour de cassation réaffirme le principe selon lequel le contrat d'assurance dont les effets dépendent de la durée de la vie humaine comporte un aléa et constitue un contrat d'assurance sur la vie. L'absence d'aléa financier ne suffit pas pour exclure ces contrats de la catégorie des contrats d'assurance-vie.

Comment donner les parts d'un immeuble ?

Le patrimoine est, en France, majoritairement constitué de biens immobiliers. La constitution d'une société civile immobilière ou la vente de parts d'indivision permettent de transmettre l'immobilier par étapes et de réduire les droits de mutation.

La transmission de parts de SCI

› Constituer une SCI pour transmettre un immeuble

Si des parents propriétaires d'un immeuble (maison, appartement, terrain…) veulent le transmettre à leurs enfants, ils peuvent effectuer une donation-partage et attribuer à chaque enfant une quote-part d'indivision.

Mais ils peuvent aussi constituer une SCI (société civile immobilière) en apportant l'immeuble à la société, cette société devenant propriétaire de l'immeuble et les parents propriétaires des parts de la SCI, puis effectuer une donation-partage des parts de cette société. La donation-partage portera donc, non pas sur l'immeuble lui-même, mais sur les parts de la SCI.

L'opération est plus facile puisque les parts peuvent en effet être plus facilement partageables qu'un immeuble.

Par ailleurs, les règles de l'indivision (assez lourdes puisqu'elles requièrent en principe l'unanimité des indivisaires pour les décisions concernant la gestion du bien en indivision) sont écartées au profit des règles plus souples de gestion de la société.

Les statuts de la société peuvent, par exemple, prévoir que les parts donnent droit à une période déterminée de jouissance du bien (périodes pouvant être alternées pour que les droits des associés soient équivalents).

› Conséquences fiscales

Fiscalement, les droits de donation seront calculés sur la valeur des parts données. Or cette valeur est fixée en fonction de la valeur de l'immeuble, mais aussi en fonction du passif de la société. Si par exemple, la société a contracté un prêt pour l'acquisition de l'immeuble ou pour effectuer des travaux avec inscription d'hypothèque, les parts qui seront données seront évaluées sur l'actif net de la société, c'est-à-dire sur l'actif brut diminué du passif (la créance de la banque). Si l'immeuble est évalué à 150 000 € et qu'une hypothèque est prise pour 50 000 €, les parts seront données pour une valeur globale de 100 000 €.

À NOTER

La déduction des dettes La possibilité de déduire le passif des biens en cas de donation est admise, sous certaines conditions, depuis le 1er janvier 2005. Auparavant, les dettes grevant un bien donné ne pouvaient pas être déduites de la valeur vénale du bien (loi n° 2004-1484 du 30 décembre 2004 ; CGI, art. 776 *bis*).

Si les parents, propriétaires de l'immeuble, n'apportent à la société que la nue-propriété de l'immeuble, en se réservant l'usufruit, les parts de la société ne sont pas évaluées en fonction du barème fiscal fixant la valeur de l'usufruit mais en fonction de la rentabilité réelle du bien.

Ce calcul a pour effet d'augmenter la valeur de l'usufruit par rapport à la valeur de la nue-propriété et donc de diminuer d'autant la valeur de la donation taxable pour les enfants.

À NOTER

L'immatriculation est obligatoire Les SCI créées avant le 1er juillet 1978 avaient l'obligation d'être immatriculées au registre du commerce et des sociétés avant le 1er novembre 2002. L'immatriculation est désormais obligatoire pour toutes les SCI (loi n° 2001-420 du 15 mai 2001).

› Inconvénients

Conséquences pour le conjoint survivant

Si le logement appartient en partie ou en totalité à un tiers, le conjoint ne peut pas bénéficier du droit au logement familial après le décès de son époux(se). En effet, ce droit d'habitation n'est ouvert que si le logement appartient soit aux deux époux, soit au défunt (le défunt peut toutefois détenir une simple part d'indivision sur le logement).

Si le logement familial appartient à une SCI (même s'il s'agit d'une société familiale), le conjoint survivant sera considéré comme un locataire ou un occupant. Il pourra seulement demander, à la succession, la prise en charge des loyers pendant 1 an. Puis, il pourra habiter dans les lieux jusqu'à la résiliation du bail ou de la convention d'occupation (à condition qu'un tel acte ait été signé entre la société et les époux).

ATTENTION

Le conjoint ne pourra pas bénéficier du droit d'habitation à vie si le logement familial qui constitue la résidence principale du couple appartient à une SCI.

Risques de rectification fiscale

Lorsqu'une opération est réalisée dans un but exclusivement fiscal, le fisc peut opérer un redressement (désormais dénommé « rectification ») pour abus de droit.

L'abus de droit par fraude à la loi est reconnu quand l'opération :
- est considérée comme anormale par le fisc ;
- n'a pour but que d'éviter ou de réduire un impôt ;
- entraîne une moins-value d'impôts pour le fisc.

La transmission de parts d'indivision

L'indivision peut porter sur un meuble ou, plus fréquemment, sur un immeuble. Il est possible de donner ou de léguer sa part d'indivision ou de la donner (par acte notarié) à l'un de ses héritiers ou à un tiers.

› Legs d'un bien en indivision

Il est possible de léguer un bien qui est en indivision sans que ce legs ne soit considéré comme le legs de la chose d'autrui.
Le legs ne prend effet qu'au décès du testateur.
Si l'indivision existe encore lors de ce décès, le légataire se voit attribuer la part d'indivision du défunt, et ses droits sur l'indivision sont exactement les mêmes que ceux du testateur.
Si l'indivision a été partagée avant le décès du testateur, le legs est donc valable mais peut être caduc si, lors du partage en nature, le bien légué n'est pas compris dans le lot attribué, après tirage au sort, au légataire.

Cas pratique

Après le décès du mari, sa veuve se retrouve en indivision avec ses trois enfants sur les biens dépendant de la succession. Cette succession se compose entre autres d'une maison située à la campagne qui a été léguée par la mère à sa fille aînée.
Lorsque la mère décède, les enfants, ne parvenant pas à s'entendre sur le partage des biens, demandent un partage judiciaire. Pour que le legs soit effectif, il faut que le tirage au sort des lots attribue à la fille aînée la maison léguée.

Pour éviter ce risque de caducité, le testateur peut indiquer dans son testament qu'il charge ses héritiers de procurer la pleine propriété du bien au légataire. Dans l'exemple précédent, la mère pourrait obliger ses deux enfants à attribuer à leur sœur aînée la propriété de la maison à la campagne. Cette clause est valable à condition que la valeur du bien légué (dans l'exemple, la maison) ne dépasse pas la valeur de la réserve des enfants.

› Donation d'un bien en indivision

En cas de donation, les autres indivisaires ne disposent pas du droit de préemption sur cette part, comme cela leur est reconnu en cas de vente (cession à titre onéreux). Ils ne l'ont pas non plus si l'indivisaire échange son bien (voir le modèle *Informer les cohéritiers du souhait de sortir de l'indivision*, p. 338).

Cas pratique

Dans un cas soumis à la Cour de cassation, l'un des indivisaires avait cédé sa part dans l'indivision à une société en échange de plusieurs appartements. Les autres indivisaires avaient entendu faire jouer leur droit de préemption.

La cour d'appel avait déclaré valable ce droit de préemption ; la Cour de cassation a cassé cet arrêt.

Le droit de préemption n'est possible que si les coïndivisaires peuvent remplacer le tiers, c'est-à-dire payer à sa place la valeur de la part transmise. Or, puisqu'il s'agit d'un échange, les coïndivisaires ne pouvaient en aucun cas fournir les appartements qui étaient l'objet de cet échange. Puisqu'ils ne peuvent remplacer l'échangiste (la société) dans le contrat d'échange, ils ne peuvent pas exercer leur droit de préemption (C. cass., civ. 1re, 21.5.1997, Bull. civ. n° 164).

À NOTER

Droit de préemption urbain et donation Le droit de préemption urbain est exclu pour les donations entre ascendants et descendants, entre collatéraux jusqu'au sixième degré, entre époux ou partenaires d'un PACS ou entre une personne et les descendants de son conjoint ou de son partenaire pacsé, ou entre ces descendants (loi n° 2015-990 du 6 août 2015 pour la croissance, l'activité et l'égalité des chances économiques, dite Loi Macron).

La tontine : une formule obsolète et risquée

Le principe : deux personnes, un couple de concubins par exemple, achètent en commun un logement et prévoient dans l'acte notarié une clause de tontine, autrement nommée « clause d'accroissement » ou « pacte tontinier ».

Au décès de l'un des deux acquéreurs, sa part reviendra au survivant qui sera considéré comme propriétaire depuis l'acquisition. Si au jour du décès, la valeur du logement constituant la résidence principale des coacquéreurs, n'excède pas 76 000 €, le survivant qui recueille le logement ne paiera pas de droits de succession, mais seulement des droits de mutation à titre onéreux, des droits de vente d'environ 7 %.

Lorsque la valeur du logement, au jour du décès, dépasse ce plafond, le survivant est redevable des droits de succession à hauteur de 60 %.

En apparence idéale pour permettre au concubin survivant de conserver le logement commun, la tontine présente un inconvénient majeur en cas de séparation. Celui des deux qui souhaite rompre n'a aucune possibilité de provoquer le partage du bien ou d'en exiger la vente. Il ne peut pas non plus obliger l'autre à lui racheter sa part. Juridiquement, la tontine n'est pas une indivision, le seul moyend'en sortir, c'est que les deux consentent à la vente.

NOTRE CONSEIL

Réaliser un achat immobilier en tontine, c'est prendre le pari qu'il n'y aura jamais de mésentente et que le couple restera uni jusqu'au décès de l'un d'eux.

Un pari sacrément risqué à une époque où la vie à deux devient très compliquée et pousse les couples à se séparer plus fréquemment qu'autrefois.

Comment pouvez-vous donner ?

➤ Il est souvent recommandé de prévoir la transmission de ses biens de son vivant, même si son patrimoine n'est pas très important, notamment pour préserver la paix familiale ou encore profiter des avantages fiscaux. Attention toutefois à ne pas vous démunir en donnant trop.

➤ La transmission peut être faite par donation ou par testament en faveur d'un bénéficiaire déterminé. Il est aussi possible de réunir plusieurs bénéficiaires et de faire une donation-partage ou un testament-partage en leur faveur.

➤ Enfin, les époux mariés peuvent se consentir mutuellement une donation au dernier vivant.

Comment faire une donation ?

Aux termes de l'article 894 du Code civil, une donation entre vifs est un contrat par lequel le donateur (celui qui donne) se dépouille actuellement et irrévocablement de la chose donnée en faveur du donataire (celui qui reçoit) qui l'accepte.
Le donateur donne donc, sans contrepartie, un bien (meuble ou immeuble) qu'il possède.
Cette donation peut être pure et simple ou assortie de conditions, d'obligations pour le donataire, à savoir le bénéficiaire de la donation ***(voir Que pouvez-vous donner ?, p. 31).***
La donation peut aussi réunir plusieurs donataires et être assortie d'un partage des biens ***(sur les donations-partages, voir Quelles démarches pour donner à ses enfants ?, p. 148).***
Mais quel que soit le contenu de la donation, les règles suivantes sont applicables.

La donation notariée

Toute donation doit, en principe, être rédigée par un notaire sous peine de nullité (C. civ., art. 931 et s.). Cette règle s'applique même si les biens donnés sont situés à l'étranger, dès lors que la donation est rédigée en France (C. cass., civ. 1re, 23.1.2001, JCL Droit de la famille 2.2002, n° 27, p. 29).

Cas pratique

Deux personnes vivant en concubinage avaient acheté une maison en indivision. Le concubin, par acte sous seing privé, avait déclaré donner tous ses droits sur la maison à sa concubine.
Puis, il change d'avis et l'assigne en partage. La concubine estimait être la seule propriétaire de cette maison en vertu de la donation effectuée par son concubin. Mais les juges refusent de reconnaître la donation puisque l'acte n'était pas notarié et puisqu'une donation par acte sous seing privé est nulle. La maison était donc en indivision et la concubine, qui continuait à l'habiter, devait payer à son ex-concubin une indemnité d'occupation (C. cass., civ. 1re, 15.2.2012, n° 11-11-636).

La donation doit également être acceptée par le bénéficiaire (le donataire).
La donation, à l'inverse du testament qui n'est exécuté qu'au décès du testateur, prend effet immédiatement, lors de l'acceptation du bénéficiaire (jusqu'à l'acceptation, la donation ne produit pas d'effets et le donateur est toujours libre de la révoquer).

À NOTER

La donation au dernier vivant La donation au dernier vivant ne porte pas sur des biens présents mais sur les biens qui existeront au décès du premier des conjoints. Elle ne prend donc pas effet immédiatement, à l'inverse des donations simples (voir *La donation au dernier vivant*, p. 173).

› Acceptation de la donation

Cette acceptation doit être expresse.

Le donataire doit donc signer l'acte et déclarer expressément qu'il accepte la donation effectuée en sa faveur – la Cour de cassation a été amenée à déclarer nulle une donation sur laquelle figurait la signature du donataire mais sans mention de son acceptation (C. cass., civ. 1re, 2.3.1999) !

L'acceptation ne peut donc être tacite et ne peut résulter de l'attitude du donataire (exemple : l'acceptation ne peut pas se déduire de la demande d'abattement fiscal du bénéficiaire de la donation).

Cas pratique

Dans cet arrêt un père avait donné à son fils un bien immobilier. L'enfant vend la maison à des tiers qui font l'objet d'une saisie immobilière par la suite.

Le père donateur s'oppose à ce que la saisie porte sur le bien donné puis vendu. En effet, son fils n'avait jamais accepté la donation.

La cour d'appel relevait que le fils s'était comporté comme s'il avait accepté la donation. Il avait accepté les servitudes qui étaient établies sur la maison et pour les juges d'appel, il était impossible d'accepter celles-ci sans accepter la donation elle-même.

Mais la Cour de cassation casse l'arrêt. Peu importe l'attitude du fils. Puisqu'il n'avait pas accepté expressément la donation, le donateur pouvait revenir sur cet acte, conserver la propriété de cette maison et empêcher la saisie des créanciers (C. cass., civ. 1re, 3.3.1998, Bull. civ. n° 89).

Si le bénéficiaire de la donation est mineur, la donation doit être acceptée par son représentant légal (son père et sa mère ou son tuteur).

Dans l'hypothèse où l'enfant reçoit une donation commune de son père et de sa mère, chaque parent peut accepter la donation effectuée par l'autre parent.

Si la donation a été acceptée par le représentant légal du mineur, elle est définitive et il n'est pas nécessaire que l'enfant réitère son acceptation à sa majorité.

Cette acceptation pourra être faite postérieurement à la donation (exemple : si le donataire est mineur et que la donation n'a pas été acceptée au moment de sa rédaction), mais à condition :

- qu'elle ait lieu du vivant du donateur ;
- qu'elle soit rédigée par acte notarié.

Si la donation n'est pas acceptée, elle est nulle.

Cette règle s'applique quel que soit le bien donné (meuble, immeuble, capital, titres, etc.).

Si le donataire donne procuration pour signer l'acceptation de la donation, cette procuration doit aussi être établie par acte notarié.
Si la procuration est établie par acte sous seing privé, cette irrégularité entraîne la nullité absolue de la donation.

> **Cas pratique**
> Des parents avaient fait donation à leur fils de la nue-propriété de parts sociales. Le fils était représenté par un clerc de notaire à qui il avait donné procuration.
> Cette procuration, préimprimée, avait été établie par acte sous seing privé.
> Les parents demandaient la nullité de la donation.
> Le fils considérait que les règles du Code civil étaient édictées pour protéger le consentement du donataire et que seul ce dernier était en droit de s'en prévaloir.
> Ce dernier argument est rejeté. L'acceptation de la donation est nulle, comme ayant été formulée par un mandataire non pourvu d'une procuration régulière. La nullité atteint toute la donation et il s'agit d'une nullité absolue (C. cass., civ. 1re, 11.9.2013, n° 12-15618).

› La donation à deux bénéficiaires successifs

Depuis la loi n° 2006-728 du 23 juin 2006 portant réforme des successions et des libéralités, il est possible de donner un bien à un premier bénéficiaire à charge pour lui de le transmettre à son décès à un second bénéficiaire. Il s'agit des donations graduelles ou résiduelles (sur ce point, voir *La donation ou le legs résiduel*, p. 61).

› Formalités

Par ailleurs, s'il s'agit d'un immeuble, la donation doit être publiée au fichier immobilier et s'il s'agit de biens mobiliers, un état estimatif de ces biens, signé du donateur et du donataire, doit être joint à l'acte notarié (C. civ., art. 939 et 948). Pour les biens mobiliers, il faut donc détailler chaque objet et lui donner une estimation. Cette formalité se justifie par le principe d'irrévocabilité des donations (le donateur ne peut pas reprendre le ou les biens donnés), protège le donataire contre une éventuelle contestation de l'étendue de la donation et permet également de déterminer avec précision ce que le donataire pourrait être tenu de restituer en cas de nullité de la donation, d'une action en réduction, etc.
Mais les juges peuvent être amenés à tempérer le formalisme de cette règle, notamment lorsque la donation porte sur une collection de livres ou de timbres ou encore sur l'ensemble du mobilier d'un immeuble, par exemple. Dans ce cas, la donation peut être valable si les biens sont regroupés et estimés globalement par catégorie (CA Paris, 25.3.1991, D. 1992, II, p. 230).
Sur les donations faites en faveur d'une personne morale publique : État, commune… ; ou privée : associations d'utilité publique… voir *Quelles démarches pour donner ou léguer à une personne morale ?*, p. 218.

› Jouissance différée du bien donné

Une donation par acte notarié peut tout à fait prévoir que la jouissance du bien sera différée. La donation est valable s'il y a dépouillement actuel et irrévocable de la chose donnée.
Mais ce dépouillement n'a pas pour corollaire obligatoire le paiement immédiat de la somme donnée, lequel ne constitue qu'une modalité librement arrêtée entre les parties – comme une vente qui peut être valable même si le transfert de propriété est retardé (C. cass., civ. 1re, 22.2.2005, JCL Droit de la famille 2005, n° 115, p. 31).
En revanche, s'il s'agit d'un don manuel, la somme donnée doit être immédiatement transférée entre les mains du donataire.

À NOTER
Donner sous conditions Une donation peut être faite sous conditions (voir *La donation ou le legs avec charges ou conditions*, p. 52).

Le don manuel

Un don manuel est la remise matérielle d'un objet de la main à la main entre le donateur (celui qui donne) et le donataire (celui qui reçoit).

À NOTER
Un animal peut faire l'objet d'un don manuel Même si un animal est un être vivant doué de sensibilité (C. civ., art. 515-14), il peut faire l'objet d'un don manuel. Un animal reste un « meuble » et la règle « en fait de meuble, possession vaut titre » doit s'appliquer. Celui qui est en possession du cheval est censé en être le propriétaire, sauf preuve contraire (C. cass., civ. 1re, 17.2.2016, n° 15-14121).

Bien que n'étant pas constatée par un acte notarié, une donation manuelle est cependant valable. Il s'agit d'une exception au formalisme de l'article 931 du Code civil.
De la même façon, l'acceptation du don, qui doit être expresse pour la validité d'une donation notariée, peut être tacite lorsqu'il s'agit d'un don manuel.

Cas pratique

Un tableau est vendu lors d'une vente aux enchères. La mairie de Marseille entend faire annuler cette vente, se disant seule propriétaire de ce tableau ayant fait l'objet d'un don manuel de la part de la fille du peintre avant de lui être volé, vol attesté par le dépôt d'une plainte.
Le vendeur et le nouvel acquéreur contestent cette réclamation et demandent à la mairie la preuve du procès-verbal d'acceptation du don signé par l'ensemble du conseil municipal.

> Cette dernière demande est rejetée. L'acceptation d'un don manuel peut être tacite. Le formalisme prévu pour les donations passées par acte notarié n'est pas applicable aux dons manuels. La mairie n'a pas à prouver son acceptation pour que le don manuel soit reconnu valable. (C. cass., civ. 1re, 13.1.2016, n° 14-28297).

Un don manuel n'est valable que s'il y a remise matérielle du bien donné. La simple promesse de don manuel est sans valeur. Il s'agit donc d'un bien que l'on donne de la main à la main ou encore d'un chèque que l'on remet au bénéficiaire. Le don manuel peut aussi avoir lieu par virement de compte à compte, par simple jeu d'écriture s'il s'agit de titres, actions ou obligations, portefeuille d'actions, SICAV.
S'il s'agit d'un chèque, la provision est censée exister au moment de sa remise.

> **Cas pratique**
> Le bénéficiaire d'un chèque de 300 000 francs suisses avait attendu plus de 20 ans avant de présenter son chèque à l'encaissement.
> Bien entendu, la banque n'avait pas pu le payer et le bénéficiaire s'était donc adressé à la légataire universelle de la défunte pour obtenir le paiement du montant figurant sur le chèque. Il a obtenu gain de cause. Le montant du chèque a dû lui être payé par la légataire universelle (C. cass., civ. 1re, 4.11.1981, Bull. civ. n° 277).

Celui qui reçoit le don manuel doit donc rentrer en possession du bien donné et le donateur ne peut plus avoir l'usage de cet objet.

> **Cas pratique**
> Le fait de mettre le nom d'un bénéficiaire sur la carte grise d'un véhicule, mais de continuer à se servir de ce véhicule n'est pas un don manuel et le titulaire de la carte grise ne peut revendiquer aucun droit sur le véhicule qui n'est pas en sa possession.

Pour établir un don manuel, il est nécessaire que le donateur se dépossède du bien de façon définitive et irrévocable.
Si les donataires laissent les objets à la disposition du donateur, il n'y a pas don manuel.

> **Cas pratique**
> Pour échapper à une saisie, les parents font état d'un don manuel effectué en faveur de leurs enfants. Les juges refusent de reconnaître l'existence d'un don manuel, puisque les meubles sont restés au domicile des parents (C. cass., civ. 1re, 10.10.2012, n° 10-28363).

De la même façon, si une personne verse une somme d'argent sur un compte alors qu'elle dispose d'une procuration sur ce compte, il n'y a pas de don manuel car elle peut à tout moment reprendre la somme versée.

Cas pratiques

- Deux concubins vivent ensemble et lorsque la concubine ouvre un compte bancaire personnel, son concubin lui verse la somme de 45 000 €. Il dispose par ailleurs d'une procuration sur ce compte.
Lorsqu'ils se séparent, la concubine annule la procuration alors que le concubin lui réclame le remboursement de la somme versée.
La question est alors de savoir s'il s'agit d'un don manuel ce qui, dans ce cas, rend irrévocable le versement, ou bien s'il ne s'agit que d'une avance ou d'un prêt que la concubine doit alors rembourser.
Devant la cour d'appel le concubin voit sa demande rejetée. Il avait effectivement une procuration sur le compte de sa concubine, mais n'avait jamais retiré de l'argent de ce compte. Il avait donc bien l'intention de lui faire un don quand il a versé la somme sur ce compte.
En conclusion : même s'il n'avait jamais retiré de l'argent sur ce compte, il avait la possibilité de le faire. La somme versée n'était donc pas un don irrévocable, mais un prêt remboursable (C. cass., civ. 1re, 14.12.2004, D. 2005, p. 626).
- Le fait de donner une procuration sur un compte n'est pas un don manuel. Le mandat n'entraîne pas la renonciation à la propriété des sommes retirées du compte. Ceux qui ont eu une procuration doivent prouver l'intention libérale du mandant (C. cass., civ. 1re, 3.5.2006, n° 04-20423).

Le fait d'ouvrir un compte pour un enfant mineur constitue un don manuel quand l'enfant devient majeur et dispose des fonds.

Cas pratiques

- Une grand-mère avait souscrit auprès de La Poste trois contrats de plan épargne logement (PEL) aux noms de ses trois petits enfants, alors mineurs, en versant, pour chacun d'eux, un capital initial et en s'engageant à réaliser des versements trimestriels. Plus tard, elle veut procéder à la fermeture des PEL et demande la restitution des sommes versées par elle. La Poste refuse et elle l'assigne en paiement de dommages et intérêts.
Sa demande est rejetée. On ne peut ouvrir qu'un seul PEL à son nom. Ceux qui ont été ouverts l'étaient pour les petits-enfants. Les fonds versés constituaient des dons manuels au profit de ses petits-enfants et ne lui appartenaient plus (C. cass., civ. 1re, 6.1.2010, n° 08-12684).
- Les sommes déposées sur les comptes ouverts au nom de leurs quatre enfants mineurs constituent des dons manuels. Chaque enfant, à sa majorité, avait eu la libre disposition de ses fonds. Cela signifiait que les parents avaient entendu transférer la propriété des fonds litigieux à leurs enfants (C. cass., civ. 1re , 6.1.2010, n° 08-20055).

L'intérêt d'un don manuel réside bien sûr dans la simplicité d'une telle donation. Il est en effet difficile de concevoir une visite chez son notaire chaque fois que l'on désire faire don d'un objet à une personne.
L'inconvénient principal est l'absence de preuve de la réalité de ce don en cas de contestation de la part du donateur ou des héritiers.

En principe, celui qui détient un objet est réputé propriétaire de cet objet et c'est à celui qui conteste cette propriété de prouver qu'il s'agit d'un prêt, d'un dépôt… Le possesseur du bien est donc présumé avoir bénéficié d'un don manuel.
Cette même solution a été appliquée aux virements bancaires. Lorsqu'un virement est effectué sur un compte, le titulaire du compte est censé avoir bénéficié d'un don manuel (présomption simple) et c'est le donneur d'ordre (ou ses héritiers) qui doit apporter la preuve contraire, c'est-à-dire prouver, par exemple, qu'il s'agit d'un prêt. L'existence d'une présomption simple de don manuel en cas de virement bancaire a été expressément reconnue par la Cour de cassation dans un arrêt du 30 mars 1999 (D. 1999, IR, p. 124).
De même, une procuration bancaire peut être un moyen d'effectuer un don manuel. Mais le bénéficiaire de cette procuration doit prouver l'intention libérale de l'auteur de la procuration. À défaut, les sommes qu'il a pu retirer des comptes devront être restituées à la succession. La preuve de l'intention libérale peut être apportée par tous moyens.

Cas pratiques

- Celui qui bénéficie d'une procuration bancaire est autorisé à prouver par tous moyens l'intention du titulaire du compte de lui consentir un don manuel. Cette preuve (à défaut d'écrit émanant de l'auteur du don manuel) peut être apportée notamment par des témoignages (C. cass., civ. 1re, 19.2.2002, JCL Droit de la famille 2002, n° 103, p. 27).
- Dans cet autre arrêt, le bénéficiaire d'une procuration (procuration générale donnée sur l'ensemble des comptes du défunt) a pu prouver que l'auteur de la procuration avait l'intention de le faire bénéficier de dons manuels en produisant un testament aux termes duquel le défunt l'instituait légataire particulier de ses livrets de caisse d'épargne (CA Grenoble, 29.1.2002, JCL Droit de la famille 2002, n° 103, p. 28).

Bien qu'aucun acte, en principe, ne doive être rédigé, il est cependant utile de constater et de confirmer le don manuel par un simple écrit signé du donateur. Cet acte est considéré comme un instrument de preuve valable.
Un autre intérêt du don manuel est qu'il n'est pas soumis aux droits de mutation s'il n'est pas révélé à l'administration fiscale.

› Les dons manuels et le fisc

Les dons manuels peuvent ne pas être déclarés au moment où ils sont faits. Mais, tôt ou tard, ils devront être déclarés :
- soit parce que leur existence est portée à la connaissance du fisc ;
- soit à l'occasion d'une nouvelle donation du même donateur, ou à l'occasion de la succession de ce donateur.

Obligation de déclarer les dons manuels

• Le don manuel peut être révélé au fisc :
- lorsque l'existence du don manuel est reconnue dans un jugement (par exemple, lorsqu'un jugement est rendu à propos d'une revendication de propriété d'un bien et qu'il constate que le bien a fait l'objet d'un don manuel) ;
- lorsque le donataire fait enregistrer un acte constatant un don manuel (par exemple, un acte de vente dont les fonds proviennent d'un don manuel) ;

- lorsque le donataire révèle l'existence d'un don manuel à l'administration en réponse à une demande de justifications ou au cours d'une procédure de contrôle ou d'une procédure contentieuse. Par exemple, il peut être tenu de révéler ce don lors d'un contrôle fiscal pour justifier de l'origine d'un bien. S'il ne déclare pas le don manuel, il sera taxé d'office sur ses revenus supposés. S'il le déclare, il paiera les droits de mutation applicables aux donations.

Lorsque le don manuel est révélé au fisc, le donataire a 1 mois pour le déclarer ou l'enregistrer. À défaut, il devra payer des intérêts de retard.

Depuis le 31 juillet 2011, il peut aussi, si le don a une valeur supérieure à 15 000 €, ne le déclarer (et donc payer les droits de mutation) qu'1 mois après le décès du donateur. Il doit pour cela indiquer aux services fiscaux, lors de la révélation du don, qu'il opte pour cette déclaration différée.

Dans le cas de la déclaration différée, le droit de reprise de l'administration s'exerce jusqu'à l'expiration de la 6e année suivant le décès du donateur (CGI, art. 635 A, 757 et 1727 et s. et 281 E, annexe III).

Si le don manuel est porté à la connaissance du fisc, les droits de mutation sont exigibles.

Les droits de mutation sont calculés sur la valeur du don manuel au jour de sa déclaration ou de son enregistrement, ou sur sa valeur au jour de la donation si celle-ci est supérieure. Le tarif et les abattements applicables sont ceux en vigueur au jour de la déclaration ou de l'enregistrement du don manuel.

À NOTER

Revirement de jurisprudence Les dons manuels qui sont découverts lors de la vérification de comptabilité d'un contribuable qui n'a rien révélé volontairement à l'administration ne peuvent pas être soumis aux droits de mutation à titre gratuit (C. cass., com., 15.1.2013, n° 12-11642).

Avant cet arrêt, les juges estimaient que la présentation de la comptabilité valait révélation au sens de l'article 757 du Code général des impôts, ce texte n'exigeant pas l'aveu spontané du don de la part du donataire.

Cette jurisprudence a été condamnée par la Cour européenne des droits de l'homme pour imprévisibilité de la loi fiscale, la taxation des dons manuels dépendant de la réalisation d'un contrôle fiscal. Elle s'applique aux personnes morales (entreprise, association…).

La Cour de cassation maintient son interprétation s'il s'agit d'une personne physique qui présente ses relevés bancaires lors d'un examen de sa situation fiscale personnelle. Il y a « révélation » au fisc obligeant le donataire à déclarer ses dons manuels.

- En cas de rappel des donations antérieures ou lors de la succession, les droits de mutation sont exigibles.

Mises à part les révélations « involontaires », le don manuel doit être déclaré au fisc lors de la déclaration de succession du donateur. Il est obligatoire, en effet, d'indiquer les donations antérieures dont a pu profiter un héritier.

Il est bien sûr possible de le passer sous silence, mais l'héritier est passible de pénalités si le don est révélé ultérieurement.

Si le bénéficiaire de la donation n'est pas appelé à la succession, les héritiers peuvent exiger que le don manuel soit déclaré s'ils estiment que le don excède la

quotité disponible et porte ainsi atteinte à leur réserve. Dans ce cas, ils pourront réduire ce don (sur la réduction des libéralités, voir *Que se passe-t-il au décès du donateur ou du testateur ?*, p. 275).
Par ailleurs, lorsque le bénéficiaire d'un don manuel reçoit à nouveau une donation ou devient héritier du donateur, il doit faire connaître à l'administration fiscale les donations antérieures consenties par la même personne sous une forme quelconque (CGI, art. 784).
Il est donc préférable de déclarer spontanément le don manuel.

Utilité de la déclaration spontanée des dons manuels

Il peut même être utile d'effectuer cette déclaration spontanée pour les raisons suivantes :
- la valeur des biens donnés retenue par le fisc pour établir les droits de mutation est celle existant au jour de la déclaration et non celle existant au jour de la donation. Si le bien donné a pris de la valeur entre ces deux dates (s'il s'agit, par exemple, de valeurs mobilières), les droits seront calculés sur la valeur fixée lors de la déclaration, donc la plus haute ;
- le délai de reprise (redressement fiscal) pour l'administration ne commence à courir qu'à compter de la date de la révélation du don ;
- dans l'hypothèse où le bénéficiaire de la donation bénéficie d'un abattement, il ne pourra pas profiter de la règle du calcul d'un nouvel abattement applicable quand deux donations sont espacées de 15 ans (délai porté de 10 à 15 ans depuis le 18 août 2012). En effet, si le don manuel a été fait plus de 15 ans avant une nouvelle donation mais que ce don manuel a été révélé moins de 15 ans avant, le donataire ne pourra bénéficier que d'un seul abattement pour les deux donations qu'il a reçues ; cette règle des 15 ans est applicable à toutes les donations. Elle intéresse donc toutes les personnes bénéficiant d'un abattement ;
- dans l'hypothèse où les enfants du défunt contestent la réalité du don manuel (par exemple, en estimant qu'il s'agit d'un prêt et non d'un don), la déclaration peut servir de preuve ;
- parce que la déclaration spontanée au fisc permet de justifier de l'origine d'un bien dans le cadre d'un éventuel contrôle fiscal ;
- si tous les dons manuels intervenus avant le décès du donateur sont déclarés (ainsi que les autres donations), et si l'actif brut successoral ne dépasse pas 50 000 €, les héritiers en ligne directe et le conjoint survivant sont dispensés de déclaration de succession ;
- si les dons manuels sont déclarés au moment de l'ouverture de la succession, ils sont ajoutés à l'actif successoral imposable et les droits payés sur ces dons constituent des droits de mutation par décès. En conséquence, les cohéritiers sont tous solidaires pour le paiement de ces droits alors que la solidarité n'existe pas si les droits sont payés au moment de la donation, lors de la déclaration ;
- il est possible de déclarer le don mais de ne payer les droits qu'après le décès du donateur. L'option doit être prise au moment de la déclaration et le don doit être d'un montant supérieur à 15 000 €.

Cas pratique

Une mère avait fait des dons manuels en faveur de ses deux filles. Ces dons n'avaient pas été déclarés.

Au décès de leur mère, les filles effectuent la déclaration de succession sans déclarer les dons manuels. Elles subissent un redressement fiscal et l'administration réclame à une seule d'entre elles les droits de mutation dus sur les dons manuels oubliés dans la déclaration.

La question se posait de savoir si le fisc pouvait réclamer les droits à une seule héritière (application du principe de solidarité entre cohéritiers pour le paiement des droits de succession), ou bien s'il devait adresser sa réclamation à chaque héritier pour les droits dus sur leurs dons respectifs.

La Cour de cassation applique la règle de la solidarité. La valeur des dons non déclarés est intégrée dans l'actif successoral sur lequel sont calculés les droits de succession. Les héritiers sont solidaires pour leur paiement et le fisc peut réclamer l'ensemble des droits à un seul d'entre eux.

En revanche, si les dons sont déclarés au moment où ils sont effectués, le principe de solidarité ne joue pas et chaque bénéficiaire doit payer les droits de mutation qui correspondent au don qu'il a reçu (C. cass., com., 31.3.2004, Bull. civ. n° 68, p. 69).

› La déclaration de don manuel

La déclaration du don doit être déposée au centre des Finances publiques (Pôle enregistrement) du domicile du donataire avec le paiement des droits s'il y a lieu (le formulaire ne peut être envoyé, mais doit être déposé).

Il faut indiquer la valeur du bien à l'époque de la déclaration (et non à l'époque du don).

Lorsque le don manuel consiste en un don d'une somme d'argent, le montant à déclarer est la valeur nominale de cette somme.

Si par exemple, la somme a permis au donataire d'acheter une voiture et que le don est révélé au fisc quelques années plus tard, le montant à déclarer sera le montant du don et non la valeur de la voiture au moment de la déclaration (C. cass., com., 20.10.1998, Bull. civ. IV, n° 245, p. 203).

Le don manuel peut avoir lieu par la remise d'un chèque au bénéficiaire.

Mais il est indispensable que la provision correspondant au montant du chèque figure sur le compte au moment de cette remise. Si le chèque est rejeté faute de provision suffisante, le don manuel est inexistant.

En effet, le chèque n'est qu'un moyen de transmettre les fonds donnés et le bénéficiaire du chèque ne peut pas réclamer à la succession du donateur le montant figurant sur le chèque impayé (C. cass., civ. 1re, 5.2.2002, JCL Droit de la famille, 4.2002, p. 23).

Le donateur doit procéder à la remise matérielle du chèque au bénéficiaire de son vivant. S'il se contente de mettre le chèque établi au nom d'un bénéficiaire dans un coffre sans que le bénéficiaire puisse y avoir accès, ce dernier ne peut pas le réclamer au décès du donateur.

S'il n'y a pas remise du chèque au bénéficiaire avant le décès du donateur, il y a absence de don manuel (C. cass., civ. 1re, 3.4.2002, Juris-Data n° 2002-013782).

À NOTER

Un nouveau service pour déclarer un don manuel en ligne Depuis le 30 juin 2021, les déclarations de dons manuels peuvent s'effectuer sur le site Internet www.impots.gouv.fr, rubrique « Particulier ». Le paiement en ligne des droits éventuellement dus est également possible. Il n'a lieu que si le montant du don dépasse celui de l'abattement fiscal.

› Les présents d'usage : non taxables

Un présent d'usage échappe à la réglementation des donations et n'est pas imposé. Comment caractériser un présent d'usage ?

Il s'agit de biens ou de sommes d'argent attribués à l'occasion d'événements pour lesquels il est coutumier d'offrir des cadeaux. Par exemple : anniversaire, fiançailles, mariage, communion, baptême, Nouvel An, fêtes de Noël, obtention d'un diplôme, fête de la majorité, crémaillère d'un nouveau logement…

Les présents d'usage diffèrent des dons manuels et donations principalement sur deux points :

- les présents d'usage ne sont pas imposables. De plus, l'article 852 du Code civil précise que le présent d'usage n'est pas rapportable à la succession (voir *Qu'est-ce que le rapport des donations ?*, p. 314) ;
- les présents d'usage peuvent se cumuler. Chaque bénéficiaire peut, même sans aucun lien de parenté avec l'auteur des cadeaux, recevoir un bien ou une somme d'argent à l'occasion de chaque événement.

Mais le fisc veille et peut requalifier le présent d'usage en don manuel imposable si la valeur du bien ou la somme est démesurée au regard de la situation de fortune de celui qui donne.

NOTRE CONSEIL

Pour éviter les dons manuels imposables Pour que les cadeaux d'usage ne soient pas requalifiés par l'administration fiscale en dons manuels imposables, il est nécessaire que leur valeur – s'il s'agit de biens – ou leur montant en argent reste raisonnable, même si l'auteur de la générosité dispose d'une très grande fortune.

Bien entendu, la souplesse d'appréciation sera d'autant plus large que l'état de fortune du donateur est important.

Cas pratique

Dans ce litige avec le fisc, une personne avait remis à chacun de ses deux enfants un chèque de 15 250 € pour Noël. Le patrimoine de cette personne s'élevait à 1 250 000 €. Après son décès, le fisc voulait réintégrer ces sommes dans l'actif successoral taxable. L'administration estimait qu'il s'agissait de dons manuels et non de présents d'usage en considérant que la somme donnée était trop importante par rapport aux seuls revenus de la donatrice (2,5 % de ses revenus).

Mais les juges ont refusé de ne tenir compte que des revenus de la donatrice et ont estimé que, par rapport au patrimoine global qu'elle possédait, ces cadeaux étaient modiques et constituaient bien des présents d'usage (CA Paris, 11.4.2002).

Les sommes versées par les parents sur un plan d'épargne logement ouvert au nom de leur enfant sont admises en tant que présents d'usage, compte tenu, notamment, du montant maximal des sommes pouvant être placées.
Il s'agit toutefois d'une question de fait et, en cas de contestation, le juge judiciaire est compétent (rép. min. n° 63526, JOAN, 17.1.2006, p. 504).

ATTENTION

Les plans d'épargne logement Ouverts au nom d'un enfant mineur, ils rentrent dans l'assiette de l'IFI (ex-ISF) des parents qui en ont l'administration légale.

La donation déguisée

Une donation déguisée est une donation faite sous l'apparence d'un acte à titre onéreux, par exemple, une vente.
L'acte a toutes les apparences de la vente, mais le prix n'est pas payé par l'acheteur.
La donation déguisée suppose que l'acte contienne une indication ou une dissimulation mensongère concernant l'origine des fonds.
La signature d'une reconnaissance de dette, alors que le bénéficiaire n'a aucune créance contre le signataire, est également une donation déguisée.
De même, l'acquisition au nom d'une femme mariée sous le régime de la séparation de biens, mais payée par l'argent du mari, est une donation déguisée si l'acte indique l'origine des fonds.
Les donations déguisées ont souvent pour but d'éviter le paiement des droits de mutation à titre gratuit dont le taux est plus élevé que le taux des mutations à titre onéreux (vente).
Pour pouvoir qualifier l'acte de donation et récupérer les droits de mutation à titre gratuit, le fisc doit prouver l'intention libérale, c'est-à-dire la volonté du prétendu vendeur de céder son bien sans contrepartie.
Le seul fait qu'il y ait un déséquilibre apparent entre la valeur du bien et le coût des prestations dues par l'acquéreur n'est pas suffisant pour faire présumer qu'il y a effectivement intention libérale.

Cas pratique

Une personne avait vendu à un couple la nue-propriété d'un immeuble en en conservant l'usufruit.
Le prix de vente consistait, pour les acquéreurs, à entretenir la venderesse.
Le fisc opère un redressement fiscal et réclame les droits de donation, considérant qu'il y avait un déséquilibre entre les obligations respectives du vendeur et des acheteurs.
Le simple déséquilibre n'est pas suffisant pour qualifier cette vente de donation déguisée. Le fisc doit prouver que la venderesse avait entendu réellement faire une donation à ses acheteurs (C. cass., civ. 1re, 14.2.1989, Bull. civ. n° 79).

› Une donation déguisée peut être validée

Une donation déguisée peut être validée si l'acte qui lui sert de support (acte de vente, reconnaissance de dette) est lui-même valable sur la forme.
L'acte de « vente » doit contenir les énonciations nécessaires (notamment l'indication du prix), être rédigé par un notaire et publié s'il s'agit d'une vente immobilière.
La « reconnaissance de dette » doit être signée et indiquer la somme due.
Ces donations déguisées peuvent donc être valables bien qu'elles ne soient pas faites sous la forme requise pour les donations (qui doivent être effectuées par acte notarié, être acceptées par le bénéficiaire…).
Dès lors que la preuve du déguisement est apportée (il en est ainsi lorsque le prix de vente n'a, en réalité, pas été payé), la donation déguisée produit tous les effets d'une donation ordinaire :
- le bénéficiaire peut être obligé de rapporter aux héritiers réservataires tout ou partie de la donation si elle excède en valeur la quotité disponible autorisée, c'est-à-dire si le défunt a donné plus qu'il ne le pouvait (voir *Que se passe-t-il au décès du donateur ou du testateur ?*, p. 275) ;
- la donation déguisée peut être révoquée pour ingratitude du bénéficiaire ou pour survenance d'enfant (voir *Comment annuler la libéralité ?*, p. 115) ;
- la donation déguisée pour les services fiscaux sera soumise aux droits de mutation à titre gratuit. Les droits éventuellement perçus lors de l'acte (par exemple, les droits dus à l'occasion d'une vente) seront imputés sur les droits de donation.

› Les donations déguisées entre époux

La loi réformant le divorce a aligné le sort des donations entre époux sur les autres donations et a supprimé le principe de nullité absolue des donations déguisées entre époux (voir *Quelles démarches pour donner à son époux ?*, p. 164).

La donation indirecte

Une donation indirecte est une donation effectuée sous la forme d'un autre acte, mais à la différence des donations déguisées, l'acte ne contient pas de dissimulation mensongère de l'origine des fonds. Par exemple, une remise de dettes est une donation indirecte.
De même, une caution qui paie le créancier à la place du débiteur (et qui ne récupère pas auprès de ce dernier le montant de la somme payée) effectue une donation indirecte.
Une vente pour un prix inférieur à la valeur du bien est également une donation indirecte.
Il y a donation indirecte quand deux concubins souscrivent ensemble un prêt pour l'acquisition d'une maison en indivision et que seul le concubin règle les échéances. La preuve de l'intention libérale est apportée par le fait qu'au moment de l'acquisition, la concubine était sans profession et élevait leurs deux enfants (C. cass., civ. 1re, 2.4.2014, n° 13-11025).

Il y a donation indirecte lorsque, dans une convention réglant les relations entre deux parties, une clause contient une libéralité. Il en est ainsi quand, dans une convention réglant les modalités d'exécution d'un droit de passage, un propriétaire cède gratuitement le droit de passage à son voisin.
La donation indirecte est valable bien que non passée par acte notarié.
Au décès du donateur, les héritiers peuvent demander au bénéficiaire de cette donation indirecte la réduction ou le rapport du montant de la donation (sur ce sujet, voir *Que se passe-t-il au décès du donateur ou du testateur ?*, p. 275).
Fiscalement, l'administration peut demander les droits applicables aux donations s'il parvient à prouver l'intention libérale du donateur.
Le délai pour opérer un redressement est de 6 ans à compter de la date de la donation lorsque l'acte a été enregistré. À défaut, le délai court à compter du décès du donateur ou du donataire (LPF, art. L. 183).
Si l'existence d'une donation indirecte est constatée, elle devient irrévocable comme toute autre donation.

Cas pratique

Une concubine avait emprunté auprès d'une banque pour le financement d'un bien immobilier. Son concubin était caution.
Spontanément, son concubin avait accepté que les prélèvements pour le remboursement des mensualités soient effectués sur son compte.
Au moment de leur séparation, il lui demande le remboursement des sommes qu'il a payées pour elle auprès de la banque.
Les juges ont constaté qu'il était caution du prêt mais qu'il avait payé spontanément les mensualités sans être poursuivi par le créancier.
Cette attitude a été considérée comme reflétant une intention libérale de sa part. Les remboursements étaient une donation indirecte.
Une donation étant irrévocable, le concubin n'a donc pas pu réclamer le remboursement du prêt à sa concubine.
La caution qui a payé pour le débiteur principal ne dispose d'aucun recours contre ce dernier si le remboursement du prêt constituait une donation de sa part (CA Bordeaux, 26.2.2002, JCL Droit de la famille, 10.2002, n° 117, p. 21).

La donation indirecte est considérée comme une véritable donation si elle est immédiate. Si la transmission du bien n'a pas lieu au moment de l'acte, il n'y a pas donation.

Cas pratiques

- Une personne avait donné comme instructions à sa banque de verser, à son décès, le solde de ses comptes à trois associations.

À son décès, la banque exécute ces instructions et répartit le solde figurant au jour du décès entre les trois bénéficiaires (dont la SPA).
La veuve conteste ces versements et en demande le remboursement.
Les juges devaient dire si le versement était valide :
– soit il s'agissait d'une donation indirecte (stipulation pour autrui) ;
– soit il s'agissait d'un testament.

Les juges d'appel (arrêt confirmé par la Cour de cassation) ont déclaré la nullité de ces versements et ont condamné les bénéficiaires à rembourser la veuve.
En effet, la donation indirecte, comme toutes les donations, doit être actuelle et irrévocable et elle doit entraîner un appauvrissement du donateur.
Or, les instructions pouvaient facilement être révoquées par leur auteur et les associations n'avaient aucun droit contre la banque.
D'autre part, les instructions ne pouvaient être considérées comme un testament car le formalisme du testament n'avait pas été respecté (C. cass., civ. 1re, 17.9.2003, D. 2003, II, p. 2986).

- Un père avait donné à sa fille mineure un terrain et avait conservé l'usufruit. Il construit une maison sur ce terrain. Le fisc a considéré que le père avait fait une donation indirecte de cette maison à sa fille et réclame à cette dernière (la donataire) les droits de mutation.

Le fisc met en recouvrement ces droits et la mère de la fille mineure demande en son nom le dégrèvement total des rappels de droits et pénalités.
Les juges accueillent cette demande et rejettent le pourvoi déposé par le fisc.
Pour que soit reconnue la donation indirecte, il faut que l'enrichissement du donataire soit immédiat. Or la fille ne deviendra propriétaire de cette maison qu'à la fin de l'usufruit. La qualification de donation indirecte est rejetée et le fisc ne peut demander le paiement des droits de mutation (C. cass., civ. 3e, 19.9.2012, n° 11-15460).

Comment faire un testament ?

Le testament présente l'avantage de pouvoir être modifié à tout moment pendant la vie du testateur alors qu'une donation est irrévocable.
Il existe plusieurs façons de rédiger un testament.

Les différents testaments

› Le testament olographe

Il est possible de rédiger soi-même son testament en utilisant une simple feuille de papier, sans aucun formalisme, mais à condition de le rédiger entièrement de façon manuscrite, c'est-à-dire à la main, de le dater et de le signer (C. civ., art. 970).
Le support du testament est indifférent et l'usage du papier n'est pas obligatoire. La fantaisie ou l'imagination des rédacteurs de testament sont d'ailleurs sans limite. Les tribunaux ou les notaires ont pu voir des testaments écrits sur un mur, sur du linge, sur du carton, gravés sur du bois, du verre, du cuir ou de la pierre, rédigés avec du sang ou peints sur une toile…
Cela étant, il est bien évident que l'originalité est déconseillée si l'on veut être sûr que ses dispositions soient validées et respectées.
Pour ajouter une disposition au testament, acte appelé codicille, il faut aussi le rédiger à la main, le dater et le signer.
S'il est écrit sur deux ou plusieurs feuillets, il faut qu'il existe un lien entre ces feuillets. Il faut donc numéroter toutes les feuilles, indiquer la date et signer ou parapher chacune d'entre elles.
Ce testament ne peut en aucun cas, même partiellement, être tapé à la machine. Il n'est pas possible non plus de se servir d'un modèle et de remplir les cases laissées blanches.

Cas pratique

Se servir d'un modèle de testament pour établir le sien peut avoir des conséquences imprévues !

Une personne avait établi son testament d'après le modèle procuré par son notaire. Mais elle avait oublié de porter à la fin du document sa signature (le modèle ne le précisait peut-être pas…). Après son décès, la validité de ce testament est contestée pour absence de signature.
La cour d'appel, dans un premier temps, valide le testament en relevant que la testatrice s'était servie d'un modèle et que son nom figurait au début de l'acte, ce qui suffisait à l'identifier.

Mais la Cour de cassation refuse cette interprétation. Le testament olographe n'est pas valable s'il n'est pas signé de la main du testateur et la simple mention de ses nom et prénoms dans le contexte des dispositions testamentaires ne peut être assimilée à une signature.
La signature doit apparaître à la fin du document. La seule mention de l'identité du testateur ne constitue pas une signature, condition de validité du testament. Il ne s'agit pas d'un simple formalisme mais d'une preuve que le testateur valide l'ensemble des dispositions prises.
Le testament a donc été annulé (C. cass., civ. 1re, 14.1.2003 ; Juris-Data n° 2003-017238).

La Cour de cassation a toutefois reconnu valable un testament manuscrit qui renvoyait à un document dactylographié.
En principe, si le testament renvoie à un autre testament, ils doivent tous deux être écrits à la main pour être valables.
Mais les circonstances, en l'espèce, étaient spécifiques.

Cas pratique

Une personne, saine d'esprit mais atteinte de la maladie de Parkinson, avait écrit son testament à la main mais, pour en faciliter la lecture, avait recopié à la machine son texte sans le modifier. Les juges ont reconnu la validité du testament qui se suffisait à lui-même, la feuille dactylographiée n'étant pas là pour le compléter mais pour le rendre plus compréhensible (C. cass., civ. 1re, 17.6.2009, n° 08-15894).

Enfin, les mots qui seraient écrits par une autre personne (il en est ainsi si le testateur demande à la personne qu'il veut avantager d'écrire la bonne orthographe de son nom) font annuler tout le testament.

Cas pratiques

- **Peut-on se faire aider pour écrire un testament ? Le testament « à main guidée » est-il valable ?**

En principe, le testament doit être entièrement écrit de la main du testateur. Un testament « à main guidée » est valable puisque c'est le testateur qui l'a écrit.
Mais sa validité peut cependant être remise en cause s'il existe un doute sur la réelle volonté du testateur et sur l'influence qu'a pu avoir, sur l'auteur du testament, celui qui l'a aidé à écrire son testament.
Dans un cas jugé par les tribunaux, la main de l'auteur du testament avait été guidée par la personne désignée légataire universelle dans ce testament. La cour d'appel avait considéré que l'état physique de la testatrice ne nécessitait pas l'assistance d'une tierce personne pour écrire son testament et elle avait annulé l'acte.
La Cour de cassation a cassé cet arrêt. Elle n'a pas jugé de la validité du testament mais a constaté que la cour n'avait pas recherché si la volonté du testateur avait été respectée ou, au contraire, si cette volonté avait été commandée ou au moins inspirée par la bénéficiaire du testament (C. cass., civ. 1re, 11.2.1997, Bull. civ. n° 57).

• Mon père vient de décéder. Nous n'avons pas retrouvé de testament alors qu'il nous a toujours répété qu'il voulait léguer toute sa collection d'armes anciennes à un de ses amis. Comment pouvons-nous procéder ?

En principe, les legs doivent être écrits pour être valables.

Si tous les héritiers sont d'accord pour reconnaître que la volonté de votre père était de léguer ces objets à une personne déterminée mais qu'il n'a pas eu le temps ou a oublié de rédiger un testament, vous pouvez faire état d'un legs verbal.

Le fisc peut admettre l'existence d'un legs verbal à condition de prouver la volonté du défunt par des lettres, des témoignages…

Le formalisme du testament olographe

En principe, si la rédaction du testament olographe ne respecte pas les règles du Code civil, le testament doit être annulé.

Mais les cours et tribunaux n'appliquent pas aveuglément ces règles et recherchent les éléments intrinsèques du testament permettant de le valider malgré ses imprécisions.

L'absence de date

Un testament non daté peut être validé si la date peut se déduire des termes du testament (C. cass., civ. 1re, 4.2.1981, JCP 1982, II, 19715) ou si la date n'est pas importante. La date revêt une importance si un second testament était inconciliable avec le premier ou encore si une contestation s'élevait sur l'altération des facultés mentales du testateur. Il faudrait alors déterminer si, à la date où a été écrit le testament, son auteur possédait ou non toutes ses facultés (C. cass., civ. 1re, 9.3.1983, Bull. civ. n° 95 ; C. cass., civ. 1re, 30.6.1992, Bull. civ. n° 215).

La date erronée

S'il s'avère que la date est fausse, cela équivaut à une absence de date et entraîne l'annulation du testament.

Cas pratique

Dans ce testament, une date figurait alors que le testament faisait référence à un événement postérieur à cette date. La date ne pouvait donc pas être valable.

Dans ce cas, les juges doivent s'efforcer de rechercher la véritable date et, si aucun élément ne leur permet de l'établir, ils doivent annuler l'entier testament, celui-ci étant privé d'un de ses éléments essentiels (C. cass., civ. 1re, 11.2.2003, JCP La semaine Juridique 2003, IV, 1619).

L'absence de signature

La cour d'appel de Versailles a même refusé d'annuler un testament non signé. Elle a estimé que la mention manuscrite des nom et prénoms du testateur remplaçait la signature (CA Versailles, 16.1.1992, D. 1993, som. p. 229). Cet arrêt est toutefois exceptionnel…

En règle générale, la signature est considérée comme un élément indispensable à la validité du testament. Elle est la marque de l'approbation personnelle et définitive par le testateur du contenu de l'acte.

Cas pratique

Dans cet arrêt, une personne avait, avant de se suicider, laissé un mot d'adieu à sa famille. À la fin de ce mot, elle avait ajouté un post-scriptum indiquant qu'elle instituait légataires universels ses trois enfants. Mais ce post-scriptum n'était pas suivi de sa signature. Cette disposition a donc été écartée par les juges (C. cass., civ. 1re, 17.6.2009, n° 08-12896).

L'enregistrement

Il n'est pas nécessaire de faire enregistrer un testament. Il n'y a aucune formalité administrative obligatoire. Mais si le testateur, celui qui rédige le testament, décide néanmoins de le faire enregistrer auprès du pôle enregistrement du centre des Finances publiques, il devra payer une taxe appelée « droit fixe » de 125 €.

Un exemplaire unique pour le testament

L'article 895 du Code civil dispose que « le testament est un acte par lequel le testateur dispose, pour le temps où il n'existera plus, de tout ou partie de ses biens ou de ses droits et qu'il peut révoquer ».

C'est donc un acte « unilatéral » que le testateur décide seul, qui prendra effet seulement au moment où son auteur ne sera plus de ce monde.

Est-il judicieux d'établir le testament en deux exemplaires ?

Non, surtout pas.

Même si le Code civil ne l'interdit pas, le testament rédigé en double exemplaire pourra facilement être contesté par un héritier mécontent.

Personne n'est capable d'écrire deux pages de manière rigoureusement identiques. Le mieux est l'ennemi du bien. Le testateur doit établir le testament en un seul exemplaire, et y faire apparaître clairement sa volonté de léguer ainsi que le nom du ou des bénéficiaires, en indiquant par exemple :

- Je lègue à X tel bien ;
- Je désire que X reçoive tel bien.

L'intérêt du testament olographe est qu'il est entièrement gratuit et ne nécessite pas l'intervention d'un notaire.

Il peut facilement être revu, modifié, complété ou même détruit par celui qui l'a rédigé.

Mais l'inconvénient est le risque de perte, de vol ou de contestation de la part des héritiers qui s'estimeraient lésés par les dispositions testamentaires.

Pour éviter cette perte ou cette destruction, il est conseillé de déposer l'acte chez un notaire ou encore de demander à un notaire de rédiger un testament authentique.

Il est aussi possible de faire écrire par une autre personne son testament, de le signer, et de le déposer clos et scellé chez un notaire. Il s'agit d'un testament mystique.

Si les conditions de validité du testament ne sont pas respectées, le testament sera annulé après le décès du testateur, lors de l'ouverture de la succession. Ce sera le cas si le testament n'est pas signé ou encore si le légataire ne possède qu'une copie du testament, etc.

Le notaire ne pourra pas le valider ni l'exécuter et la succession sera répartie entre les héritiers sans tenir compte des éventuelles personnes désignées dans le testament.

NOTRE CONSEIL

Rédigez un testament dans votre langue maternelle ! Si le testateur est étranger, il est préférable qu'il rédige un testament olographe dans sa langue maternelle. Ce testament sera, à son décès, traduit et ses volontés seront respectées.

› Le testament authentique

Le testament authentique ou « testament par acte public » est reçu par 2 notaires ou par 1 notaire assisté de 2 témoins (C. civ., art. 971 à 975).

En principe, le testateur dicte son testament au notaire qui l'écrit lui-même ou le fait écrire à la main par une autre personne ou à la machine.

Il est ensuite fait lecture du testament au testateur et ce dernier le signe en présence des témoins et du notaire.

Si le testateur ne sait pas ou ne peut pas signer, le notaire doit l'indiquer dans l'acte ainsi que la raison qui empêche le testateur de signer.

Le testament est ensuite signé par les témoins et par le notaire.

Enfin, comme tout acte notarié, chaque page doit être paraphée par le testateur, les témoins et le notaire.

Cas pratique

À son décès, une personne laisse un testament instituant légataire universelle une association.

Le fils héritier conteste la validité de ce testament qui avait été signé devant un notaire.

Les conditions de validité d'un testament authentique sont précisées aux articles 971 à 975 du Code civil. Il faut, notamment, que le testament soit signé par le testateur, les témoins et le notaire.

Par ailleurs le décret n° 71-941 du 26 novembre 1971, qui régit la rédaction des actes notariés, exige la présence des paraphes des intervenants sur toutes les pages.

Or il est apparu qu'il manquait, dans ce testament, les paraphes de la testatrice.

L'association estimait que le testament était valable puisqu'il respectait les formalités du Code civil.

Mais la Cour n'a pas suivi cet argument. Les dispositions du Code civil doivent se combiner avec les dispositions du décret. Le testament n'était donc pas valable (C. cass., civ. 1re, 10.10.2012, n° 11-20702).

Il n'est pas nécessaire que le notaire reproduise mot pour mot la dictée du testateur dès lors que sont respectés le sens et la substance de la volonté de ce dernier.

Il peut tout à fait prendre des notes lorsqu'il reçoit son client et rédiger plus tard le testament lui-même (C. cass., civ. 1re, 24.11.1998).

Mais le testament ne peut pas être rédigé avant l'expression des dernières volontés du testateur.

Cas pratique

Au décès de sa tante, une nièce avait contesté le testament qui désignait une fondation légataire universelle de ses biens.

Le notaire avait établi un projet de testament dactylographié.

Devant les témoins, la testatrice avait exprimé sa volonté de désigner la fondation légataire universelle et le notaire avait lu le testament qui reprenait cette volonté.

La cour d'appel avait considéré que la volonté de la testatrice avait été respectée et avait rejeté la demande de la nièce.

Mais cet arrêt est cassé. Il fallait constater que le notaire avait, en présence des témoins et sous la dictée de la testatrice, transcrit les volontés de celles-ci (C. cass., civ. 1re, 29.6.2011, n° 10-17168).

Ne peuvent être pris pour témoins du testament par acte public ou authentique les légataires, c'est-à-dire les personnes bénéficiaires du testament, ni leurs parents ou alliés jusqu'au quatrième degré inclusivement.

Ne peuvent non plus être pris pour témoins, les clercs du notaire qui reçoit l'acte.

Par ailleurs, le mari et la femme ne peuvent être témoins dans le même acte.

Mises à part ces exceptions, toute personne française, majeure, sachant signer et ayant la jouissance de ses droits civils, peut être témoin d'un testament.

Le Code civil ne précise pas comment doivent être choisis les témoins (en dehors des exclusions légales). Ils peuvent être choisis par le testateur directement ou bien, indirectement, par le notaire rédacteur si le testateur le charge de cette mission.

Cas pratique

Une personne était décédée à l'âge de 89 ans, sans héritier en ligne directe, en laissant un testament authentique reçu par un notaire, assisté de deux témoins, aux termes duquel elle instituait pour légataire universelle l'Association diocésaine de Lyon. Les héritiers, exclus de la succession, contestaient le testament authentique de la défunte dans lequel il était inscrit que les témoins avaient été choisis par la testatrice. Or, la testatrice s'était contentée de charger le notaire « de faire le nécessaire » et c'était ce dernier qui avait sélectionné et convoqué en son étude les deux témoins.

Les juges n'ont pas considéré que la mention était fausse. En effet, la testatrice avait implicitement chargé le notaire de choisir et d'appeler les témoins devant l'assister.

Ils ont par ailleurs constaté que les témoins avaient déclaré avoir été présents lorsque la testatrice parlait au notaire et relevé que celui-ci avait pu légitimement donner une forme juridique aux propos de la testatrice, recueillis par lui (C. cass., civ. 1re, 18 .9. 2002, Juris-Data n° 2002-015489).

Si le testateur est étranger, il ne peut pas dicter son testament à un interprète qui lui-même le dicte au notaire. Le notaire doit en effet être à même de comprendre directement le sens de la volonté de l'auteur du testament, sans l'intermédiaire d'un interprète. Il a une mission de contrôle direct de la pensée du testateur.

De plus, le notaire ne peut pas relire le testament à son auteur afin de s'assurer que sa volonté a bien été respectée.
Le recours à un interprète est interdit pour établir un testament authentique.
La même solution est reconnue lorsque le testateur s'exprime par signes, aussi expressifs soient-ils.
Le testament ainsi rédigé qui indiquerait que l'acte a été dicté par le testateur serait un faux et par conséquent serait annulé.

Cas pratique

Ce fut le sort d'un testament qui avait été dicté par un Chinois et dont les dispositions retranscrites par le notaire avaient été celles exprimées par le traducteur. Les juges ont considéré que l'acte n'avait pas été dicté par le testateur et ont annulé l'ensemble des dispositions (CA Paris, 29.5.2001, D. 2001, II, p. 2937).

À NOTER

Un testament authentique qui est nul peut être converti en testament international et, ainsi, être reconnu valable si les conditions de validité de ce dernier testament sont remplies. Ce qui importe est que le testament ait une forme valable (C. cass., civ. 1re, 12.6.2014, n° 13-18383).

› Le testament mystique

Le testament mystique est un testament présenté sous enveloppe fermée à un notaire qui a pour mission de ne l'ouvrir qu'après la mort du testateur (C. civ., art. 976).
Le testateur doit présenter le testament mystique clos, cacheté et scellé au notaire et à deux témoins. Il doit alors préciser que le contenu de l'enveloppe est son testament signé de lui et écrit par lui ou par un autre, en affirmant dans ce dernier cas qu'il en a personnellement vérifié le libellé, en précisant, en outre, si le testament est écrit à la main ou à la machine.
Le notaire doit alors écrire ou faire écrire à la main, sur l'enveloppe, la date et l'indication du lieu où le testament a été rédigé et signer, et faire signer par le testateur et les témoins un acte relatant ces faits.
La personne qui ne peut parler mais qui peut écrire peut faire un testament mystique sous la condition expresse que le testament soit signé par lui et écrit par lui ou par un autre.
En revanche, la personne qui ne sait ou ne peut lire, ne peut utiliser la forme du testament mystique. Elle ne peut avoir recours qu'au testament authentique.

Cas pratique

Que se passe-t-il si le bénéficiaire décède avant l'auteur du testament ?

En principe, le legs est caduc si le légataire décède avant le testateur et ce, même s'il laisse des enfants, puisqu'un legs est considéré comme strictement personnel.
Ce n'est que si celui qui rédige le testament indique, de façon claire, qu'il entend faire bénéficier les enfants du légataire des biens en question si ce légataire venait à mourir avant lui, que ces enfants pourront se voir attribuer les biens (C. civ., art. 1039).

Les différents legs

Léguer signifie donner par testament un ou plusieurs biens ou sommes d'argent à une ou plusieurs personnes nommées légataires. Le legs est le bien ou la somme que l'auteur du testament décide d'accorder. Vous pouvez consentir des legs à qui bon vous semble sous la limite infranchissable qu'ils n'entament pas la part de vos héritiers réservataires. Il existe trois types de legs dans le Code civil : le legs universel, le legs à titre universel, et le legs particulier.

› Le legs universel

Le legs universel est la disposition par laquelle le testateur donne à une ou plusieurs personnes la totalité des biens qu'il laissera à son décès (C. civ., art. 1003).

Le legs universel peut être rédigé ainsi :

- « J'institue légataire universel X » ;
- « Je lègue à X tout ce qui restera dans ma succession après l'attribution des legs particuliers. »

Le légataire universel a donc vocation à recueillir la totalité des biens. Si plusieurs personnes sont nommées légataires universelles, elles se partagent les biens de la succession.

Si l'une d'entre elles renonce à la succession, sa part reviendra à l'autre.

Mais il ne reçoit pas réellement la totalité des biens de la succession.

S'il y a un ou plusieurs héritiers réservataires (les enfants), ces derniers sont appelés réservataires puisque la loi leur réserve obligatoirement une certaine partie des biens de la succession et ce, quelle que soit la volonté du testateur (voir *Que se passe-t-il au décès du donateur ou du testateur ?*, p. 275).

S'il y a des héritiers réservataires, le légataire universel reçoit le montant de la quotité disponible et exclut tous les autres héritiers.

> **Cas pratique**
>
> Un testament qui indiquerait : « J'institue légataire universel mon ami X » a pour effet de transmettre la totalité de la succession à cet ami s'il n'y a pas d'héritier réservataire (ou la quotité disponible dans le cas contraire).

Le légataire universel est tenu des dettes et charges de la succession, proportionnellement à sa part, s'il vient en concours avec un héritier réservataire. À ce titre, sa part peut être largement diminuée, voire nulle si les dettes et les charges sont plus importantes que les biens de la succession devant lui revenir.

Il est chargé de délivrer les legs particuliers et les legs à titre universel.

› Le legs à titre universel

Le legs à titre universel est celui par lequel le testateur lègue une quote-part de ses biens, par exemple, la moitié, le tiers ou le quart, ou encore tous ses meubles ou tous ses immeubles, ou encore un certain pourcentage fixé de tous ses biens (C. civ., art. 1010).

Les biens ainsi légués ne sont pas décrits, ni distingués objet par objet.

Le légataire à titre universel est tenu de payer les dettes de la succession proportionnellement à sa part.

› Le legs particulier

Le legs particulier est le legs d'un ou plusieurs objets déterminés comme une maison, un meuble, une somme d'argent, des titres, etc. (C. civ., art. 1014).
Le légataire particulier reçoit l'objet légué dans l'état où il se trouve au jour du décès du testateur et ce, même si la valeur de l'objet en question a subi des variations importantes entre le moment où a été rédigé le testament et le jour du décès (ainsi, une maison peut avoir été hypothéquée ou au contraire avoir été agrandie et embellie).

À NOTER

Le légataire particulier n'est pas tenu des dettes de la succession Si son legs est un immeuble hypothéqué, il doit désintéresser les créanciers hypothécaires mais peut se retourner contre la succession (les héritiers ou légataires universels) pour obtenir le remboursement des sommes payées (C. civ., art. 874).
Si le legs est un immeuble, les acquisitions, même contiguës à cet immeuble, faites par le défunt ne sont pas censées faire partie du legs.
En revanche, si le legs est un terrain, les constructions nouvelles sont incluses dans le legs (C. civ., art. 1019).

› Le legs graduel

Un legs graduel consiste à léguer un bien déterminé à un légataire (le grevé) avec l'obligation pour ce dernier de conserver le bien et de le transmettre, à son décès, à un tiers désigné dans l'acte (le second bénéficiaire) (C. civ., art. 1048 et s.).
Le grevé ne peut pas s'opposer à cette obligation qui équivaut pour lui à une interdiction de vendre.
Cette forme de libéralité peut être utilisée, par exemple, si le donateur veut conserver un bien dans la famille, ou encore pour empêcher un héritier direct de dilapider le patrimoine reçu et protéger ainsi la génération suivante (voir *La donation ou le legs graduel*, p. 58).

› Le legs résiduel

Le legs résiduel bénéficie également à deux gratifiés. Le legs est consenti à un premier gratifié, le second ne recevant que ce dont le premier n'a pas disposé. La liberté de disposer du premier bénéficiaire est plus grande que celle dont bénéficie le légataire d'un legs graduel puisqu'il peut vendre les biens, les louer ou les transformer.
La seule limitation porte sur les transmissions à titre gratuit. Il ne peut pas les transmettre par testament ou donation.
Par ailleurs, le testateur peut ajouter une interdiction de vendre les biens (C. civ., art. 1057).

Cette forme de libéralité peut être faite en faveur, par exemple, d'un majeur incapable qui ne pourrait lui-même transmettre ses biens (voir *La donation ou le legs résiduel*, p. 61).

Cas pratique

J'ai rédigé mon testament il y a quelques années. Depuis le 1er janvier 2002, les francs ont été remplacés par les euros, dois-je modifier ou réécrire mon testament pour indiquer en euros le montant des sommes léguées ?

Il n'est pas nécessaire de modifier votre testament, les montants qui y figurent seront automatiquement convertis en euros au moment de l'ouverture et de l'exécution de ce testament.

Si toutefois, vous décidez de changer vos dispositions testamentaires, il faut, depuis le 1er janvier 2002, libeller vos legs exclusivement en euros.

L'exécuteur testamentaire

Un exécuteur testamentaire est une personne nommée par le défunt, par testament, pour surveiller la bonne exécution de ses dernières volontés et exécuter les dispositions du testament.

L'exécuteur testamentaire doit avoir la pleine capacité civile. Une personne placée sous un régime de protection (tutelle, curatelle ou sauvegarde de justice) ne pourrait remplir ces fonctions. En revanche, un mineur émancipé peut être exécuteur testamentaire.

› La durée de la mission

La durée de la mission de l'exécuteur testamentaire est de 2 ans à compter de l'ouverture du testament (C. civ., art. 1032). Cette durée peut être prorogée d'1 année par le juge du tribunal judiciaire.

L'exécuteur testamentaire ne peut pas abandonner librement la charge qu'il a acceptée. Il peut en être relevé s'il justifie de motifs graves. Ces motifs peuvent être personnels (par exemple, des problèmes de santé) ou liés à la difficulté de la succession.

Les héritiers n'ont plus le pouvoir de mettre fin à la mission de l'exécuteur testamentaire en lui versant l'argent nécessaire à la délivrance des legs mobiliers.

Dans les 6 mois qui suivent la fin de sa mission, l'exécuteur doit rendre compte aux héritiers ou légataires.

› Les pouvoirs de l'exécuteur testamentaire

Les pouvoirs légaux

Ses pouvoirs sont renforcés par la loi du 23 juin 2006 (applicable aux successions ouvertes depuis le 1er janvier 2007).

Il peut prendre toutes les mesures conservatoires qui seraient utiles à la bonne exécution du testament et notamment faire un inventaire des biens (l'inventaire

n'est plus obligatoire depuis la loi du 23 juin 2006), déposer les sommes sous séquestre, faire une saisie conservatoire...
Par ailleurs, il peut vendre le mobilier pour payer le passif urgent de la succession. Les héritiers peuvent s'opposer à cette vente en payant les dettes visées (C. civ., art. 1029).

Les pouvoirs accordés par le testament

L'exécuteur n'a plus la saisine des biens mobiliers, c'est-à-dire la possibilité d'en prendre possession pour exécuter les legs. Désormais, l'exécuteur pourra prendre possession du mobilier de la succession pour acquitter les legs particuliers si le testament prévoit cette possibilité (C. civ., art. 1030).
En l'absence d'héritiers réservataires acceptants, il peut aussi être habilité à vendre les immeubles, à placer les capitaux, à payer les dettes. Le testament peut également l'autoriser à procéder au partage des biens entre les héritiers et les légataires. Il peut constituer les lots et les attribuer aux héritiers. Il peut délivrer les legs aux légataires. Pour exercer ces pouvoirs, il doit demander l'envoi en possession, comme doit le faire un légataire universel, si le testament qui l'a nommé est un testament olographe ou mystique. L'envoi en possession n'est pas nécessaire si le testament est authentique.
Si le testament donne des pouvoirs excessifs à l'exécuteur testamentaire, le testament peut être annulé.

Cas pratique

Dans un cas jugé en 1984, le défunt avait, dans un premier temps, légué 100 000 F (15 245 €) à sa gouvernante. Dans un second testament, il avait demandé à un exécuteur testamentaire d'apprécier s'il convenait de verser la totalité du legs ou seulement une partie de cette somme à la gouvernante et il lui avait conféré le droit de déterminer en son âme et conscience le montant de cette somme.
Ce droit d'appréciation excède les pouvoirs des exécuteurs testamentaires tels qu'ils résultent du Code civil. En conséquence, le second testament a été annulé et la gouvernante a reçu la totalité de son legs soit 100 000 F (15 245 €) (C. cass., civ. 1re, 6.3.1984, D. 1985, II, p. 5).

› La rémunération

L'exécuteur assume sa mission à titre gratuit. Il ne peut pas demander aux héritiers une rémunération, même s'il agit en tant que professionnel (C. civ., art. 1033-1).
Cependant, le testateur peut prévoir une gratification en contrepartie des services rendus. Il s'agit alors d'une libéralité rémunératoire qui n'est pas imposable ni soumise à réduction.

Le mandataire successoral

La loi n° 2006-728 du 23 juin 2006 (applicable aux successions ouvertes depuis le 1er janvier 2007) a mis en place la fonction de mandataire successoral, personne chargée d'administrer et de gérer la succession.

Ce mandataire peut être nommé par testament, à titre posthume, par toute personne qui craint des difficultés lors du règlement futur de sa succession.
Le mandataire peut aussi être nommé par les héritiers (mandataire conventionnel) après le décès ou encore en justice (mandataire judiciaire).
Sa nomination peut être utile s'il existe, par exemple, des enfants mineurs parmi les héritiers ou des personnes incapables, ou encore si les héritiers ne possèdent pas les compétences nécessaires pour administrer certains biens de la succession (une entreprise, par exemple).
Le mandataire pourra être nommé en justice en cas de mésentente entre les héritiers, d'opposition d'intérêts, d'inertie de certains d'entre eux, ou encore si la succession est trop complexe.

› Le mandataire successoral nommé par le défunt (mandat à effet posthume)

Toute personne, de son vivant, peut nommer un mandataire chargé de gérer et d'administrer les biens de sa succession dans l'intérêt et pour le compte d'un ou de plusieurs héritiers.
Les fonctions du mandataire ne se confondent pas avec celles de l'exécuteur testamentaire, puisque ce dernier est, en principe, chargé d'exécuter un testament et non pas de gérer les intérêts d'un héritier.
La nomination d'un mandataire doit être justifiée par un intérêt sérieux et légitime. Cet intérêt peut être justifié par l'âge, l'incapacité des héritiers (enfants mineurs) ou par l'importance de la succession.

Le mandat

Le mandat doit être établi par acte authentique. Il doit être accepté par le mandataire avant le décès du mandant. Avant son exécution, le mandataire, comme le mandant, peut renoncer au mandat, après en avoir averti l'autre partie.
La renonciation doit, elle aussi, être établie par un notaire (sur les émoluments du notaire, voir *Les émoluments fixes*, p. 227).
Le mandat est d'une durée de 2 ans, prorogeable une ou plusieurs fois par décision du juge en fonction de la situation des personnes et des biens concernés.
La demande de prorogation peut être déposée par le mandataire lui-même ou par un héritier. La demande est portée devant le tribunal judiciaire.
Il peut également être donné pour une durée de 5 ans, prorogeable dans les mêmes conditions, en raison de l'inaptitude, de l'âge du (ou des) héritier(s) ou de la nécessité de gérer des biens professionnels ou de posséder des compétences spécifiques pour administrer ou gérer le patrimoine.

Le mandataire

Un ou plusieurs mandataires peuvent être désignés. Le mandataire peut être une personne physique ou morale. Il peut être choisi parmi les héritiers. Dans ce cas, les actes réalisés dans le cadre du mandat sont sans effet sur l'option héréditaire.

En principe, les fonctions du mandataire sont gratuites, sauf si le mandat prévoit expressément une rémunération. En principe, le mandataire doit être rémunéré par les revenus des biens de la succession. À défaut de revenus, il est rémunéré par le versement d'un capital.
La rémunération est une charge de la succession. Elle peut être réduite comme les libéralités s'il s'avère qu'elle a pour effet de priver les héritiers de tout ou partie de leur réserve.
Les héritiers peuvent faire diminuer la rémunération du mandataire s'il s'avère qu'elle est excessive par rapport à la valeur de la succession ou injustifiée par rapport aux difficultés rencontrées.
Le mandataire doit administrer et gérer la succession. Toutefois, si aucuns des héritiers visés par le mandat n'ont encore accepté la succession, le mandataire ne peut faire que des actes conservatoires.
Chaque année, il doit rendre compte aux héritiers de sa gestion et des actes qu'il a accomplis.
Fiscalement, la rémunération du mandataire, fixée dans les 6 mois du décès, est déductible de l'actif de la succession dans la limite de 0,5 % de l'actif successoral géré. La déduction ne peut pas excéder 10 000 € (CGI, art. 775 *quinquies*).

La fin du mandat

Le mandataire peut être révoqué en justice à la demande des héritiers intéressés, en raison de :
- la disparition de l'intérêt sérieux et légitime qui justifiait sa nomination (dans cette hypothèse, il n'est pas tenu de restituer sa rémunération, sauf si elle est jugée excessive) ;
- la mauvaise exécution du mandat (dans ce cas, le mandataire doit restituer la rémunération perçue et peut, le cas échéant, être condamné à verser des dommages et intérêts aux héritiers).

Le mandat peut aussi prendre fin :
- à l'arrivée de son terme ;
- si le mandataire renonce à sa mission (il doit notifier sa décision aux héritiers et respecter un délai de préavis de 3 mois ; il peut aussi être tenu de restituer tout ou partie du capital reçu au titre de sa rémunération) ;
- si un mandat conventionnel est signé directement entre le mandataire et les héritiers ;
- si les biens gérés sont vendus ;
- si l'héritier concerné décède ou si le juge des contentieux de la protection décide de mettre fin à ce mandat ;
- si le mandataire décède ou est mis sous tutelle.

À NOTER

En cas de révocation du mandataire Dans l'hypothèse où ces héritiers contestent la rémunération du mandataire ou demandent en justice la révocation de ce mandataire, ils devront, après la fin du procès, déposer une déclaration fiscale rectificative (instr. min., 10.7.2009, 7 G-7-09).

› Le mandataire nommé par les héritiers (mandataire conventionnel)

Par convention, les héritiers, d'un commun accord, peuvent désigner l'un d'entre eux ou un tiers afin de gérer et d'administrer la succession.
Le mandat, dans ce cas, peut être donné par acte authentique ou acte sous seing privé et est, en principe, gratuit. La mission du mandataire est librement fixée dans l'acte.
Si un héritier a accepté la succession à concurrence de l'actif, seul le juge peut désigner le mandataire commun. Ce sont alors les règles du « mandataire successoral désigné en justice » qui s'appliquent.

› Le mandataire désigné en justice (mandataire judiciaire)

Toute personne intéressée (créancier, héritier…) peut demander la nomination au juge d'un mandataire successoral qui sera chargé de gérer et d'administrer provisoirement la succession.
Cette possibilité est ouverte en cas de mésentente entre les héritiers, d'inertie, de carence ou de faute de certains d'entre eux, en cas d'opposition d'intérêts ou encore, en cas de succession trop complexe.
Les pouvoirs, la durée de la mission du mandataire et sa rémunération sont fixés par le jugement.
Le juge contrôle l'exécution de la mission. Le mandataire adresse tous les ans les comptes de gestion au juge et aux héritiers.
La désignation du mandataire doit être enregistrée au greffe du tribunal judiciaire dans le mois qui suit la nomination (CPC, art. 1334).
Elle doit également faire l'objet d'une publicité par voie électronique au *Bulletin officiel des annonces civiles et commerciales* (BODACC – www.bodacc.fr) (décret n° 2009-1366, 9.11.2009 ; arrêté du 9.11.2009).

ATTENTION

En cas d'acceptation à concurrence de l'actif net En toutes circonstances, l'héritier acceptant à concurrence de l'actif net peut demander au juge de désigner toute personne qualifiée en qualité de mandataire successoral à l'effet de le substituer dans la charge d'administrer et de liquider la succession.

Comment annuler la libéralité ?

Les testaments peuvent être révoqués à tout moment alors qu'une donation ne peut être annulée que dans les cas prévus par la loi.

La révocation des testaments

› La révocation du testament par son auteur

À la différence des donations qui ne peuvent en principe être annulées, les testaments sont toujours et à tout moment révocables.
On peut donc réécrire autant de fois qu'on le désire ses dispositions testamentaires.
On peut aussi rédiger des testaments successifs en fonction des nouveaux biens qui rentrent dans son patrimoine.
L'annulation du testament peut être expresse ou tacite.

La révocation expresse

Si l'on veut annuler entièrement un testament précédent, la meilleure solution est de réécrire un second testament en indiquant : « Je révoque toutes mes dispositions antérieures » et, bien sûr, de dater le nouveau testament.
Même si le premier testament a été déposé chez un notaire, sa révocation sur papier libre est valable. Si on possède les deux testaments, il faut détruire le premier.
Il faut noter que le second testament, pour pouvoir révoquer le premier doit lui-même être valable, c'est-à-dire écrit, daté et signé de la main de son auteur.
Pour changer une partie de son testament par exemple, changer uniquement le nom d'un légataire et conserver les autres dispositions, il suffit d'indiquer sur le nouvel acte cette volonté, et préciser que les autres legs restent valables.
On peut aussi révoquer son testament par un acte authentique. Mais dans ce cas, il faut que l'acte de révocation respecte les formes du testament authentique (présence de 2 notaires, ou bien d'1 notaire assisté de 2 témoins). La révocation d'un testament qui serait insérée dans un acte notarié simple ne serait pas valable.

Cas pratique

Un homme rédige dans un premier temps un testament en faveur de sa mère à qui il lègue la quotité disponible de sa succession. Puis il se marie et les deux époux se consentent mutuellement une donation au dernier vivant. Dans la donation, qui est rédigée par un notaire, il est indiqué que cette donation révoque toutes les libéralités qui ont pu être consenties auparavant.
Lorsqu'il meurt, sa mère et sa femme s'opposent sur la validité de la révocation du testament.

La Cour de cassation a considéré que la clause insérée dans la donation ne valait pas révocation et qu'en conséquence, le testament était tout à fait valable.
En conclusion : la révocation d'un testament olographe ou authentique peut être faite par un simple testament olographe ; mais si la révocation est constatée dans un acte reçu par un notaire, elle doit respecter les règles de forme des testaments authentiques (C. cass., civ. 1re, 22.6.2004, Bull. civ. n° 179, p. 148).

La révocation tacite

La révocation du testament, sans être exprimée, peut aussi se déduire de l'attitude de son auteur. S'il a fait en sorte que l'exécution de son premier testament soit impossible, on considère qu'il l'a révoqué tacitement.

Cas pratiques

- Si un même bien a été dans un premier temps légué par testament, puis vendu par le testateur, le legs sera considéré comme révoqué.

On considère que le propriétaire du bien, en le vendant, est revenu sur sa décision de le léguer (C. civ., art. 1038).

- Il s'agit toutefois d'une présomption simple de révocation, ce qui signifie qu'il est possible de prouver l'absence de volonté de révocation du legs de la part du testateur. Si le bénéficiaire du testament parvient à faire annuler la vente du bien, le legs sera confirmé. C'est ainsi qu'une nièce, légataire d'un immeuble qui avait été vendu, demandait l'annulation de cette vente et le bénéfice de son legs car la vente, en viager, n'avait été réalisée que 3 mois avant le décès de son oncle. La vente pouvait donc être annulée pour absence d'aléa (C. cass., civ. 1re, 11.3.2003, JCP 2003, IV, 1823).
- De la même façon, la présomption de révocation du legs peut être écartée si la vente du bien légué n'était pas une vente volontaire. Dans cet exemple, le testateur avait légué sa part d'indivision sur un immeuble. Un autre indivisaire avait provoqué un partage judiciaire ce qui avait entraîné la vente de l'immeuble (CA Amiens, 4.6.2002, Gaz. Pal. 30-31.10.2002, n° 303-304, p. 32).
- Dans ce contentieux, une personne avait rédigé en 2003 un testament en faveur d'un de ses amis, M. Y., par lequel il lui léguait une rente viagère mensuelle de 4 580 € à prélever sur les revenus de la SCI.

Puis en 2007, il avait donné la nue-propriété de parts de la SCI à sa fille en en conservant l'usufruit. À son décès, il avait stipulé que cet usufruit reviendrait à ce même M. Y.
Lorsqu'il décède, M. Y. réclame à la fille l'exécution du legs en sa faveur.
La cour d'appel rejette cette demande en considérant que le testament avait été tacitement révoqué par la signature de la donation. Les juges se sont fondés sur le fait que la constitution de la rente serait trop importante pour les revenus de la SCI s'il fallait l'ajouter à l'usufruit des parts. Ils se sont aussi fondés sur le témoignage du notaire et sur les courriers échangés qui faisaient apparaître plus avantageux fiscalement la donation en comparaison avec le legs. Si le rédacteur du testament ne l'a pas révoqué, c'est qu'il n'en a pas eu le temps (il est décédé quelques jours à peine après l'établissement de l'acte de donation).

Mais ces arguments ne sont pas retenus par la Cour de cassation qui casse l'arrêt. La révocation tacite d'un testament ne peut résulter que de la rédaction d'un nouveau testament incompatible, de l'aliénation de la chose léguée ou de la destruction ou de l'altération volontaire du testament. Le fait que le rédacteur de l'acte ait pu ou non vouloir révoquer le testament ne constitue pas une révocation tacite (C. cass., civ. 1re, 8.7.2015, n° 14-18875).

S'il existe deux testaments à l'ouverture d'une succession, que ces testaments sont tous deux valables, et que le plus récent ne porte pas mention de la révocation du plus ancien, le notaire, ou éventuellement le tribunal saisi, comparera les deux écrits.
Si les deux testaments sont incompatibles entre eux (il en est ainsi lorsque les mêmes biens ont été légués à deux personnes différentes), seul le plus récent sera considéré comme valable, le plus ancien sera considéré comme révoqué tacitement.
En revanche, si les deux testaments ne portent pas sur les mêmes biens et qu'ils ne sont pas incompatibles, ils seront tous les deux valables et leurs dispositions seront exécutées (C. civ., art. 1035 et s.).

L'annulation du testament après le décès du testateur

Les dispositions testamentaires ne peuvent en principe être révoquées que par le testateur lui-même, c'est-à-dire de son vivant.
Lui seul a le pouvoir d'annuler son testament ou de le maintenir, même si les raisons qui l'ont poussé à le rédiger ont disparu (disparition de la cause).

Cas pratique

Un couple fait donation à deux de leurs enfants d'un fonds de commerce. Pour rétablir l'équilibre avec leurs deux autres enfants, ils rédigent chacun un testament leur léguant la quotité disponible de leur succession.
Plus tard, les deux premiers enfants restituent le fonds de commerce à leurs parents.
Au décès des parents, ces enfants demandent alors l'annulation des testaments en raison de la disparition de la cause qui avait motivé leurs rédactions.
La cour d'appel reçoit cette demande en retenant que la volonté des parents était d'assurer l'égalité des enfants entre eux. Or les premiers enfants ayant restitué le fonds de commerce, ils n'étaient plus gratifiés d'aucune libéralité, ce qui entraînait la caducité des testaments.
Mais la Cour de cassation casse l'arrêt. Seul le testateur est habilité à constater la disparition de la cause et à annuler en conséquence son testament (C. cass., civ. 1re, 15.12.2010, n° 09-70834).

Même si une personne rédige un testament en indiquant que le legs est destiné à rétablir l'équilibre entre les enfants, et même si cet équilibre n'est pas rompu, ce testament ne peut être révoqué que par son auteur.

Cas pratique

Un père rédige un testament indiquant : « Pour rétablir les droits de chacun de mes enfants : je lègue à ma fille Michèle X une somme égale à la valeur des biens que j'ai consentis et donnés à ma fille aînée Danièle X. Pour compenser les autres droits et biens donnés à ma fille aînée susnommée et provenant de mes parents, je lègue la quotité disponible de tous mes biens à ma seconde fille également susnommée. Telles sont mes dernières volontés. »

Sa femme décède quelque temps après et laisse un testament rédigé ainsi : « Mon mari avait légué la quotité disponible de sa succession à ma fille Michèle X en expliquant qu'il prenait cette disposition pour compenser les avantages dont il avait fait bénéficier auparavant notre fille aînée Danièle X. Or, il s'avère que cette dernière n'a pas reçu par donation de son père plus de biens que sa sœur de sorte que, privée de la quotité disponible, elle s'est trouvée désavantagée. Afin de rétablir l'équilibre entre mes deux filles, je lègue la quotité disponible de ma succession à Mme Danièle X. »

La cour d'appel annule les deux testaments en raison de la disparition des motifs déterminant ces testaments.

La Cour de cassation casse l'arrêt. Seul l'auteur du testament est habilité à annuler son testament s'il estime que la cause a disparu (C. cass., civ. 1re, 15.2.2012, n° 10-23026).

› La caducité du testament

Le testament devient automatiquement caduc :

- si le légataire n'a pas survécu au testateur. En principe, le legs est caduc si le légataire décède avant le testateur, et ce, même s'il laisse des enfants, puisqu'un legs est considéré comme strictement personnel. Ce n'est que si celui qui rédige le testament indique, de façon claire, qu'il entend faire bénéficier les enfants du légataire des biens en question, si ce légataire venait à mourir avant lui, que ces enfants pourront se voir attribuer les biens (C. civ., art. 1039) ;
- si la chose ou le bien légué a été détruit (par incendie, par accident…) ou a disparu (volé, par exemple) (C. civ., art. 1041) ;
- si le légataire n'a pas la capacité de recevoir le legs, ou s'il l'a refusé (C. civ., art. 1043).

Pour refuser un legs, il est possible d'en faire la déclaration au greffe du tribunal (comme les renonciations à succession) mais on peut aussi le refuser tacitement (par exemple, en ne le réclamant pas aux héritiers). La déclaration expresse n'est pas obligatoire.

› Les causes d'annulation tenant à la personne du testateur

Le consentement du testateur a été vicié par l'erreur, le dol ou la violence

L'erreur, le dol ou la violence sont les causes de nullité des contrats ou conventions. La loi n° 2006-728 du 23 juin 2006 a expressément prévu la possibilité de demander la nullité des testaments ou des donations s'il est prouvé que la volonté du testateur ou du donateur a été viciée par l'erreur (erreur sur la valeur du bien, sur le bénéficiaire), par le dol (manœuvres, mauvaise foi) ou par la violence (contrainte, chantage).

Le testateur a rédigé son testament alors qu'il était sous l'emprise d'un trouble mental

L'« insanité d'esprit » est reconnue quand, quelle que soit l'affection dont souffre le testateur, son intelligence a été obnubilée ou sa faculté de discernement déréglée. C'est à celui qui demande l'annulation du testament d'apporter la preuve du dérèglement mental de son auteur au moment où il a rédigé son testament.

Le dérèglement mental peut aussi être prouvé même s'il s'agit d'un testament authentique (notarié). Le fait qu'un notaire ait rédigé le testament au fur et à mesure de la dictée du testateur ne suppose pas que ce testateur était sain d'esprit. Dans un cas jugé par la Cour de cassation, une expertise médicale avait été ordonnée pour vérifier l'état mental d'un testateur qui avait institué, par testament authentique, sa quatrième femme légataire universelle (C. cass., civ. 1re, 25.5.1987, D. 1988, II, p. 79).

Il faut savoir que, généralement, les testaments contestés sont validés en raison de la difficulté d'apporter la preuve d'un dérèglement mental et de la volonté des juges de respecter au maximum la liberté de tester.

Le fait que l'auteur du testament se soit suicidé après la rédaction de son acte n'est pas suffisant pour prouver son insanité d'esprit et pour faire annuler le testament.

Cas pratique

Un homme avait rédigé un testament 3 mois avant de se suicider. Ses héritiers voulaient faire annuler cet acte pour insanité d'esprit. Ils avaient produit devant le tribunal plusieurs attestations relevant que le comportement du rédacteur du testament « s'était dégradé », « qu'il était atteint d'une affection mentale », qu'il était dans « l'impossibilité de discerner la portée de ses actes », « que ses propos étaient incohérents », qu'il semblait « d'une grande mélancolie »...

Ces attestations n'ont cependant pas été suffisantes. Pour le tribunal, elles ne faisaient, en effet, que refléter l'opinion des témoins et ne rapportaient aucun fait précis qui pouvait démontrer que le testateur avait perdu sa lucidité au moment où il avait rédigé son testament et ne permettait pas aux juges de déclarer la nullité de ce testament (CA Caen, 11.1.2000, JCL Droit de la famille 2.2001, n° 24, p. 27).

Si l'héritier qui conteste le testament parvient à prouver, par exemple, que l'état mental du testateur était déficient pendant les périodes précédant et suivant la rédaction de l'acte, ce sera alors à celui qui considère le testament valable de prouver que cet écrit a été rédigé pendant un intervalle de lucidité.

L'action en nullité pour insanité d'esprit d'un testament est soumise à la prescription de 5 ans (C. civ., art. 2224, ancien art. 1304).

Cette même prescription est applicable aux donations dont la nullité est demandée pour vice de consentement (C. cass., civ. 1re, 11.1.2005, n° 01-13133, JCL 2005, act. n° 66, p. 191).

La prescription commence à courir à compter du décès du testateur et non pas à compter de la date du testament contesté (C. cass., civ. 1re, 20.3.2013, n° 11-28318).

› La révocation du testament en raison de l'attitude du légataire

Le testament peut être révoqué :

- soit parce que le bénéficiaire du legs n'a pas respecté la volonté du testateur. Le testateur peut en effet imposer des charges ou des conditions au légataire et faire dépendre du respect de ces conditions la réalisation du legs (C. civ., art. 1046). Si ces charges ou conditions sont valables, elles doivent être respectées sous peine de rendre le legs caduc (voir *Que pouvez-vous donner ?*, p. 31) ;
- soit parce que le bénéficiaire a attenté à la vie du testateur ou qu'il s'est rendu coupable envers lui de sévices, injures graves ou de délits contre ses biens. On parle d'« ingratitude du légataire ». L'ingratitude du légataire est sanctionnée comme l'ingratitude du donataire (C. civ., art. 1046) (voir *La révocation des donations*, p. 122).

› L'annulation du testament fondée sur une cause immorale ou illicite

Pendant longtemps, les tribunaux ont annulé les legs qui n'avaient été consentis que dans le but d'obtenir, de maintenir ou de reprendre des relations adultères.

En revanche, ils ne sanctionnaient pas l'adultère en lui-même puisqu'étaient validés les dons ou legs faits à un concubin adultérin en exécution d'un devoir de conscience, en remerciement de soins apportés ou en vue d'assurer l'avenir de la concubine.

Cette distinction semble maintenant abandonnée puisque la Cour de cassation a considéré que le fait de vouloir maintenir une relation adultère n'est pas contraire aux bonnes mœurs.

Cas pratiques

• Un homme avait quitté sa femme après 34 ans de vie commune pour aller vivre avec sa maîtresse. Avant de décéder quelque temps après, il avait révoqué toutes les donations entre époux qu'ils s'étaient consentis et exclu sa femme de sa succession. Il avait par ailleurs légué à sa concubine la somme de 500 000 F (76 000 €).

La cour d'appel, reprenant la jurisprudence établie, avait considéré que le legs n'avait été consenti que pour poursuivre et maintenir leur liaison récente et avait donc annulé ce legs de 500 000 F (76 000 €).

La Cour de cassation opère un revirement de cette jurisprudence en affirmant sans ambiguïté, que le legs fait pour maintenir la relation adultère n'est pas contraire aux bonnes mœurs (C. cass., civ. 1re, 3.2.1999, D. 1999, II, p. 267).

Depuis cet arrêt, la Cour de cassation a confirmé sa volonté de valider les libéralités effectuées en faveur d'un(e) concubin(e) adultère.

- Un homme non divorcé avait institué sa concubine, légataire universelle. Les juges avaient validé le legs en relevant que le défunt avait entendu gratifier celle qui avait partagé les dernières années de sa vie et avait été à ses côtés alors qu'il éprouvait des problèmes de santé. Le fait de vouloir maintenir des relations adultères n'est pas contraire aux bonnes mœurs (C. cass., civ. 1re, 16.5.2000, Les petites affiches 2000, n° 197, p. 20).
- Un homme marié avait institué sa maîtresse légataire universelle. Lorsqu'il décède, la veuve refuse de délivrer le legs et demande l'annulation du testament car contraire aux bonnes mœurs.

La cour d'appel annule le testament considérant que les libéralités consenties à la maîtresse n'étaient destinées qu'à rémunérer ses faveurs et étaient, en conséquence, contraires aux bonnes mœurs.

Mais la Cour de cassation casse l'arrêt et considère que les libéralités consenties à un(e) concubin(e) adultère ne sont pas, en soi, contraires aux bonnes mœurs quelle que soit la cause qui les a déterminées (C. cass., civ., ass. plén., 29.10.2004).

S'il s'agit d'un couple homosexuel, la réponse est la même. Les libéralités faites entre personnes de même sexe ne sont plus annulées pour cause immorale.
De façon plus exceptionnelle (car la preuve est difficile à apporter), le testament peut être annulé s'il n'a été dicté que par esprit de vengeance et non dans le but de favoriser la personne de son choix.

Cas pratiques

- Un testament a été annulé car il n'avait été rédigé que par esprit de vengeance et de haine et non par pure intention libérale. Un père avait abusé de ses filles pendant leur enfance et ces dernières, devenues adultes, l'avaient poursuivi en justice et avaient refusé définitivement de le voir.

Pour se venger, le père avait légué une partie de sa succession à ses neveux et nièces.

L'attitude des filles a été jugée pour le moins légitime et les juges ont refusé de valider ce testament « sanction » (TGI La Roche s/Yon, 2.5.1995, D. 1997, II, p. 13).

- **Ma mère vient de mourir. Un de ses amis nous a montré un testament par lequel elle lui a légué toute sa fortune. Or, je ne reconnais ni son écriture, ni sa signature. Que puis-je faire ?**

Tout d'abord, il faut savoir que même si le testament est valable, cet ami ne peut recevoir la totalité de la succession puisque vous êtes héritier réservataire (si vous êtes enfant unique, vous recueillerez au minimum la moitié de cette succession).

En ce qui concerne le testament lui-même, il faut que vous le contestiez devant le tribunal judiciaire du lieu d'ouverture de la succession (lieu du décès).

Ce sera à cet ami de prouver que ce testament est sincère et non à vous de prouver qu'il est faux. Il vous suffit de le dénier ou de le méconnaître (ne pas le reconnaître).

Le juge pourra ordonner une expertise graphologique, demander des éléments de comparaison…

La règle est que si le juge ne parvient pas à déterminer si c'est réellement l'écriture et la signature de votre mère, cet ami sera débouté de sa demande et le testament ne sera pas retenu (C. civ., art. 1373 et 1374 nouveaux ; C. cass., civ. 1re, 13.10.1992, Bull. civ. n° 253).

La révocation des donations

Les donations, y compris les donations entre époux lorsqu'elles portent sur des biens présents, sont en principe irrévocables (voir *Quelles démarches pour donner à son époux ?*, p. 164).
Le donateur, après la signature de la donation, ne peut pas changer d'avis et reprendre le bien donné. La propriété du bien est transférée au bénéficiaire dès son acceptation.
Il existe cependant des cas où le donateur peut demander l'annulation de la donation, entraînant le retour du bien dans son patrimoine.

À NOTER

Non-remboursement des droits de mutation En cas de révocation de donation (quelle que soit la cause) les droits de mutation ne sont pas remboursés.

Mise à part l'application d'une clause de retour (voir *Que pouvez-vous donner ?*, p. 31), le donateur peut demander la révocation de sa donation s'il justifie d'une des causes prévues par l'article 953 du Code civil :
- la survenance d'enfant ;
- l'ingratitude ;
- l'inexécution des charges.

› Survenance d'enfant

La loi n° 2006-728 du 23 juin 2006 portant réforme des successions et des libéralités, applicable aux successions ouvertes depuis le 1er janvier 2007, a modifié les cas de révocation des donations pour survenance d'enfant.
Cette révocation n'est plus prononcée de plein droit. Elle ne peut désormais avoir lieu que si l'acte de donation le prévoit. En l'absence d'une telle clause, la survenance d'un enfant du donateur après la donation n'entraîne pas révocation de celle-ci (C. civ., art. 960).
Si la clause de révocation pour survenance d'enfant est prévue, celle-ci peut être demandée :
- si le donateur a un enfant après la donation, même si l'enfant était déjà conçu au moment de l'acte et même si l'enfant est né après le décès du donateur ;
- si le donateur adopte un enfant de façon plénière (une adoption simple n'est pas assimilée à une survenance d'enfant).
La révocation peut avoir lieu même en cas de décès de l'enfant.
La donation peut toujours être révoquée, même si le donataire est entré en possession des biens donnés après la naissance ou l'adoption de l'enfant.

L'action en révocation se prescrit par 5 ans à compter de la naissance ou de l'adoption du dernier enfant. Elle ne peut être exercée que par le donateur. Il peut également, à tout moment, renoncer à exercer la révocation pour survenance d'enfant (C. civ., art. 965).

ATTENTION

Les donations entre époux Les donations de biens présents entre époux ne sont jamais révocables pour survenance d'enfants.

› Ingratitude

Lorsque le donataire (bénéficiaire de la donation) a eu une conduite « ingrate » envers le donateur, il ne peut conserver le bien qui lui a été donné (C. civ., art. 955).

Il devra soit le rendre, soit restituer sa valeur.

Il y a ingratitude du donataire :

- lorsqu'il a attenté à la vie du donateur ;
- lorsqu'il s'est rendu coupable envers lui de sévices, délits ou injures graves ;
- lorsqu'il lui refuse des aliments (une aide ou une pension alimentaire).

Ces règles sont également applicables aux légataires qui ne peuvent recevoir le bien légué s'ils sont reconnus coupables d'ingratitude.

Cette révocation n'est pas automatique.

Pour apprécier la gravité notamment des sévices, délits ou injures, le tribunal apprécie en fonction de chaque cas d'espèce.

Cas pratique

Un père avait fait une donation à son fils. Le fils avait fait subir des violences physiques à son père et ce dernier avait demandé la révocation de la donation.

La révocation a été refusée par les juges.

Ils ont tenu compte du contexte très conflictuel existant dans la famille pour considérer que les violences n'étaient pas suffisamment graves pour entraîner la révocation de la donation (C. cass., civ. 1re, 16.6.1998, Bull. civ. n° 209).

L'attitude d'un enfant envers ses parents doit s'analyser en fonction des circonstances difficiles vécues par la famille.

Cas pratique

Un fils avait bénéficié de ses parents d'une donation hors part (c'est-à-dire qui s'ajoutait à sa part de succession). Il avait recueilli chez lui son père alors âgé de 83 ans, sa mère âgée de 81 ans atteinte de la maladie d'Alzheimer, et leur femme de ménage.

Les faits révèlent que le fils ne supportait plus sa mère devenue incontinente ni son père et qu'il les injuriait en les menaçant de les renvoyer hors de chez lui.

En raison de l'ambiance détestable dans la maison (la cohabitation a duré quelques mois, de janvier à août), le père demande la révocation de la donation pour ingratitude.

Les juges ont dû étudier les circonstances de fait, les caractères des personnes en cause ainsi que les témoignages pour savoir si les faits reprochés au fils pouvaient être qualifiés d'ingratitude.

Les témoignages de la femme de ménage faisaient état de querelles, d'injures du fils envers sa mère. Elle le qualifiait de « méchant » et estimait que les parents avaient des conditions de vie pénibles.

De même, lorsque les parents ont finalement été admis dans une maison de retraite, le personnel a pu attester que l'attitude du fils était peu compatible avec ses devoirs filiaux à l'égard de sa mère.

Les juges ont refusé de déclarer le fils « ingrat » au sens de l'article 955 du Code civil.

Ils ont admis qu'il s'était laissé aller à des « égarements verbaux empreints de grossièreté incompatible avec la déférence filiale » mais ont excusé son attitude en raison des circonstances, de l'âge et de la santé du père qui a pu se faire influencer par son autre fils non bénéficiaire d'une donation et du fait que ni la mère ni son tuteur ne s'étaient associés à cette demande de révocation (CA Bordeaux, 11.12.2000, JCL Droit de la famille, 6.2001, n° 59, p. 19).

Si l'attitude injurieuse du bénéficiaire de la donation ne peut s'expliquer ni s'excuser, la donation peut être annulée.

Cas pratique

En revanche, dans un autre cas, l'ingratitude a été reconnue à l'encontre d'un fils qui avait bénéficié de la part de ses parents d'une donation de la nue-propriété de leur maison, eux-mêmes se réservant l'usufruit.

Cette donation a été annulée en raison de l'attitude injurieuse du fils. Il se maintenait chez ses parents (alors que l'usage des lieux leur était réservé) et agrémentait la cohabitation d'insultes et d'injures… (CA Poitiers, 16.9.1997, Gaz. Pal. 11.5.2000, p. 42).

Il y a ingratitude si le donataire laisse proférer, sans intervenir, des injures envers la donatrice.

Cas pratique

Une sœur avait donné à son frère la nue-propriété d'un terrain. À l'occasion d'une visite chez leur mère, l'épouse du frère insulte violemment sa belle-sœur, la traitant de « folle à interner », « de grosse vache ».

Ce sont moins les injures proférées qui ont été retenues par le juge que l'attitude du frère. Il a en effet refusé d'intervenir pour empêcher sa femme d'insulter sa sœur. Cette passivité a été suffisante pour justifier la révocation de la donation pour ingratitude. (CA Aix-en-Provence, 14.9.2006, JCL Droit de la famille, 6.2007, n° 132, p. 42).

Les faits d'ingratitude doivent être postérieurs à la donation.

Cas pratique

Une mère fait une donation-partage en faveur de ses trois enfants. Après la donation, elle découvre que l'un de ses fils avait effectué des prélèvements sur un contrat d'assurance-décès souscrit par le père décédé. La question qui se posait était de savoir si la révocation de la donation pour ingratitude peut être prononcée pour des faits commis avant la donation mais inconnus de la donatrice.

La réponse des juges est négative. Seuls des faits postérieurs à la donation peuvent être retenus pour justifier une demande de révocation (C. cass., civ. 1re, 9.1.2008, n° 06-20108.).

La révocation pour ingratitude peut aussi être applicable aux donations indirectes.

Cas pratique

Il s'agissait, en l'occurrence, de deux contrats d'assurance-vie souscrits par une tante en faveur de ses deux neveux. Avant de statuer sur l'ingratitude, les juges ont considéré que ces contrats constituaient des donations indirectes.

En effet, chaque contrat, qui avait deux souscripteurs (un neveu et la tante), prévoyait que tout rachat ou toute demande d'avance devait être autorisé par les deux souscripteurs, ce qui interdisait à la tante de garder la maîtrise de son capital.

Par ailleurs, seule la tante avait alimenté les contrats.

Enfin, étant âgée de 85 ans, cette personne devait logiquement décéder la première ce qui signifiait que seuls les neveux pouvaient profiter de ces contrats d'assurance-vie.

Lorsque le caractère de donations a été reconnu à ces contrats, les juges ont constaté que les neveux n'avaient pas aidé leur tante lorsqu'elle était dans le besoin et ont révoqué ces donations pour ingratitude. Le capital a été réintégré dans l'actif successoral (CA Toulouse, 11.10.2001, D. 2002, n° 6, IR, p. 530).

La révocation pour ingratitude, plus spécialement attachée à la personne même du donateur est réservée exclusivement à ce dernier.

Il peut agir pendant un délai d'1 an. S'il ne le fait pas, on considère qu'il a pardonné au donataire (bénéficiaire) ingrat.

Les héritiers du donateur ne pourront agir en révocation pour ingratitude du donataire que si le donateur est décédé avant l'expiration de ce délai d'1 an (l'action fait alors partie de la succession et est attribuée aux héritiers) ou s'il avait, avant son décès, manifesté son intention d'agir (en débutant la procédure notamment).

Cas pratique

Action en révocation engagée par les héritiers

Des époux avaient, en dehors de leur contrat de mariage, signé un acte par lequel le prémourant donnait au survivant l'usufruit de ses biens lui appartenant en propre.

L'épouse décède la première et ses héritiers refusent la donation au mari pour cause d'ingratitude. Il avait en effet déjà été condamné pour non-versement de la pension alimentaire et, par la suite, envoyait ses versements par enveloppe funéraire alors que son épouse était en phase terminale d'un cancer.

L'ingratitude du donataire a été reconnue et la donation a été révoquée (CA Toulouse, 12.10.2004, JCL Droit de la famille 2005, n° 121, p. 34).

Le délai d'1 an court à compter du jour du délit ou du jour où le donateur a pris connaissance du délit.

Cas pratique

Des parents donnent, en 1996, un terrain à leur fille qui fait construire un immeuble comprenant deux appartements. Les parents s'installent dans l'un de ces appartements.

Quelques années plus tard, le 20 octobre 2003, la fille les assigne pour demander leur expulsion. Reconventionnellement, le 11 janvier 2006, les parents demandent la révocation de la donation pour ingratitude.

La demande en révocation pour cause d'ingratitude doit être formée dans l'année à compter du jour du délit imputé par le donateur au donataire, ou du jour où le délit aura pu être connu par le donateur.

Les parents estimaient que le point de départ du délai d'1 an ne pouvait débuter que du jour où l'attitude de la fille cesserait.

Mais ce point de vue est rejeté. Le point de départ de ce délit d'ingratitude est le jour de l'assignation aux fins d'expulsion. L'action est donc prescrite et la donation ne peut plus être annulée (C. cass., civ. 1re, 20.5.2009, n° 08-14761 ; 1.2.2012, n° 10-27276).

S'il s'agit d'un délit pénal (c'est le cas lorsque le donataire a intenté à la vie du donateur), le délai de prescription court à compter de la condamnation pénale qui a pu établir la réalité des faits reprochés.

En cas de révocation pour cause d'ingratitude, le sort des tiers ou créanciers est moins grave qu'en cas de révocation pour inexécution des charges ou survenance d'enfant.

Tous les droits qui ont pu leur être consentis demeurent valables.

Si le bien donné a été vendu par le donataire, l'acquéreur pourra conserver son bien. Dans ce cas, le donataire est condamné à restituer au donateur la valeur du bien vendu (C. civ., art. 958).

› Inexécution des charges

Une donation peut être révoquée si elle a été consentie sous certaines conditions et que ces conditions ne sont pas respectées par le donataire (bénéficiaire) (C. civ., art. 954).

Cas pratique

Un époux avait, de son vivant, donné la totalité de l'usufruit de sa succession à son conjoint à condition qu'elle fasse l'avance sur les biens de la succession des frais, droits et taxes de mutation à la charge des héritiers.

Au décès de son mari, la veuve reste inactive et les héritiers sont finalement obligés d'effectuer eux-mêmes les déclarations de succession et le paiement des droits.

Ils demandent au tribunal d'annuler la donation puisque la bénéficiaire n'avait pas exécuté ses obligations.
Ils obtiennent gain de cause et le pourvoi de la veuve est rejeté devant la Cour de cassation.
L'absence totale de diligence de la part de la bénéficiaire de la donation, au cours des 10 dernières années écoulées depuis l'ouverture de la succession, pour s'acquitter d'une obligation mise à sa charge, établissait une inertie revêtant un caractère fautif d'une gravité suffisante pour justifier la révocation de la donation (C. cass., civ. 1re, 29.1.2002).

Il peut arriver que les charges imposées soient trop lourdes ou inexécutables, ou encore que les modalités d'exécution soient discutables.
C'est pourquoi la révocation n'est pas automatique et doit être prononcée par le tribunal judiciaire (voir *La donation ou le legs avec charges ou conditions,* p. 52).

La donation-partage, une transmission équitable ?

La donation-partage consiste à donner et à répartir les biens donnés entre plusieurs donataires (bénéficiaires de la donation).
Depuis la loi du 23 juin 2006, applicable aux donations consenties et aux successions ouvertes depuis le 1er janvier 2007, la donation-partage est désormais possible de la part des parents en faveur non seulement de leurs enfants, mais aussi de leurs autres descendants, et notamment leurs petits-enfants ou arrière-petits-enfants.
Par ailleurs, en cas de donation-partage conjointe, les bénéficiaires peuvent être non seulement les enfants communs du couple, mais aussi les enfants de chaque conjoint.
La donation-partage est aussi ouverte en faveur d'autres héritiers, si le donateur n'a pas d'enfants (C. civ., art. 1075 et s.) (sur la donation-partage d'une entreprise, voir Comment faire la donation-partage d'une entreprise ?, p. 139).

Comment faire une donation-partage ?

› La donation-partage doit être notariée

Pour partager, il faut au moins être deux. On ne peut donc pas faire une donation-partage au bénéfice d'une seule personne puisque l'objectif est de partager entre au moins deux personnes tout ou partie de sa future succession.
La donation-partage est juridiquement parlant une donation. Comme la donation simple, la donation-partage nécessite donc un passage devant notaire, qui réalisera l'acte sous forme notariée. Le recours à la donation-partage est autorisé au profit de l'ensemble des héritiers présomptifs, c'est-à-dire les personnes susceptibles d'hériter. La donation-partage est irréversible, la propriété des biens est immédiatement transmise aux bénéficiaires.

› La donation-partage doit être acceptée par les bénéficiaires

Pour être validée, la donation-partage doit être acceptée par les donataires. Mais il est tout à fait possible pour un enfant (ou un descendant) de refuser la donation-partage.
Dans cette hypothèse, la donation-partage reste valable pour le ou les autres copartagés qui bénéficient des dispositions fiscales relatives à cet acte.

Celui qui n'a pas participé à l'acte aura la possibilité, au moment du décès du donateur, de constituer sa part de réserve avec les biens figurant dans la succession.
Si ces biens sont insuffisants, il pourra exercer l'action en réduction (voir *Que se passe-t-il au décès du donateur ou du testateur ?*, p. 275).

› La donation-partage peut avoir lieu par don manuel

Un don manuel ne fait pas, par définition, l'objet d'un acte notarié. Il n'est donc pas possible, en principe, de reconnaître l'existence d'une donation et d'un partage entre les enfants.
En revanche, si le don manuel a été effectué en faveur de plusieurs des enfants du donateur et a été constaté par un acte établi à cette occasion, l'administration reconnaît qu'il y a eu donation-partage dès lors que l'acte indique qu'il s'agit d'un partage anticipé de la succession.
Ce cas s'est présenté à l'occasion d'une reconnaissance de donations établies par un père en faveur de ses deux enfants et portant sur des actions de société. Ces actions avaient été transmises par simple ordre de mouvement.

Qui peut faire une donation-partage ?

› La donation-partage faite aux enfants

L'intérêt de faire une donation-partage en faveur de ses enfants est de régler en quelque sorte à l'avance sa succession, de répartir ses biens en fonction de critères personnels ou des qualités respectives des enfants à gérer ces biens.
La donation-partage permet aussi d'éviter les éventuelles querelles qui surviennent à l'occasion d'une succession, la rigidité d'une indivision et, le cas échéant, les procédures de partage.
La répartition des biens entre les enfants n'est pas forcément égalitaire. Cependant, les enfants étant héritiers réservataires, ils ne peuvent recevoir une part inférieure à leur part de réserve. Par exemple, s'il y a deux enfants, chacun doit recevoir au moins un tiers du patrimoine du donateur.

› La donation-partage conjointe à ses enfants et ses beaux-enfants

Une seule donation-partage peut être consentie par deux époux dans le même acte. Il s'agit d'une donation-partage conjointe. Les époux peuvent donner des biens communs et/ou des biens leur appartenant en propre (biens propres).
Si un seul des parents fait une donation-partage, il ne peut donner que les biens lui appartenant en propre.
Jusqu'à la loi n° 2006-728 du 23 juin 2006 (applicable depuis le 1er janvier 2007), une telle donation-partage ne pouvait concerner que les enfants communs du couple.

Désormais, deux époux peuvent également faire la donation-partage de leurs biens en faveur non plus uniquement de leurs enfants communs, mais en faisant intervenir aussi leurs propres enfants issus d'une précédente union. Les enfants communs des deux époux peuvent recevoir dans leurs lots des biens donnés par chacun de leurs parents, mais l'enfant non commun ne peut pas recevoir un bien appartenant au conjoint de son parent (C. civ., art. 1076-1).
Il peut recevoir des biens propres de son parent et des biens communs. S'il s'agit d'un bien commun, le conjoint doit donner son accord pour que ce bien fasse partie du lot attribué à son beau-fils ou sa belle-fille.
Fiscalement, le bien donné est imposé selon les tarifs en ligne directe sur l'intégralité de sa valeur (CGI, art. 778 *bis*).

› La donation-partage faite à des descendants de degrés différents (enfants, petits-enfants, arrière-petits-enfants)

Un parent peut désormais effectuer la donation-partage de ses biens en faveur de plusieurs descendants, même s'ils ne sont pas ses héritiers directs et même s'ils sont à des degrés différents (les enfants avec des petits-enfants ou même des arrière-petits-enfants) (C. civ., art. 1075-1).
Il peut aussi distribuer et partager ses biens entre ses seuls petits-enfants sans faire intervenir ses enfants.
Il peut aussi, s'il n'a qu'un enfant unique, faire une donation-partage au profit de son enfant et de ses petits-enfants ou au profit de ses seuls petits-enfants.
Il peut enfin favoriser certains petits-enfants sans faire intervenir les autres (C. civ., art. 1078-4 et s.).
La part attribuée aux petits-enfants est imputée sur la part de réserve de l'enfant qu'ils représentent.
Dans la mesure où la donation-partage avantage des descendants qui ne sont pas héritiers, en excluant l'enfant héritier réservataire, celui-ci doit renoncer à ses droits et accepter la donation. Cette renonciation de l'enfant doit figurer dans l'acte de donation. Si le consentement a été donné par erreur ou obtenu par dol ou violence, la donation est nulle.
Si les descendants qui concourent à la donation-partage sont de degrés différents (des petits-enfants avec des arrière-petits-enfants, par exemple), le partage s'opère par souche (un lot pour les petits-enfants constitué de la part qu'aurait dû recevoir leur parent qu'ils représentent), puis, à l'intérieur de chaque souche, le partage se fait par tête.
Les héritiers par représentation constituent une souche.
Ils représentent l'héritier légal du disposant, soit parce qu'il est décédé, soit parce qu'il a renoncé à sa part successorale.

Cas pratique

Une personne dispose d'un capital de 200 000 € et veut faire une donation-partage entre ses enfants. Elle a deux fils dont l'un décide de renoncer à sa part en faveur de ses propres enfants.

La donation-partage comprendra deux lots égaux (100 000 € chacun) : un lot pour le premier fils et un lot pour les petits-enfants.

Fiscalement, en cas de donation-partage faite à des descendants de degrés différents, les droits sont liquidés en fonction du lien de parenté entre le donateur (le grand-père ou la grand-mère) et les petits-enfants bénéficiaires de la donation (CGI, art. 784 B).
Dans la succession de l'enfant qui a consenti à ce que ses propres descendants soient allotis à sa place, les biens reçus par les petits-enfants de l'ascendant sont traités comme s'ils les tenaient de leur auteur direct, c'est-à-dire de l'enfant qui a renoncé à sa part.

À NOTER

Neveux et petits-neveux Seul un ascendant peut faire une donation-partage transgénérationnelle (en faveur de ses enfants, petits-enfants, arrière-petits-enfants). Un oncle ne peut faire une donation-partage transgénérationnelle en associant ses neveux et petits-neveux.

› La donation-partage faite à d'autres héritiers présomptifs

La loi n° 2006-728 du 23 juin 2006 (applicable depuis le 1er janvier 2007) autorise désormais toute personne à distribuer et partager ses biens entre ses héritiers présomptifs. Le plus souvent ces héritiers sont les enfants. Mais une personne sans enfant peut désormais donner et partager ses biens entre ses parents, ses frères et sœurs, entre ses neveux ou nièces, ou encore entre ses cousins dès lors que ce sont ses héritiers.
La donation-partage peut aussi être faite en faveur du conjoint et des parents (qui sont héritiers en l'absence d'enfants).

Que peut-on donner ?

› L'intégration des donations antérieures

La donation-partage peut inclure des biens déjà donnés aux enfants ou autres gratifiés (donations antérieures).
Les lots respectifs de chaque bénéficiaire peuvent être constitués de biens appartenant au donateur, mais aussi des biens qu'ils auraient déjà reçus de sa part à l'occasion d'une précédente donation.

Cas pratique

Un père donne à son fils aîné une maison de campagne. Plusieurs années après, il effectue une autre donation en faveur de sa fille (un appartement).
Vers la fin de sa vie, il décide de faire une donation-partage de ses biens à ses trois enfants.

Les lots des deux premiers enfants pourront être constitués par les biens qu'ils ont déjà reçus (la maison et l'appartement) et le troisième enfant recevra son propre lot composé de biens possédés par son père et d'une valeur équivalente à celle des biens donnés à son frère et à sa sœur.

Il est ainsi permis de transformer des donations ordinaires en une donation-partage, soit en les regroupant avec une nouvelle ou plusieurs donations, soit en les regroupant entre elles sans en ajouter de nouvelles (C. civ., art. 1078-1).
Si la donation-partage comprend des donations qui n'ont pas été imposées (dons manuels, donations déguisées ou donations indirectes), les droits seront perçus sur ces donations à l'occasion de la donation-partage.
Si les donations antérieures intégrées dans la donation-partage ont déjà été soumises aux droits d'enregistrement, ces droits ne sont pas réclamés une seconde fois.
Seuls les droits de partage sont dus.
La donation-partage peut comprendre des biens précédemment donnés à un enfant et réattribués à un petit-enfant. Dans ce cas, les droits de mutation ne sont pas non plus exigés si la donation d'origine a eu lieu depuis plus de 15 ans. Ils sont dus dans le cas contraire et calculés en fonction du lien de parenté entre l'ascendant donateur et son petit-enfant alloti.
Cette règle est applicable aux donations-partages consenties depuis le 15 décembre 2010 (CGI, art. 776 A).

À NOTER

Délai de 15 ans Le délai fiscal pour bénéficier des abattements entre deux donations a été porté à 15 ans depuis le 18 août 2012.

Quand on intègre une donation antérieure dans une donation-partage, la valeur à retenir est la valeur du bien à l'époque de la donation-partage (et non la valeur du bien lors de la donation).

Cas pratique

Un enfant reçoit de son père un portefeuille d'actions estimé lors de la donation à 4 000 €. Son frère reçoit la même somme en argent liquide, qu'il dépense sans acquérir de biens.
Trois ans plus tard, le père veut effectuer une donation-partage entre ses deux enfants. Il entend intégrer les donations déjà réalisées et y ajouter des biens d'une valeur de 10 000 €. Le portefeuille vaut 6 000 €. L'ensemble des biens compris dans la donation-partage aura une valeur de 4 000 € + 6 000 € + 10 000 € = 20 000 €.
Chaque enfant devant recevoir 10 000 €, le premier fils propriétaire du portefeuille d'actions se verra attribuer 4 000 € (10 000 € – 6 000 €) ; le second recevra 6 000 € (10 000 € – 4 000 €).
Ainsi, le second fils bénéficie de la plus-value apportée aux titres reçus par son frère et ne sera pas pénalisé d'avoir dilapidé l'argent qui lui avait été attribué.

Il est donc toujours préférable dans la mesure du possible, de donner par donation-partage, chaque enfant profitant seul des éventuelles plus-values apportées aux biens qu'il détient.

› La donation à charge de soulte

La donation-partage peut consister à donner un bien à un donataire, à charge pour lui de verser une soulte ou une récompense aux autres donataires. Cette solution peut être choisie si un bien est difficilement partageable ou si l'indivision entre les bénéficiaires est à exclure ou encore si le donateur veut transmettre une entreprise familiale à celui jugé le plus apte à en poursuivre l'activité. Le donataire sera donc seul propriétaire du bien donné et la part des autres sera constituée par la soulte qu'il devra leur verser.

Le paiement de la soulte

Les soultes sont destinées à compenser l'inégalité des lots entre les héritiers. La soulte est une somme d'argent versée par un héritier avantagé dans le partage des biens par rapport à ses copartageants. Les soultes sont payables au moment du partage.
Dans le cadre d'une donation-partage, les soultes peuvent être prévues dans l'acte par les donateurs.
Le paiement de la soulte mise à la charge de l'héritier peut être différé ou comptant.

La révision de la soulte

Si, entre la fixation de la soulte et son paiement, la valeur des biens mis dans le lot de l'héritier a augmenté ou diminué de plus du quart depuis le partage, les sommes qu'il reste à payer seront augmentées ou diminuées dans la même proportion.
La valeur des biens retenus doit être celle existant au moment du paiement de la soulte.

Cas pratique

En 1967, deux parents font une donation-partage en faveur de leurs deux enfants. L'un reçoit des biens immobiliers d'une plus grande valeur que ceux de son frère et doit lui verser une soulte. Cette soulte est versée en plusieurs échéances de 1973 à 1978.
En 1980, les biens immobiliers sont vendus pour un prix bien supérieur à celui figurant dans la donation-partage. Le second frère demande alors la révision de la soulte et un complément sur les sommes déjà versées.
L'arrêt de la cour d'appel qui lui donne raison est cassé par la Cour de cassation.
La valeur des biens doit être prise en compte au moment du paiement des échéances de la soulte et non pas au moment de la vente des biens (C. cass., civ. 1re, 30.1.2001, JCP 2001, I, 366, p. 2204).

Cette possibilité de faire varier le montant de la soulte en fonction de la valeur des biens attribués au débiteur de cette soulte est destinée à protéger le créancier contre le risque économique résultant de son paiement différé.
La règle est applicable dès qu'une soulte est payable à terme.
L'ascendant qui procède au partage de ses biens ne peut pas interdire la révision de cette soulte (C. civ., art. 1075-4). Mais les bénéficiaires de la donation-partage peuvent, après le décès du donateur, déroger à cette règle et décider, par une convention passée entre eux, que les soultes ne varieront pas (C. civ., art. 828).
Mais s'il est permis de prévoir que les soultes ne varieront pas, cet accord ne doit pas avoir pour effet de faire diminuer le montant de la soulte alors que la variabilité légale d'ordre public peut conduire à une augmentation.

Cas pratique

Des parents avaient consenti une donation-partage portant sur des immeubles à leurs trois enfants, avec réserve d'usufruit jusqu'à leur décès. Il était stipulé que, lors du règlement de la succession du dernier donateur, l'un des enfants verserait à chacun de ses frères une soulte, qui subirait une variation égale à celle de l'indice du coût de la construction et serait diminuée de 3 % par an pour tenir compte de la vétusté des immeubles.
En appliquant cette clause, il est apparu que la valeur de la soulte pouvait diminuer si l'indice du coût de la construction ne dépassait pas 3 %, alors que l'application de la règle légale de l'article 828 du Code civil peut, à l'inverse, aboutir à une augmentation de cette valeur. La clause doit être déclarée non écrite (C. cass., civ. 1re, 6.7.2011, n° 10-21134).

Les soultes stipulées dans une donation-partage ne sont pas soumises au droit de partage.

› Une partie ou la totalité de son patrimoine

Le donateur est libre de donner et de partager tous les biens constituant son patrimoine ou d'effectuer une donation-partage sur une partie de ses biens et, éventuellement, de faire par la suite une seconde donation-partage, distincte de la première, pour les biens restant à partager.
Faire une donation-partage tous les 15 ans est une solution idéale fiscalement car les enfants bénéficient plusieurs fois de l'abattement et de la réduction de droits (voir *Combien coûte une donation ou un testament ?*, p. 225).
Il peut aussi ne donner que certains biens et conserver les autres. Par exemple, la donation-partage peut ne porter que sur une maison constituant une résidence secondaire, le donateur conservant son appartement constituant son domicile principal.
Les biens non compris dans une donation-partage seront attribués à son décès selon les règles normales des successions, c'est-à-dire qu'ils seront partagés en parts égales entre les enfants ou éventuellement légués par testament.
La donation-partage n'ouvre pas la succession. En effet, la succession s'ouvre uniquement en cas de décès d'une personne. Comme pour toute donation, les bénéficiaires acquièrent immédiatement et irrévocablement la propriété des biens

donnés, mais la donation-partage n'entraîne pas l'ouverture de la succession, même si l'acte porte sur tous les biens du patrimoine de l'ascendant.
Lorsque la donation porte sur des meubles, elle doit comprendre un état estimatif de ceux-ci.

ATTENTION

Les aides sociales récupérables sur la succession Afin d'éviter que des personnes ne se dépouillent de leurs biens et valeurs, volontairement ou influencées par leurs proches, la loi prévoit que des recours peuvent être exercés par l'État ou le département ayant fourni certaines prestations ou aides sociales, par exemple l'aide sociale à l'hébergement.
Les recours sont possibles contre la succession du donateur mais également contre le ou les bénéficiaires lorsque la donation ou la donation-partage est intervenue postérieurement à la demande d'aide sociale, ou dans les 10 ans qui ont précédé cette demande. Ce recours est également possible contre le bénéficiaire d'une assurance-vie souscrite par le bénéficiaire de l'aide sociale à hauteur des primes payées après l'âge de 70 ans (CASF, art. L. 132-8).

› Les biens présents dans son patrimoine

Comme pour les donations simples, seuls les biens présents, c'est-à-dire ceux composant le patrimoine du donateur à l'époque de la donation, peuvent faire l'objet d'une donation-partage. Les biens qui ne sont pas encore entrés dans le patrimoine du donateur ne peuvent donc pas faire l'objet d'une donation-partage.
Par exemple, il n'est pas possible d'inclure dans la donation-partage un bien devant être transmis à l'occasion d'une succession future et non encore ouverte.
De même, des sommes qui seraient payables à terme ne peuvent être intégrées dans la donation-partage (sauf si le terme est très rapproché).
Si des sommes sont données, elles doivent figurer au crédit du compte du donateur (une tolérance est toutefois admise pour les petites sommes).

› Des biens propres des époux et des biens communs

Les biens propres et communs peuvent être réunis dans une masse qui sera partagée entre les enfants. Si, par exemple, un couple possède un appartement en commun, la femme possédant des terrains lui provenant d'une succession (biens propres) et le mari une maison de campagne également en bien propre, ils peuvent attribuer à l'un de leurs enfants l'appartement et à l'autre enfant les terrains et la maison (voir *La donation-partage conjointe à ses enfants et ses beaux-enfants*, p. 129).

› La nue-propriété d'un bien

Le donateur peut conserver l'usufruit des biens qu'il donne à ses enfants. Cela lui permet de conserver l'usage de ses biens (exemple : son domicile) ainsi que les revenus procurés par ces biens (exemple : un portefeuille d'actions).

L'inconvénient de cette solution est que le donateur ne peut plus disposer de ses biens.

› Des lots d'inégale valeur

Il n'est pas obligatoire que les enfants reçoivent tous une part égale. Il peut en effet être difficile de composer des lots strictement égaux. L'important est que tous les enfants reçoivent leur part de réserve (voir *Comment comprendre la réserve et la quotité disponible ?*, p. 297).

Toutefois, pour éviter ces inégalités, il est possible de compenser les inégalités par le versement d'une soulte. L'enfant avantagé peut être tenu de verser une certaine somme à ses frères ou sœurs désavantagés, compensant les différences de valeur de lots.

Les enfants peuvent aussi, par avance, renoncer à réclamer leur part de réserve et valider définitivement l'inégalité de lots. Il s'agit du pacte de famille créé depuis le 1er janvier 2007 (voir *En quoi consistent les pactes de famille ?*, p. 28).

› Une donation sous conditions

Comme toutes les donations, la donation-partage peut prévoir le droit de retour, l'exécution d'une charge (exemple : le versement d'une rente viagère pour le donateur ; voir *Peut-on imposer des conditions ?*, p. 40).

Peut-on faire annuler une donation-partage ?

Du vivant du donateur, une donation-partage peut être annulée :
- soit pour inexécution des charges (le bien avait été donné en contrepartie de l'exécution d'une obligation – que le bénéficiaire de la donation n'a pas exécutée) ou pour ingratitude (lorsque le donataire bénéficiaire a attenté à la vie du donateur, lorsqu'il s'est livré à son encontre à des sévices, délits ou injures graves ou lorsqu'il lui a refusé des aliments). Les règles sont les mêmes pour toutes les donations (voir *Que pouvez-vous donner ?*, p. 31) ;
- soit en cas de non-respect des conditions de forme (acte notarié, acceptation du donataire...) ou de fonds (capacité de recevoir et de disposer) (C. civ., art. 953 et 1075 ; voir *Quelles sont les règles générales ?*, p. 1 et *Comment pouvez-vous donner ?*, p. 85) ;
- soit lorsque l'acte prévoit un droit de retour en cas de décès du donataire (sur le droit de retour, voir *Que pouvez-vous donner ?*, p. 31).

Après le décès du donateur, les descendants qui contestent la validité de l'acte en raison des différences de valeur de leurs parts respectives et d'atteintes à leur réserve, peuvent exercer l'action en réduction (voir *Que se passe-t-il au décès du donateur ou du testateur ?*, p. 275).

Les annulations fondées sur un vice du consentement sont rares car les donations-partages en tant qu'actes authentiques bénéficient du contrôle du notaire.

Cas pratique

Un couple fait une donation-partage à leurs cinq enfants, chaque enfant étant censé recevoir des biens de même valeur.

Quelques années plus tard, un des enfants demande l'annulation du partage en faisant état d'un vice du consentement. Il faisait état d'une erreur sur la valeur du bien qu'il avait reçu. Le bien reçu était la nue-propriété d'un immeuble qui était loué. Or le locataire était une personne âgée qui bénéficiait d'un droit au maintien dans les lieux à vie, même après la fin de l'usufruit des parents donateurs, c'est-à-dire après leur mort. Pour l'enfant, il s'agissait-là d'une erreur sur la substance du bien justifiant l'annulation de la donation-partage.

Les juges n'ont pas suivi ce raisonnement. L'erreur sur la situation locative réelle du bien ne constitue pas une erreur sur la substance du bien (C. cass., civ. 1re, 10.7.2013, n° 12-12342).

› Les conséquences de la révocation d'une donation-partage prononcée contre l'un des copartageants

Si une donation-partage est annulée à l'égard d'un des copartageants pour inexécution des charges, la donation-partage n'est pas annulée à l'égard des autres. Les autres copartageants conservent les biens qui leur ont été donnés, y compris le bénéfice d'une soulte due par le donataire évincé.

Cas pratique

Une donation-partage est réalisée par les parents en faveur de leurs quatre enfants.

Le fils recueille une propriété rurale à charge de verser une soulte à ses trois sœurs.

Le fils avait aussi l'obligation d'assurer seul l'obligation de soins viagers en nature au profit des donateurs. Il décède en laissant sa veuve et deux enfants mineurs. Ces derniers sont assignés par leurs grands-parents en révocation de la donation pour inexécution de la charge.

La donation-partage n'est pas annulée entièrement, mais uniquement pour le donataire défaillant (ou ses héritiers).

La révocation opère le retour des biens faisant partie du lot du copartageant, mais n'a pas pour conséquence l'anéantissement de tout le partage (C. cass., civ. 1re, 4.7.2006, n° 04-16272).

Peut-on vendre les biens donnés ?

En principe, les enfants sont propriétaires à part entière de leurs biens et peuvent en disposer comme ils le veulent. Ainsi un enfant peut vendre le bien qu'il a reçu aux termes de la donation-partage.

Mais dans l'hypothèse où les autres enfants exercent l'action en réduction (si leur part de réserve n'a pas été respectée) et si le débiteur de l'indemnité de réduction est insolvable, ils peuvent revendiquer le bien vendu. Le tiers qui a acquis le bien peut donc être obligé soit de rendre le bien, soit d'indemniser les héritiers.

Avant la loi n° 2006-728 du 23 juin 2006, applicable aux successions ouvertes depuis le 1er janvier 2007, l'action en revendication contre le tiers acquéreur du bien ne pouvait être écartée que si le donateur ainsi que tous les héritiers réservataires nés et vivants au moment de la vente donnaient leur accord à cette vente. Si la vente intervenait longtemps après la donation-partage ou s'il y avait beaucoup d'enfants, bénéficiaires de la donation-partage, il pouvait être difficile de recueillir leur accord pour la vente projetée.
C'est pourquoi il était habituel d'insérer directement dans l'acte de la donation-partage une sorte d'accord donné à l'avance « en blanc », pour toute vente future, sans, bien sûr, connaître les conditions de cette vente, l'acquéreur, le prix de vente…
Cette pratique notariale a été légalisée par la loi du 23 juin 2006. Le donateur et tous les héritiers réservataires présomptifs peuvent consentir à la vente du bien donné, au jour de la donation ou postérieurement. Dans ce cas, aucun héritier réservataire, même né après le consentement des autres, ne peut plus exercer l'action contre les tiers acquéreurs (C. civ., art. 924-4).

NOTRE CONSEIL

En respectant un bon équilibre, la donation-partage permet de mettre la famille à l'abri des conflits. Mais, question essentielle : avez-vous songé à votre propre avenir et au fait que les biens, valeurs ou sommes donnés pourraient un jour vous manquer ?

Comment faire la donation-partage d'une entreprise ?

La donation-partage d'une entreprise est, depuis plusieurs années, une exception aux principes régissant les donations-partages, institution essentiellement familiale.
La donation-partage d'une entreprise peut en effet bénéficier à des personnes étrangères à la famille depuis la loi du 5 janvier 1988 (les salariés de l'entreprise, par exemple).
La loi n° 2006-728 du 23 juin 2006, applicable depuis le 1er janvier 2007, a élargi le champ d'application de cette forme de transmission, en conservant toutefois les règles initiales.

Les règles

› L'entreprise

Jusqu'à la loi du 23 juin 2006, la donation-partage ne pouvait bénéficier qu'aux enfants ou descendants du donateur. Si la donation-partage comprenait une entreprise, elle pouvait être attribuée à des personnes étrangères à la famille, mais l'entreprise devait être une entreprise individuelle.
Depuis le 1er janvier 2007, la donation-partage n'est plus réservée aux entreprises individuelles. Il peut s'agir d'une entreprise exploitée sous forme de société. Dans ce cas, le donateur doit exercer une fonction dirigeante au sein de cette société.
La donation-partage peut porter soit sur les biens corporels ou incorporels de l'entreprise, soit sur les droits sociaux.

› Les bénéficiaires

La donation-partage ne pouvait pas avoir lieu si le parent donateur n'avait qu'un enfant unique. La loi n° 2006-728 du 23 juin 2006 autorise la donation-partage entre un seul héritier et une ou plusieurs autres personnes. Inversement, la donation-partage peut réunir une seule personne étrangère et plusieurs héritiers ou descendants du donateur.
D'autre part, les héritiers intervenant à la donation-partage ne sont plus exclusivement les enfants. La loi autorise le disposant à préférer un petit-enfant, ou même un arrière-petit-enfant si ces derniers se révèlent plus aptes à gérer l'entreprise que les enfants. En effet, l'obstacle de la réserve des enfants peut être évité puisqu'un enfant peut désormais consentir à ce que ses propres descendants (les petits-enfants du donateur) reçoivent, à sa place, son lot dans la donation-partage. Cette acceptation doit figurer dans la donation-partage.

Les héritiers réservataires peuvent aussi renoncer à leur part de réserve sur l'entreprise. Il s'agit de la renonciation à l'action en réduction, désormais autorisée au moment de la donation. Dans cette hypothèse, le lot comprenant l'entreprise pourra être attribué à une personne faisant ou non partie de la famille, même si l'entreprise constitue la plus grande partie du patrimoine du donateur (sur la renonciation à l'action en réduction, voir *En quoi consistent les pactes de famille ?*, p. 28).
Par ailleurs, si le donateur n'a pas d'enfants ni d'autres descendants, il peut transmettre ses biens par donation-partage à d'autres héritiers comme ses parents et son conjoint, ses frères et sœurs ou, à défaut, ses neveux et nièces et bien sûr à d'autres personnes hors du cercle familial.

ATTENTION

Biens personnels et biens professionnels Dans l'hypothèse où la donation-partage comprend les biens personnels du donateur et son entreprise, les personnes autres que les héritiers ne peuvent recevoir d'autres biens que ceux affectés à l'exploitation de l'entreprise.

Les modalités de la transmission

Les titres sociaux peuvent être attribués à parts égales entre les héritiers (et éventuellement les tiers). Mais cette solution n'est pas nécessairement adaptée à la poursuite de l'activité de l'entreprise puisque tous les héritiers ne sont peut-être pas à même de reprendre cette activité.
Une autre solution consiste à attribuer les titres majoritaires à la personne qui va reprendre l'entreprise, à charge pour elle d'indemniser par le paiement d'une soulte ses cohéritiers.
Cette soulte doit en principe être payée comptant (par des liquidités ou grâce à un prêt bancaire). Il est possible toutefois de prévoir des délais de paiement sachant que cette solution présente néanmoins des inconvénients. En effet, dans cette hypothèse, son montant peut subir des variations (à la hausse ou à la baisse) si la valeur de la part reçue par le débiteur de la soulte a varié elle-même de plus du quart depuis la donation-partage (C. civ., art. 828).
Les sommes restant dues doivent alors augmenter ou diminuer dans la même proportion. L'héritier qui a obtenu des délais de paiement de la part de ses cohéritiers peut ainsi être pénalisé si l'entreprise a pris de la valeur grâce à son activité.
Il est également possible de partager les titres entre les cohéritiers en incluant une promesse de rachat des titres qui sera signée par le repreneur. Celui-ci sera propriétaire, à terme, de l'entreprise. Le rachat pourra être exécuté par l'héritier lui-même ou par un nouvel associé ou encore un organisme financier. L'intérêt de prévoir cette promesse de rachat est d'être sûr que les parts seront rachetées car, à défaut, la donation-partage pourrait être annulée.

› Conservation de l'usufruit des titres donnés

Le donateur peut conserver l'usufruit des titres donnés. L'intérêt est surtout fiscal. Les parts seront en effet diminuées de la valeur de l'usufruit, lequel dépend de l'âge du donateur. Par ailleurs, à l'extinction de l'usufruit (c'est-à-dire au décès du donateur ou au terme fixé), les nus-propriétaires recueillent l'usufruit sans avoir de droits nouveaux à payer.
Conserver l'usufruit présente aussi l'intérêt d'assurer la transmission progressive du pouvoir et de la gestion de l'entreprise. L'usufruitier continue en effet à diriger l'entreprise pendant le temps de formation du nu-propriétaire.
Enfin, le donateur qui a conservé l'usufruit peut continuer à percevoir les dividendes de l'entreprise et prévoir qu'à son décès, ces revenus seront reversés à son conjoint survivant.

› Interdiction temporaire de vendre les parts détenues dans l'entreprise

Le donateur peut prévoir une interdiction temporaire de vendre les parts détenues dans l'entreprise. Cette interdiction d'aliéner est valable si elle est temporaire et justifiée par un intérêt légitime.
Il faut donc prévoir une limite à l'interdiction (exemple : 5 ans) et justifier cette interdiction de vendre par la volonté de voir l'activité se poursuivre et la nécessité d'instituer une période d'adaptation et de probation pour les nouveaux dirigeants.
À l'issue de ce délai d'inaliénabilité, un des donataires pourra vendre ses parts à celui reconnu le plus apte à prendre en main la gestion de l'entreprise.

› Clause de retour

Le donateur peut insérer une clause de retour. La clause de retour est une clause qui a pour effet de faire revenir dans le patrimoine du donateur les biens donnés si le donataire meurt avant lui. Ce droit de retour permet d'éviter que les parts du donataire ne soient attribuées à une personne non concernée ou indésirable dans la gestion de l'entreprise.

Les droits de mutation

Sur les exonérations de droits de mutation pour les transmissions d'entreprise, voir *Comment sont calculés les droits de mutation ?*, p. 235.

› Paiement des droits

Les droits de mutation exigibles lors de la transmission de l'entreprise peuvent bénéficier du paiement différé pendant 5 ans (seuls les intérêts de ce crédit doivent être payés régulièrement) puis, à l'issue de ces 5 ans, du paiement fractionné en 10 annuités (1/20e tous les 6 mois avec paiement d'un intérêt exigible semestriellement).
Ce différé de paiement est annulé et les droits deviennent exigibles si le bénéficiaire cède plus du tiers des biens qu'il a reçus (CGI, art. 397 *a*, annexe III).

› La procédure de rescrit

La procédure de rescrit consiste à demander à l'administration fiscale son accord sur la valeur estimée de l'entreprise devant faire l'objet de la donation.
Le chef d'entreprise, s'il obtient l'accord de l'administration, peut passer l'acte sans risque ultérieur de redressement fiscal.
La demande de rescrit doit être adressée en recommandé avec avis de réception auprès du directeur territorial dans le ressort duquel se trouve le siège social de l'entreprise (ou le principal établissement s'il s'agit d'une entreprise individuelle).
En cas de réponse favorable (adressée par lettre recommandée), le chef d'entreprise a 3 mois pour réaliser la donation.

› Déduction des bénéfices

S'il s'agit d'une transmission d'entreprise individuelle, les droits de mutation payés par les héritiers ou par les donataires sont déductibles des bénéfices imposables de l'entreprise.
Les droits de mutation concernant les biens affectés à l'exploitation de l'entreprise (immeuble, fonds de commerce, droit de présentation de clientèle, etc.) peuvent être déduits même s'ils sont payables en différé ou en fractions.

À NOTER

Pacte Dutreil Transmission Ce dispositif popularisé sous le nom de « Dutreil Transmission » du nom du secrétaire d'État aux PME, Renaud Dutreil, qui l'a initié, est devenu plus incitatif car débarrassé de ses lourdeurs administratives.
Le principe : on peut faire donation à ses enfants, en exonération de droits de mutation à concurrence des trois quarts de leur valeur (sans limitation de montant), d'une entreprise individuelle, de parts sociales ou d'actions.
Encore faut-il, pour bénéficier de la loi Dutreil, réunir des conditions cumulatives et respecter des obligations déclaratives annuelles (voir *Déchéance du crédit,* p. 266).

Cas pratique

Je souhaite transmettre mon entreprise de travaux publics à l'un de mes enfants, mais je ne dispose pas d'un patrimoine suffisant pour gratifier en compensation mes trois autres enfants. Quelle solution ?

L'une des solutions est d'apporter l'entreprise à une société holding créée à cet effet, et d'en répartir les parts au moyen d'une donation-partage à égalité entre tous les enfants. Bien sûr, il faudra dans tous les cas respecter les obligations déclaratives prévues par la loi Dutreil.

Comment faire un testament-partage ?

Un testament-partage est l'attribution et le partage de ses biens par testament.
Comme les donations-partages, les testaments-partages ont été modifiés par la loi n° 2006-728 du 23 juin 2006 portant réforme des successions et des libéralités (C. civ., art. 1075 et s.).

Les bénéficiaires

Les testaments-partages ne sont plus réservés aux parents en faveur de leurs enfants, mais peuvent aussi bénéficier aux autres héritiers si le testateur n'a pas d'enfants. Les bénéficiaires peuvent être ses parents, son conjoint, ses frères et sœurs ou encore ses neveux et nièces ou ses cousins à défaut d'héritiers plus proches.

Les testaments-partages peuvent aussi être faits en faveur des descendants de degrés différents, qu'ils soient ou non ses héritiers présomptifs. Ce qui signifie que les biens peuvent être partagés entre les petits-enfants ou entre les enfants et les petits-enfants.

Un testament-partage peut aussi prévoir la transmission de l'entreprise du testateur en faveur de personnes étrangères à la famille.

La rédaction du testament-partage

Il est soumis aux diverses formes des testaments (testament olographe, authentique ou mystique ; voir *Comment pouvez-vous donner ?*, p. 85).

À l'inverse d'une donation-partage qui peut être faite par deux époux en faveur de leurs enfants communs, le testament-partage ne peut être conjonctif (commun à deux personnes). Cet acte ne peut être établi que par une seule personne.

Comme pour tous les testaments, le testateur peut le révoquer librement, tacitement ou expressément et à tous moments (C. civ., art. 1035).

Les effets du testament-partage

Le testament-partage ne produit aucun effet durant la vie du testateur (auteur de l'acte).

À la différence de la donation-partage, qui entraîne le transfert de propriété des biens partagés dès la signature de l'acte, les biens inclus dans le testament-partage ne deviennent la propriété des descendants qu'au jour du décès de l'ascendant

(c'est pourquoi si l'un des bénéficiaires est décédé avant le testateur, et qu'il n'a pas lui-même d'enfant, le testament-partage devient caduc).
Au jour du décès du testateur, le testament-partage répartit la propriété des biens entre les différents héritiers comme dans un partage ordinaire.
Les héritiers ne peuvent renoncer au testament pour réclamer un nouveau partage de la succession (C. civ., art. 1079).
Si tous les biens que le testateur laisse au jour de son décès n'ont pas été compris dans le partage, ceux non compris seront attribués ou partagés selon les règles légales lors de l'ouverture de la succession.
Les droits de succession (ou de mutation) sont payables lors du partage et non pas au moment de l'acte comme c'est le cas pour les donations-partages.

À NOTER

Nullité du testament-partage L'action en nullité du testament-partage, qu'il s'agisse d'une nullité relative ou d'une nullité absolue, se prescrit par 5 ans (C. civ., art. 2224).

L'action en réduction

L'action en réduction est ouverte à un enfant, héritier réservataire, qui n'aurait pas reçu, aux termes du testament, un lot au moins égal à sa part de réserve ou qui aurait été simplement omis.
Dans ces cas d'inégalité de parts, le testament n'est pas annulé. Il reste valable mais, lors du partage, les héritiers avantagés devront prélever sur leur part de quoi constituer une portion égale en valeur destinée à l'héritier désavantagé.
Le délai pour intenter cette action est de 5 ans à compter du décès du parent.
Les biens seront évalués d'après leur valeur au jour de l'ouverture de la succession (C. civ., art. 1077-2 et 1080).

ATTENTION

Pas de biens communs ! À l'inverse des donations-partages, le testament-partage ne peut concerner que les biens appartenant en propre au testateur. Un testament-partage ne peut pas englober les biens communs.

Cas pratique

Deux parents avaient, le même jour, rédigé chacun un testament-partage aux termes desquels ils transmettaient à leurs enfants un domaine dépendant de leur communauté.
Pour valider ces testaments-partages, la cour d'appel s'était fondée sur l'article 1423 du Code civil qui autorise le legs par un époux d'un bien commun. Cet article prévoit que le légataire, au décès du testateur, doit attendre le partage de la communauté et le sort du bien légué dans ce partage. Si le bien tombe dans la succession, le légataire pourra le réclamer en nature.

Si le bien reste au conjoint survivant, il pourra ne percevoir qu'une indemnité payée par les héritiers du testateur.
Mais la Cour de cassation casse cet arrêt. L'article 1423 n'est pas applicable aux testaments-partages dont les bénéficiaires sont les enfants (héritiers réservataires) et les testaments doivent être annulés. Les biens appartenant à la communauté ne peuvent pas faire l'objet d'un testament-partage car les parts des enfants doivent être déterminées le jour du décès.
Si le bien appartient à la communauté, les parts ne peuvent être déterminées le jour du décès car elles dépendent du résultat du partage préalable de la communauté (C. cass., civ. 1re, 16.5.2000, Bull. civ. n° 149).
Cette solution est désormais acquise (C. cass., civ. 1re, 6.3.2001, JCL Droit de la famille 2001, n° 62, p. 21). Il faut donc déconseiller la rédaction d'un testament-partage et préférer la donation-partage même si ce dernier acte entraîne des frais non exposés pour la rédaction d'un testament…

Comment faire une donation au dernier vivant ?

Cette technique est réservée aux époux. C'est pour eux la meilleure façon de se favoriser mutuellement par un seul acte en rédigeant une donation au dernier vivant.

Pourquoi faire une donation au dernier vivant ?

Cet acte permet aux deux époux de se consentir une donation réciproque de leurs biens à venir, sans avoir à prévoir l'ordre de leur décès et sans avoir besoin de connaître les limites à ne pas dépasser.
Il s'agit d'une donation en faveur de l'autre qui ne prend effet qu'au décès du premier de l'un d'entre eux.

En quoi cela consiste ?

La donation au dernier vivant peut être assimilée à un testament car :
- elle ne prend effet qu'au décès d'un époux ;
- elle peut être révoquée à tout moment ;
- le conjoint est exonéré de droits de succession sur les biens qu'il reçoit sous quelle forme que ce soit.

La donation au dernier vivant peut permettre d'améliorer les droits du conjoint survivant, mais en aucun cas, elle ne peut aboutir à priver les héritiers réservataires de leurs droits successoraux.
En toute hypothèse, le conjoint survivant hérite en franchise totale de droits de succession (voir *La donation au dernier vivant*, p. 173).

À qui pouvez-vous donner ?

➤ **Le bénéficiaire d'une donation peut être un enfant ou un petit-enfant, un parent ou un cousin éloigné ou encore une association ou une personne étrangère à la famille.**

➤ **Les donations peuvent être limitées par la présence d'héritiers réservataires et il est important de connaître ces limites pour éviter la remise en cause de la donation après le décès du donateur.**

➤ **Il faut cependant noter que la liberté de donner a été élargie depuis le 1er janvier 2007 puisque les héritiers réservataires ont désormais le droit de renoncer à réclamer leur part successorale.**

Quelles démarches pour donner à ses enfants ?

Les enfants sont les premiers bénéficiaires de donations. Quel que soit son âge, l'enfant peut recevoir un don de ses parents. Ceux-ci peuvent adapter la donation à la situation familiale et favoriser, s'ils le souhaitent, un enfant par rapport à ses frères et sœurs.

L'enfant non encore né

Il est possible de donner un bien à un enfant qui n'est pas encore né mais cet enfant doit au moins être conçu au moment de la donation.
L'enfant conçu est réputé exister, mais il doit être né viable pour pouvoir recevoir efficacement la donation faite à son profit. Il est donc possible de faire une donation à un enfant simplement conçu, donation qui sera validée à la naissance de l'enfant et acceptée par son représentant légal.
De la même façon, pour pouvoir recevoir un legs, l'enfant doit être conçu au moment du décès du rédacteur du testament et doit être né viable.
Le testament peut donc attribuer un legs à l'enfant à naître, sous réserve de sa validation à la naissance.

L'enfant mineur

Les enfants mineurs non émancipés ne peuvent pas recevoir seuls une donation car ils ne peuvent l'accepter.
Leur représentant légal doit accepter en leur nom.
Lorsque les deux parents exercent en commun l'autorité parentale, un seul d'entre eux peut accepter la donation au nom de l'enfant si aucune charge n'est imposée au donataire. Dans le cas contraire, les deux parents doivent accepter la donation.
Si les parents ne sont pas d'accord, le juge des contentieux de la protection doit être saisi (C. civ., art. 389-5).
Si un seul des parents exerce l'administration légale des biens de l'enfant sous contrôle judiciaire, le juge des contentieux de la protection doit accepter la donation si elle est grevée de charges.

À NOTER

L'acceptation par les grands-parents Une règle spécifique est applicable aux donations : les grands-parents d'un enfant mineur peuvent accepter pour lui une donation, même si le père et la mère sont encore vivants (C. civ., art. 935).

Rien n'interdit de faire bénéficier un majeur sous tutelle d'une libéralité sous forme de donation. Toutefois, l'intervention du tuteur est obligatoire pour

l'accepter. S'il s'agit d'une donation avec charge, l'autorisation du conseil de famille est nécessaire.
Un majeur sous curatelle peut accepter une donation sans l'intervention de son curateur, sauf si elle est grevée d'obligations.

L'enfant marié

Si l'enfant est marié sous le régime de la communauté légale, le bien qui lui est donné reste, en principe, un bien propre, c'est-à-dire un bien qui ne fera pas partie de la communauté et qui ne sera pas divisé en deux lors de la liquidation de cette communauté (en cas de divorce ou de décès). Lorsque le donateur veut que le bien soit un bien commun, il doit l'indiquer dans l'acte.
De même, si l'enfant est marié sous le régime de la séparation de biens, le bien donné reste sa seule propriété.

NOTRE CONSEIL

Déclarez les dons manuels Un don manuel (somme d'argent ou bien meuble) risque de tomber dans la communauté s'il n'est pas déclaré, à défaut de preuve de sa provenance.

Lorsque le parent remet un chèque à son enfant marié, celui-ci doit éviter de l'encaisser sur un compte-joint et doit conserver une copie de ce chèque libellé à son seul nom.
Si l'enfant est marié sous le régime de la communauté universelle, le bien tombe dans la communauté et sera partagé en deux avec le conjoint de l'enfant, sauf stipulation contraire insérée dans l'acte.
Si l'enfant reçoit un bien mobilier ou immobilier et que ce bien est revendu, le bien acquis en remplacement demeure un bien propre à condition que l'acte d'acquisition indique que le prix provient de la vente d'un propre et qu'il s'agit d'un remploi de bien propre.

L'enfant adopté

Les enfants adoptés de façon plénière ont les mêmes droits que les autres enfants. Ils doivent recevoir la même part et sont taxés fiscalement au même tarif.
En ce qui concerne les enfants adoptés de façon simple, par rapport aux parents, il n'y a pas de différence entre un enfant biologique et un enfant adopté.
Mais la loi fiscale considère en principe l'adopté simple comme une personne étrangère à la famille du défunt et, à ce titre, lui refuse les abattements fiscaux et le soumet au taux de 60 % de droits de mutation.
Certaines catégories d'adoptés simples sont assimilées aux autres enfants et bénéficient des abattements fiscaux et des taux réduits applicables en ligne directe dans les transmissions entre parents et enfants. Il s'agit :
- des enfants issus d'un premier mariage du conjoint de l'adoptant ;
- des enfants pupilles de la Nation ou orphelins d'un père mort pour la France ;
- des enfants adoptés mineurs au moment du décès de l'adoptant ;

- des adoptés majeurs au moment du décès de l'adoptant qui ont reçu de ce dernier des secours et des soins non interrompus au titre d'une prise en charge continue et principale pendant au moins 5 ans pendant la minorité, soit pendant 10 ans entre la minorité et la majorité ;

> **Cas pratique**
> La loi n'exige pas que l'adoptant ait pris en charge de façon exclusive les frais de santé et d'éducation de l'adopté. Il suffit que cette prise en charge soit continue et principale.
> Dans ce contentieux, la cour d'appel avait refusé l'application de l'article 786 du Code général des impôts car l'adoptant n'avait pas assuré la totalité des soins envers l'adopté.
> L'arrêt est cassé. La notion de secours et de soins ininterrompus n'impose pas une prise en charge exclusive mais seulement principale et continue (C. cass. civ., ch. com., 6.5.2014, n° 12-21835).

- des enfants adoptés par des personnes dont tous les descendants sont morts pour la France ;
- des enfants adoptés n'ayant plus aucune famille naturelle ;
- des propres enfants ou descendants des personnes citées ci-avant ;
- d'adoptés, anciens déportés politiques ou enfants de déportés n'ayant pas de famille naturelle en ligne directe (CGI, art. 786).

> **Cas pratique**
> **La preuve des soins et secours**
> À son décès, un homme laisse pour héritier un fils adoptif, âgé de 43 ans lors de son adoption simple intervenue 18 mois plus tôt.
> Lors de la déclaration de succession, les droits sont calculés et payés en appliquant le régime fiscal avantageux des transmissions en ligne directe entre père et fils.
> Quelques mois plus tard, le fisc recalcule les droits de succession au tarif entre personnes non parentes, et réclame un important supplément d'impôt.
> En justice, l'homme adopté conteste la position du fisc et produit quelques attestations tendant à prouver qu'ils se sont toujours comportés comme père et fils. Des lettres et cartes de vœux pour Noël signées « ton père » sont également présentées. En vain. Les juges estiment que cette proximité affective ne suffit pas à prouver que l'homme adopté a bien reçu de son père adoptif des soins et des secours comme cela est exigé par la loi fiscale (CA Aix-en-Provence, 19.9.2017, n° 15/22362).

L'enfant de son conjoint

Les donations en faveur des enfants de son conjoint sont désormais autorisées puisque la loi du 4 mars 2002 avait abrogé l'article 1100 du Code civil (donations par personnes interposées).

Il est donc possible d'avantager ses beaux-enfants par legs ou par donations.

Mais fiscalement, l'enfant de son conjoint reste soumis aux droits de mutation applicables aux étrangers, c'est-à-dire au taux de 60 % sans abattement s'il s'agit d'une donation et avec un abattement de 1 594 € (depuis 2011) s'il s'agit d'un legs.
La solution est donc d'adopter l'enfant, ce qui lui permettra de bénéficier des tarifs fiscaux réduits (voir *L'enfant adopté*, p. 149).
Pour adopter un enfant, il faut déposer une requête au tribunal judiciaire, par l'intermédiaire d'un avocat.

À NOTER

Spécificité de la donation-partage Dans les familles recomposées, un couple de personnes mariées peut faire une donation-partage de leurs biens entre les enfants qu'ils ont eus ensemble et les enfants issus d'une précédente union (sur ce point, voir *La donation-partage conjointe à ses enfants et ses beaux-enfants*, p. 129).

L'enfant adultérin

Auparavant, l'enfant adultérin, c'est-à-dire né alors que l'un de ses parents ou les deux étaient mariés avec une personne autre que son père ou sa mère, voyait, dans certaines circonstances, sa part d'héritage réduite de moitié par rapport à celle des autres enfants. Ce subtil et injuste distinguo entre enfants adultérins, enfants naturels et enfants légitimes n'existe plus. À la suite d'une décision de la Cour européenne des droits de l'homme, la loi a supprimé toute discrimination (CEDH, 1.2.2000, Mazurek/France).
Désormais, tous les enfants sont égaux et reçoivent la même part du patrimoine de leur père ou de leur mère.

Aider un enfant sans l'avantager

La donation en avancement de part successorale (terme remplaçant « d'hoirie ») permet d'aider un enfant sans pour autant le privilégier par rapport à ses frères et sœurs. La part qu'il reçoit est une avance sur sa part de succession, qui viendra en déduction lors du décès du donateur.
Dans l'acte de donation, si rien n'est indiqué, le don est censé être pour l'enfant une avance sur l'héritage futur de son parent (C. civ., art. 919-1).
Au décès de ce dernier, la valeur de la donation s'imputera en premier lieu sur sa part de réserve et, subsidiairement sur la quotité disponible si elle est supérieure. Si la donation excède cette quotité disponible, elle sera réduite car elle ne peut pas venir diminuer la part de réserve des autres enfants (sur la réduction et le rapport des donations, voir *Que se passe-t-il au décès du donateur ou du testateur ?*, p. 275).

Avantager un enfant par rapport à ses frères et sœurs

Lorsqu'un parent fait une donation à l'un de ses enfants, cette donation est censée être faite en avancement de part successorale, c'est-à-dire constituer une avance sur succession.
Mais le donateur peut avoir envie de privilégier un enfant par rapport à ses autres enfants.
Dans ce cas, il faut que l'acte notarié précise qu'il s'agit d'une donation hors part successorale (auparavant appelée « donation préciputaire » ou « par préciput ») (C. civ., art. 919-2).
À l'inverse des donations, le legs fait à un enfant est toujours censé être fait hors part, sauf indication contraire du testateur. En conséquence, si rien n'est ajouté, le legs s'ajoute à la part réservataire de cet enfant.

À NOTER

Pour les enfants en situation de handicap La loi du 23 juin 2006, applicable aux successions ouvertes depuis le 1er janvier 2007, a mis en place plusieurs dispositifs pour avantager un enfant par rapport aux autres. Ils peuvent être utilisés, par exemple, pour favoriser un enfant en situation de handicap :
– la donation graduelle ou la donation résiduelle (sur ce point, voir *La donation ou le legs graduel*, p. 58 et *La donation ou le legs résiduel*, p. 61) ;
la renonciation à l'action en réduction des frères et sœurs de l'enfant favorisé (sur ce point, voir *La renonciation à l'action en réduction*, p. 28).

La donation pour établir un enfant

La donation pour établir un enfant, ou « dot », est une donation conjointe, faite par les deux parents, en faveur d'un enfant commun pour son établissement (C. civ., art. 1438).
La donation doit servir à l'établissement de l'enfant, c'est-à-dire lui procurer un logement ou un local professionnel. Il faut donc que l'enfant soit en âge de s'installer et qu'il s'agisse d'un projet réel et nouveau.
La donation peut porter sur un bien immobilier, un fonds de commerce, des parts sociales, une somme d'argent.
Cette donation peut porter sur des biens de la communauté ou des biens propres de l'un ou l'autre des époux.
Si la donation porte sur des biens propres (appartenant à un seul époux), cette opération est intéressante fiscalement puisque le bien est censé être donné par les deux parents. Si l'acte ne précise pas la portion donnée par chaque époux, ils sont censés avoir doté chacun pour moitié.
Cela signifie que l'enfant pourra bénéficier deux fois de l'abattement réservé aux enfants (100 000 € pour la part donnée par son père et 100 000 € pour la part donnée par sa mère) alors que l'enfant n'aurait pu appliquer qu'une seule fois

l'abattement si le bien propre avait été donné par son propriétaire par une donation simple.
Dans les rapports entre les parents, celui dont le bien personnel a été constitué en dot a, sur les biens de l'autre, une action en indemnité pour la moitié fixée par rapport à la valeur du bien donné au moment de la dotation. L'indemnité sera fixée à la dissolution du régime matrimonial, soit en cas de divorce, soit au décès du premier des époux.

À NOTER

Abattement fiscal L'abattement fiscal accordé aux enfants en cas de donation ou donation-partage est fixé à 100 000 € par enfant, renouvelable une fois tous les 15 ans.

Léguer un bien spécifique à un enfant

Le parent peut vouloir qu'un de ses enfants reçoive tel ou tel bien pour des raisons familiales ou tenant à la personnalité de cet enfant.

NOTRE CONSEIL

Conserver un bien dans la famille Depuis le 1er janvier 2007, il est possible de léguer ou donner un bien en obligeant le premier bénéficiaire à le conserver et à le transmettre, à son tour, à un second bénéficiaire déterminé (donations ou legs graduels).
Ces dispositions peuvent être utiles pour conserver un bien dans la famille (par exemple, une maison) tout en faisant profiter plusieurs générations.
La donation ou le legs résiduels permettent au premier bénéficiaire d'utiliser le bien comme il l'entend, voire même de le vendre, son obligation n'étant que de transmettre ce qui reste du bien à un second bénéficiaire (sur ces points, voir *La donation ou le legs graduel*, p. 58 et *La donation ou le legs résiduel*, p. 61).

Si le parent veut que l'enfant soit avantagé par rapport à ses frères et sœurs et que ce bien s'ajoute à sa part d'héritage, il n'est pas nécessaire de le préciser dans le testament. En effet, à l'inverse des donations, si rien n'est indiqué, le legs est censé venir s'ajouter à la part de succession de cet enfant.
À l'inverse, si le parent veut que tous les enfants aient la même part successorale, il doit indiquer dans son testament que le bien légué doit être compris dans la part réservataire de cet enfant.

Les donations-partages

La donation-partage est une technique permettant aux parents de donner de leur vivant une partie ou la totalité de leur patrimoine et de le répartir entre leurs enfants. Pour partager, il faut au moins être deux. Il n'est donc pas possible de consentir une donation-partage à une seule personne. Chaque parent fixe ainsi la composition des lots devant revenir à chacun de ses enfants. Il règle en quelque

sorte à l'avance sa succession et répartit ses biens en fonction de son critère personnel et des qualités ou aptitudes respectives de ses enfants à gérer ces biens.
Il évite également les éventuelles querelles qui surviennent à l'occasion d'une succession dans l'hypothèse idéale où tous les enfants ont accepté l'acte puisque la donation-partage ne peut être remise en cause que par une action en réduction au moment du partage des biens entre les enfants. Ce système est, en outre, plus juste pour les enfants. En effet, en cas d'action en réduction, la part reçue par chacun des enfants est évaluée au jour de la donation-partage et non au jour de l'ouverture de la succession. Il n'en est pas de même pour les donations simples puisque la valeur du bien donné est appréciée non pas au jour de la donation, mais au jour de l'ouverture de la succession. Ainsi, dans l'hypothèse d'une simple donation, si l'un des enfants a dilapidé son bien, une part de succession plus importante lui sera attribuée, alors que celui qui a fait fructifier son bien sera quant à lui pénalisé car le bonus réalisé viendra en déduction de la part de succession qu'il aurait dû recevoir.
Par ailleurs, chaque enfant bénéficiera de son abattement qui pourra à nouveau s'appliquer si l'ouverture de la succession intervient plus de 15 ans après.

À NOTER

Les donations-partages Elles peuvent désormais bénéficier non seulement aux enfants, mais aussi aux petits-enfants ou arrière-petits-enfants, ou encore à d'autres héritiers que les descendants (sur ces points, voir *Comment faire une donation-partage ?*, p. 128).

Les droits de mutation

Ces tarifs s'appliquent aux enfants sur les biens qu'ils reçoivent de leur père ou de leur mère (ligne directe descendante).
Les tarifs sont les mêmes si un parent reçoit un bien de son enfant (ligne directe ascendante).
Les droits de mutation sont calculés sur la part reçue après déduction de l'abattement.

› Les abattements fiscaux

L'abattement de droit commun

L'abattement est une somme forfaitaire fixée par la loi qui vient diminuer ou exonérer la taxation de la donation ou de la donation-partage.
Ainsi, il n'y a aucun droit de mutation à payer si la part de l'intéressé est égale ou inférieure à l'abattement de 100 000 € réservé aux enfants.
Chaque enfant bénéficie de cet abattement sur l'ensemble des biens transmis par son père et du même abattement sur l'ensemble des biens transmis par sa mère (CGI, art. 779).
C'est ainsi que chaque enfant peut recevoir 200 000 € (100 000 € de son père et 100 000 € de sa mère) sans avoir de droits de mutation à payer.

L'ensemble de ces biens peut être transmis en une seule fois (à l'occasion de la succession) ou en plusieurs fois (par une donation puis, plus tard, par la succession).

Application de la règle des 15 ans

La règle dite du rapport fiscal nécessite en principe de tenir compte des donations et donations-partages qui ont eu lieu précédemment entre un même donateur et un donataire. Toutefois, la loi fiscale permet de ne pas tenir compte des donations et donations-partages qui ont eu lieu plus de 15 ans auparavant : passé ce délai, tout se passe comme si la ou les précédentes donations ou donations-partages n'avaient pas eu lieu.
Un enfant peut bénéficier tous les 15 ans d'un nouvel abattement de 100 000 € (voir *Comment sont calculés les droits de mutation ?*, p. 235).

L'abattement spécial pour les personnes en situation de handicap

Lorsque le bénéficiaire est atteint d'une infirmité physique, mentale, congénitale ou acquise l'empêchant d'exercer normalement une profession, il bénéficie d'un abattement supplémentaire de 159 325 €. Cet abattement est cumulable avec les autres abattements (CGI, art. 779).
Un enfant en situation de handicap peut ainsi bénéficier d'un abattement total de 259 325 € (soit 100 000 € + 159 325 €).

L'abattement pour les dons d'argent

Les dons familiaux de sommes d'argent (par chèque, espèces, virement ou mandat) consentis au profit d'un enfant, d'un petit-enfant, d'un arrière-petit-enfant sont exonérés de droits de donation dans la limite de 31 865 € (CGI, art. 790 G).
La personne qui n'a pas de descendance (donc ni enfant, ni petit-enfant, ni arrière-petit-enfant) peut utiliser ce dispositif au bénéfice d'un neveu ou d'une nièce. Le don familial de sommes d'argent exonéré à hauteur de 31 865 € peut se renouveler tous les 15 ans. Chaque donateur peut donner sans impôt cette somme de 31 865 € à chacun de ses enfants, petits-enfants, arrière-petits-enfants.
Dans tous les cas, des conditions doivent être réunies :
- le donateur doit être âgé de moins de 80 ans au jour de la transmission ;
- le donataire doit être âgé de 18 ans révolus ou avoir été émancipé.

Cet abattement est cumulable avec leur abattement général de 100 000 €.
Les dons de sommes d'argent doivent être déclarés ou enregistrés par le donataire au service des impôts du lieu de son domicile dans le délai d'1 mois qui suit la date du don. La déclaration du don familial d'argent est établie en double exemplaire sur le formulaire officiel Cerfa n° 11278*17 imprimable depuis le site www.impots.gouv.fr et déposée au centre des Finances publiques (Pôle enregistrement) du lieu du domicile du bénéficiaire du don (donataire). Il est désormais possible de souscrire la déclaration des dons de sommes d'argent (dons manuels) et de payer les droits éventuellement dus, par voie dématérialisée au moyen d'un téléservice, par Internet donc, mis en place par l'administration fiscale.
Cette exonération se cumule avec les autres abattements dont bénéficie par ailleurs le bénéficiaire. À titre d'exemple, un enfant peut recevoir 31 865 € de cha-

cun de ses parents sous forme de don en argent, et bénéficier de l'abattement de 100 000 € sur des biens en nature ou d'autres sommes d'argent, soit au total, sans aucun impôt, 263 730 €. Le plafond de l'exonération sera encore plus élevé si les grands-parents et/ou arrière-grands-parents de l'enfant donnent également chacun une somme d'argent de 31 865 €.

À NOTER

Le don familial exonéré d'impôt peut être fractionné et réalisé en plusieurs fois dans la mesure où le plafond global d'exonération de 31 865 € n'est pas dépassé. Par exemple, on peut donner 10 000 €, 10 000 €, puis 11 865 €.

› Les enfants adoptés

Les enfants adoptés de façon plénière sont totalement assimilés aux enfants biologiques, légitimes ou naturels. Ils bénéficient des mêmes tarifs et abattements fiscaux.

Les enfants adoptés de façon simple sont, en principe, considérés comme des étrangers vis-à-vis de la succession de l'adoptant. Toutefois, il existe de nombreuses exception (voir *L'enfant adopté*, p. 149).

À NOTER

Le droit de retour Si l'adopté simple meurt sans enfant, les biens qu'il a pu recueillir de son parent adoptif (par donation ou par succession) retournent dans le patrimoine de ce dernier ou de ses descendants.

Les autres biens de l'adopté décédé sont divisés par moitié entre la famille d'origine et la famille adoptive en respectant toutefois les droits du conjoint si l'adopté était marié au moment de son décès (C. civ., art. 368-1).

› Les tarifs des droits de donation

Après application de l'abattement, il est dû sur la valeur du bien donné en ligne directe, parents, enfants, petits-enfants, etc. :

Jusqu'à 8 072 €	5 %
De 8 072 € à 12 109 €	10 %
De 12 109 € à 15 932 €	15 %
De 15 932 € à 552 324 €	20 %
De 552 324 € à 902 838 €	30 %
De 902 838 € à 1 805 677 €	40 %
Au-delà de 1 805 677 €	45 %

En résumé, les donations effectuées en faveur des enfants bénéficient :
- à nouveau de l'abattement de 100 000 € pour une seconde donation si les donations sont espacées de 15 ans ;
- de l'abattement supplémentaire de 159 325 € accordé aux personnes en situation de handicap ;
- de l'abattement de 31 865 € en cas de dons d'argent.

Sur ces points, voir *Combien coûte une donation ou un testament ?*, p. 225.

À NOTER

Réduction fiscale La réduction fiscale de droits pour charges de famille, auparavant appliquée sur les droits de donation et les droits de succession, a été définitivement supprimée en 2017.

À NOTER

Fin de l'abattement exceptionnel pour les dons familiaux L'abattement exceptionnel qui avait été créé en faveur de ceux qui construisent une résidence principale, réalisent des travaux de rénovation énergétique ou investissent dans le capital d'une petite société, n'a pas été reconduit. Il a pris fin définitivement le 30 juin 2021.

Quelles démarches pour donner à ses petits-enfants ?

Avec l'allongement de la durée de vie, les grands-parents ont souvent davantage envie d'aider leurs petits-enfants plutôt que leurs enfants dont les besoins sont moins importants.
Les pouvoirs publics ont pris en compte cette évolution en allégeant les droits de mutation pour les donations faites en faveur des petits-enfants.

Les moyens de favoriser ses petits-enfants

En principe, les petits-enfants ne sont pas héritiers de leurs grands-parents, et, pour les avantager, il faut prévoir soit d'effectuer une donation, soit de rédiger un testament en leur faveur.
Il est aussi possible de donner un bien à un enfant en prévoyant que ce bien devra être transmis à un petit-enfant.

À NOTER
La représentation Les petits-enfants ne peuvent hériter d'un grand-parent que si leur propre parent est lui-même décédé préalablement, ou s'il a renoncé à la succession, ou encore s'il a été déclaré indigne de succéder.
Dans cette hypothèse, les petits-enfants viennent en représentation de ce parent, c'est-à-dire qu'ils se partagent la part successorale qu'aurait dû recevoir ce dernier (C. civ., art. 751).
La représentation n'est toutefois pas admise pour les testaments. Si un père a légué un bien à l'un de ses enfants et que cet enfant décède avant son père, le testament est caduc. Le petit-fils ne peut pas bénéficier de ce legs (voir *Quelles sont les règles générales ?,* p. 1).

› Les donations ou les testaments en faveur des petits-enfants

Les grands-parents peuvent effectuer directement une donation à leurs petits-enfants.
La donation peut être notariée ou réalisée par don manuel.
Ils peuvent aussi leur léguer des biens par testament.
Il est plus avantageux de faire une donation à ses petits-enfants plutôt que de rédiger un testament en leur faveur car ils bénéficient d'un abattement supérieur (voir *L'abattement spécifique en cas de donation,* p. 160).

› Les donations graduelles et résiduelles

Les donations graduelles ont remplacé les anciennes clauses de substitution. Les clauses de substitution étaient des clauses aux termes desquelles un parent pouvait transmettre un bien à un enfant, à charge pour ce dernier de le transmettre à son décès à ses descendants (les petits-enfants du donateur). L'enfant est appelé le « grevé », le petit-enfant est « l'appelé ». Le donateur pouvait aussi insérer une clause de substitution en faveur de ses neveux et nièces (donation en faveur des frères et sœurs).
En dehors de ce cadre familial, les clauses de substitutions étaient interdites.
La loi n° 2006-728 du 23 juin 2006 (applicable aux successions ouvertes depuis le 1er janvier 2007) a remplacé les clauses de substitution par les donations graduelles ou résiduelles dont le domaine d'application est plus large puisqu'elles sont ouvertes à toutes personnes et ne sont pas limitées au cadre familial.
Elles peuvent bien sûr bénéficier aux petits-enfants. L'intérêt de cette opération est d'éviter que le patrimoine familial ne soit dilapidé par les enfants au décès des parents et d'être sûr que les petits-enfants bénéficieront des biens de ce patrimoine (sur ces points, *voir La donation ou le legs graduel*, p. 58 et *La donation ou le legs résiduel*, p. 61).

› La double libéralité de l'usufruit et de la nue-propriété

L'opération consiste à donner à une personne l'usufruit d'un bien et à une autre personne la nue-propriété (C. civ., art. 899).
Toujours dans le respect de la réserve des enfants, un parent peut donc donner l'usufruit à son enfant et la nue-propriété à son petit-enfant. L'enfant peut ainsi jouir du bien sa vie durant et le petit-enfant en devenir pleinement propriétaire au décès de l'enfant (son parent).
Cette opération n'est pas réservée aux enfants et petits-enfants. Elle peut bénéficier à tout autre personne (voir *La donation ou le legs graduel*, p. 58).

Les droits de mutation

› Les abattements

Les tranches imposables devaient être réévaluées tous les ans dans la même proportion que la limite supérieure de la première tranche du barème de l'impôt sur le revenu.
Mais le législateur a finalement décidé qu'il n'y aura pas de réévaluation annuelle du montant des abattements fiscaux applicables aux donations et aux successions.

L'abattement en cas de représentation (donation ou succession)

Si les petits-enfants viennent en représentation de leur parent décédé ou ayant renoncé à la succession, ils partagent l'abattement dont ce dernier aurait bénéficié s'il était encore en vie.
L'abattement est calculé sur la part qui serait revenue à leur parent et non sur les parts respectives que reçoivent les petits-enfants lorsqu'ils sont plusieurs.

> **Cas pratique**
> Deux petits-enfants, dont le père est décédé, sont appelés à la succession de leur grand-père paternel. Celui-ci laisse également deux enfants encore vivants. Cette succession est d'un montant global de 135 000 €.
> Elle sera partagée en trois parts : une pour les petits-enfants (45 000 €) et une part pour chacun des enfants (45 000 € chacun).
> Les deux petits-enfants se partagent la part de leur parent (45 000 € / 2 = 22 500 €) et son abattement (100 000 € / 2 = 50 000 €).
> Puisque l'abattement est supérieur à la part reçue, ils ne paieront pas de droits de succession.

L'abattement en cas de représentation se cumule éventuellement avec l'abattement spécifique en cas de donation à un petit-enfant.

> **À NOTER**
> **Le cas de l'enfant unique** En principe, il n'y a pas de représentation quand l'enfant qui renonce est un enfant unique. En conséquence, les petits-enfants ne devraient donc pas bénéficier de l'abattement de leur père ou mère puisqu'ils viennent directement à la succession du grand-parent. Mais l'administration fiscale est revenue sur sa position et a modifié cette règle. Elle permet désormais aux petits-enfants de bénéficier de l'abattement de l'enfant unique renonçant.

L'abattement spécifique en cas de donation

Outre l'abattement de 31 865 € pour les dons de sommes d'argent consenties par chaque grand-parent envers chacun de ses petits-enfants (voir *L'abattement pour les dons d'argent*, p. 155), la loi fiscale accorde un second abattement fiscal également fixé à 31 865 €. Mais, la donation peut être effectuée plusieurs fois à condition de ne pas dépasser cette limite de 31 865 €. Un grand-parent peut ainsi donner par exemple 20 000 € puis 11 865 €, soit un total de 31 865 €. Comme toutes les donations, l'avantage fiscal ainsi accordé se renouvellera tous les 15 ans.
L'abattement est déterminé en fonction de toutes les donations antérieures intervenues entre un même grand-parent et un même petit-enfant à l'exception de celles passées depuis plus de 15 ans au jour de la nouvelle donation. En effet, l'abattement est applicable une seule fois au cours d'une période de 15 ans.

À NOTER

L'abattement fiscal des petits-enfants L'abattement fiscal de 31 865 € en faveur des petits-enfants s'applique à tous les biens, valeurs et sommes donnés.
Cet avantage fiscal se cumule avec l'exonération de dons familiaux de sommes d'argent qui s'élèvent à 31 865 €.
Chaque grand-parent peut ainsi donner, en franchise de taxes, à chacun de ses petits-enfants 63 730 €. L'opération peut se renouveler tous les 15 ans.
Pour bénéficier des exonérations de droits, les 31 865 € doivent obligatoirement être donnés sous forme de somme d'argent, tandis que les autres 31 865 € peuvent être donnés sous toute forme : somme d'argent, biens immobiliers, titre de sociétés, bijoux, tableaux, etc.
Chaque petit-enfant peut ainsi recevoir 127 460 € si ses deux grands-parents donnent.

Quand la donation est effectuée par les deux grands-parents, les droits sont calculés distinctement sur les biens donnés par chacun d'eux – un abattement étant opéré pour chacun des grands-parents (CGI, art. 790 *b*).
L'abattement en cas de donation se cumule éventuellement avec l'abattement en cas de représentation et l'abattement réservé aux personnes en situation de handicap.

À NOTER

Modification du délai entre deux donations L'abattement se renouvelle tous les 15 ans (et non plus tous les 10 ans) depuis le 18 août 2012.

À NOTER

Les arrière-petits-enfants Depuis le 1er janvier 2006, les arrière-petits-enfants bénéficient d'un abattement de 5 310 € (applicable aux donations, mais non aux biens reçus par succession). Cet abattement se renouvelle tous les 15 ans.
Ils peuvent aussi, comme les petits-enfants, recevoir de leurs arrière-grands-parents une somme en numéraire de 31 865 €, dispensée de droits de mutation. Le donateur doit être âgé de moins de 80 ans et l'arrière-petit-enfant doit être majeur.
Enfin, les arrière-petits-enfants peuvent venir en représentation des petits-enfants si ceux-ci sont appelés à la succession et qu'ils sont décédés ou renonçants.

L'abattement en cas de testament

Si un legs est consenti à un petit-enfant, il ne bénéficie pas de l'abattement exclusivement applicable à la donation. Cet abattement n'est pas applicable aux legs effectués en faveur des petits-enfants. Ils ne bénéficient, dans ce cas, que de l'abattement général de 1 594 €.

L'abattement pour les dons d'argent

Les petits-enfants peuvent recevoir de chacun de leurs grands-parents une somme d'argent de 31 865 € en franchise de droits (CGI, art. 790 G).

Les grands-parents peuvent donner cette somme tous les 15 ans (depuis le 18 août 2012). Cet abattement s'ajoute aux autres abattements dont peuvent bénéficier les petits-enfants (voir *L'abattement pour les dons d'argent*, p. 155).
Des conditions doivent être réunies :
- le donateur doit être âgé de moins de 80 ans au jour de la transmission ;
- le donataire doit être âgé de 18 ans révolus ou avoir été émancipé.
Les dons de sommes d'argent doivent être déclarés ou enregistrés par le donataire au service des impôts du lieu de son domicile dans le délai d'1 mois qui suit la date du don. La déclaration se fait sur un formulaire établi par l'administration, en double exemplaire.

› Les tarifs des droits de mutation

Les petits-enfants et arrière-petits-enfants sont des descendants. Ils bénéficient donc des tarifs des droits de succession applicables à la ligne directe entre parents et enfants, grands-parents et petits-enfants, arrière-grands-parents et arrière-petits-enfants.
En cas de donation et après application de l'abattement, il est dû sur la valeur du bien donné en ligne directe :

Jusqu'à 8 072 €	5 %
De 8 072 € à 12 109 €	10 %
De 12 109 € à 15 932 €	15 %
De 15 932 € à 552 324 €	20 %
De 552 324 € à 902 838 €	30 %
De 902 838 € à 1 805 677 €	40 %
Au-delà de 1 805 677 €	45 %

Les donations effectuées en faveur des petits-enfants ou arrière-petits-enfants bénéficient, comme toutes les donations :
- à nouveau de l'abattement pour une seconde donation si les donations sont espacées de 15 ans (depuis le 18 août 2012) ;
- de l'abattement supplémentaire de 159 325 € accordé aux personnes en situation de handicap.

Cas pratiques

- **Mes grands-parents ont fait donation d'une maison, il y a quelques années, à ma sœur. Mon frère et moi-même n'avons rien reçu de leur part. Aurons-nous droit à une compensation lors du décès de mes grands-parents ?**

Les petits-enfants ne sont pas héritiers de leurs grands-parents puisqu'ils sont primés par les enfants (vos parents et vos oncles et tantes).

Cela signifie que les grands-parents peuvent tout à fait avantager un petit-enfant par rapport à ses frères et sœurs. Ces derniers ne peuvent revendiquer aucune part dans la succession de leurs grands-parents.
La solution serait différente si la donation provenait de vos parents. Les enfants doivent en effet recevoir des parts égales dans la succession de leurs parents et la part de votre sœur serait ainsi composée en partie de la donation reçue avant l'ouverture de la succession.

- **Mon fils vient de se marier. Puis-je établir un testament en faveur des enfants qui naîtront peut-être de cette union ?**

Lorsque l'on rédige son testament, il est tout à fait possible de prévoir que le ou les bénéficiaires des dispositions prises sera ou seront un ou des enfants à naître (exemple : « Je lègue tel ou tel bien aux enfants qui seront issus de l'union de mon fils et de ma belle-fille »).

NOTRE CONSEIL

Échapper à l'IFI par la donation ou la vente Lorsque vous dépassez de peu le seuil d'assujettissement à l'impôt sur la fortune immobilière (IFI), il peut être judicieux de vendre ou réaliser la donation d'un bien immobilier afin de sortir définitivement du champ de cet impôt.
Ne vendez pas et ne donnez pas un bien immobilier locatif qui vous procure des revenus réguliers. Mieux vaut vous séparer du studio ou de la maison de campagne que personne n'utilise jamais. Faites vos comptes afin que l'impôt de plus-value immobilière dû sur le bien que vous vendez ne vienne pas amoindrir l'intérêt de l'opération. En revanche, la donation n'est pas une vente, elle ne déclenche donc pas l'imposition de l'éventuelle plus-value attachée au bien immobilier.
Mais attention, l'administration fiscale peut vous sanctionner si la vente du bien donné a lieu dans un délai très rapproché de la date de la donation.

Quelles démarches pour donner à son époux ?

La situation du conjoint, au décès de son époux, s'est améliorée ces dernières années tant sur un plan civil que fiscal.
Sa part a été augmentée si le défunt a des enfants et, en l'absence d'enfants, il est devenu héritier réservataire.
Fiscalement, il est désormais exonéré de droits de mutation pour les biens qu'il recueille après décès.
Préparer l'avenir de son conjoint reste néanmoins utile pour adapter au mieux la transmission de ses biens en fonction de sa situation.

La situation du conjoint survivant (dispositions légales)

La loi n° 2001-1135 du 3 décembre 2001 a amélioré de façon significative la situation du conjoint en lui accordant une plus grande part dans la succession du défunt.
Si rien n'est prévu pour le conjoint (donation ou testament) et que le défunt laisse des enfants, ces derniers recueillent une grosse part de la succession. Le conjoint survivant reçoit soit la totalité de l'usufruit, soit un quart en pleine propriété (voir *Quelles sont les règles générales ?*, p. 1).
Si les enfants s'entendent bien avec le conjoint, celui-ci pourra continuer à vivre dans les biens en indivision et à utiliser les biens de la succession transmis aux enfants (maison, voiture, compte en banque, etc.).
Mais la bonne entente n'est pas toujours assurée, surtout si le défunt laisse des enfants issus d'une précédente union. Dans cette hypothèse, le conjoint ne recueille pas des droits d'usufruit mais un quart de la succession en toute propriété. Il se retrouve donc en indivision avec les enfants du défunt.
En cas de conflit entre eux, les enfants peuvent exiger le partage de l'indivision ou la conversion de l'usufruit en une rente viagère équivalente, rente viagère qui peut être insuffisante pour pouvoir maintenir les conditions de vie que le conjoint avait avant le décès (C. civ., art. 759).
Mais même avec ces nouveaux droits, il sera toujours préférable d'anticiper sur sa succession et d'augmenter, par testament ou donation, la part réservée au conjoint. Cette part maximum pouvant être transmise au conjoint n'a pas été modifiée par la loi du 3 décembre 2001. Elle est limitée en cas de présence d'héritiers réservataires et elle dépend des autres héritiers (C. civ., art. 1094 et 1094-1).

À NOTER

Peut-on déshériter son conjoint ? Le conjoint est héritier réservataire si le défunt ne laisse ni enfants ni descendants. Dans cette hypothèse, il a droit au minimum à 1/4 de la succession. Mais s'il y a des enfants réservataires, il peut être privé de ses droits dans la succession puisqu'il n'est pas, lui-même, réservataire dans cette hypothèse. Pour cela, il faut rédiger un testament léguant les biens non compris dans la réserve des enfants ou encore de limiter les biens qui doivent revenir au conjoint.

Ce testament peut être olographe ou rédigé par acte notarié (C. cass., civ. 1re, 25.6.2008, n° 07-13438).

Le défunt peut aussi refuser que son conjoint bénéficie du droit au logement dans le domicile familial. Il doit alors le formuler par testament authentique (notarié).

› Des donations limitées ou encadrées

Il est possible de faire une donation simple à son conjoint, de lui faire une donation au dernier vivant ou encore de lui transmettre un legs.

Mais la part qu'il est possible de transmettre à son conjoint est toujours limitée par la réserve des enfants.

Lorsque le défunt lui a légué ou donné tous ses biens (notamment par une donation au dernier vivant), il ne recevra en réalité la totalité de la succession que s'il n'y a pas d'héritiers réservataires.

Part maximum de la succession pouvant être attribuée au conjoint lorsqu'il y a des enfants

Il s'agit de la quotité disponible spéciale du conjoint survivant (C. civ., art. 1094-1).

Si l'époux décédé a des enfants (de la dernière union ou d'une précédente), le conjoint peut recevoir une quotité disponible spéciale consistant à choisir entre :

- soit la quotité disponible ordinaire qui varie selon le nombre d'enfants (la moitié de la succession s'il n'y a qu'un seul enfant, 1/3 s'il y a deux enfants, 1/4 s'il y a trois enfants ou plus) ;
- soit la totalité des biens en usufruit ;
- soit 1/4 en propriété et 3/4 en usufruit.

Cette quotité disponible est le maximum que le conjoint peut recevoir. S'il a reçu des libéralités de la part du défunt (par donation ou testament), ces libéralités s'imputent sur sa part légale (prévue aux articles 757 et 757-1 du Code civil) sans pouvoir se cumuler. Si les libéralités sont inférieures à cette part légale, le conjoint peut réclamer le complément, sans jamais recevoir une portion de biens supérieure à sa quotité disponible.

Part maximum de la succession pouvant être attribuée au conjoint lorsqu'il n'y a pas d'enfant

Si le défunt n'a pas d'enfant ni de descendants, le conjoint peut recevoir la totalité de la succession. Les ascendants, frères, sœurs, neveux, nièces, oncles, tantes, cousins, etc., du défunt peuvent être exclus et ne rien recevoir dans cette succession.

Droit de retour des parents du défunt

La réserve des parents a été supprimée par la loi n° 2006-728 du 23 juin 2006, applicable aux successions ouvertes depuis le 1er janvier 2007. Cela signifie qu'ils gardent leurs droits légaux dans la succession quand il n'y a pas de testament ni de donation, mais aussi qu'ils peuvent être entièrement exclus de la succession de leur enfant si celui-ci a disposé de tous ses biens par donation ou testament.

S'il a rédigé une donation au dernier vivant en faveur de son conjoint, ce dernier peut recueillir l'intégralité de la succession (en l'absence de descendants).

Pour compenser la suppression de leur réserve, la loi du 23 juin 2006 a accordé aux parents un droit de retour sur les biens qu'ils ont pu donner à leur enfant décédé. Le droit de retour leur permet de récupérer une partie de ces biens (1/4 pour le père et 1/4 pour la mère) lorsque leur enfant décédé n'a lui-même pas d'enfants ni de descendants.

Lorsque le droit de retour ne peut s'exercer en nature (si le bien a été donné ou vendu, s'il a disparu), il s'exécute en valeur (versement d'une indemnité), dans la limite de l'actif successoral (C. civ., art. 738-2).

Droit de retour des frères et sœurs du défunt

Lorsque le conjoint recueille toute la succession en l'absence d'enfants et en cas de décès du père et de la mère, les frères et sœurs peuvent réclamer une partie (la moitié) des biens que le défunt avait reçus de leurs parents ou ascendants communs, par donation ou succession.

Les biens doivent exister en nature dans la succession. Les frères et sœurs ne peuvent réclamer une indemnité équivalente (C. civ., art. 757-3).

› Tableau récapitulatif : quelle part d'héritage pour le conjoint survivant ?

Ce tableau présente :

- la part attribuée au conjoint quand ni donation ni testament n'ont été effectués en sa faveur ;
- le maximum qui peut être attribué au conjoint par son époux par donation ou testament.

HÉRITIERS PRÉSENTS LORS DU DÉCÈS	PART LÉGALE DU CONJOINT SURVIVANT	MAXIMUM POUVANT ÊTRE DONNÉ OU LÉGUÉ AU CONJOINT
Uniquement des enfants communs ou petits-enfants, issus d'enfants communs, venant en représentation de leur parent décédé	Au choix du conjoint survivant : la totalité de l'héritage en usufruit ou 1/4 en pleine propriété	La totalité des biens en usufruit ; ou 3/4 en usufruit et 1/4 en pleine propriété ; ou la quotité disponible ordinaire soit : – 1/2 en pleine propriété s'il n'y a qu'1 enfant, – 1/3 en pleine propriété s'il y a 2 enfants, – 1/4 en pleine propriété s'il y a 3 enfants ou plus
Un ou plusieurs enfants non communs	1/4 en pleine propriété	Soit : – la totalité de l'héritage en usufruit ; – 1/4 en pleine propriété et 3/4 en usufruit ; – la quotité disponible
Père et mère	1/2 en pleine propriété	Totalité de la succession (sauf droits de retour)
Un seul parent (père ou mère)	3/4 en pleine propriété	Totalité de la succession (sauf droits de retour)
Frère(s), sœur(s) ou neveu(x)	Totalité de la succession	Totalité de la succession (sauf droits de retour)
Autres personnes de la famille	Totalité de la succession	Totalité de la succession

› Les droits du conjoint sur le logement familial

Le droit au logement du conjoint survivant s'exerce en deux étapes, sous forme d'un droit temporaire et d'un droit permanent (C. civ., art. 763).

Droit de jouissance gratuite du logement pendant un an

Pour lui permettre de faire son deuil sans subir de pressions, le conjoint survivant est assuré de conserver la jouissance gratuite du logement familial et du mobilier compris dans la succession pendant l'année qui suit le décès. C'est ce qu'on appelle le droit temporaire au logement.

Peu importe si la maison ou l'appartement appartient aux deux conjoints ou constitue un bien propre du conjoint décédé.

Le logement peut aussi faire partie d'une indivision dont une part était détenue par le défunt.

Le conjoint doit, au moment du décès, occuper effectivement, à titre d'habitation principale, ce logement.

Si le logement était loué, les loyers doivent être remboursés par la succession pendant cette même durée d'1 an, au fur et à mesure de leur acquittement. Si le logement est en indivision, le conjoint doit se faire rembourser les indemnités d'occupation (C. civ., art. 763).
Le droit au logement temporaire est d'ordre public, c'est-à-dire obligatoire. Ce droit est considéré comme un effet du mariage et ne fait pas partie des droits successoraux. Cela signifie que le défunt ne peut pas supprimer ce droit pour son conjoint. Cela signifie aussi que le conjoint n'a pas à payer les droits de mutation pour la valeur de ce droit d'occupation et que cette valeur ne peut pas non plus être admise en déduction du passif successoral dans la mesure où elle ne constitue pas une dette personnelle du défunt au jour de l'ouverture de la succession.
Toutefois, dans l'hypothèse où le droit temporaire au logement fait l'objet d'une exécution en espèces (prise en charge des loyers ou des indemnités d'occupation), les héritiers peuvent déduire de l'actif successoral les sommes remboursées au conjoint (CGI, art. 775 *quater*).
Par ailleurs, le droit temporaire au logement sur l'habitation principale transmise aux héritiers n'étant ni cessible, ni transmissible, n'a pas de valeur patrimoniale et échappe en conséquence à l'impôt sur la fortune immobilière (BOI 7 S-2-04, n° 35, 23.2.2004).
Enfin, les héritiers, propriétaires au 1er janvier d'un immeuble grevé d'un droit temporaire au logement du conjoint survivant, bénéficient de l'abattement de 20 % prévu à l'article 885 S du Code général des impôts.

Droit d'usage et d'habitation du logement à vie

À l'issue du délai d'1 an suivant le décès pendant lequel un droit temporaire au logement lui est accordé, le conjoint survivant bénéficie d'un droit permanent au logement sous la forme d'un droit d'usage et d'habitation du logement et du mobilier qui s'y trouve jusqu'à son décès. Ce droit, parfois nommé droit viager, permet à l'époux qui survit à l'autre de demeurer dans le logement sa vie durant.
Le logement doit être occupé à titre de résidence principale au moment du décès et doit appartenir soit aux deux époux, soit au défunt (C. civ., art. 764).
Le défunt peut n'être propriétaire que d'une part d'indivision sur ce logement.
Le conjoint dispose d'1 an à partir du décès pour manifester sa volonté de bénéficier de ces droits d'usage et d'habitation (C. civ., art. 765-1) (voir le modèle *Informer les héritiers que le conjoint reste dans le logement familial*, p. 335).
Un inventaire des meubles et un état de l'immeuble peuvent être établis à la demande du conjoint ou des héritiers.

Calcul des droits de mutation

Les droits du conjoint survivant sur le logement ont une conséquence sur le calcul des droits de succession éventuellement dus par les autres héritiers.
Il faut distinguer les hypothèses suivantes :
- la manifestation de la volonté du conjoint précède le dépôt de la déclaration de succession, les droits de mutation par décès sont liquidés conformément à l'option prise par le conjoint survivant ;

- en l'absence de manifestation de la volonté du conjoint survivant à la date du dépôt de la déclaration de succession, le conjoint survivant sera réputé fiscalement ne pas avoir opté pour le bénéfice de ces droits viagers et les droits de mutation devront être liquidés en conséquence. Bien entendu, si le conjoint manifeste postérieurement, mais dans le délai d'1 an du décès, une volonté contraire, il y aura lieu de déposer une déclaration de succession complémentaire dans le délai de 6 mois suivant sa décision si, bien entendu, l'option entraîne des conséquences sur la liquidation des droits de succession ; la différence est, selon le cas, versée par les redevables ou restituée sur réclamation.

À NOTER

Conjoint locataire Si le logement est loué, le droit d'usage accordé au conjoint s'exerce sur le mobilier faisant partie de la succession. Il peut par ailleurs demeurer dans les lieux en raison du transfert de bail à son profit (C. civ., art. 765-2).

L'impôt sur la fortune immobilière (IFI)

En cas d'existence de ce droit au 1er janvier de l'année d'imposition, les biens ou droits grevés d'un droit d'habitation ou d'un droit d'usage accordé à titre personnel sont compris dans le patrimoine du titulaire de ce droit pour leur valeur en pleine propriété (comme le droit d'usufruit) en application de l'article 885-G du Code général des impôts.

L'exercice du droit viager au logement emporte également un effet rétroactif au jour du décès et est irrévocable.

Dans ces conditions, et lorsque le décès est intervenu au titre d'une année civile donnée, l'exercice du droit viager pourra résulter des termes de la déclaration de succession ou, à défaut, de la déclaration d'IFI déposée au titre de l'année suivante.

À NOTER

Adieu ISF, bonjour IFI L'impôt de solidarité sur la fortune (ISF) a définitivement disparu. L'impôt sur la fortune immobilière (IFI) a pris le relais, et comme son nom l'indique, s'applique uniquement au patrimoine immobilier.

Les seuils, taux et conditions d'imposition de la fortune immobilière sont identiques à ceux en vigueur pour l'ISF. L'abattement de 30 % sur la résidence principale pour l'imposition de la fortune immobilière continue de s'appliquer.

Droits et obligations du titulaire du droit d'habitation

Le conjoint, titulaire de ce droit, est tenu d'assurer non seulement les réparations locatives (comme un locataire) mais aussi les réparations d'entretien (qui regroupent toutes les réparations et les charges autres que les grosses réparations) comme un usufruitier.

Il n'a pas le droit de céder ou de louer son droit d'habitation sauf s'il s'avère que le logement n'est plus adapté à ses besoins (il en est ainsi s'il est obligé d'être hospitalisé ou pris en charge dans une maison de retraite).

Dans ce cas, le conjoint ou son représentant peut louer le logement (à usage autre que commercial ou agricole) afin de dégager les ressources nécessaires à de nouvelles conditions d'hébergement (C. civ., art. 764).
D'autre part, le conjoint survivant ne perd pas son droit d'habitation s'il se remarie. C'est un droit qui lui est acquis et qui reste un bien propre par sa nature (le droit ne tombe pas dans la communauté de son nouveau mariage). Il faut ajouter que le conjoint survivant qui se remarie peut demeurer dans le logement avec sa nouvelle famille (C. civ., art. 632 ; rép. min. n° 29660, 2.3.2004).

Imputation de la valeur des droits d'usage et d'habitation sur la part de succession du conjoint

La valeur de ces droits s'impute sur la valeur des droits successoraux recueillis par le conjoint (C. civ., art. 765).
Si la valeur de ces droits est inférieure à celle de ses droits successoraux, le conjoint peut prendre le complément sur les biens existants.
Si leur valeur est supérieure à celle de ses droits successoraux, le conjoint n'est pas tenu de récompenser la succession à raison de l'excédent. Il peut rester dans le logement sa vie durant.
La valeur de ces droits d'habitation et d'usage est de 60 % de la valeur de l'usufruit déterminé conformément au Code général des impôts. Pour l'application de ce barème, il convient de prendre en compte l'âge du conjoint survivant au terme de l'exercice du droit temporaire au logement, soit 1 an après le décès.

À défaut d'accord, le droit d'habitation ne peut pas être converti en une rente viagère ou en capital

Cette conversion ne peut avoir lieu que par convention signée par les héritiers et le conjoint successible. Elle ne peut être forcée.
Si l'un des héritiers est mineur ou majeur protégé, la convention doit être autorisée par le juge des contentieux de la protection (C. civ., art. 766).

Ce droit peut être supprimé par la volonté du défunt

À la différence du droit temporaire d'habitation qui est d'ordre public, le défunt peut, de son vivant, décider de priver son conjoint du droit d'usage et d'habitation.
La privation du droit viager au logement pour le conjoint doit être constatée par testament authentique établi par un notaire, en présence de deux autres notaires ou par un notaire assisté de deux témoins.
La privation de ces droits d'habitation et d'usage est sans incidence sur les droits d'usufruit que le conjoint recueille en vertu de la loi ou d'une libéralité, qui continuent à obéir à leurs règles propres (C. civ., art. 764).

NOTRE CONSEIL

Le droit d'habitation à vie Le droit d'habitation à vie est un droit de nature successorale, il ne profite qu'au conjoint ayant accepté la succession. Par ailleurs, le conjoint survivant dispose d'1 an après le décès pour manifester sa volonté de bénéficier du droit d'habitation, au moyen d'une lettre recommandée avec avis de réception adressée à chacun des héritiers.

Il est indispensable de réaliser cette démarche même si les héritiers sont vos enfants avec qui vous entretenez une bonne relation.
Pour bénéficier du droit d'usage et d'habitation permanent sur le logement, le conjoint survivant doit accepter la succession.

Les donations ou testaments en faveur du conjoint

› L'intérêt de prévoir l'avenir du conjoint

Le conjoint survivant peut désormais obtenir, depuis la loi du 3 décembre 2001, ce qu'il ne pouvait auparavant envisager que par l'effet d'une donation au dernier vivant ou d'un testament. Il peut en effet recueillir la totalité de l'usufruit de la succession même en l'absence de libéralité en sa faveur (voir *Quelles sont les règles générales ?*, p. 1).

Organiser l'avenir de son conjoint est maintenant moins primordial.

Toutefois, cette précaution reste d'actualité pour les raisons suivantes :

• Si le conjoint se retrouve en présence d'enfants nés d'un autre lit, il ne pourra pas bénéficier du droit d'usufruit sur l'ensemble des biens de la succession. Il n'a droit, dans cette hypothèse, qu'à un quart des biens en toute propriété.

Or, si par exemple, la succession ne se compose que d'une résidence secondaire (et de biens meubles), le conjoint ne pourra pas continuer à y vivre et sera en indivision avec les enfants. Par une donation ou un testament en sa faveur, il pourra disposer de la totalité de l'usufruit sur la maison.

• Les droits du conjoint sur la succession de l'époux prédécédé ne doivent pas diminuer la réserve des enfants et s'imputent sur la quotité disponible. Or, cette quotité disponible peut elle-même être diminuée si le défunt a effectué des donations et/ou réparti ses biens par testament. En effet, les droits du conjoint ne peuvent s'exercer que sur les biens existants dans la succession au moment du décès et non sur ceux dont le défunt a pu disposer (par donation ou testament).

• Involontairement, il est donc possible, par les libéralités effectuées, de réduire à néant les droits de son conjoint. Si, au contraire, ce conjoint bénéficie d'une donation au dernier vivant ou d'un testament, ses droits seront les mêmes que ceux des autres légataires.

• La quotité disponible spéciale entre époux n'a pas été modifiée par la loi du 3 décembre 2001. Elle reste plus importante que la part attribuée par la loi lorsque le conjoint opte notamment pour une part en usufruit et en nue-propriété.

• Un époux peut, en donnant à son conjoint, empêcher ses frères et sœurs de reprendre les biens dits « de famille », c'est-à-dire les biens qui lui viennent (par succession ou donation) de ses parents. En effet, le conjoint en l'absence d'enfant et de parent exclut les frères et sœurs de la succession. Ceux-ci ont cependant le droit de reprendre la moitié des biens existants dans la succession qui appartenaient en propre au défunt et qui lui venaient de ses parents (les mêmes parents que ses frères et sœurs). Mais cette reprise ne peut s'effectuer que sur les biens existants en nature dans la succession au moment du décès. S'il les a vendus ou donnés, le droit des frères et sœurs s'éteint. Le défunt peut donc tout à fait avantager son conjoint en lui transmettant ses biens de famille par donation.

• Si le défunt n'a pas d'enfant mais qu'il laisse ses parents, le conjoint recueille, par l'application de la loi, la moitié de la succession (chaque parent reçoit un quart de la succession). Si une donation au dernier vivant a été consentie au conjoint, il exclut les parents de la succession. En effet, la réserve des parents du défunt a été supprimée par la loi du 23 juin 2006 (applicable aux successions ouvertes depuis le 1er janvier 2007). En l'absence d'enfant et de descendants, le conjoint peut donc recevoir la totalité des biens de la succession.

À NOTER

La spécificité des libéralités entre époux Le conjoint peut bénéficier, par donation ou testament, d'une part plus importante que tout autre gratifié.
Les donations entre époux peuvent porter non seulement sur les biens présents (comme toutes donations) mais également sur les biens futurs (donations au dernier vivant).
Par son contrat de mariage, le conjoint peut bénéficier d'avantages matrimoniaux.

› Les donations

La donation peut porter sur un bien particulier, meuble ou immeuble, corporel ou incorporel (comme toute donation) ou sur des biens à venir et non encore rentrés dans le patrimoine du donateur (donation au dernier vivant).
Enfin, elle peut être mutuelle lorsqu'il s'agit de constituer une rente viagère au profit du conjoint qui survivra à l'autre, ou en cas d'assurance sur la vie.
Une donation en faveur de son conjoint est soumise aux mêmes règles que les donations en général.
Elle doit être rédigée par acte notarié et être acceptée par le donataire (bénéficiaire), que la donation porte sur un meuble ou un immeuble.
L'époux peut aussi consentir un don manuel (exemples : une somme d'argent, un objet remis de la main à la main).
Par ailleurs, depuis la réforme du divorce (loi n° 2004-439 du 26 mai 2004) applicable depuis le 1er janvier 2005, les donations de biens présents consenties entre époux deviennent irrévocables. Les seules causes de révocation des donations entre époux, comme pour les autres donations, sont l'ingratitude et le non-respect des conditions éventuellement insérées dans la donation (causes de révocation de droit commun ; voir *La révocation des donations*, p. 177).
Les donations au dernier vivant sont révoquées en cas de divorce (quelle que soit la procédure de divorce choisie) sauf volonté de les maintenir constatée par le juge (voir *Le sort des donations et avantages matrimoniaux en cas de divorce*, p. 180).

À NOTER

Mesure de bienveillance du fisc en cas de mariage posthume En vertu de l'article 171 du Code civil, un mariage peut être posthume, c'est-à-dire célébré après le décès d'un des futurs conjoints. Un mariage posthume doit être autorisé par le président de la République. Cependant, le conjoint survivant n'a pas le titre d'héritier dans la succession du défunt (succession *ab intestat*, c'est-à-dire sans testament ni donation).

En revanche, si le défunt a consenti une donation au dernier vivant par contrat de mariage ou un legs à son futur conjoint, le fisc admet que ces libéralités soient soumises au régime fiscal des donations entre époux. Cette réponse est opposable aux services fiscaux sur le fondement de l'article L. 80-A du Livre des procédures fiscales (rép. min. n° 88311, JOAN, 16.5.2006, p. 5187).

› La donation au dernier vivant

La donation entre époux est appelée, dans la pratique, « donation au dernier vivant ». Il s'agit en général de donations réciproques : le notaire rédige deux actes séparés où chaque conjoint consent à l'autre une donation au dernier vivant de leurs biens à venir (C. civ., art. 1091 à 1099-1). Elle s'applique au décès de l'un des conjoints.

La donation au dernier vivant repose sur la confiance. En effet, elle est révocable librement et à tout moment, sans qu'on ait besoin d'en avertir l'autre conjoint. Le notaire, tenu au secret professionnel, ne peut pas informer l'autre conjoint de cette révocation.

Rien n'empêche l'un des époux de consentir une donation au dernier vivant et de la révoquer à l'insu de l'autre conjoint, qui n'aura connaissance de cette révocation que lors du décès du conjoint.

Il est également possible de révoquer la donation au dernier vivant par testament. Il suffit en effet d'indiquer : « Ceci est mon testament, il révoque toutes dispositions antérieures ». Avec cette formulation dans le testament, l'auteur révoque la donation au dernier vivant consentie au bénéfice de l'autre conjoint (voir *Que se passe-t-il au décès du donateur ou du testateur ?*, p. 275).

En cas de divorce, la donation au dernier vivant est révoquée (annulée) de plein droit, donc automatiquement sans démarche particulière, sauf volonté contraire de l'époux qui l'a consentie. Cette volonté de maintenir la donation au dernier vivant doit être constatée par la convention de divorce signée par les époux et contresignée par leurs avocats ou par le juge chargé du divorce.

› La donation au dernier vivant est-elle encore utile ?

Les différentes réformes du droit successoral ont fait du conjoint survivant un héritier à part entière en lui attribuant des droits successoraux sur l'héritage du conjoint décédé, en lui permettant de conserver à vie le logement familial (sauf opposition par testament de l'autre conjoint), et d'hériter sans avoir à payer de droits de succession.

L'amélioration du sort successoral du conjoint survivant conduit à poser la question de savoir si la donation au dernier vivant présente encore une utilité.
Côté avantage, la donation-partage est assimilée à un testament, les biens sont donc transmis exonérés de droits de succession. En revanche, les donations simples sont taxées (voir *Les droits de mutation*, p. 154).
L'objectif de la donation au dernier vivant est d'améliorer les droits successoraux du conjoint qui survit à l'autre, en lui attribuant des droits supérieurs au socle légal sans pouvoir dépasser un plafond variable en fonction du nombre d'enfants.
En toute hypothèse, la donation au dernier vivant ne peut pas avoir pour effet de transmettre la totalité de la succession au conjoint survivant s'il y a des enfants.
Se consentir une donation au dernier vivant reste une démarche utile notamment en présence d'enfants de plusieurs lits puisque, dans cette hypothèse, la loi n'accorde au conjoint que le quart de la propriété des biens entrant dans la succession. Lorsque le conjoint décédé n'a pas de descendance, mais laisse ses parents, ses biens successoraux sont attribués pour moitié à son conjoint et pour l'autre moitié à ses parents. La donation au dernier vivant permet d'évincer les parents et d'attribuer la totalité de l'héritage au conjoint survivant.
En revanche, elle ne peut pas leur retirer le droit au retour des biens familiaux, sauf s'ils y ont expressément renoncé.

Cas pratique

Au moment de la donation, un couple n'a pas d'enfant et leurs parents sont encore vivants.
Quelques années plus tard, les époux n'ont toujours pas d'enfant et leurs parents sont décédés. Si l'un d'entre eux mourait pendant cette période, son conjoint recueillerait la totalité de la succession.
Encore quelques années plus tard, un enfant naît du couple. La situation du conjoint veuf ou veuve serait encore modifiée puisqu'il partagerait alors avec l'enfant la succession de l'époux prédécédé.
Ce n'est donc qu'à l'ouverture de la succession que le conjoint connaîtra exactement les biens qui doivent lui revenir (sur la réserve et la quotité disponible, voir *Que se passe-t-il au décès du donateur ou du testateur ?*, p. 275).

Le choix du conjoint entre les différentes options

La donation au dernier vivant ne fixe pas à l'avance les biens donnés au conjoint mais lui accorde le maximum autorisé. Ce maximum peut être :
- la totalité de la succession s'il n'y a ni enfant ni descendant du défunt ;
- si le défunt laisse des enfants ou descendants :

- soit le quart des biens en toute propriété et les trois autres quarts en usufruit,
- soit la totalité des biens en usufruit,
- soit la valeur de la quotité disponible ordinaire qui est de la moitié des biens s'il n'y a qu'un enfant, du tiers s'il y a deux enfants et du quart s'il y a trois enfants ou plus.

Généralement, les actes notariés prévoient que le conjoint pourra choisir entre ces différentes quotités disponibles qui lui sont réservées et opter pour une part en usufruit ou une part en usufruit et propriété ou encore une part en pleine propriété. Mais il est tout à fait possible de vouloir que la part du conjoint soit composée d'une part en pleine propriété et d'une part en usufruit, ou encore qu'elle soit composée uniquement d'usufruit. Dans ce cas, la donation doit le prévoir.

À NOTER

Le décès du conjoint avant l'exercice de l'option Si le conjoint décède sans avoir opté pour une quotité disponible, ses propres héritiers peuvent opter à sa place, sauf si le défunt a entendu réserver cette option à son seul conjoint. Cette stipulation expresse peut être contenue dans un testament.
Si le défunt a entendu laisser cette option à son seul conjoint et que celui-ci n'a pas opté avant son décès, ce droit est intransmissible et la donation est alors caduque (C. cass., civ. 1re, 1.7.2009, n° 08-16851).

Option du conjoint pour une quote-part de la succession en toute propriété

Si le conjoint opte pour une quotité en pleine propriété, il sera en indivision avec les héritiers du défunt.
L'indivision est une situation source de conflits, surtout si les héritiers ne s'entendent pas.
Le choix de cette option peut être justifié si le conjoint n'a pas besoin de conserver l'usufruit des biens de son conjoint décédé. Notamment, le conjoint ne pourra pas s'opposer au partage des biens (sauf maintien dans l'indivision ou attribution préférentielle).

Option du conjoint pour l'usufruit

Dans la plupart des cas, le conjoint opte pour la totalité de la succession en usufruit, même si, en valeur, cette option n'est pas toujours la plus favorable.
Elle offre en revanche une sécurité pour l'avenir puisque le conjoint est assuré de pouvoir conserver l'usage des biens qui ont appartenu au défunt, et de disposer des revenus.
Il s'agit là du principal avantage de la donation au dernier vivant : permettre au conjoint d'opter pour l'usufruit de la totalité de l'héritage même si son conjoint décédé laisse des enfants non communs.

Cas pratique

Droits d'auteur

En vertu de l'article L. 123-6 du Code de la propriété intellectuelle, le conjoint d'un auteur décédé bénéficie de l'usufruit du droit d'exploitation de l'œuvre de son conjoint décédé.

> Ce droit d'usufruit est réduit à la quotité disponible en cas de présence d'héritiers réservataires (descendants) sauf si le conjoint reçoit par donation, en application de l'article 1094-1 du Code civil, l'usufruit de la totalité des biens de la succession. Dans ce cas, l'usufruit des droits d'exploitation de l'œuvre du défunt n'est pas réductible, même en présence d'héritiers réservataires (C. cass., civ. 1re, 8.7.2015, n° 14-18850).

L'usufruit peut s'exercer sur les immeubles et sur les meubles : objets mobiliers, parts sociales, comptes bancaires... (sur les droits de l'usufruitier, voir *La donation avec réserve d'usufruit*, p. 32).
Par ailleurs, si le conjoint dispose de la totalité de l'usufruit de la succession, il peut s'opposer à la vente des biens à l'occasion d'une demande en partage des héritiers par exemple (C. civ., art. 815-5).
Le juge ne peut pas autoriser cette vente sans l'accord de l'usufruitier et ce, même si cet usufruitier ne demeure pas dans les lieux (C. cass., civ. 1re, 17.1.2006, n° 04-13.789).
Les héritiers ont cependant la possibilité de demander la conversion de cet usufruit en rente viagère (voir *Les recours des enfants contre les libéralités faites entre époux*, p. 195).

À NOTER

Quelques chiffres Environ 73 % des conjoints survivants optent pour la totalité de l'usufruit de la succession, contre 20 % qui optent pour le quart des biens en toute propriété et les trois autres quarts en usufruit. Les 7 % restants portent leur choix sur la quotité ordinaire.

› Les réversions d'usufruit

Prévoir la réversion d'usufruit en faveur de son conjoint consiste à lui transmettre l'usufruit d'un bien que l'on s'est réservé. Par exemple, un père donne la nue-propriété d'une maison à son enfant en conservant l'usufruit, il peut prévoir, dans l'acte, la réversion de l'usufruit à son décès en faveur de son conjoint survivant.
Les réversions d'usufruit relèvent du régime des droits de mutation par décès. Le conjoint est donc exonéré de droits de mutation sur la valeur de cet usufruit transmis (CGI, art. 796-0 *quater*).
Sur cette forme de transmission, voir *La réversion de l'usufruit*, p. 32.

› Les donations litigieuses

La donation par personne interposée

Une donation par personne interposée est une donation apparemment faite au profit d'une personne (personne interposée) mais profitant en réalité à une autre personne qui n'est pas autorisée à recevoir cette donation. Ces donations sont nulles et ne peuvent produire aucun effet (exemple : si une donation est faite en faveur du président d'un parti politique alors que le véritable bénéficiaire est le parti lui-même).
Concernant les donations entre époux, la loi n° 2002-305 du 4 mars 2002 relative à l'autorité parentale a supprimé la présomption de fraude qui entourait les dona-

tions faites au profit des enfants et des parents de son conjoint. La loi présumait que le véritable bénéficiaire était le conjoint et déclarait nulles de telles donations (présomptions irréfragables de fraude).
Cette présomption étant supprimée, ces donations ne sont donc plus annulées.
Les legs faits au profit des enfants de son conjoint étaient et restent valables.

La donation déguisée

La loi n° 2004-439 du 26 mai 2004 portant réforme du divorce a supprimé le principe de nullité de plein droit des donations déguisées entre époux et des donations par personnes interposées.
Auparavant, le donateur lui-même ou ses héritiers pouvaient toujours demander la nullité des donations déguisées intervenues pendant le mariage.
Depuis le 1er janvier 2005, les donations entre époux suivent les mêmes règles que les autres donations.
La donation déguisée peut être valable si l'acte qui lui sert de support est lui-même valable (exemple : un acte d'achat immobilier indiquant les apports respectifs des époux, apports non réels pour l'un d'entre eux et constituant la donation déguisée ; voir *La donation déguisée*, p. 97).
Toutefois, la donation déguisée ne doit pas excéder la quotité disponible et reste valable jusqu'à concurrence de cette quotité. Si elle porte atteinte à la réserve des héritiers, ces derniers ne peuvent pas demander la nullité de la donation mais seulement sa réduction (voir *Qu'est-ce que la réduction des donations ?*, p. 303).

› La révocation des donations

Depuis le 1er janvier 2005 (loi n° 2004-439 du 26 mai 2004), les donations entre époux de biens présents, à effet immédiat, deviennent irrévocables (C. civ., art. 1096).
La donation de biens à venir, comme la donation au dernier vivant reste révocable.

Les donations entre époux intervenues après le 1er janvier 2005

Les règles des donations entre époux ont été modifiées par la loi n° 2004-439 du 26 mai 2004 relative au divorce.
Depuis le 1er janvier 2005, il faut distinguer :
- d'une part, les donations de biens présents (donation prenant effet immédiatement) ;
- d'autre part, les donations de biens à venir (prenant notamment effet au décès du donateur, comme la donation au dernier vivant) ;
- enfin, les donations de biens présents, ne prenant effet qu'au décès du donateur (comme la clause de réversibilité d'usufruit, les contrats d'assurance-vie considérés comme des donations indirectes).

• Les donations de biens présents deviennent irrévocables.
Le donateur ne peut plus révoquer unilatéralement la donation qu'il a consentie.
Les seules causes de révocation des donations entre époux, comme pour les autres donations, sont l'ingratitude et le non-respect des conditions éventuelle-

ment insérées dans la donation (causes de révocation de droit commun ; voir *La révocation des donations*, p. 122).
Par ailleurs, le divorce des époux ne modifie pas le caractère irrévocable de ces donations.
• Les donations de biens à venir restent révocables.
Pendant le cours du mariage, chaque époux peut révoquer les donations de biens à venir comme la donation au dernier vivant. Si les époux divorcent, la révocation est automatique, sauf si le donateur déclare expressément les maintenir.
• Les donations de biens présents qui ne prennent effet qu'au décès du donateur restent révocables (comme toutes les donations qui prennent effet au décès du donateur).

À NOTER

La clause de non-divorce dans les donations irrévocables Une clause de non-divorce, insérée dans une donation entre époux, stipule que la donation serait sans effet en cas de divorce entre les époux.
Cette clause a été reconnue valable avant la loi du 26 mai 2004 (C. cass., civ. 1re, 13.12.2005, n° 02-14145).
Cependant, cette loi a rendu irrévocables les donations de biens présents entre époux. La question se pose maintenant de savoir si une telle clause peut toujours être insérée dans la donation ou bien si la disposition prévoyant l'irrévocabilité des donations de biens présents entre époux est d'ordre public (donc non susceptible d'être écartée).
La Cour de cassation a déclaré non valables les clauses de non-divorce insérées dans les donations de biens présents. La clause de non-divorce est validée s'il s'agit d'une donation de biens à venir (comme les donations au dernier vivant), mais non d'une donation de biens présents qui est irrévocable (C. cass., civ. 1re, 14.3.2012, n° 11-13.791).

À NOTER

La clause d'irrévocabilité pour les donations révocables Depuis la loi du 23 juin 2006, les donations de biens présents qui ne prennent effet qu'au décès du donateur sont distinguées des donations de biens présents à effet immédiat. Les premières restent révocables. La possibilité de prévoir néanmoins leur irrévocabilité par une clause spécifique insérée dans l'acte n'a été prévue qu'à titre de dispositions transitoires pour les donations qui ont été consenties entre le 1er janvier 2005 et le 1er janvier 2007 (loi n° 2006-728 du 23 juin 2006, art. 46). La question se pose de savoir s'il reste possible de prévoir, pour les donations postérieures au 1er janvier 2007, une clause d'irrévocabilité de la donation, même en cas de divorce…

Les donations entre époux intervenues avant le 1er janvier 2005 restent révocables

La loi supprimant la possibilité de révocation des donations entre époux est applicable depuis le 1er janvier 2005.
Si la donation est intervenue avant cette date, elle peut être révoquée par le donateur à tout moment en vertu de l'ancien article 1096 du Code civil.

Les modalités de la révocation

Seul le donateur, et non ses héritiers, peut reprendre le bien donné et il peut le faire à tout moment, même si le bien est entre les mains des héritiers du bénéficiaire qui serait lui-même décédé.
Cette révocation peut être faite à tout moment et par tous moyens : acte notarié ou testament.
Même si la donation est passée par acte notarié, la révocation peut être faite par un simple acte sous seing privé ou par testament.
La révocation des donations entre époux peut aussi résulter de tous les faits ou actes de l'époux donateur qui indiquent de manière non équivoque son intention de révoquer.
Ainsi, par exemple, ont été considérés comme une volonté de révocation :
- le fait de demander le divorce ;
- le fait de disposer du bien donné (le vendre, par exemple).
Dans ce dernier cas, la révocation est tacite.

Cas pratiques

- Un époux donateur avait demandé à un tribunal d'annuler une donation qu'il avait consentie à son épouse, en tant que donation déguisée. Cette demande équivalait, pour le moins, à une révocation de cette donation, même si la qualification de donation déguisée n'a finalement pas été retenue (C. cass., civ. 1re, 29.2.1984, Bull. civ. 1, n° 82).
- Dans un dossier soumis au tribunal, un mari avait tué son fils, puis blessé mortellement sa femme pour enfin se donner lui-même la mort.
La femme avait fait donation à son mari d'un bien que les héritiers du mari (ses frères, sœurs et père) réclamaient.
Ils s'opposaient aux héritiers de la femme qui estimaient que le bien devait leur revenir, la donation consentie par la femme ayant été révoquée par cette dernière.
La cour d'appel qui a statué sur ce litige a reconnu que la donation avait été révoquée par la femme.
Il faut noter que, dans cet arrêt, les juges ont supposé que la femme aurait révoqué la donation si elle avait vécu. Ils n'ont toutefois pas constaté une révocation active, ni une réelle volonté de révoquer – la victime n'ayant pas eu le temps de le faire (CA Riom, 15.5.2001, D. 2001, som. p. 2938).

La révocation peut intervenir jusqu'au décès du donateur, même si le donataire est décédé et que les biens donnés se trouvent entre les mains des héritiers de ce donataire.
La faculté de révocation est un droit personnel. Il ne peut donc pas être transmis aux héritiers du donateur, ni à ses créanciers. Voilà pour le principe. Il existe toutefois des situations où les héritiers peuvent obtenir la révocation de la donation au dernier vivant, notamment en cas d'ingratitude fondée sur l'adultère (voir cas pratique ci-après).

Cas pratique

La Cour de cassation a permis la révocation d'une donation au dernier vivant pour adultère, demandée par des héritiers. Un homme consent à son épouse une donation au dernier vivant. Découvrant que celle-ci le trompe avec un ami intime du couple, l'homme met fin à ses jours. Ses enfants, issus d'un précédent mariage, assignent l'épouse de leur père en révocation de la donation au dernier vivant que leur père lui avait consentie.

Les juges estiment que cet adultère constitue une injure grave compte tenu que l'homme, très attaché à son épouse, avait vécu douloureusement cette infidélité.

La donation au dernier vivant est donc révoquée (C. cass., civ. 1re, 25.10.2017, n° 16-21136).

Les présents d'usage

Les présents d'usage ne peuvent pas être repris par le donateur (exemples : une bague de fiançailles, un manteau de fourrure à l'occasion d'un anniversaire de mariage, etc.). Les tribunaux admettent toutefois qu'un bijou de famille (bague de la grand-mère, par exemple) doit être restitué au donateur ou à ses héritiers.

› Le sort des donations et avantages matrimoniaux en cas de divorce

En cas de divorce, il faut distinguer (loi du 26 mai 2004) deux choses.

Les avantages matrimoniaux qui prennent effet en cours de mariage et les donations de biens présents deviennent irrévocables même en cas de divorce

Quelle que soit la procédure choisie, le divorce n'a pas d'effet sur les avantages matrimoniaux qui ont pris effet au cours de mariage (exemple : l'apport à la communauté d'un bien appartenant en propre à un époux) et les donations de biens présents (donation d'un bien possédé par un époux à son conjoint) qui deviennent irrévocables. Cela signifie que les époux divorcés ne peuvent pas revenir sur les donations ou les avantages matrimoniaux qu'ils se sont consentis et qui ont pris effet pendant le mariage. Ils sont définitifs et ne peuvent plus être révoqués (sauf causes légales de révocation comme l'ingratitude ou le non-respect des conditions).

Les donations de biens à venir et les avantages matrimoniaux qui ne prennent effet qu'à la dissolution du régime matrimonial restent révocables

En ce qui concerne les avantages matrimoniaux prenant effet au décès (comme la clause d'attribution de la communauté au survivant) et les dispositions à cause de décès (comme la donation au dernier vivant), la solution est différente puisqu'ils restent révocables à tout moment.

Le divorce entraîne révocation de plein droit de ces donations ou avantages matrimoniaux sauf volonté contraire de la part de celui qui les a consentis.
Cette volonté de les maintenir doit être constatée par le juge au moment du prononcé du divorce et rend irrévocables l'avantage ou la disposition maintenus (C. civ., art. 265).
Cette règle s'applique aussi aux donations entre époux consenties avant la réforme de 2004 qui étaient toujours révocables (donations de biens présents ou de biens à venir).

Cas pratique

Des époux, mariés en 1963, se consentent mutuellement une donation au dernier vivant en 1986 puis divorcent en 1987. Dans leur convention de divorce, ils déclaraient « maintenir la pleine et entière application » de la donation signée en 1986.
En 1995, par acte notarié, l'ex-mari révoque la donation consentie à son ex-épouse. Il décède quelques mois plus tard.
Le litige, opposant l'ex-épouse et le fils du défunt, portait sur la validité de cette révocation.
Pour la cour d'appel, la donation au dernier vivant était restée révocable car la convention de divorce n'avait pas expressément stipulé que son maintien était irrévocable.
Cet arrêt est cassé. Les donations faites entre époux pendant le mariage, qui sont maintenues de façon expresse dans la convention définitive de divorce homologuée par le juge, deviennent irrévocables (C. cass., civ. 1re, 6.2.2008, n° 05-18745).

Par ailleurs, l'attribution des torts dans le prononcé du divorce n'a plus d'influence sur les donations que les ex-époux ont pu se consentir.
Avant la réforme, l'époux à qui étaient attribués les torts exclusifs du divorce perdait les avantages matrimoniaux et les donations dont il bénéficiait.
Seules demeurent les règles de l'irrévocabilité des donations de biens présents et de la révocabilité des donations ou avantages matrimoniaux prenant effet au décès d'un des conjoints.

À NOTER

La clause de reprise Les époux ont la possibilité d'adopter un régime de communauté en incluant une clause prévoyant qu'en cas de divorce, chacun d'entre eux reprendrait les biens qu'il a apportés à la communauté.
Cette clause de reprise est valable même si cela revient à transformer le régime de la communauté universelle en régime de communauté réduite aux acquêts en cas de divorce (C. civ., art. 265).

› Les legs

Il est possible de parvenir au même résultat que la donation au dernier vivant en rédigeant un testament en faveur de son conjoint.

L'intérêt du testament par rapport à la donation au dernier vivant est qu'il n'est pas obligatoire de s'adresser à un notaire (quoique recommandé) et qu'on peut le rédiger sur papier libre. Il n'y a donc pas de frais pour la rédaction d'un testament olographe.
L'inconvénient est le risque de perte ou de destruction du testament ou encore le risque d'y inscrire des clauses annulables qui pourraient entraîner la nullité du testament.
Si l'on veut que son conjoint recueille le maximum autorisé, il est préférable de ne pas préciser les biens qu'on entend lui léguer mais de rédiger un testament indiquant qu'on lègue à son conjoint tout ce que la loi permet de léguer ou encore la « quotité disponible spéciale » prévue en faveur des conjoints.
On peut aussi prévoir à l'avance la part que recueillera le conjoint.

Cas pratique
« Je lègue à mon conjoint la totalité de mes biens si parmi mes héritiers il n'y a pas d'enfants réservataires. En présence d'enfants, je veux que mon conjoint recueille la totalité de ma succession en usufruit. »

ATTENTION
Deux testaments Il n'est pas possible de rédiger un seul acte pour assurer une transmission réciproque entre époux (comme cela est possible dans la donation au dernier vivant). Il faut que chaque époux rédige son propre testament en faveur de l'autre (sur les conditions de validité des testaments, voir *Comment pouvez-vous donner ?*, p. 85).

› Les legs par personnes interposées

Les legs par personnes interposées (c'est-à-dire les legs attribués à une personne pour en faire bénéficier une autre) ne sont pas nuls. Ce principe a été affirmé par un arrêt de la Cour de cassation qui s'est fondée sur le caractère révocable des legs. Le testateur peut en effet toujours modifier jusqu'au dernier moment son testament.

Cas pratique
Il s'agissait d'un époux qui avait légué la quotité disponible de sa succession à l'enfant de son épouse. La demande de nullité du legs par personne interposée était déposée par l'enfant du défunt né d'un précédent mariage. La Cour a validé le legs (C. cass., civ. 1re, 2.4.1996, Bull. civ. n° 160).

À NOTER
Les legs graduels La loi autorise désormais les legs d'un bien déterminé à deux bénéficiaires successifs (voir *La donation ou le legs graduel*, p. 58).

› Le versement d'une rente viagère

Constitution mutuelle de rente viagère

La constitution d'une rente viagère est une forme de donation qui porte non pas sur un bien ou un capital, mais qui consiste en un versement régulier d'une certaine somme d'argent.
Cette donation doit également être constatée par acte notarié (C. civ., art. 1969).
La constitution d'une rente viagère est opérante, non pas en cours de mariage, mais lors du décès d'un des époux.
Le donateur stipule que la rente sera prélevée sur les biens de sa succession. Le conjoint survivant pourra ainsi bénéficier, sa vie durant, du versement d'une rente qui sera effectué, non pas par le donateur, mais par ses héritiers.
La rente viagère peut aussi être constituée par testament.

Réversibilité d'une rente viagère

Un époux peut vendre un bien lui appartenant en propre, moyennant le versement d'une rente viagère (vente en viager). L'acte de vente peut prévoir que si l'époux vendeur décédait avant son conjoint, ce dernier continuerait à percevoir le montant de la rente (C. civ., art. 1973).
Il peut aussi s'agir d'une donation à charge pour le donataire de servir une rente viagère au donateur et prévoyant la réversibilité de cette rente au profit du conjoint survivant du donateur.
Cette clause de réversion est censée avoir été consentie à titre gratuit.
Dans cette hypothèse, le conjoint survivant bénéficie d'une libéralité de la part de son époux qui ne prend effet qu'au décès du donateur. Cette libéralité reste révocable comme toutes les donations qui ne prennent effet qu'au décès du donateur et non pendant le mariage.
La clause de réversibilité peut aussi faire l'objet d'une réduction si elle dépasse la quotité disponible.
Pour éviter la révocation ou la réduction, le conjoint bénéficiaire de la réversion de la rente viagère peut prouver qu'il ne s'agit pas d'une libéralité mais, par exemple, de l'exécution d'un devoir alimentaire.
Dans ce cas, cette libéralité n'est pas soumise aux droits de succession et n'a pas à figurer dans la déclaration de succession.

› L'assurance-vie

La souscription d'un contrat d'assurance-vie en faveur de son conjoint permet à ce dernier de toucher un capital en dehors de l'actif successoral et des règles de la réserve des enfants.
• Le capital versé au conjoint est considéré comme un bien propre et non comme un bien commun même si les primes ont été versées par des fonds communs.
Le conjoint survivant peut conserver la totalité de ce capital et n'a pas à en verser la moitié à la communauté.

ATTENTION

Les primes ne peuvent être déduites de l'actif successoral Même si le capital versé au conjoint survivant est un bien propre, il n'est pas possible de déduire de l'actif successoral les primes versées par le défunt sous prétexte qu'il s'agit de fonds communs ayant servi à constituer un bien propre.
En effet, en vertu de l'article 1437 du Code civil, la communauté a droit à récompense si elle a contribué à l'acquisition ou à l'amélioration d'un bien propre. Mais les primes d'un contrat d'assurance-vie sont une exception à ce principe et ne peuvent pas constituer une récompense pour la communauté – ni donc une dette du défunt à inscrire au passif de la succession (C. cass., civ. 1re, 8.3.2005, Bull. civ. n° 114, p. 98).

• Le contrat d'assurance-vie a été souscrit à l'aide de deniers communs par le conjoint survivant au bénéfice de son époux prédécédé.
Dans ce cas, le contrat souscrit par le survivant n'est pas dénoué puisque le bénéficiaire est décédé avant le souscripteur. Ce contrat est considéré comme un bien commun (puisqu'il a été alimenté par des fonds communs pendant le mariage) et non pas comme un bien propre. En conséquence, la moitié de la valeur de ce contrat doit être intégrée dans l'actif successoral et est imposable à ce titre (rép. min. n° 26231, JOAN, 29.6.2010).

La révocation de la clause désignant le bénéficiaire du contrat

Le contrat d'assurance-vie souscrit par un époux en faveur de son conjoint constitue une donation indirecte qui ne prend effet qu'au décès de l'assuré. À ce titre, cette donation reste révocable à tout moment, même après acceptation du contrat par le bénéficiaire.
La possibilité de révoquer le contrat est toutefois impossible s'il s'agit d'un contrat mutuel d'assurance-vie (contrat d'assurance-vie souscrit en même temps par deux époux qui se sont désignés mutuellement comme bénéficiaires).
La Cour de cassation a considéré que l'engagement mutuel des époux avait été souscrit dans l'intérêt de la famille et que la désignation d'un époux bénéficiaire avait comme contrepartie la désignation de l'autre. Il ne s'agissait donc pas d'une donation (absence d'intention libérale). En conséquence, l'acceptation du bénéficiaire rendait impossible la désignation d'un autre bénéficiaire (C. cass., civ. 1re, 13.5.1998, D. 1999, II, p. 291).

Le choix du régime matrimonial

Le contrat de mariage détermine la propriété des biens que possèdent les époux. Certains biens leur appartiennent en commun (biens de la communauté) ou sont en indivision entre eux (lorsque les époux sont mariés sous le régime de la séparation de biens et qu'ils acquièrent ensemble un bien), d'autres n'appartiennent qu'à l'un d'entre eux (biens propres).
Lorsqu'un époux décède et s'il était marié sous un régime de communauté, sa succession est composée de la moitié des biens communs (l'autre moitié appartient au conjoint survivant) et de ses biens propres. Les droits successoraux du

conjoint (réduits en présence d'enfants notamment) s'exercent sur les biens de la succession.
Plus les biens communs sont importants, plus l'époux survivant sera protégé puisqu'il restera propriétaire de la moitié de ces biens communs.
La consistance de la communauté dépend du régime matrimonial.

› Les différents régimes matrimoniaux

Le régime matrimonial est l'ensemble des règles qui régissent les biens des époux.
Ce régime peut être choisi expressément au début du mariage (il s'agit alors d'un régime conventionnel) ou, à défaut de ce choix, être le régime de la communauté légale.

Le régime légal

Le régime légal est celui qui s'applique aux époux qui se sont mariés sans faire de contrat de mariage. Il a été changé en 1965.

Les époux mariés avant le 1er février 1966

Si les époux se sont mariés avant cette date, ils sont soumis au régime légal de la communauté de meubles et acquêts.
Cela signifie que tous les meubles qu'ils possèdent (même s'ils en étaient propriétaires avant leur mariage) ainsi que toutes les acquisitions qu'ils ont faites pendant leur mariage sont des biens communs. Les immeubles qui ont pu leur être dévolus à titre gratuit sont des biens propres.

Les époux mariés après le 1er février 1966

La communauté légale est le régime matrimonial applicable à tous les couples qui se marient sans faire un contrat de mariage devant notaire.
Avec ce régime, les biens acquis à titre onéreux pendant le mariage constituent le patrimoine commun – on dit « la communauté appartenant à égalité aux deux époux ».
La communauté se compose donc principalement de ces achats faits pendant le mariage ainsi que des gains et salaires de chaque époux. Tous les biens qu'ils ont pu recueillir à titre gratuit (par donation ou succession) sont des biens propres et ne font pas partie de leur communauté. De même, constituent des biens propres les biens (meubles ou immeubles) dont ils étaient propriétaires avant leur mariage.
Au décès du premier des époux, il faut commencer par liquider le régime matrimonial, c'est-à-dire déterminer les biens appartenant à chacun des époux.
Les biens qui appartiennent à l'époux décédé constitueront l'actif successoral.
Les autres biens restent la propriété de l'époux survivant.
La liquidation du régime consiste à déterminer tout d'abord les biens propres des biens communs, évaluer le passif puis faire les comptes entre les époux (compte des « récompenses »).

Les biens propres et les biens communs

Sont des biens communs (C. civ., art. 1401 et s.) :
- les biens acquis à titre onéreux pendant le mariage (meubles et immeubles) ;
- les biens créés pendant le mariage (exemple : la clientèle d'un fonds de commerce) ;
- les salaires et rémunérations perçues par une activité professionnelle ;
- les revenus des biens propres s'ils n'ont pas été consommés, c'est-à-dire économisés et non utilisés ;
- les revenus des biens communs ;
- les sommes figurant sur un compte bancaire, postal ou d'épargne, même si le compte est ouvert au nom d'un seul époux.

Sont des biens propres (C. civ., art. 1404 et s.) :
- les biens dont les époux étaient propriétaires avant le mariage ;
- les biens reçus par succession, legs ou donation ;
- les biens acquis pendant le mariage en « emploi ou remploi » d'un bien propre (le remploi est une clause qui figure dans un acte de vente et qui indique que le bien acquis l'a été avec l'argent provenant de la vente d'un bien propre) ;
- les créances ou indemnités qui remplacent des biens propres (exemple : l'indemnité versée par une compagnie d'assurance à la suite du vol d'un bien propre) ;
- les accessoires des biens propres (exemple : un véhicule acquis à titre d'accessoire d'un cabinet d'assurances, lui-même propre) ;
- même acquis après le mariage, les vêtements et linges à l'usage personnel de chaque époux ;
- les actions en réparation d'un dommage corporel ou moral (exemple : l'action en paiement d'une indemnité à la suite d'un accident) ;
- les créances et pensions incessibles (exemples : les pensions alimentaires, les pensions d'invalidité, les rentes servies à la suite d'un accident du travail) ;
- et plus généralement, tous les biens qui ont un caractère personnel ou les droits exclusivement attachés à la personne (exemples : les baux ruraux ou l'indemnité versée pour compenser la perte d'un bien rural, les droits d'auteur…).

Le passif se compose également de dettes propres et de dettes communes

Les dettes communes sont les dettes nées pendant la communauté et les dettes liées à l'entretien du ménage et l'éducation des enfants (C. civ., art. 1409). Les dettes propres et la moitié des dettes communes seront déduites de la part d'actif de chaque époux.

Les récompenses

Lorsque la masse commune est établie il faut, avant de la partager, établir le compte personnel de chaque époux dont le solde s'imputera ou s'ajoutera à la part de celui-ci. Il s'agit des récompenses, c'est-à-dire des sommes que la communauté doit à un époux, ou celles dues à la communauté par un époux (C. civ., art. 1468 et s.).

La communauté devra une récompense à un époux lorsqu'elle a encaissé des fonds propres ou provenant de la vente d'un bien propre (sans que la clause de remploi – voir ci-avant – n'ait été spécifiée dans l'acte).

Cas pratiques

- De la succession de son père, un mari encaisse la somme de 9 000 €. Cette somme est utilisée pour rembourser le crédit d'achat de leur maison. Lors de la dissolution de la communauté, la communauté devra une récompense au mari.
- Une épouse est victime d'un accident et reçoit la somme de 15 000 € au titre de son préjudice. Elle aura droit à une récompense car la communauté a encaissé des fonds propres.
- À l'inverse, un époux devra une récompense à la communauté lorsqu'il aura utilisé des fonds communs pour acquérir ou améliorer un bien propre ou encore pour régler une dette personnelle.
- Avant de se marier, une personne est propriétaire d'un appartement acheté à crédit. Après le mariage, les échéances sont réglées par des fonds communs. À la dissolution de la communauté, l'appartement restera un bien propre de cette personne mais elle devra une récompense à la communauté.

Pour évaluer le montant des récompenses on peut, selon les situations, tenir compte soit du montant des sommes utilisées, soit du profit subsistant pour le bénéficiaire de ces sommes, c'est-à-dire l'enrichissement apporté à son patrimoine. La valeur la plus faible est retenue.
En général, le montant retenu par les notaires qui établissent les comptes de communauté est le montant nominal des sommes utilisées.
Toutefois, lorsque des fonds communs ont servi à acquérir, à améliorer ou à conserver un bien propre, ou, à l'inverse, lorsque des fonds propres ont été utilisés par la communauté pour acquérir ou améliorer un bien commun, la récompense sera calculée en fonction du profit subsistant pour le propriétaire du bien.
Quand un époux (ou ses héritiers) soutient que des fonds propres ont financé la communauté, il doit apporter la preuve de cette utilisation effective.
Un homme avait encaissé des fonds de sa famille, qui avaient ensuite disparu. Lors du divorce, il soutient que la communauté lui doit une récompense. Les juges ont rejeté sa demande car il n'a pas prouvé que ces sommes ont profité à la communauté : le fait qu'elles aient disparu ne constitue pas cette preuve.

Cas pratiques

- Un mari était propriétaire d'un terrain (bien propre). Pendant le mariage, le couple finance la construction d'une maison. La récompense due par le mari à la communauté est égale à la valeur de la maison (diminuée de la valeur du terrain nu) déterminée au moment de la liquidation de la communauté et non pas au montant des sommes versées pour cette construction (C. cass., civ. 1re, 9.10.1990, JCP 1991, II, 21562).

• Un mari est propriétaire d'une maison (bien propre). Au cours du mariage, les époux la restaurent eux-mêmes et l'aménagent. Les juges ont refusé de calculer une récompense en faveur de la communauté, même si le travail du couple avait permis d'améliorer ce bien propre (C. cass., civ. 1re, 5.4.1993, Bull. civ., n° 137).

ATTENTION

Amélioration due au travail d'un époux Les récompenses ne doivent être calculées que lorsqu'une somme a été versée ou qu'il y a eu un investissement financier. Lorsqu'un bien a été amélioré grâce au travail des époux, on ne tient pas compte de cette amélioration.

En résumé : la première étape consiste à évaluer l'ensemble des biens communs, puis ajouter le montant des récompenses dues par chaque époux à la communauté et soustraire les récompenses dues par la communauté aux époux. Le montant obtenu constituera le « boni de communauté » qui sera partagé entre les époux.

Cas pratique

Les biens communs sont évalués à 20 000 €. L'époux est redevable d'une récompense évaluée à 4 000 €. L'épouse, en revanche, est créancière d'une somme de 2 000 €. Les comptes s'effectueront ainsi :
Le boni de communauté est égal à : (20 000 € + 4 000 €) – 2 000 € = 22 000 €.
La part du mari est égale à : 11 000 € – 4 000 € = 7 000 €.
La part de la femme est égale à : 11 000 € + 2 000 € = 13 000 €.

NOTRE CONSEIL

Possibilité de favoriser le conjoint avec le régime de la communauté universelle
Le régime de la communauté légale est le plus favorable au conjoint qui a une moins bonne situation financière puisque les époux se partagent à égalité les biens acquis à titre onéreux. On peut cependant, dans l'optique d'une transmission successorale sans changer de régime matrimonial, aménager la communauté légale au moyen de clauses insérées dans un contrat notarié qui permettront de favoriser le conjoint.

Le régime de la séparation de biens

Dans ce régime, il n'existe pas de biens communs. Tous les biens sont, soit des biens propres à l'un ou l'autre des époux, soit des biens en indivision (biens acquis en commun).
Chaque époux est propriétaire de ses propres biens.
S'ils acquièrent ensemble pendant le mariage un bien commun, ce bien sera en indivision entre eux et sera partagé entre eux en fonction de leurs parts respectives sur ce bien. Ils peuvent détenir chacun 50 % du bien ou une quote-part plus ou moins importante (75 % – 25 %, 40 % – 60 %…).
Le danger de ce régime existe lorsque les patrimoines respectifs des époux ne sont pas similaires. Au décès du premier d'entre eux, son conjoint survivant ne pourra pas bénéficier de la moitié des biens de la communauté comme c'est le cas dans

les régimes communautaires, et sa situation peut être précaire s'il ne possède pas de biens propres.
La succession du défunt se compose donc des biens qui lui appartenaient en propre et de ses parts d'indivision.
Des litiges concernant la propriété d'un bien peuvent survenir entre le conjoint survivant et les héritiers : le conjoint revendique la propriété d'un bien en tant que bien propre lui appartenant et les héritiers considèrent, au contraire, qu'il s'agit d'un bien en indivision entre le défunt et son conjoint ou encore d'un bien appartenant au défunt.
Pour revendiquer le caractère propre d'un bien, il faut le prouver. La preuve peut résulter des titres de propriété, des factures d'achat (établies au nom du propriétaire) ou tout autre document. Si cette preuve n'est pas apportée, le bien est considéré comme appartenant aux deux époux, chacun pour moitié.

Le régime de la communauté universelle

Le régime de la communauté universelle est un contrat de mariage qui déclare que tous les biens que possèdent les époux (biens propres ou biens acquis au cours du mariage, biens meubles et immeubles) font partie de la communauté. Il n'y a pas de distinction à opérer selon l'origine des biens.
Toutes les dettes (dettes du mariage ou antérieures au mariage) sont également communes.
La succession d'un des époux sera composée de la moitié de cette communauté (actif et passif).
Seuls restent en biens propres, même s'ils ont été acquis pendant le mariage :
- les vêtements et linges à l'usage personnel d'un des époux ;
- les actions en réparation d'un dommage corporel ou moral (exemple : indemnités à la suite d'un accident) ;
- les créances et pensions incessibles (exemple : créance alimentaire) ;
- les instruments de travail nécessaires à la profession de l'un des époux (exemple : matériel d'un dentiste) ;
- en règle générale, tous les biens qui ont un caractère personnel.

C'est le régime matrimonial le plus protecteur pour le conjoint survivant. Mais il est extrêmement désavantageux pour les enfants.
Au décès de l'un des époux, son conjoint restera propriétaire de la moitié de l'ensemble de ces biens, même s'il n'a pas lui-même contribué à constituer ce patrimoine.
Le contrat de communauté universelle contient très souvent une clause d'attribution intégrale de la communauté au survivant.
Cette clause permet au conjoint survivant de devenir propriétaire de l'intégralité des biens communs, sans avoir à payer de droits de succession (voir *Les avantages matrimoniaux*, p. 193).
En présence, dans le contrat de mariage, d'une clause d'attribution intégrale de la communauté au survivant, il n'y a pas lieu d'effectuer une déclaration de succession puisqu'il n'y a pas de succession. Et de toute façon, le conjoint est, dans tous les cas de figure, exonéré de droits de succession.

Cependant, dans l'hypothèse où la communauté comprend un immeuble, le conjoint survivant doit, au décès de son époux, faire établir par un notaire une attestation de transmission d'immeuble qui devra être publiée au fichier immobilier.

NOTRE CONSEIL

Le conjoint peut, s'il souhaite éviter une dépense en honoraires du notaire et en taxes, s'abstenir de demander l'inscription au fichier immobilier : il n'y a pas de sanction et avec la clause d'attribution intégrale, il est automatiquement propriétaire des biens immobiliers.

À NOTER

En cas d'annulation du mariage Les donations faites avant un mariage sont caduques si le mariage ne s'ensuit pas (C. civ., art. 1088).
Mais restent valables les cadeaux d'usage faits entre fiancés (l'exemple le plus fréquent est la bague de fiançailles que la fiancée conserve, même si le mariage n'a finalement pas lieu). S'il s'agit d'un bijou de famille, celui qui l'a offert peut demander sa restitution.

› Le changement de régime matrimonial

Le Code civil autorise les époux à changer de régime matrimonial en cours de mariage. Cette possibilité permet aux époux de s'adapter aux circonstances et à l'évolution de leur patrimoine (C. civ., art. 1397).
Par exemple, le régime de la communauté universelle, adopté au début du mariage, présente des risques importants en cas de mésentente entre les deux époux au cas où l'un d'entre eux dispose, au moment du mariage, de biens propres qui entrent dans la communauté et dont la propriété se trouve immédiatement partagée entre les deux conjoints.
Mais ce régime devient intéressant dans une perspective successorale ou fiscale pour des époux qui s'entendent bien et qui possèdent un patrimoine important (biens qu'ils ont acquis ensemble ou biens dont ils ont pu hériter). Ils peuvent avoir intérêt, lorsqu'ils avancent en âge, à adopter ce régime assorti d'une clause d'attribution totale de communauté, ce qui permettra au conjoint survivant de rester propriétaire des biens que le couple possédait.
La modification ou le changement de régime matrimonial n'est pas une donation (C. civ., art. 1527).

• La procédure

La procédure de changement de régime matrimonial a été modifiée par la loi n° 2019-486 du 22 mai 2019, dite loi Pacte. Désormais, le changement de régime matrimonial peut avoir lieu à tout moment, quelle que soit l'ancienneté du mariage. Le délai de 2 ans qui était exigé a été définitivement supprimé.
Réalisé par acte notarié, le changement ou la modification du régime matrimonial est réalisé dans l'intérêt de la famille (C. civ., art. 1397). Selon les tribunaux, il ne doit pas être motivé par l'intention de spolier les héritiers.

Si ce changement de régime matrimonial est fait dans le but d'assurer l'avenir du conjoint, ce but est légitime et le changement est validé.
Mais si le but est d'exclure de la succession les membres de la famille du défunt alors que le conjoint dispose d'un patrimoine important, le tribunal (saisi sur opposition d'un enfant ou d'un créancier) peut refuser d'homologuer le changement de régime matrimonial.
Depuis la loi du 23 juin 2006, applicable depuis le 1er janvier 2007, le changement de régime matrimonial peut avoir lieu sans l'intervention du juge.

Rédaction du nouveau contrat de mariage

Le nouveau contrat de mariage doit être rédigé par un notaire, mais l'homologation par le tribunal judiciaire n'est plus systématique (C. civ., art. 1397).
Le notaire établit en premier lieu un contrat provisoire qui doit être accepté par les époux et qui, à peine de nullité, contient l'état liquidatif du précédent régime.
Puis le notaire en informe les personnes qui, le cas échéant, étaient intervenues lors du précédent contrat de mariage, ainsi que les enfants majeurs des époux (enfants communs ou enfants nés d'une autre union).
En cas d'enfant mineur sous tutelle, ou d'enfant majeur faisant l'objet d'une mesure de protection juridique, l'information concernant le projet de changement est portée à la connaissance du représentant de l'enfant ou du juge des contentieux de la protection.
Cette information doit contenir certaines mentions précisées par l'arrêté du 23 décembre 2006 (informations concernant les époux, la modification envisagée et les formalités en cas d'opposition).
Le décret d'application prévoit que cet envoi peut être fait par lettre recommandée avec avis de réception.
Chacune de ces personnes dispose d'un délai de 3 mois pour s'opposer au changement envisagé. Cette opposition doit être faite par lettre recommandée avec avis de réception ou par exploit d'huissier adressé au notaire rédacteur de l'acte (CPC, art. 1300-1).
L'acte doit également être porté à la connaissance des créanciers des époux. Ils sont informés par la publication d'un avis dans un journal habilité à recevoir les annonces légales dans l'arrondissement ou le département du domicile des époux. Ils ont également un délai de 3 mois suivant la publication pour s'opposer à la modification.
Si dans le délai de 3 mois aucune opposition n'est formulée, l'acte notarié est définitif et le changement de régime matrimonial prend effet entre les époux à la date de cet acte.
Si l'un des époux est commerçant, la modification doit être mentionnée au registre du commerce et des sociétés.

Homologation du tribunal

En cas d'opposition dans le délai de 3 mois, l'acte notarié doit être soumis à l'homologation du juge aux affaires familiales du tribunal judiciaire du domicile des époux.

L'homologation du juge en présence d'enfants mineurs n'est pas nécessaire, mais le notaire peut saisir le juge des contentieux de la protection s'il lui semble que le changement de régime matrimonial peut porter atteinte à leurs intérêts.
Pour les époux, le changement prend effet à la date du jugement d'homologation.

Transcription à l'état civil

La mention du changement de régime matrimonial est portée en marge de l'acte de mariage.
À l'égard des tiers, le changement prend effet 3 mois après cette transcription.
Toutefois, en l'absence même de cette mention, le changement n'en est pas moins opposable aux tiers si, dans les actes passés avec eux, les époux ont déclaré avoir modifié leur régime matrimonial.

Les frais

Les règles générales

L'acte notarié dressé en vue de modifier ou de changer le régime matrimonial donne lieu à la perception du même droit que celui prévu pour les contrats de mariage à savoir un droit fixe de 125 €.
Si le changement de régime matrimonial a pour effet de conférer aux immeubles personnels ou propres à l'un des époux le statut de biens communs, cette transmission doit être publiée au fichier immobilier.
La publication donne lieu à une imposition proportionnelle, la taxe de publicité foncière, au taux de 0,715 % (CGI, art. 1647 V) et au paiement de la contribution de sécurité immobilière au taux de 0,10 % (CGI, art. 879 et annexe III, art. 296). Ces droits sont calculés sur la fraction de la valeur du droit réel immobilier transmis à l'autre époux.

Fin des mesures d'exonération

Les mesures d'exonération fiscale mises en place en 2004 afin d'encourager les couples à changer de régime matrimonial en vue de l'adoption d'un régime communautaire ont été définitivement supprimées.
Tous les changements de régime matrimoniaux sont soumis au même régime fiscal avec notamment le règlement de la taxe de publicité foncière et de la contribution de sécurité immobilière.

L'intérêt des enfants

Lorsque deux époux décident d'adopter le régime de la communauté universelle avec clause d'attribution de la communauté au conjoint survivant les intérêts successoraux des enfants sont modifiés.
Les enfants du couple n'héritent des biens possédés par leurs parents qu'au décès du second d'entre eux (et non pas en deux temps : au décès de l'un, puis au décès de l'autre).
En revanche, les enfants nés d'un précédent mariage ou d'une précédente union peuvent être dépouillés des biens devant leur revenir dans l'hypothèse où leur père (ou mère) décède avant son nouveau conjoint, puisqu'ils ne sont pas héritiers de ce dernier.

Leurs droits successoraux sont protégés par l'action en retranchement, c'est-à-dire la possibilité de retrancher, de la part revenant au conjoint de leur père ou mère, leur propre part de réserve (voir *Les recours des enfants contre les libéralités faites entre époux*, p. 195).
Les enfants issus d'une précédente union du défunt peuvent renoncer à exercer l'action en retranchement avant le décès de l'époux bénéficiaire (sur cette renonciation, voir *La renonciation à l'action en réduction*, p. 28).

› Les avantages matrimoniaux

Un avantage matrimonial est une clause insérée dans un contrat de mariage permettant, lors de la dissolution de la communauté à la suite d'un décès, d'avantager l'un ou l'autre des époux par rapport à la situation qui serait la sienne s'il était marié sous le régime de la communauté légale et de déroger ainsi au principe selon lequel la communauté se partage par moitié entre les époux.

Les différents avantages matrimoniaux

La clause de prélèvement moyennant indemnité

Le survivant des époux prélèvera sur la communauté tel ou tel bien avant le partage moyennant le versement d'une indemnité à la communauté (C. civ., art. 1511).
Cette clause permet au survivant d'être seul propriétaire d'un bien particulier, sans être en indivision avec les héritiers. Il doit en contrepartie verser une indemnité à la communauté afin que l'égalité dans le partage soit respectée.
Par exemple, si la communauté de biens des époux a une valeur globale de 80 000 € et que le contrat de mariage prévoit que le survivant prélèvera un bien d'une valeur de 50 000 €, le conjoint devra une indemnité de 10 000 € (sa part dans la communauté s'élevant à 40 000 €).
Le contrat de mariage peut fixer les bases d'évaluation de l'indemnité et les modalités du versement.
Il peut prévoir que la soulte s'imputera sur les droits du conjoint dans la succession de l'époux prédécédé.

La clause de préciput

Le survivant, comme dans le cas précédent, prélèvera de la succession avant tout partage un certain bien ou une certaine somme, mais sans avoir à payer une indemnité à la succession.
Ce préciput vient s'ajouter à la part du survivant dans la communauté (C. civ., art. 1515).

La clause de parts inégales

Cette clause prévoit que les époux entendent déroger au partage à égalité prévu par la loi et que la communauté sera, par exemple, attribuée pour 2/3 à l'un (ou à ses héritiers) et 1/3 à l'autre. L'époux qui recueille une part supérieure à la moitié de la communauté doit également supporter les dettes de la communauté dans les mêmes proportions (C. civ., art. 1520).

La clause d'attribution intégrale

Dans ce cas, la totalité de la communauté doit être attribuée au survivant. Cette clause permet d'attribuer la totalité de la communauté (et non plus la moitié) à l'époux survivant. Les enfants du couple, dans ce cas, n'héritent de leurs parents qu'au décès du second d'entre eux. L'inconvénient pour eux réside dans le fait qu'ils n'auront droit qu'à un seul abattement puisqu'il n'y aura qu'une seule succession au lieu de deux (C. civ., art. 1524).

ATTENTION

Actif et passif ! Le conjoint survivant recueille la totalité de la communauté, c'est-à-dire l'actif mais aussi le passif. Puisqu'il ne s'agit pas d'une transmission par testament ou par donation, il ne peut pas limiter le paiement des dettes à la part de communauté ayant appartenu au conjoint décédé.

Intérêt des avantages matrimoniaux

Les avantages matrimoniaux ne sont pas des donations. Ils restent acquis au conjoint survivant et viennent s'ajouter à sa part d'usufruit légal ou aux donations qui ont pu lui être faites.
Ils ne peuvent être révoqués que lors d'un changement de régime matrimonial (accord des deux époux) ou à l'occasion d'un divorce.
Ils ne peuvent pas être révoqués, à l'inverse des donations, pour cause d'ingratitude.

Cas pratique

La Cour de cassation a d'ailleurs eu l'occasion de le rappeler dans un procès qui opposait des enfants à leur père. Ce dernier avait assassiné leur mère (et avait été condamné pour ce crime). Le père avait cependant pu bénéficier (en prison) d'une clause insérée dans son contrat de mariage (contrat de communauté universelle) lui attribuant la totalité des biens de la communauté (la moitié en pleine propriété et l'autre moitié en usufruit) au détriment de ses enfants. La Cour a constaté que les avantages matrimoniaux n'étaient pas des donations et ne pouvaient donc pas être révoqués pour cause d'ingratitude (C. cass., civ. 1re, 7.4.1999, D. 1998, II, p. 529).

À NOTER

Avantage matrimonial Est également un avantage matrimonial l'adoption du régime de la communauté universelle lorsque les apports de chaque époux à cette communauté ne sont pas égaux en valeur.

Fiscalement les avantages matrimoniaux ne sont pas imposables.
Si les époux ont adopté le régime de la communauté universelle avec clause d'attribution de la communauté au survivant, les enfants du couple ne recueillent les biens de leurs parents qu'au décès du second d'entre eux et non pas une partie au décès du premier, et l'autre partie au décès du second. Chaque enfant ne bénéficie donc que d'un seul abattement sur la part qu'il recueille pour l'ensemble de

ces biens (et non pas d'un abattement au décès de son père, et du même abattement au décès de sa mère).
Pour éviter cette taxation importante des enfants, il peut être utile d'effectuer, en leur faveur, une donation-partage de certains biens communs qui ne seront pas compris dans l'attribution de communauté (voir *Comment faire une donation-partage ?*, p. 128).

Les avantages matrimoniaux en cas de divorce

Le divorce emporte révocation de plein droit des avantages matrimoniaux qui ne prennent effet qu'à la dissolution du régime matrimonial ou au décès de l'un des époux, sauf volonté contraire de l'époux qui les a consentis (voir *Le sort des donations et avantages matrimoniaux en cas de divorce*, p. 180).

Les recours des enfants contre les libéralités faites entre époux

Afin d'éviter que les libéralités entre époux ne portent atteinte aux droits des enfants (issus du mariage ou d'une précédente union du défunt), la loi a prévu plusieurs dispositions en leur faveur.

› Mesures conservatoires

Lorsque le conjoint reçoit sa part en usufruit, les enfants, nus-propriétaires, peuvent demander que soit dressé un inventaire des meubles de la succession et un état des immeubles (C. civ., art. 1094-3).
Ils peuvent demander que les sommes de la succession dont le conjoint détient l'usufruit soient placées, ou encore que les titres au porteur soient convertis en titres nominatifs ou déposés chez un dépositaire agréé (le choix de cette option est laissé au conjoint survivant).

› Conversion de l'usufruit en rente viagère

Principe

Le conjoint peut, depuis le 1er juillet 2002, recueillir l'usufruit de la succession de son époux prédécédé soit par la loi, soit par donation au dernier vivant, soit encore par legs.
Auparavant, la conversion de l'usufruit en rente viagère n'était ouverte qu'en cas de libéralité en faveur du conjoint, lorsque la libéralité faite en propriété et usufruit (ou en usufruit seulement) portait sur plus de la moitié des biens. Dans cette hypothèse, chaque enfant pouvait demander, en ce qui concerne sa part de succession, que l'usufruit soit converti en rente viagère d'égale valeur.
Cette règle reste en vigueur et a été reprise par la loi de 2001.
La conversion est possible, que ce droit d'usufruit soit dévolu au conjoint par la loi (C. civ., art. 757), par une donation au dernier vivant ou par testament.
Par ailleurs, cette possibilité est de droit pour les héritiers (C. civ., art. 759).

Cela signifie que le défunt ne peut pas, par testament par exemple, interdire à ses héritiers de demander cette conversion. La faculté de conversion n'est pas non plus susceptible de renonciation (C. civ., art. 759-1).
La demande de conversion peut être faite pendant 5 ans. Le tribunal compétent est le tribunal judiciaire ; la présence d'un avocat est obligatoire.

À NOTER

Le choix du conjoint Le conjoint peut lui-même demander la conversion de son usufruit en rente viagère en s'adressant au juge à défaut d'accord avec les héritiers.
Le conjoint peut aussi refuser la conversion si l'usufruit porte sur sa résidence principale (voir *Exception : la protection du domicile du conjoint,* ci-après).

L'intérêt pour les enfants est de se retrouver propriétaires à part entière des biens qu'ils se sont vus attribuer à la suite d'un partage par exemple.
Ils peuvent demander la conversion pour certains biens et laisser l'usufruit du conjoint s'exécuter sur les autres.
La rente doit correspondre à la valeur réelle de l'usufruit et est indexée. Les héritiers doivent fournir des garanties pour le paiement de la rente.
À défaut d'accord entre les parties, la demande de conversion est soumise au juge. Elle peut être introduite jusqu'au partage définitif (C. civ., art. 760).
S'il fait droit à la demande de conversion, le juge détermine le montant de la rente, les sûretés que devront fournir les cohéritiers débiteurs, ainsi que le type d'indexation propre à maintenir l'équivalence initiale de la rente à l'usufruit.
La conversion de l'usufruit est comprise dans les opérations de partage. Elle ne produit pas d'effet rétroactif, sauf stipulation contraire des parties (C. civ., art. 762).
Dans l'hypothèse où les parties stipulent une rétroactivité de la conversion et seulement si la rétroactivité est fixée à la date du décès, les droits de mutation par décès doivent être assis sur la valeur de la rente évaluée par les redevables sous le contrôle de l'administration. Cette valeur est, bien entendu, déduite de l'actif recueilli en toute propriété par les héritiers.
Lorsque la conversion avec effet rétroactif au décès intervient après le dépôt de la déclaration de succession, elle entraîne une révision de la perception des droits et les héritiers doivent déposer une déclaration complémentaire dans les 6 mois de cette conversion. La différence dans les droits à payer est, selon le cas, versée par les redevables ou restituée sur réclamation.

Exception : la protection du domicile du conjoint

Le conjoint est cependant protégé de cette conversion en ce qui concerne son local d'habitation. À condition d'y demeurer à l'époque du décès, le conjoint peut toujours s'opposer à la demande de conversion en rente viagère et le juge ne peut pas ordonner cette conversion contre son gré.
Le logement doit être la résidence principale au moment du décès de l'époux.
L'interdiction de convertir l'usufruit en rente viagère porte également sur le mobilier garnissant le domicile.

Cette règle est la même que l'usufruit soit transmis par la loi (C. civ., art. 760) ou par donation (C. civ., art. 1094-2).

› Conversion de l'usufruit en capital

Contrairement à la conversion en rente viagère qui peut être demandée en justice, la conversion en capital n'est possible qu'en cas d'accord entre le conjoint et les héritiers (C. civ., art. 761).
La valeur de ce capital (comme la valeur de la rente en cas de conversion en rente viagère) peut être déduite de l'actif recueilli en toute propriété par les héritiers.

› L'action en retranchement

Dans la majorité des cas, les époux qui changent de contrat de mariage optent pour le régime de la communauté universelle et insèrent dans ce contrat une clause d'attribution de la communauté au survivant. C'est en effet le régime le plus protecteur pour le conjoint.
Dans ce cas, le conjoint se retrouve seul propriétaire des biens de la communauté, les enfants issus du couple n'héritant de leurs parents qu'au décès du second d'entre eux. Ils ne sont pas déshérités (leur réserve n'est pas entamée), mais doivent attendre le second décès pour pouvoir recueillir les biens de leurs parents.
En revanche, les enfants issus d'un autre mariage ou d'une autre union du défunt n'hériteront jamais du nouveau conjoint de ce dernier puisqu'ils ne sont pas ses héritiers. L'application de la clause d'attribution intégrale de la communauté, insérée dans le contrat de communauté universelle, aurait en effet pour conséquence de priver ces enfants de tous les biens de leur père ou mère remarié(e), ces biens faisant partie du patrimoine de son nouveau conjoint et étant transmis aux propres héritiers de ce dernier.
C'est pourquoi ils disposent de l'action en retranchement leur permettant de diminuer la part devant revenir au conjoint survivant et de la limiter au montant de la quotité disponible des époux (C. civ., art. 1527).
Mais si les enfants issus du premier lit du défunt ont été adoptés par le second conjoint de ce dernier, ils n'ont plus le droit d'exercer l'action en retranchement car ils sont en effet appelés à hériter de ce conjoint, comme des enfants légitimes.

Cas pratique

Des époux avaient adopté le régime de la communauté avec attribution de la communauté au survivant. Les deux enfants du mari, issus de son premier mariage, avaient intenté une action en retranchement à l'encontre de leur belle-mère.
Or, ils avaient été adoptés par cette dernière par adoption simple. Cette circonstance leur permettait d'être assimilés à des enfants légitimes et de pouvoir hériter de leur belle-mère.
Ils se sont fait débouter de leur demande de retranchement (CA Orléans, 29.4.2002, JCL Droit de la famille 12.2002, n° 147, p. 21).

L'action en retranchement est une sorte d'action en réduction puisque l'action a pour effet de limiter l'attribution de la communauté à la quotité disponible entre époux. La clause est sans effet pour tout l'excédent.

Cette action ne peut être intentée par les enfants que lors de la liquidation de la succession (partage).

Les aspects fiscaux

Le ou les enfants nés d'une précédente union du défunt qui exercent l'action en retranchement à l'encontre du conjoint survivant, doivent faire une déclaration fiscale et payer les droits de succession pour la part qu'ils récupèrent (CA Aix-en-Provence, 15.1.2002, Gaz. Pal. 18.6.2002, p. 41).

La renonciation anticipée à l'action en retranchement

Les enfants peuvent renoncer à exercer cette action en retranchement au moment de l'ouverture de la succession de leur parent décédé, mais aussi, par avance, du vivant de ce dernier.
Sur cette renonciation anticipée, voir *La renonciation à l'action en réduction*, p. 28.

› Conversion en usufruit d'une libéralité faite au conjoint

Si le défunt a donné ou légué un bien à son conjoint, les enfants du défunt issus d'un précédent mariage, peuvent remplacer cette libéralité par un usufruit (C. civ., art. 1098).
L'intérêt pour les enfants est de conserver les biens dans leur patrimoine puisqu'au décès du conjoint survivant, l'usufruit s'éteindra et ils se retrouveront propriétaires à part entière de ces biens.
La conversion de la libéralité en usufruit se passe de la façon suivante : si le conjoint a bénéficié d'une libéralité en propriété, cette libéralité est remplacée par l'usufruit de la part de succession que l'enfant aurait recueillie s'il n'y avait pas eu de conjoint survivant.

Cas pratique

Le défunt a légué à son conjoint la quotité disponible ordinaire de sa succession.
Il laisse à son décès un enfant né d'un premier mariage. La quotité disponible est donc égale à la moitié de la succession.
S'il n'y avait pas eu de conjoint, l'enfant (seul héritier) aurait recueilli la totalité de la succession.
L'enfant peut donc remplacer la moitié en pleine propriété de la succession attribuée au conjoint par l'usufruit portant sur la totalité de cette succession.

Cette possibilité de conversion est exclue :
- si l'interdiction de convertir en usufruit figure dans l'acte (donation ou testament), c'est-à-dire si l'époux a voulu écarter cette possibilité ;
- si le conjoint a laissé à son époux survivant le droit d'opter pour l'une des trois quotités disponibles de l'article 1094-1 du Code civil. L'option effectuée par le conjoint doit être respectée.

Cas pratique

Un mari avait légué à son épouse le maximum de ce que la loi permet.

Il laisse à son décès son épouse et deux enfants qu'il avait eus de son premier mariage.

L'épouse décède sans avoir opté pour l'une des quotités disponibles. Ses héritiers (ses neveux) optent au nom de leur tante pour 1/3 en propriété (quotité disponible ordinaire en présence de deux enfants).

Les enfants du mari s'opposent à cette option et demandent la conversion de la part de la veuve en usufruit selon l'article 1098 du Code civil.

La Cour de cassation a donné raison aux neveux. Les héritiers ne peuvent obtenir la conversion de la propriété en usufruit si le conjoint a le droit d'opter pour l'une des quotités disponibles (C. cass., civ. 1re, 3.12.1999, Bull. civ. n° 437).

Les droits de mutation

› Les donations

L'abattement fiscal

Le conjoint survivant est exonéré de droits de mutation si la donation qu'il reçoit est inférieure à 80 724 €.
Cet abattement peut être cumulé avec l'abattement applicable aux personnes en situation de handicap.
Comme tout bénéficiaire d'une donation, le conjoint survivant bénéficie de la possibilité d'appliquer plusieurs fois l'abattement lorsque les libéralités sont espacées de plus de 15 ans (depuis le 18 août 2012).

Le tarif des droits de donation

Après application de cet abattement, le conjoint survivant devra payer :

Jusqu'à 8 072 €	5 %
De 8 072 € à 15 932 €	10 %
De 15 932 € à 31 865 €	15 %
De 31 865 € à 552 324 €	20 %
De 552 324 € à 902 838 €	30 %
De 902 838 € à 1 805 677 €	40 %
Au-delà de 1 805 677 €	45 %

› Les transmissions par décès (testament, donation au dernier vivant...)

En fonction de la date de l'ouverture de la succession, les règles sont différentes.

Succession ouverte après le 22 août 2007

Depuis la loi n° 2007-1223 du 21 août 2007, le conjoint survivant est exonéré de droits de succession pour les biens qu'il reçoit après le décès de son époux.

À NOTER

Les héritages sans impôt Tous les couples mariés héritent l'un de l'autre sans payer de droits de succession. Ils sont totalement exonérés.
Les couples pacsés bénéficient de cette exonération mais ils n'héritent que si le partenaire décédé a rédigé un testament en faveur du partenaire survivant.

› Les avantages matrimoniaux

Les avantages matrimoniaux ne sont pas considérés comme des donations et ne sont donc pas imposés aux droits de mutation.
Lorsque les enfants du premier mariage exercent l'action en retranchement (voir *L'action en retranchement*, p. 197), le conjoint ne reçoit que la quotité disponible entre époux et est exonéré des droits de succession sur cette quotité.
Mais les enfants du premier mariage du défunt peuvent renoncer à intenter cette action en retranchement.
Dans ce cas, le conjoint reçoit l'intégralité de la succession.
L'avantage matrimonial n'est considéré fiscalement comme une donation que pour la part qui excède la quotité disponible entre époux.
Les droits de mutation ne sont dus en conséquence que sur la part excédant cette quotité disponible et non sur l'intégralité de ce qu'il reçoit.
Ces règles ont été réaffirmées par un arrêt de la Cour de cassation du 6 mai 1997 (D. 1998, p. 303), puis finalement admises par l'administration fiscale dans une instruction du 8 janvier 1998.

Quelles démarches pour donner à son partenaire pacsé ou à son concubin ?

Le concubin, comme le partenaire pacsé, n'est jamais héritier désigné par la loi. Il ne peut recevoir des biens que par donation ou par testament. Fiscalement, leurs situations sont très différentes puisque le partenaire pacsé est largement avantagé par rapport au simple concubin.

Donations ou testaments

Le concubin, même notoire, n'a légalement aucun droit dans la succession du défunt. Il est considéré comme un étranger à la famille et, à ce titre, ne peut recevoir que les dons ou legs que le défunt lui aurait consentis de son vivant.
Cette exclusion de la succession s'applique aussi au concubin qui a signé un PACS et à qui la loi n'attribue aucune part sur la succession de son partenaire.
Si les patrimoines respectifs des deux concubins ne sont pas égalitaires, le plus fortuné doit préparer l'avenir du survivant s'il veut éviter que ses biens soient attribués à des personnes non choisies.

› Concubins non pacsés

Comme toutes les libéralités, les donations ou legs établis en faveur d'un concubin ne doivent pas dépasser le montant de la quotité disponible ordinaire.
Le concubin ne dispose pas de la quotité disponible spéciale réservée aux conjoints mariés (voir *Quelles démarches pour donner à son époux ?*, p. 164).
Dans le respect du droit des héritiers réservataires, il est donc possible d'attribuer par donation ou testament une certaine quote-part de son patrimoine. Cette quote-part dépend du nombre d'héritiers réservataires : les enfants et le conjoint (sur le montant de la réserve, voir *Que se passe-t-il au décès du donateur ou du testateur ?*, p. 275).

Transmission de l'usufruit

Compte tenu des droits de mutation importants, il peut donc être préférable de donner ou de léguer un simple droit d'usufruit sur un immeuble, par exemple, pour limiter la valeur de la libéralité.
Si les concubins ont acquis ensemble un immeuble (exemple : leur logement commun), chacun d'entre eux peut léguer à l'autre l'usufruit sur sa part d'indivision.
Au décès du premier d'entre eux, le survivant sera propriétaire de sa part d'indivision et de l'usufruit sur la part de son concubin. Détenant la totalité de l'usufruit sur l'immeuble, il pourra ainsi demeurer dans le logement et s'opposer, le cas échéant, aux demandes de partage des héritiers.

Il est possible aussi de prévoir dans un testament qu'un legs sera libre de tous frais et charges (voir *Prise en charge des droits de mutation par les héritiers*, ci-après).
Cela entraîne pour le bénéficiaire une dispense de payer les droits de succession, lesquels sont pris en charge par les héritiers ou les légataires universels.

Assurance-vie

Pour éviter ces droits de succession, il est possible de souscrire une assurance-vie dont le bénéficiaire est le concubin, car le capital versé au décès est, sous certaines conditions d'âge et de montant, exonéré de droits de succession (voir *Que pouvez-vous donner ?*, p. 31).

Tontine

Longtemps présentée comme le bon moyen de léguer une partie de la résidence principale en franchise d'impôt, la tontine présente des inconvénients rédhibitoires (voir *La tontine : une formule obsolète et risquée*, p. 84).

Prise en charge des droits de mutation par les héritiers

Il est possible de prévoir dans un testament qu'un legs sera libre de tous frais et charges.
Il s'agit de l'application de l'article 1016 du Code civil qui prévoit que les frais et droits seront à la charge du légataire… s'il n'en a été autrement ordonné par le testament.
Il est donc nécessaire d'indiquer précisément cette volonté dans le testament.
La jurisprudence a considéré que la mention du testament selon laquelle le légataire prendra possession du legs « franc et quitte de tout frais » ou encore la mention précisant : « tous les droits et frais afférents au règlement de la succession seront supportés par celle-ci comme un passif ordinaire » met à la charge de la succession les frais d'enregistrement et les droits de mutation.
Mais vis-à-vis du fisc, le légataire est le seul redevable des droits de mutation et, en cas de non-paiement de ces droits par la succession, les pénalités de retard seront réclamées à ce légataire.

› PACS : la situation du partenaire pacsé

La personne qui a signé un PACS n'est pas l'héritière de son partenaire.
Cela signifie que, même si le défunt ne laisse aucune famille (enfant, parent, oncle, cousins…), son partenaire ne pourra recueillir aucun bien de la succession (qui sera dévolue, à défaut d'héritier, à l'État).
Si l'on veut transmettre ses biens à son partenaire, il est donc indispensable de rédiger un testament en sa faveur ou d'effectuer une donation.
La situation du partenaire d'un PACS est ici la même que celle de tout concubin (voir *Concubins non pacsés*, p. 201).
Mais la situation des partenaires pacsés présente un intérêt fiscal par rapport à la situation des simples concubins, puisque, en cas de donation, ils bénéficient d'un abattement spécifique et de droits fixés à un taux inférieur.

Par ailleurs, ils sont exonérés de droits de successions pour les biens reçus par testament (depuis le 22 août 2007) (voir *Partenaires liés par un PACS*, p. 204).

La protection de l'habitation principale

Depuis la loi n° 2006-728 du 23 juin 2006 (applicable depuis le 1er janvier 2007), le partenaire pacsé du défunt, comme le conjoint marié, dispose d'un droit d'habitation pendant 1 an dans le logement qu'il habitait avec le défunt, à condition d'y être domicilié au moment du décès (habitation principale). Ce droit est reconnu, même si le logement appartenait au défunt.
Si le logement était loué ou appartenait à une indivision, la succession doit rembourser les loyers ou les indemnités d'occupation au partenaire survivant pendant une année à compter du décès.
En cas de remboursement des loyers ou indemnités d'occupation, ces sommes peuvent être déduites de l'actif successoral (CGI, art. 775 *quater*).

À NOTER

Droit d'habitation À la différence des couples mariés, ce droit n'est pas d'ordre public pour les partenaires pacsés. Cela signifie que chaque partenaire peut priver l'autre de ce droit d'occupation temporaire du logement.

Par ailleurs, le partenaire pacsé peut bénéficier de l'attribution préférentielle du logement qui était son habitation principale. L'attribution préférentielle réservée auparavant au conjoint marié, est, depuis le 1er janvier 2007, possible en faveur du partenaire pacsé du défunt.
Dans la mesure où l'un des partenaires est le seul propriétaire du logement qu'ils occupent, le bien, à son décès, est normalement transmis à ses héritiers. Pour contrer cette transmission et permettre au partenaire pacsé de demeurer dans les lieux après le décès, le propriétaire du logement peut prévoir par testament que son partenaire bénéficiera de l'attribution préférentielle, de droit, des locaux lors du partage de la succession.
Si le testament le prévoit, le partenaire survivant pourra donc devenir propriétaire du logement, moyennant le paiement d'une soulte aux héritiers du défunt. Cette clause de testament permet au partenaire survivant d'être prioritaire par rapport à un éventuel autre héritier qui demanderait la même attribution préférentielle.
L'attribution préférentielle peut être demandée également pour un local professionnel (attribution de la propriété des locaux ou du droit au bail) si le partenaire pacsé y exerçait effectivement sa profession au moment du décès. Lorsque l'attribution préférentielle est accordée, elle porte également sur le mobilier à usage professionnel garnissant le local (C. civ., art. 831-2).

L'adoption du régime de l'indivision

Depuis le 1er janvier 2007, pour les pactes signés à compter de cette date, les biens que les partenaires acquièrent pendant le PACS sont régis par le régime de la séparation de biens (sur le modèle du même régime pouvant être choisi par les couples mariés).

Il s'agit du régime légal qui s'applique si les partenaires ne prévoient rien dans leur convention concernant les biens.
Les partenaires peuvent toutefois écarter ce régime et choisir, dans leur convention, le régime de l'indivision. Cette option peut être prise dans la convention initiale ou dans une convention modificative postérieure.
Choisir ce régime signifie que les biens acquis pendant le PACS sont réputés indivis pour moitié, même s'ils n'ont été acquis que par un seul partenaire et même si les participations respectives de chacun sont inégales (cela entraîne aussi l'impossibilité de contester une éventuelle contribution inégale de l'un ou de l'autre).
Le choix du régime de l'indivision est une façon d'avantager un partenaire puisqu'il bénéficie de la moitié des biens du couple même s'il n'a pas contribué dans cette proportion à leur acquisition.

Les droits de mutation

› Concubins non pacsés

Les personnes qui reçoivent une donation ou un legs de leur concubin(e) doivent payer des droits de mutation fixés à 60 % de la valeur du bien transmis.
S'il s'agit d'une donation, aucun abattement n'est accordé.
S'il s'agit d'un legs, les bénéficiaires ont droit uniquement à l'abattement général de 1 594 €.
Leur sont toutefois applicables l'abattement pour personnes en situation de handicap et les réductions applicables aux donations (voir *Combien coûte une donation ou un testament ?*, p. 225).

› Partenaires liés par un PACS

Testaments

Avant le 22 août 2007, en cas de décès de l'un des partenaires, le survivant, bénéficiaire d'un legs de son partenaire, avait droit à un abattement de 57 000 €.
Le legs était taxé à 40 % pour les 15 000 € suivants et à 50 % pour le reste.
Si la succession est ouverte après le 22 août 2007, le partenaire pacsé est totalement exonéré de droits de successions pour les biens qu'il reçoit par testament.

Donations

Le régime des donations entre partenaires pacsés a également été modifié par la loi n° 2007-1223 du 21 août 2007.
La réforme s'applique aux donations consenties depuis le 22 août 2007.
Les donations consenties avant cette date bénéficient, comme les testaments, de l'abattement de 57 000 € quelle que soit la durée du PACS.
Après application de l'abattement sur la valeur de la donation, les sommes excédant ce montant sont taxées au taux de 40 % pour la tranche de 15 000 € et au taux de 50 % pour le reste.

Les donations consenties après le 22 août 2007, bénéficient d'un abattement augmenté et d'une diminution des droits applicables.
En effet, les donations entre vifs (du vivant des deux partenaires) sont taxables sous déduction d'un abattement.
Seules les transmissions successorales entre partenaires ont lieu en totale franchise de droits de successions.
La situation du partenaire pacsé est alignée sur celle du conjoint marié.
L'abattement fiscal applicable sur les donations entre partenaires pacsés est fixé à 80 724 €.
Après application de cet abattement, les droits de donations à payer sont de 5 % à 45 %.

DROITS SUR LES DONATIONS ENTRE PARTENAIRES PACSÉS (APPLICABLES APRÈS L'ABATTEMENT DE 80 724 €)	
Jusqu'à 8 072 €	5 %
De 8 072 € à 15 932 €	10 %
De 15 932 € à 31 865 €	15 %
De 31 865 € à 552 324 €	20 %
De 552 324 € à 902 838 €	30 %
De 902 838 € à 1 805 677 €	40 %
Au-delà de 1 805 677 €	45 %

Mais le législateur conserve néanmoins une méfiance pour les PACS conclus uniquement pour des raisons fiscales. C'est la raison pour laquelle, si les partenaires rompent volontairement le PACS l'année civile de sa conclusion ou l'année suivante, l'abattement et les taux d'imposition spécifiques ne sont pas appliqués. Cela signifie que le partenaire pacsé qui aurait reçu une donation, alors que le PACS a été rompu dans ces délais, devrait payer un complément de droits de mutation.
Le terme « volontairement » exclut le cas où la rupture du PACS est due au décès d'un des partenaires. Dans cette hypothèse, le partenaire survivant qui aurait bénéficié d'une donation avant le décès conserverait le bénéfice de son abattement.
Cette exclusion ne s'appliquerait pas non plus en cas de mariage des partenaires entre eux.

Application de l'abattement

Nouvelle application de l'abattement après 15 ans (depuis le 18 août 2012)

Le texte qui prévoit que l'abattement pourra à nouveau être appliqué si un délai de 15 ans sépare deux donations est un texte d'ordre général.
Il n'est donc pas réservé à l'abattement des enfants et s'applique également à l'abattement accordé aux partenaires d'un PACS.
Cela signifie qu'un partenaire pacsé peut effectuer, tous les 15 ans, une donation du montant de l'abattement (80 724 € depuis 2011), à son partenaire sans avoir à payer de droits de mutation.

En cas de nouveau PACS

Dans l'hypothèse où une personne rompt un PACS et en contracte un nouveau, elle pourra effectuer une donation en faveur de son nouveau partenaire et le faire bénéficier de l'abattement de 80 724 € sans attendre l'expiration du délai de 2 ans du PACS (à condition toutefois que le PACS ne soit pas rompu dans l'année qui suit celle de sa conclusion ; voir ci-avant).

Abattement supplémentaire pour les personnes en situation de handicap

Comme tout héritier, légataire ou donataire, le partenaire pacsé en situation de handicap bénéficie d'un abattement supplémentaire de 159 325 €. L'expression « en situation de handicap » signifie être « incapable de travailler dans des conditions normales de rentabilité, en raison d'une infirmité physique ou mentale, congénitale ou acquise » (CGI, art. 779).

Paiement des droits de mutation

En vertu de l'article 1709 du Code général des impôts, seuls les cohéritiers sont solidaires pour le paiement des droits de mutation par décès (un héritier peut se voir réclamer la totalité des droits dus par ses cohéritiers).
Le partenaire du défunt, n'étant pas héritier, n'est pas tenu à cette solidarité.

Abattement pour la résidence principale

En cas décès, la valeur de la résidence principale du défunt bénéficie d'un abattement de 20 % pour la déclaration de succession, à condition que ce logement soit également occupé au moment du décès par le partenaire survivant ou par les enfants du défunt ou de son partenaire.
Les enfants doivent être mineurs, majeurs protégés ou encore « incapables de travailler dans des conditions normales de rentabilité, en raison d'une infirmité physique ou mentale, congénitale ou acquise » (CGI, art. 764 *bis*).
L'abattement de 20 % applicable sur la valeur de la résidence principale du défunt qui profitait auparavant au seul conjoint survivant et aux enfants est également applicable, depuis le 1er janvier 2005, au partenaire pacsé du défunt qui vivait avec lui.

› Tableau récapitulatif

TARIFS APPLICABLES AUX DONATIONS CONSENTIES ET AUX SUCCESSIONS OUVERTES				
Bénéficiaire	Type d'acte	Abattement	Part nette taxable	Montant des droits dus
Concubin pacsé	Successions (testament)	Exonération	Exonération	Exonération
	Donation	80 724 €	Exonération Jusqu'à 80 724 € Jusqu'à 8 072 € De 8 072 à 15 932 € De 15 932 à 31 865 € De 31 865 à 552 324 € De 552 324 à 902 838 € De 902 838 à 1 805 677 € Au-delà de 1 805 677 €	Exonération 5 % 10 % 15 % 20 % 30 % 40 % 45 %
Concubin non pacsé	Successions (testament)	1 594 €	Totalité au-delà de 1 594 €	60 %
	Donation	0 €	Totalité	60 %

Quelles démarches pour donner à des membres de sa famille ?

Les parents ou les grands-parents sont des ascendants.
Ils ne sont pas héritiers réservataires et sont primés dans la succession par les enfants et le conjoint survivant.
Fiscalement, ils bénéficient des abattements et tarifs applicables à la ligne directe.

Les parents et les grands-parents

Les parents (et les grands-parents) sont des ascendants. Ils ne sont héritiers de leur enfant ou petit-enfant que si ce dernier n'a lui-même pas d'enfant.

› Donation ou testament

Le père et la mère

Les parents du défunt héritent de leur enfant si lui-même n'a pas d'enfants ni de descendants. Dans cette hypothèse, les parents partagent la succession avec le conjoint survivant.
S'il n'y a pas de conjoint survivant, les parents partagent la succession avec les frères et sœurs du défunt.
S'il n'y a pas de frères et sœurs, les parents recueillent toute la succession (C. civ., art. 733 et s.) (voir *Quel est l'ordre successoral légal ?*, p. 2).
Une donation ou un testament en faveur des parents est donc utile :
- soit pour leur permettre de recueillir certains biens de la succession normalement attribuée en totalité aux enfants (et éventuellement au conjoint) ;
- soit, en l'absence d'enfant, pour répartir son patrimoine ou certains biens entre parents et conjoint ou entre parents et frères et sœurs.

Les grands-parents

Il est rare que les grands-parents héritent de leur petit-enfant puisque cela supposerait que le défunt ne laisse ni enfant, ni conjoint, ni frère et sœur.
Les grands-parents peuvent éventuellement hériter si le défunt ne laisse que son père ou que sa mère (voir *Les ascendants*, p. 6).
Une donation ou un testament en leur faveur est donc indispensable si l'on veut leur transmettre certains biens de son patrimoine.

› Droits de mutation

Abattement

L'abattement réservé aux parents et aux grands-parents est le même que celui applicable aux enfants, soit 100 000 €.
Les droits de mutation sont calculés sur la part reçue après déduction de l'abattement.
Il n'y a aucun droit de mutation à payer si la part de l'intéressé est égale ou inférieure à cet abattement.
Les ascendants bénéficient aussi de l'abattement supplémentaire de 159 325 € s'ils sont en situation de handicap.

Tarif des droits de mutation

Lorsqu'un parent ou un grand-parent reçoit un bien de son enfant ou de son petit-enfant – ligne directe ascendante –, les tarifs des droits de mutation sont les mêmes que ceux applicables aux enfants sur les biens qu'ils reçoivent de leur père ou de leur mère ou encore de leurs grands-parents – ligne directe descendante (voir *Les tarifs des droits de donation*, p. 156).

Les frères et sœurs, neveux et nièces

› Donation ou testament

Les frères et sœurs

Les frères et sœurs ne sont pas héritiers réservataires. Ils sont exclus de la succession par la présence de ces héritiers réservataires (enfants et, depuis le 1er juillet 2002, conjoint survivant), ou, en l'absence de ces héritiers réservataires, si le défunt a transmis l'intégralité de ses biens à un tiers.
Si une personne n'a ni enfant ni descendant, que ses parents sont décédés et qu'elle n'est pas mariée, ses biens, à son décès, seront attribués à ses frères et sœurs.
Pour transmettre un bien à un frère ou une sœur alors qu'il y a des héritiers réservataires, il est donc utile d'effectuer une donation ou de rédiger un testament en leur faveur.
Les donations ou legs en faveur de ses frères et sœurs doivent respecter la réserve et ne peuvent excéder la quotité disponible (voir *Que se passe-t-il au décès du donateur ou du testateur ?*, p. 275).

Les neveux et nièces

Il est toujours possible d'effectuer une donation ou de rédiger un testament en faveur de ses neveux et nièces.
Mais il est aussi possible de les faire profiter d'une donation ou d'un legs effectué en faveur du frère ou de la sœur, en rédigeant une donation graduelle ou une donation résiduelle.

Le frère ou la sœur reçoit dans un premier temps le bien donné, mais doit, à son propre décès, transmettre ce bien donné à une personne désignée dans l'acte. Cette personne peut être un neveu ou une nièce du donateur (sur ces formes de donations et leur intérêt familial et fiscal, voir *La donation ou le legs graduel*, p. 58).

La représentation

Les neveux et nièces peuvent hériter de leur oncle ou tante par représentation de leur parent – frère ou sœur du défunt (sur ce point, voir *Les neveux et nièces*, p. 6).

› Droits de mutation

Les abattements en faveur des frères et sœurs

En cas de donation

Il est possible de donner de l'argent mais également des biens en nature (voiture, bijoux…), des actions, des parts sociales, mais aussi des biens immobiliers. La donation entre frères et sœurs ouvre droit à un abattement de 15 932 € appliqué sur la part de chaque bénéficiaire. Cet abattement peut s'appliquer en une seule ou plusieurs fois et peut être renouvelé tous les 15 ans.

En cas de transmission par décès

Les frères et sœurs sont exonérés de droits de succession s'ils remplissent les conditions suivantes :
- être âgé de plus de 50 ans ou être atteint d'une infirmité empêchant de subvenir à ses besoins ;
- avoir partagé le domicile du défunt pendant au moins les 5 années qui ont précédé le décès (CGI, art. 788) ;
- être célibataire, veuf, divorcé ou séparé de corps.

Si le frère ou la sœur ne remplit pas les conditions pour bénéficier de l'exonération de droits de succession, un abattement de 15 932 € lui est accordé.
La part taxable après application de l'abattement est imposée au taux de 35 % jusqu'à 24 430 € et 45 % au-delà de ce montant.

Les abattements en faveur des neveux et nièces

En cas de donation

Les biens, sommes et valeurs donnés aux neveux et nièces du donateur bénéficient d'un abattement de 7 967 € par bénéficiaire, applicable tous les 15 ans. Au-delà de ce montant, la donation est taxée à 55 %.

En cas de dons d'argent

Les neveux et nièces peuvent, sous certaines conditions, recevoir de leurs oncles et tantes une somme de 31 865 € en franchise d'impôt (CGI, art. 790 G). Cet abattement se renouvelle tous les 15 ans.
Mais ces dons ne sont exonérés que si les conditions suivantes sont réunies :
- le donateur ne doit pas avoir de descendance (enfants ou petits-enfants) ;
- le donateur doit être âgé de moins de 80 ans au jour de la transmission ;

- le donataire doit être âgé de 18 ans révolus ou avoir été émancipé.
Cet abattement est cumulable avec leur abattement général de 7 967 €.
Les dons de sommes d'argent doivent être déclarés ou enregistrés par le donataire au service des impôts du lieu de son domicile dans le délai d'1 mois qui suit la date du don. La déclaration se fait sur un formulaire établi par l'administration, en double exemplaire.

En cas de transmission par décès

L'abattement dont bénéficient chaque neveu et nièce en cas de transmission successorale de son oncle ou de sa tante est fixé à 7 967 €.
Les neveux et nièces peuvent aussi être appelés à la succession de leur oncle ou tante s'ils viennent en représentation de leur père ou mère (frère ou sœur du défunt). Dans ce cas, ils se partagent l'abattement de leur père ou mère (sur la représentation, voir *Les neveux et nièces*, p. 6).

Tarifs des droits

Après application de l'un de ces abattements, les droits s'élèvent à :

TARIFS DES DROITS ENTRE FRÈRES ET SOEURS, NEVEUX ET NIÈCES	
FRÈRES ET SŒURS	NEVEUX ET NIÈCES
Tranche inférieure à 24 430 € : 35 % Tranche supérieure à 24 430 € : 45 %	55 %

Les autres membres de la famille

› Donation ou testament

Les membres plus éloignés de la famille du défunt peuvent recevoir par donation ou testament la totalité de la succession si le défunt n'a ni enfant, ni descendant, ni conjoint.
La loi du 3 décembre 2001 a institué la réserve du conjoint survivant applicable après celle des enfants.
Cela signifie que si le défunt n'a ni enfants, ni descendants, il ne peut céder tous ses biens à des parents ou tiers qu'en l'absence de conjoint survivant.
S'il laisse un conjoint non divorcé, il a le droit de donner les trois quarts de ses biens (le quart restant constituant la réserve du conjoint).

› Droits de mutation

Abattement

Uniquement en cas de transmission par décès, les biens reçus par les membres de la famille ou les parents éloignés du défunt ne sont taxés qu'après application de l'abattement général de 1 594 €.

Tarifs des droits

Après application de cet abattement, les parents jusqu'au quatrième degré inclusivement (neveu, oncle, cousins germains) paient des droits de mutation au taux de 55 %.

Les parents au-delà du quatrième degré (cousins issus de germains ou cousins plus éloignés) paient des droits de mutation au taux de 60 % (sur le calcul des degrés, voir *Quel est l'ordre successoral légal ?*, p. 2).

HÉRITIERS	ABATTEMENT EN CAS DE TRANSMISSION PAR DÉCÈS	ABATTEMENT EN CAS DE TRANSMISSION PAR DONATION	PART NETTE TAXABLE	MONTANT DES DROITS DUS
Frères et sœurs	Exonération (sous conditions) À défaut : 15 932 €	15 932 €	Jusqu'à 24 430 € Au-dessus de 24 430 €	35 % 45 %
Neveux et nièces	7 967 €	7 967 € 31 865 € (dons d'argent)	Totalité	55 %
Parents jusqu'au 4e degré	1 594 €	0 €	Totalité	55 %
Parents au-delà du 4e degré ou en dehors de la famille	1 594 €	0 €	Totalité	60 %

Quelles démarches pour donner à une personne non parente ?

Il est toujours possible de faire une donation ou de léguer ses biens à une personne ne faisant pas partie de la famille, comme un ami ou la personne avec qui l'on vit (sont en effet considérés comme personnes étrangères à la famille, les concubins).
Mais cette liberté de donner est limitée par la réserve (des enfants ou du conjoint) et même supprimée s'il s'agit de personnes interdites de libéralité.

Donation ou testament

Lorsqu'il y a des héritiers réservataires, la donation ou le testament effectué en faveur d'un tiers ne doit pas dépasser la quotité disponible (voir *Quelles sont les règles générales ?*, p. 1).
Il est en effet interdit de déshériter ses enfants et son conjoint depuis le 1er juillet 2002 (héritiers réservataires) et même si le donateur ou le testateur n'a plus aucun lien avec sa famille, ses enfants ou son conjoint restent ses héritiers et il ne peut pas transmettre tout son patrimoine à un tiers.
La donation qu'il a pu effectuer de son vivant peut, lors de son décès, être réduite par les héritiers, et le bénéficiaire peut être obligé de restituer tout ou partie de la valeur du bien donné. De même, un legs n'est pas exécuté si la quotité disponible est déjà absorbée par des donations (sur ce point, voir *Que se passe-t-il au décès du donateur ou du testateur ?*, p. 275).
Si le défunt n'a pas d'héritiers réservataires, il peut transmettre tout ce qu'il possède à la personne de son choix (les frères et sœurs, notamment, peuvent être déshérités).
Dans la mesure où ces limites sont respectées, il est possible de donner :
- soit par testament : s'il s'agit d'un bien mobilier (un objet, un meuble…), le testament indiquera l'objet en question en le décrivant le plus précisément possible (taille, couleur, emplacement…) ainsi que les références du bénéficiaire (nom, adresse…). Il s'agira d'un legs particulier. On peut aussi donner la totalité de ses biens sans les énumérer en instituant une personne légataire universelle (voir *Comment faire un testament ?*, p. 101) ;
- soit par donation notariée : somme toute donation, l'acte décrira le bien donné et indiquera son estimation. C'est sur cette estimation que le bénéficiaire devra payer les droits de mutation ;
- soit par don manuel, c'est-à-dire par remise de la main à la main. Si ce don n'est pas déclaré au fisc au moment de sa réalisation, le bénéficiaire peut être imposé au moment du décès du donateur si les héritiers font cette déclaration lors de l'ouverture de la succession (sur les avantages et les inconvénients de ne pas déclarer le don manuel au fisc, voir *Comment pouvez-vous donner ?*, p. 85).

À NOTER

La transmission d'une entreprise Une entreprise peut être transmise par donation-partage en faveur non seulement des enfants ou des petits-enfants mais aussi en faveur de parents éloignés ou de personnes étrangères à la famille (voir *Comment faire la donation-partage d'une entreprise ?*, p. 139).

Il est également possible de faire des donations en faveur des salariés de l'entreprise.

Sur les droits de mutation et abattements applicables aux transmissions d'entreprise, voir *La transmission d'entreprise*, p. 257, et *Donations au personnel d'une entreprise*, p. 247.

Les personnes interdites

Une libéralité (donation ou testament), pour être valable, doit refléter la volonté de son auteur et cette volonté doit être tout à fait libre.

C'est la raison pour laquelle certaines personnes, qui peuvent par leurs fonctions ou leurs liens avec l'auteur de la libéralité avoir une certaine influence sur lui, ne peuvent pas bénéficier d'un testament ou d'une donation de sa part. Cette interdiction repose sur l'idée que ces personnes ont pu influencer le malade en état de dépendance aussi bien physique que psychologique. Il y a, à l'encontre de ces personnes, une présomption de captation d'héritage (C. civ., art. 907 et 909).

› Les membres des professions médicales et de la pharmacie

Les médecins, chirurgiens, pharmaciens ainsi que les auxiliaires médicaux ne peuvent en principe rien recevoir de la part du disposant qu'ils ont soigné ou assisté, si la donation ou le testament ont été faits pendant le cours de la dernière maladie de ce dernier, et si le bénéficiaire est celui qui a soigné le malade au cours de cette dernière maladie (C. civ., art. 909).

Cas pratique

Par testament rédigé avant son décès, une personne lègue divers biens mobiliers et immobiliers à l'infirmière qui l'a soignée durant sa dernière maladie.

La famille de la personne décédée conteste les legs, mais l'infirmière se voit reconnaître par la cour d'appel de Versailles du droit d'hériter de sa patiente. La cour d'appel justifie sa décision par le fait que le testament avait été rédigé avant que la patiente ne soit diagnostiquée de la maladie qui l'a emportée.

La Cour de cassation casse l'arrêt de la cour d'appel et rappelle que l'article 909 du Code civil n'a pas prévu cette condition : la date du diagnostic n'a aucune incidence. L'infirmière ne peut donc pas percevoir l'héritage légué par son ex-patiente (C. cass., civ. 1re, 16.9.2020, n° 19-15.818).

Il faut noter que cette interdiction s'applique également aux professions paramédicales, telles qu'acupuncteurs, magnétiseurs… toujours dans l'hypothèse où ces personnes ont soigné le malade pendant la maladie précédant sa mort.

Un médecin psychiatre peut faire partie des personnes « interdites ». L'interdiction n'est pas uniquement applicable aux médecins ayant dispensé un traitement en vue d'assurer la guérison du patient.
Cette règle est néanmoins assouplie et la libéralité n'est pas systématiquement annulée lorsque le bénéficiaire est un médecin ou une personne qui a soigné le défunt avant sa mort.
• Peuvent être admises les gratifications valant rémunération ou encore les legs motivés par des liens privilégiés entre le testateur et le bénéficiaire.

> **Cas pratique**
> Un médecin était l'ami personnel du défunt. Pendant les derniers jours de sa vie, le médecin l'avait soutenu moralement, l'avait dirigé vers des confrères spécialisés, fait hospitaliser et rédigé des ordonnances secondaires. Les juges ont considéré que ce médecin avait apporté une assistance mais n'avait pas réellement « traité » le malade avant son décès. Le legs qui avait été rédigé en faveur de ce médecin a été validé (C. cass., civ. 1re, 4.12.1985, Bull. civ., n° 337).

• L'interdiction de recevoir ne concerne pas le médecin qui fait également partie de la famille ou est héritier de la personne soignée. Si le défunt n'a pas d'héritiers en ligne directe, le médecin, faisant partie de sa famille jusqu'au quatrième degré inclusivement, peut recevoir une donation ou bénéficier d'un legs. Peuvent ainsi être gratifiés les frères et sœurs (qui sont, par rapport au défunt, au deuxième degré), oncles et tantes (troisième degré) ou les cousins germains (quatrième degré).
Si le médecin est héritier en ligne directe (le fils ou le père du défunt), il peut recevoir une donation ou bénéficier d'un testament rédigé en sa faveur (sur le calcul des degrés, voir *Quelles sont les règles générales ?*, p. 1).

› Le personnel des hôpitaux et établissements pour personnes âgées

L'article L. 116-4 du Code de l'action sociale et des familles reprend les règles du Code civil pour interdire aux propriétaires, administrateurs ou employés des établissements hébergeant notamment les personnes âgées de recevoir des libéralités (donation ou testament) de la part des personnes qu'ils accueillent.
Là encore, il s'agit de protéger le malade des risques de captation de ses biens lorsqu'il se trouve dans un état de dépendance psychologique vis-à-vis du personnel de l'établissement.
Les bénévoles et les associations qui interviennent au sein de ces établissements sont également interdits de libéralités en leur faveur.
Cette interdiction est toutefois limitée à la période d'hébergement dans l'établissement.
Si cet état de dépendance a cessé, l'interdiction est supprimée.

Cas pratique

Lorsque le malade regagne son domicile, il lui est possible de rédiger un testament en faveur d'un employé de l'établissement. On considère alors qu'il ne subit plus le risque d'être influencé dans sa démarche, ayant retrouvé chez lui son indépendance psychologique et sa liberté d'expression (CA Aix-en-Provence, 28.4.1998, Gaz. Pal. 11.5.2000, p. 44).
Cet arrêt d'appel a été confirmé par la Cour de cassation qui a rejeté le pourvoi de l'héritier et refusé d'annuler le testament établi par le défunt en faveur de son médecin (C. cass., civ. 1re, 24.10.2000, Bull. civ. n° 270, p. 174).

Par ailleurs, cette interdiction ne concerne que les établissements spécialisés.
S'il s'agit d'un hôpital général, le personnel de ces hôpitaux n'est *a priori* pas visé par l'interdiction.

› Les aides à domicile

Les salariés fournissant des services à la personne, aides à domicile, auxiliaires de vie, etc., peuvent désormais bénéficier de la part de leur employeur particulier d'une donation, d'un legs ou être désignés bénéficiaire d'une assurance-vie (CASF, art. L. 116-4).
L'incapacité de recevoir à titre gratuit qui frappait les salariés à domicile a été abrogée à la suite de l'action judiciaire d'une aide à domicile.
Sans héritier réservataire, une dame décède en laissant un testament désignant ses cousins comme légataires universels et son employée de maison comme légataire à titre particulier d'un appartement.
Les cousins assignent en justice l'employée de maison à l'effet de voir prononcer la nullité du legs car, affirment-ils, la loi fait interdiction aux salariés à domicile de recevoir à titre gratuit des dons ou des legs de leur employeur. Pour se défendre, l'aide à domicile présente une question prioritaire de constitutionnalité (QPC) en arguant que l'article L. 116-4 du Code de l'action sociale et des familles (dans sa version applicable à l'époque des faits) porte une atteinte disproportionnée au droit de disposer librement de son patrimoine.
Le Conseil constitutionnel juge inconstitutionnelle l'incapacité générale de recevoir des libéralités faites aux employés à domicile (Conseil constitutionnel, QPC, 12.3.2021, n° 2020-888). Par suite, l'article L. 116-4 du Code de l'action sociale et des familles a été modifié afin d'en supprimer l'incapacité de recevoir qui frappait les employés à domicile.
Les héritiers conservent toutefois le droit de prouver que l'auteur du don, de la donation ou du legs au bénéfice d'un salarié à domicile n'avait pas son entier discernement, et souffrait d'une insanité d'esprit.

› Les ministres du culte

Les règles applicables aux médecins, chirurgiens ou personnel soignant sont applicables aux ministres du culte.
Comme les médecins, le prêtre ou le ministre du culte qui aura assisté le malade au cours de sa dernière maladie ne pourra recevoir les legs contenus dans un tes-

tament rédigé à la même époque. De la même façon, la donation effectuée en sa faveur serait annulée.
Cette règle est également justifiée pour éviter les éventuels abus d'influence (C. civ., art. 909).

› Le tuteur d'un mineur

Même s'il est âgé de plus de 16 ans, le mineur ne peut jamais rédiger un testament en faveur de son tuteur.
Lorsque le mineur devient majeur, ou s'il est émancipé, il pourra léguer par testament ou donner ses biens à la personne qui a été son tuteur, à condition toutefois que le compte définitif de la tutelle ait été préalablement rendu et apuré.
Cette interdiction ne concerne pas les parents ou grands-parents du mineur qui ont été son tuteur (C. civ., art. 907).

› Les mandataires judiciaires

Les mandataires judiciaires à la protection des majeurs sont des personnes désignées par le juge des contentieux de la protection et chargées de gérer les revenus ou le patrimoine d'une personne placée sous sauvegarde de justice. Cette fonction a été mise en place par la loi n° 2007-308 du 5 mars 2007 applicable depuis le 1er janvier 2009.
Comme les médecins ou les auxiliaires médicaux, les mandataires judiciaires à la protection des majeurs et les personnes morales au nom desquelles ils exercent leurs fonctions ne peuvent recevoir une donation ni bénéficier d'un legs de la part des personnes dont ils assurent la protection.
Cette interdiction est générale, quelle que soit la date de la libéralité.

Les droits de mutation

Les personnes étrangères à la famille bénéficient de l'abattement général de 1 594 €, applicable lorsqu'il s'agit d'une transmission par décès. Au-delà, ils paient 60 % de droits de mutation.
Aucun abattement n'est applicable aux transmissions de biens par donations (sauf l'abattement réservé aux personnes en situation de handicap).

Quelles démarches pour donner ou léguer à une personne morale ?

Les donations ou legs effectués en faveur d'une personne morale suivent des règles spécifiques.
Les libéralités en faveur des personnes morales de droit privé ne sont possibles qu'en faveur de certains bénéficiaires.
L'acceptation nécessaire à la validité de la libéralité peut être donnée, soit par le représentant de la personne morale, soit par son autorité de tutelle.
Certains biens, donnés à ces personnes, sont exonérés de droits de mutation.
Comme les personnes physiques qui doivent exister au moment de la libéralité, les personnes morales doivent être créées au moment de la donation ou au moment du décès du testateur et disposer de la personnalité juridique.
De même, la libéralité ne peut porter atteinte à la réserve des enfants (voir Quelles sont les règles générales ?, p. 1).

Les personnes morales de droit public

› Dons et legs faits à une commune

Il est possible de faire une donation ou de léguer ses biens à une commune.
Le conseil municipal statue sur l'acceptation des dons et legs faits à la commune (CGCT, art. L. 2242-1).
Lorsqu'un don ou un legs est fait à un hameau (ou quartier) qui ne constitue pas encore une section de commune, il est immédiatement constitué une commission syndicale qui est appelée à donner son avis.
Si cette commission est d'accord avec le conseil municipal pour accepter ou refuser la libéralité, l'acceptation (ou le refus) est prononcée par le conseil municipal.
En cas de désaccord, la décision est prise par arrêté du préfet du département, après avis du président du tribunal administratif.

› Dons et legs faits à l'État

L'État a pleine capacité pour recevoir une libéralité faite à son profit.
Aucune autorisation n'est obligatoire et les libéralités sont acceptées par le ministre intéressé qui statue par arrêté ou par décret en Conseil d'État, si elles donnent lieu à des réclamations ou des contestations émanant des familles (C. g^{al} prop. pers. pub., art. L. 1121-1).
Les dons ou legs peuvent être assortis de conditions.
Si, à la suite d'un changement de circonstances, l'exécution de ces conditions et charges devient soit extrêmement difficile, soit sérieusement dommageable, la révision de ces conditions et charges peut être autorisée par arrêté interministériel si l'auteur de la libéralité ou ses ayants droit acceptent les mesures de révision envisagées ; dans les autres cas, la révision est autorisée dans les conditions pré-

vues aux articles 900-2 à 900-8 du Code civil (sur cette procédure, voir *Que pouvez-vous donner ?*, p. 31).
Une exception concernant les règles de protection des héritiers réservataires s'applique aux dons ou legs faits à l'État.
Lorsque la libéralité porte sur un bien qui présente un intérêt pour le patrimoine historique, artistique ou culturel de la nation et que la valeur de ce bien excède la quotité disponible (et donc entame la réserve) l'État peut, quel que soit cet excédent, réclamer en totalité le bien légué, sauf à récompenser préalablement les héritiers en argent.

› Dons et legs faits aux établissements de santé et d'utilité publique

Les dispositions en faveur des établissements de santé, sociaux ou médico-sociaux ou des établissements d'utilité publique doivent être autorisées non plus par décret mais par le préfet.
La libéralité est acceptée par les administrateurs des établissements.

› Dons et legs faits aux établissements publics dépendant de l'État

Les établissements publics de l'État autres que les hospices et hôpitaux peuvent accepter ou refuser, sans autorisation de l'administration supérieure, les dons et legs qui leur sont faits, à condition que ces dons et legs soient prévus sans charge, conditions ni affectation immobilière.
Lorsque ces dons ou legs sont grevés de charges, de conditions ou d'affectation immobilière, l'acceptation ou le refus doit être autorisé par arrêté ministériel (C. g^{al} prop. pers. pub., art. L. 1121-2).
Dans tous les cas où les dons et legs donnent lieu à des réclamations des familles, l'autorisation de les accepter est donnée par décret en Conseil d'État (voir *Les réclamations des familles*, p. 222).

Les personnes morales de droit privé

› Dons et legs faits à une association

Toutes les associations ne sont pas habilitées à recevoir une libéralité.
Il est possible de donner ses biens ou de faire un testament en faveur :
- d'une association reconnue d'utilité publique ;
- d'une association cultuelle (créée pour l'exercice d'un culte religieux) ;
- d'une association déclarée qui a pour but exclusif l'assistance, la bienfaisance, la recherche scientifique ou médicale ;
- d'un établissement congréganiste ;
- d'une œuvre de guerre ;
- d'une association culturelle ;
- d'un centre de lutte contre le cancer ;

- d'organismes (association, fondation) reconnus d'utilité publique dont les ressources sont affectées à la défense de l'environnement naturel ou à la protection des animaux.
Depuis le 1er janvier 2006, les associations peuvent accepter librement les dons ou legs. Toutefois, les dons doivent être déclarés à la préfecture afin de permettre au préfet de s'y opposer, le cas échéant.
L'opposition peut intervenir, par exemple, si l'utilisation du don est contraire à l'objet statutaire de l'association. En cas d'opposition du préfet, l'acceptation est privée d'effet (C. civ., art. 910).

ATTENTION

La recherche scientifique ou médicale Lorsque l'association bénéficiaire a pour but la recherche scientifique ou médicale, l'enquête administrative est complétée par les avis du ministre chargé de la Recherche et lorsqu'il s'agit de recherche médicale, du ministre chargé de la Santé.
L'association doit par ailleurs s'engager (par insertion dans ses statuts) à justifier de l'emploi de la libéralité, à adresser un rapport annuel sur sa situation et ses comptes financiers, à laisser visiter ses établissements.

Les immeubles compris dans un acte de donation ou dans un legs qui ne seraient pas nécessaires au fonctionnement de l'association reconnue d'utilité publique doivent être vendus (les délais et la forme de la vente sont prévus par le décret). Le prix en est versé à la caisse de l'association.

› Dons et legs faits à une fondation

La fondation est l'acte par lequel une ou plusieurs personnes physiques ou morales décident l'affectation irrévocable de biens, droits ou ressources à la réalisation d'une œuvre d'intérêt général et à but non lucratif (loi n° 90-559 du 4 juillet 1990 modifiant la loi n° 87-571 du 23 juillet 1987 sur le mécénat).
Lorsque l'acte de fondation a pour but la création d'une personne morale, la fondation ne jouit de la capacité juridique qu'à compter de la date d'entrée en vigueur du décret en Conseil d'État accordant la reconnaissance d'utilité publique. Elle acquiert alors le statut de fondation reconnue d'utilité publique.
Il est possible de donner ses biens ou de léguer sa fortune pour que soit instituée une fondation.

Cas pratique

« Je désire que tout mon argent serve à créer un établissement recueillant les pauvres de la commune. »

En principe, il n'est pas possible de léguer ses biens à une personne physique ou morale qui n'existe pas et ainsi un legs devant servir à créer un établissement ne pourrait être exécuté.
C'est pourquoi un legs ne peut être fait au profit d'une fondation qui n'existe pas au jour de l'ouverture de la succession, qu'à la condition qu'elle obtienne, après les formalités de constitution, la reconnaissance d'utilité publique.

La demande de reconnaissance d'utilité publique doit, à peine de nullité du legs, être déposée dans l'année suivant l'ouverture de la succession.
Lorsque la fondation est reconnue d'utilité publique, elle est censée avoir existé depuis le jour de l'ouverture de la succession (et donc pouvoir recevoir la libéralité).
Si le testateur n'a pas désigné les personnes chargées de constituer la fondation, c'est une autre fondation reconnue d'utilité publique, désignée par le préfet, qui se charge de cette constitution.

› Réductions d'impôts sur le revenu pour les donateurs

Modalités de la réduction d'impôts

La loi n° 2003-709 du 1er août 2003 relative au mécénat, aux associations et aux fondations a supprimé l'interdiction pour les associations de recevoir un bien (mobilier ou immobilier) qui serait grevé d'un droit d'usufruit au profit du donateur. Il est donc possible de donner une maison à une association en conservant le droit d'en user (la louer, l'habiter…).
Cette même loi a également augmenté la réduction d'impôts en cas de dons aux associations ou fondations d'utilité publique, aux organismes d'intérêt général, aux associations cultuelles et de bienfaisance… ou encore aux organismes sans but lucratif qui procèdent à la fourniture gratuite de repas ou de soins à des personnes en difficulté ou qui contribuent à favoriser leur logement.
À cette liste ont été ajoutés les établissements d'enseignement supérieur ou d'enseignement artistique publics ou privés, d'intérêt général, à but non lucratif, les organismes publics ou privés dont la gestion est désintéressée et qui ont pour activité principale la présentation au public d'œuvres culturelles et à la condition que les versements soient affectés à cette activité, ainsi que les associations de financement électoral au profit d'un parti ou d'un candidat (dans la limite de 15 000 €).
Enfin, les réductions d'impôts peuvent également être acceptées pour les dons consentis au profit d'organismes d'intérêt général situés dans un État membre de l'Union européenne ou dans un État partie à l'Espace économique européen ayant conclu avec la France une convention fiscale (décret n° 2011-225 du 28 février 2011).
Pour les particuliers, cette réduction est égale à 66 % des sommes données dans la limite de 20 % du revenu imposable. Lorsque les dons et versements effectués au cours d'une année excèdent la limite de 20 %, l'excédent est reporté successivement sur les années suivantes jusqu'à la cinquième année inclusivement et il ouvre droit à la réduction d'impôt dans les mêmes conditions. Le taux de la réduction d'impôt est porté à 75 % dans la limite d'un plafond de 1 000 € annuels pour les versements effectués au profit d'organismes sans but lucratif qui procèdent à la fourniture gratuite de repas à des personnes en difficulté, qui contribuent à favoriser leur logement ou qui procèdent, à titre principal, à la fourniture gratuite des soins à des personnes en difficulté.

À NOTER

Le contribuable doit être en mesure de présenter, à la demande de l'administration fiscale, les reçus délivrés par les organismes bénéficiaires des dons.

Pour les entreprises assujetties à l'impôt sur le revenu ou à l'impôt sur les sociétés, cette réduction d'impôt est égale à 60 % du montant des versements, pris dans la limite de 5 ‰ du chiffre d'affaires. Lorsque la limite est dépassée au cours d'un exercice, l'excédent de versement peut donner lieu à réduction d'impôt au titre des 5 exercices suivants, après prise en compte des versements effectués au titre de chacun de ces exercices, sans qu'il puisse en résulter un dépassement du plafond (CGI, art. 238 *bis*).

À NOTER

Prélèvement à la source et acompte sur les dons Avec le prélèvement à la source, les revenus sont immédiatement ponctionnés, mais les réductions et les crédits d'impôt restent, comme auparavant, applicables avec un décalage de plusieurs mois.
Craignant une baisse drastique de leur collecte de dons, les associations ont obtenu des pouvoirs publics le versement automatique par le fisc, dès le 15 janvier de chaque année, d'un acompte sur le compte bancaire du contribuable égal à 60 % du montant des dons versés au cours de l'avant dernière année.

Les réclamations des familles

La réglementation (loi du 4 février 1901) prévoit l'hypothèse où la famille du testateur ou du donateur est dans le besoin alors que ce dernier a transmis tous ses biens (par legs ou donation) à un établissement public ou privé ou une association.
Ces héritiers (il ne peut s'agir que des héritiers éloignés, non réservataires) peuvent faire opposition au legs ou à la donation et, si leur situation le justifie, peuvent obtenir une part des sommes léguées ou données à l'établissement.
En cas d'opposition, l'établissement peut transiger avec les héritiers et leur accorder une partie des sommes données ou léguées. Si la transaction n'est pas possible, l'autorisation nécessaire à l'établissement pour pouvoir accepter le legs ou le don doit alors être donnée par décret en Conseil d'État.
Si l'établissement gratifié obtient du Conseil d'État l'autorisation d'accepter les biens, les parents écartés de la succession peuvent exercer un recours pour excès de pouvoir contre ce décret devant le tribunal administratif.

› Legs en faveur des associations

Les réclamations des héritiers légaux concernant les legs en faveur des associations ou des établissements autorisés sont recevables auprès du préfet du département du lieu de l'ouverture de la succession dans un délai de 6 mois à compter de l'ouverture du testament.
Elles comportent les nom, prénoms et adresse des réclamants, leur ordre et degré de parenté vis-à-vis du défunt, ainsi que les motifs de la réclamation.

Le préfet informe l'établissement légataire de ces réclamations et délivre aux réclamants un avis de réception (décret du 1er février 1896 ; décret n° 2002-449 du 2 avril 2002).

› Legs en faveur de l'État ou d'un établissement public

En ce qui concerne les legs en faveur de l'État, les réclamations sont recevables auprès du ministre compétent (C. domaine de l'État, art. R. 23).
S'il s'agit de legs en faveur d'un département ou d'un établissement public départemental, ou en faveur d'une commune ou d'un établissement public communal, les réclamations doivent être adressées auprès du ministre de l'Intérieur (CGCT, art. R. 2242-2 et R. 3213-10).
Les réclamations des familles doivent être adressées dans un délai de 6 mois à compter de l'ouverture du testament.
Elles comportent les nom, prénoms et adresse des réclamants, leur ordre et degré de parenté vis-à-vis du défunt, ainsi que les motifs de la réclamation (décret n° 2002-449 du 2 avril 2002).

Les droits de mutation

› Personnes morales de droit public

Les régions, les départements, les communes, les établissements publics hospitaliers, les organismes de sécurité sociale et les centres communaux d'action sociale, sont exonérés des droits de mutation à titre gratuit sur les biens qui leur sont dévolus par donation ou succession et qui sont affectés à des activités non lucratives.
En dehors de ces cas, les dons et legs faits aux établissements publics ou d'utilité publique sont soumis aux tarifs fixés pour les successions entre frères et sœurs (CGI, art. 777 et 794).

› Personnes morales de droit privé

Sont exonérés des droits de mutation à titre gratuit (CGI, art. 795) :
- les dons et legs consentis aux établissements publics ou d'utilité publique, dont les ressources sont exclusivement affectées à des œuvres scientifiques, culturelles ou artistiques à caractère désintéressé ;
- les dons et legs faits aux établissements publics charitables, aux mutuelles et à toutes autres sociétés reconnues d'utilité publique dont les ressources sont affectées à des œuvres d'assistance ;
- les dons et legs faits aux organismes (association, fondation) reconnus d'utilité publique dont les ressources sont affectées à la défense de l'environnement naturel ou à la protection des animaux ;
- les dons et legs d'œuvres d'art, de monuments ou d'objets ayant un caractère historique, de livres, d'imprimés ou de manuscrits, faits aux établissements pourvus de la personnalité civile, si ces œuvres et objets sont destinés à figurer dans une collection publique ;

- les dons et legs faits aux fondations universitaires, aux établissements d'enseignement supérieur reconnus d'utilité publique, et aux sociétés d'éducation populaire gratuite, reconnues d'utilité publique et subventionnées par l'État ;
- les dons et legs de sommes d'argent ou d'immeubles faits aux établissements avec obligation, pour les bénéficiaires, de consacrer ces libéralités à l'achat d'œuvres d'art, de monuments ou d'objets ayant un caractère historique, de livres, d'imprimés ou de manuscrits, destinés à figurer dans une collection publique, ou à l'entretien d'une collection publique ;
- les dons et legs faits aux organismes d'habitations à loyer modéré ou à leurs unions ;
- les dons et legs faits à l'office national des anciens combattants et victimes de guerre ;
- les dons et legs faits aux associations cultuelles, aux unions d'associations cultuelles et aux congrégations autorisées ;
- les dons et legs faits aux établissements publics ou d'utilité publique, aux sociétés particulières ou autres groupements régulièrement constitués, en tant qu'ils sont affectés, par la volonté expresse du donateur ou du testateur, à l'érection de monuments aux morts de la guerre ou à la gloire de nos armes et des armées alliées ;
- les dons et legs d'immeubles faits au profit du Conservatoire de l'espace littoral et des rivages lacustres ;
- les dons et legs d'immeubles situés dans les cœurs des parcs nationaux, faits au profit de l'établissement public du parc national concerné.

Sur les avantages accordés aux donateurs par la loi n° 2003-709 du 1er août 2003 relative au mécénat, aux associations et aux fondations, voir *Réductions d'impôts sur le revenu pour les donateurs*, p. 221.

Combien coûte une donation ou un testament ?

➤ Consentir une libéralité entraîne des frais liés à la rédaction de l'acte : émoluments du notaire et frais fiscaux.

➤ Par ailleurs, le bénéficiaire d'une donation ou d'un legs peut être tenu de payer des droits de mutation.

Quels sont les frais de notaire ?

Les notaires sont rémunérés par des émoluments, honoraires et déboursés. Les émoluments sont calculés selon des tarifs fixés par décret. Lorsque plusieurs notaires interviennent dans la rédaction ou la réception d'un acte, les émoluments ne sont pas augmentés (sauf si l'acte est rémunéré selon le nombre d'heures passées). Ils sont partagés entre les deux notaires.

La fixation des tarifs

Comment calculent les notaires ? Tout dépend de la nature de leur intervention. Certains actes sont impérativement rédigés par un notaire qui bénéficie d'un monopole interdisant que d'autres professionnels réalisent ces actes, par exemple : actes de donation, acte de vente immobilière, etc.
Pour ces actes sous monopole, les honoraires (appelés émoluments) que le notaire peut réclamer aux clients « sont tarifés », c'est-à-dire réglementés par un arrêté.
La tarification des actes des notaires est fixée par l'arrêté du 28 février 2020 (disponible à l'article A 444-53 du Code de commerce) et s'applique depuis le 1er janvier 2021. Trois types d'émoluments sont présents dans le tarif officiel des notaires :
- émoluments de formalités ;
- émoluments fixes ;
- émoluments proportionnels.

Les honoraires

Les honoraires sont dus pour tous les actes qu'effectuerait le notaire et qui ne seraient pas rémunérés par les émoluments, car non établis obligatoirement par un notaire (exemples : les actes relatifs aux associations, aux baux commerciaux, aux sociétés…). Leurs montants sont libres. À défaut d'accord entre le notaire et son client, ils peuvent être fixés par le juge chargé de la taxation.
Des honoraires peuvent également être demandés pour rémunérer les services rendus par le notaire qui ne seraient pas prévus par le barème (il en est ainsi des honoraires pour une consultation juridique ou pour une expertise mobilière ou immobilière, ou encore pour la recherche au fichier des testaments, la recherche d'héritiers, les déclarations fiscales…). Le client doit être préalablement averti du caractère onéreux de la prestation et du montant estimé de la rémunération à prévoir.

À NOTER

Devoir de conseil et débours L'activité de conseil du notaire à l'occasion de la rédaction d'un acte ne doit pas être rémunérée car il s'agit d'une obligation liée à la profession. Le manquement à ce devoir de conseil est susceptible d'engager la responsabilité du notaire.

Les débours sont les remboursements auxquels ont droit les notaires pour les sommes avancées pour le compte du client.

Il s'agit également du remboursement des frais de déplacement et des frais exceptionnels liés à la demande du client.

Les émoluments

Les émoluments sont réglementés et dépendent des actes réalisés.

Il existe les émoluments fixes, les émoluments de formalité et les émoluments proportionnels.

À NOTER

Des hausses de tarifs en outre-mer Une majoration des émoluments du notaire est prévue dans les départements ultramarins : 25 % dans les départements de la Guadeloupe et de la Martinique, 23 % dans le département de la Guyane, et 37 % dans les départements de la Réunion et de Mayotte (arrêté du 28 février 2020, art. 2).

› Les émoluments fixes

Ils concernent, d'une manière générale, les actes dans lesquels il n'est pas fait mention de capitaux. Ainsi, pour les actes suivants, les émoluments ont été fixés par l'arrêté du 28 février 2020, lui-même modifié par l'arrêté du 29 avril 2020. Ce barème est applicable depuis le 1er janvier 2021.

Type d'actes	Tarifs HT	Tarifs TTC
Acte de notoriété constatant la dévolution successorale	56,60 €	67,92 €
Certificat successoral européen (modification, rectification, retrait)	56,60 €	67,92 €
Établissement du mandat de protection future	113,20 €	135,84 €
Révocation du mandat par le mandant	56,59 €	67,90 €
Donation entre époux, pendant le mariage	113,20 €	135,84 €

› Les émoluments proportionnels

Les émoluments proportionnels sont perçus sur le capital énoncé dans l'acte, augmenté de la valeur des charges ou sur l'évaluation retenue pour la liquidation des droits et taxes, si elle est supérieure. Les charges sont les sommes que les parties s'engagent à payer en plus du prix ainsi que les prestations en nature qu'elles s'engagent à fournir.
Si ce mode de calcul est impossible, les émoluments sont perçus sur la valeur estimative des biens énoncée dans l'acte.
À titre d'exemples (C. com., art. A. 444-59 et s.) :

Valeur estimative des biens énoncée dans l'acte	Attestation de propriété (attestation notariée)	Déclaration de succession	Délivrance de legs (avec décharge, quittance ou acceptation)
De 0 à 6 500 €	1,935 %	1,548 %	1,935 %
De 6 500 € à 17 000 €	1,064 %	0,851 %	1,064 %
De 17 000 € à 30 000 €	0,726 %	0,580 %	0,726 %
Plus de 30 000 €	0,532 %	0,426 %	0,532 %

Valeur estimative des biens énoncée dans l'acte	Transports de droits successifs faisant cesser l'indivision
De 0 à 6 500 €	2,580 %
De 6 500 € à 17 000 €	1,064 %
De 17 000 € à 60 000 €	0,709 %
Plus de 60 000 €	0,532 %

› Les débours

Les débours des notaires comprennent :
- tous les frais, notamment les frais de déplacement et les frais exceptionnels exposés à la demande expresse du client à l'occasion de l'élaboration et de la rédaction d'un acte ou de l'accomplissement des formalités, à l'exception des frais accessoires, tels que frais de papeterie ou de bureau ;
- toute somme due à des tiers et payée par le notaire pour le compte de son client à l'occasion d'une prestation.

À NOTER

Le tarif officiel des notaires est publié hors taxes. Il convient d'y ajouter 20 % de TVA qui, ajoutés aux débours et à d'autres petites taxes, aboutissent à un paiement plus élevé que celui annoncé dans le tarif.

Les frais fiscaux

› Le droit de timbre et les droits d'enregistrement

Depuis le 1er janvier 2006, le droit de timbre est supprimé.

Cette suppression est compensée par une augmentation des droits d'enregistrement.

Le droit fixe d'enregistrement est porté à 125 €.

› Les formalités de publicité foncière

Si la donation comprend un immeuble, le notaire doit faire publier cet acte. À cette occasion, il devra payer la taxe de publicité foncière fixée à 0,60 % de la valeur du bien immobilier à laquelle s'ajoute le prélèvement pour frais d'assiette et de recouvrement de 2,37 %, calculé sur le montant de cette taxe. La taxe de publicité foncière s'applique sans possibilité de déduire les charges dont la loi autorise la déduction.

› La contribution de sécurité immobilière

Les conservations des hypothèques sont devenues, il y a quelques années, des services de la publicité foncière. Fixé à 0,10 % de la valeur des biens, le salaire du conservateur des hypothèques a disparu mais pas la taxe prélevée pour le financer qui est devenue la contribution de sécurité immobilière d'un montant équivalent.

À NOTER

Le contenu de la déclaration de succession engage les héritiers La déclaration de succession n'est pas un acte notarié, mais une déclaration à la charge des héritiers. Par conséquent, son contenu n'engage pas la responsabilité du notaire qui l'établit à la demande des héritiers et selon les estimations de valeurs fournies par ces derniers.

D'ailleurs, même quand le notaire l'établit, elle est signée par les héritiers.

Sachant que ces derniers peuvent souscrire eux-mêmes, y compris si des biens immobiliers figurent dans la succession.

Ainsi, une étude de notaire ne peut pas obliger les héritiers à augmenter la valeur des biens immobiliers ou autres biens compris dans l'actif successoral à déclarer.

Si le fisc constate une insuffisance des valeurs déclarées, il pourra infliger un redressement fiscal aux héritiers.

Le coût d'un testament

› Testament olographe

La rédaction d'un testament olographe est bien sûr gratuite.
Si le testateur confie son testament à un notaire, celui-ci l'enregistre (sauf volonté contraire du rédacteur) au fichier central des dispositions des dernières volontés, appelé couramment « fichier des testaments ». Ce fichier regroupe l'ensemble des testaments rédigés en France. Les droits de garde du testament ne sont perçus qu'au décès de son auteur.

À NOTER
Le fichier des testaments n'enregistre pas le contenu des testaments, mais seulement le fait que telle personne en a rédigé un qui se trouve entre les mains de tel notaire.

À l'ouverture de la succession, le notaire chargé de la succession interroge le fichier pour connaître l'existence éventuelle d'un testament. Il rédige un procès-verbal d'ouverture du testament indiquant les circonstances de son dépôt et son contenu. Il perçoit des émoluments pour la garde du testament et pour le procès-verbal d'ouverture.

- **Émoluments fixes du notaire :**

Garde du testament olographe avant le décès	26,41 € HT
Procès-verbal d'ouverture et de description du testament olographe	26,41 € HT

› Testament authentique

Le testament authentique est rédigé par un notaire qui perçoit des émoluments fixes et des honoraires de rédaction.
Après le décès de l'auteur du testament, le notaire enregistre le testament et perçoit des émoluments proportionnels pour l'ouverture du testament calculés sur la valeur des biens recueillis par chaque bénéficiaire.

- **Émoluments fixes du notaire :**

Testaments (partage testamentaire, testament-partage, testament authentique ou mystique ou codicille en la même forme)	113,19 € HT

Cas pratique

Peut-on décharger le légataire des droits d'enregistrement ?

L'article 1016 du Code civil prévoit que les frais et droits seront à la charge du légataire… s'il n'en a pas été autrement ordonné par le testament.
Il est donc possible de décharger le légataire de cette charge à condition toutefois d'indiquer cette volonté dans le testament.

La jurisprudence a considéré que la mention du testament selon laquelle le légataire prendra possession du legs « *franc et quitte de tout frais* » ou encore la mention précisant « *tous les droits et frais afférents au règlement de la succession seront supportés par celle-ci comme un passif ordinaire* » met à la charge de la succession les frais d'enregistrement et les droits de mutation.
Mais vis-à-vis du fisc, le légataire est le seul redevable des droits de mutation et en cas de non-paiement de ces droits par la succession, les pénalités de retard seraient réclamées à ce légataire.

À NOTER

Suppression du droit fixe Jusqu'à présent, il était perçu une taxe appelée droit fixe de 125 € sur certains actes patrimoniaux. Depuis le 1er janvier 2020, le droit fixe ne s'applique plus aux actes suivants : renonciation pure et simple à succession, legs ou communautés ; certificat de propriété ; inventaire de meubles, objets mobiliers, titres et papiers ; clôture d'inventaire ; testaments ; acceptation pure et simple de succession, legs ou communautés.

Le coût d'une donation

Le notaire perçoit des émoluments proportionnels et des émoluments de formalité. Il reverse à l'État :
- les droits de donations (droits d'enregistrement) ;
- le coût de formalités particulières, telles que les publication au fichier immobilier (bureau des hypothèques).

› Donation simple

Dans l'hypothèse où le donateur garde l'usufruit, l'évaluation de l'usufruit et de la nue-propriété est établie conformément aux dispositions de l'article 669 du Code général des impôts (voir *L'immeuble ayant fait l'objet d'une adjudication récente*, p. 237).
En revanche, les émoluments du notaire sont calculés sur la valeur de la pleine propriété du bien transmis (C. com., art. A. 444-67).

- **Émoluments proportionnels du notaire en cas de donation :**

Valeur estimative des biens énoncée dans l'acte	Donation acceptée	Donation non acceptée
De 0 à 6 500 €	4,837 %	3,483 %
De 6 500 € à 17 000 €	1,995 %	1,437 %
De 17 000 € à 60 000 €	1,330 %	0,957 %
Plus de 60 000 €	0,998 %	0,718 %

› Donation au dernier vivant

Lors de la rédaction de l'acte

Lors de la rédaction de l'acte, le notaire ne perçoit pas d'émoluments proportionnels sur la valeur des biens. Il ne s'agit en effet pas d'une donation de biens présents mais de biens à venir, qui ne prendra effet qu'au moment du décès de l'un des époux.
Les époux paient la rédaction de l'acte.

Au premier décès

Dans les 3 mois qui suivent le décès, l'acte doit être enregistré, comme un testament.
Dans l'hypothèse où le conjoint survivant renonce à cette donation (en raison de l'augmentation des droits légaux du conjoint), l'administration admet que la donation, devenue caduque, n'est plus obligatoirement soumise à la formalité de l'enregistrement (rép. min. n° 12856, JOAN, 14.7.2003).
Le notaire perçoit des émoluments proportionnels calculés sur l'actif net recueilli par le conjoint.

› Donation-partage

Les donations-partages sont soumises à la double formalité de déclaration au service des impôts et de publication au fichier immobilier.

Droits de mutation

Les droits de mutation sont payés lors de la signature de l'acte et évalués sur la valeur des biens à l'époque de la donation-partage.
Si le donateur s'est réservé le droit d'usufruit sur le bien donné, les droits de mutation sont calculés sur la valeur de la seule nue-propriété, selon le barème fiscal prévu à l'article 669 du Code général des impôts. Lorsque l'usufruit s'éteint (au décès du donateur), le donataire n'a pas à payer de droits de mutation sur cet usufruit (sauf si le donateur décède moins de 3 mois après la donation-partage).

À NOTER

Annulation de la donation-partage Si la donation est par la suite annulée, les droits de mutation payés sont restituables si l'annulation a été déclarée par un jugement devenu définitif.

Droit de partage

Le droit de partage normalement exigé lors du partage d'une indivision, n'est pas demandé à l'occasion d'une donation-partage. En effet, le partage opéré par le donateur est lié à la donation et ne constitue pas un partage au sens de l'article 750 du Code général des impôts.
Ce droit de partage peut néanmoins être demandé au moment où les bénéficiaires des lots constitués d'une quote-part d'indivision décident de procéder au partage de cette indivision.

De même, le droit de partage est exigé si la donation-partage a été réalisée en deux actes différents (un acte constatant la donation et un acte constatant le partage). Ce droit de partage est de 1,10 % (depuis le 1er janvier 2022) calculé sur la valeur nette de l'actif à partager, y compris les soultes et plus-values qui, dans ce cas, échappent aux droits de mutation à titre onéreux (CGI, art. 748).
Depuis le 1er janvier 2008, les partages d'indivision après donation-partage suivent le même régime fiscal que les partages portant sur des indivisions successorales. Ces partages ne sont pas considérés comme un acte translatif de propriété et ne donnent ouverture qu'au droit de partage.

- **Émoluments du notaire :**

Valeur estimative des biens énoncée dans l'acte	Donation-partage
De 0 à 6 500 €	4,837 %
De 6 500 € à 17 000 €	1,995 %
De 17 000 € à 60 000 €	1,330 %
Plus de 60 000 €	0,998 %

Cas pratiques

- **Ma mère vient de décéder. Une personne de l'étude notariale que ma sœur et moi avons chargée du règlement de la succession, nous conseille de faire établir par mon père une donation de la nue-propriété des biens immobiliers, alors qu'il est très malade. Qu'en pensez-vous ?**

Dites non. Humainement, c'est violent et indécent de vouloir imposer cette épreuve à votre père malade alors qu'il est dans la douleur et le chagrin d'avoir perdu son épouse.
Sur le plan fiscal, l'article 751 du Code général des impôts pose la présomption (la supposition) que la nue-propriété des biens fait partie de la succession de l'usufruitier décédé, sauf si la donation a eu lieu plus de 3 mois avant le décès.
Il est toutefois possible de faire échec à cette présomption en apportant la preuve que le démembrement de propriété est réel et sincère, même s'il est intervenu moins de 3 mois avant le décès.
Ainsi, pour une donation avec réserve d'usufruit réalisée moins de 3 mois avant le décès du donateur, il faut établir que le décès du donateur était imprévisible au moment de la donation (par exemple, décès accidentel).

- **Notre père vient de décéder laissant une maison et quelques sommes d'argent assez importantes. Ma mère et mon frère affirment que nous sommes obligés de confier le règlement de la succession à un notaire. Ont-ils raison ?**

Non. Il n'existe aucune situation où les héritiers sont obligés de confier le règlement de la succession à un notaire. Jamais.

Même si le patrimoine successoral comprend des biens immobiliers, les héritiers peuvent régler eux-mêmes la succession.

Ils peuvent limiter l'intervention du notaire à tel acte dont ils peuvent avoir besoin, par exemple l'acte de notoriété.

Quant à la déclaration de succession, elle ne fait pas partie des actes notariaux, et peut être directement effectuée par les héritiers.

Comment sont calculés les droits de mutation ?

Les droits de mutation sont calculés d'après les valeurs déclarées après déduction, le cas échéant, des abattements. Puis, des réductions de droits peuvent éventuellement être appliquées.
L'évaluation des biens doit suivre certaines règles et les montants déclarés peuvent faire l'objet de rectifications fiscales.

L'évaluation des biens

Les droits de mutation sont calculés d'après la valeur des biens transmis (meubles ou immeubles) telle qu'elle résulte de la déclaration détaillée et estimative transmise par les parties aux services fiscaux.
La valeur indiquée est une valeur estimative qui peut être rectifiée par le fisc.
L'évaluation des biens donnés figure dans l'acte constatant la donation.
De même, si le donateur effectue un don manuel déclaré, la valeur du bien devra figurer dans la déclaration de don manuel.
S'il s'agit d'un legs, les biens légués sont également détaillés dans la déclaration de succession établie en commun avec les héritiers ou séparément.
La valeur retenue est donc celle du jour de la donation ou du décès.
Il peut être tentant de sous-évaluer la valeur indiquée dans le but de diminuer les droits dus. Mais une sous-évaluation est dangereuse parce que le fisc risque de redresser le chiffre indiqué, ce qui supprime alors l'intérêt de l'opération…
Une sous-évaluation est également à déconseiller au cas où le donataire revend le bien donné. Le vendeur s'expose en effet à payer l'impôt sur les plus-values s'il existe une différence entre le prix indiqué dans la donation et le prix de vente postérieur.
Les règles d'évaluation sont similaires, qu'il s'agisse d'une transmission par donation ou par décès.
Par ailleurs, depuis le 1er janvier 2005 (loi de finances pour 2005), il est possible, comme pour les transmissions par décès, de déduire de la valeur de la donation les charges affectées au bien et prises en charge par le donataire.

› Les immeubles

En principe, les immeubles déclarés dans la succession doivent être évalués à leur valeur vénale, c'est-à-dire au prix du marché résultant du jeu de l'offre et de la demande au moment du décès. Leur valeur est souvent estimée par comparaison avec d'autres biens similaires (exemple : on peut conserver le prix moyen du mètre carré).

À NOTER

Patrim, pour évaluer les biens immobiliers La base d'évaluation immobilière Patrim, mise en place par l'administration fiscale, est ouverte à toute personne qui le souhaite. Cette base vous permet d'évaluer tout bien immobilier.
L'accès à ce service (dénommé « Patrim Usagers ») s'effectue grâce à une procédure sécurisée d'authentification préalable, déjà utilisée pour la déclaration des revenus en ligne, et pour laquelle le demandeur doit utiliser ses identifiants fiscaux. Une fois sur le site, il faut sélectionner la rubrique « Autres services », puis « Rechercher des transactions immobilières », et indiquer les caractéristiques du logement (localisation, surface, type de bien, etc.).
Site : www.impots.gouv.fr

Un immeuble peut aussi être évalué en fonction des revenus qu'il procure (exemple : des loyers). Dans ce cas, le revenu est multiplié par un taux de capitalisation (taux publié annuellement par l'administration).
Certaines règles spécifiques sont cependant applicables.

Lorsque le défunt détient l'usufruit d'un immeuble

Les biens dont le défunt détient l'usufruit (alors que la nue-propriété appartient à un héritier ou à ses descendants, à un donataire ou à un légataire ou encore à une personne interposée) sont réputés lui appartenir en pleine propriété sauf preuve contraire. Pour le fisc, il faut donc intégrer dans la déclaration de succession la valeur globale de ce bien.

Cas pratique

Si une maison est achetée par le père pour l'usufruit et par son fils pour la nue-propriété, le fils, au décès de son père, devra prouver que le prix a été payé par lui-même et pour sa part. Sinon, le bien sera considéré appartenant au père et sa valeur totale sera à déclarer dans l'actif (les droits de mutation payés au moment de l'acte de vente seront imputés sur les droits de succession).

Ce n'est que si la nue-propriété a fait l'objet d'une donation intervenue plus de 3 mois avant le décès, et que cette donation est régulière, qu'il n'y a pas lieu de réintégrer la totalité de la valeur de l'immeuble dans la déclaration de succession (CGI, art. 751).
Une donation régulière est une donation établie par acte notarié et enregistrée.
Depuis le 1er janvier 2008, la donation peut également porter sur une somme d'argent permettant l'acquisition de la nue-propriété et non plus uniquement sur la nue-propriété elle-même. La donation doit cependant respecter certaines conditions :
- le don d'argent doit être constaté dans un acte notarié ou enregistré (date certaine) ;
- le don d'argent doit servir à l'acquisition de la nue-propriété (origine des deniers dans l'acte et clause d'emploi des fonds) ;
- l'acquisition doit intervenir plus de 3 mois avant le décès.

L'évaluation fiscale du domicile familial

Transmission par testament

La loi fiscale admet un abattement de 20 % sur la valeur d'un immeuble (maison, appartement) lorsque cet immeuble constitue la résidence principale du défunt et qu'il continue à être occupé, après le décès, par le conjoint survivant ou par un descendant.

Les descendants peuvent être :

- ses enfants mineurs ou ceux de son conjoint ;
- ses enfants majeurs protégés ou ceux de son conjoint ;
- ses enfants majeurs ou ceux de son conjoint qui sont dans l'incapacité de travailler dans des conditions normales de rentabilité en raison d'une infirmité physique ou mentale, congénitale ou acquise.

S'il s'agit d'un immeuble à usage mixte (à usage professionnel et d'habitation), l'abattement ne s'applique que sur la partie affectée à l'habitation (CGI, art. 761 et 764 *bis*).

L'abattement de 20 % sur la valeur du domicile du défunt s'applique également, depuis la loi de finances pour 2005, au partenaire pacsé qui vivait dans le logement avec le défunt au moment du décès (voir *Quelles démarches pour donner à son partenaire pacsé ou à son concubin ?*, p. 201).

Transmission par donation

Lorsque la donation porte sur un immeuble occupé par le donateur, la valeur à retenir est la valeur globale de cet immeuble sans qu'il soit possible de déduire l'abattement de 20 % (applicable aux immeubles transmis par succession et occupés par le défunt).

En effet, l'article 761 du Code général des impôts prévoit que pour les immeubles dont le propriétaire a l'usage à la date de la transmission, la valeur vénale réelle est réputée égale à la valeur libre de toute occupation.

L'immeuble ayant fait l'objet d'une adjudication récente

Si, dans les deux années qui ont précédé ou suivi, soit l'acte de donation, soit le décès, les immeubles transmis ont fait l'objet d'une adjudication, soit par autorité de justice, soit volontaire, avec admission des étrangers, les droits exigibles ne peuvent être calculés sur une somme inférieure au prix de l'adjudication, en y ajoutant toutes les charges en capital, à moins qu'il ne soit justifié que la consistance des immeubles a subi, dans l'intervalle, des transformations susceptibles d'en modifier la valeur (CGI, art. 761).

En cas d'absence de titre de propriété de l'immeuble

Lorsque la donation porte sur un immeuble dont le titre de propriété doit être reconstitué, les frais de reconstitution de ces titres peuvent être déduits de la valeur déclarée sous les conditions suivantes :

- les frais de reconstitution des titres de propriété sont engagés dans les 24 mois précédant la donation ;
- les attestations notariées doivent être publiées dans les 6 mois précédant l'acte de donation (CGI, art. 776 *quater*).

L'immeuble donné avec une clause d'interdiction d'aliéner

Le donateur peut insérer dans la donation une clause prévoyant l'interdiction pour le donataire de vendre, de donner ou d'hypothéquer l'immeuble donné pendant une durée précisée. Le plus souvent, cette clause est prévue quand le donateur conserve l'usufruit du bien et donne la nue-propriété. La clause est valable tant que dure l'usufruit.
Mais cette clause, pour le fisc et la jurisprudence, n'affecte pas la valeur du bien et ne justifie pas une décote de sa valeur vénale.

Cas pratique

Une mère avait donné à son fils la nue-propriété d'une maison. Une clause prévoyait l'interdiction au donataire d'aliéner ou d'hypothéquer le bien pendant la durée de l'usufruit.
Le donataire estimait que cette limite à la liberté d'aliéner avait une incidence sur la valeur du bien et avait appliqué une décote de 10 % de la valeur vénale de la nue-propriété.
La Cour de cassation refuse ce raisonnement. La valeur vénale n'est pas affectée par la restriction au droit de vendre ou d'aliéner le bien (C. cass., com., 11.9.2012, n° 11-21234).

L'immeuble acheté avec une clause de tontine

Les biens acquis avec une clause de tontine sont censés être transmis par mutation à titre gratuit lorsqu'au décès du premier des acquéreurs, l'autre se retrouve seul et unique propriétaire.
Le bénéficiaire de cet accroissement est donc imposé au tarif des successions.
Cette disposition ne s'applique pas lorsqu'il s'agit du domicile principal commun à deux acquéreurs et que la valeur globale du logement ne dépasse pas 76 000 € (CGI, art. 754 A).
Dans cette hypothèse, la mutation est taxée au tarif des mutations à titre onéreux (voir *La tontine : une formule obsolète et risquée*, p. 84).

L'évaluation de l'usufruit et du droit d'habitation

Droit d'usufruit

La valeur d'un usufruit est calculée en fonction de l'âge de l'usufruitier au moment de la donation et d'après la valeur totale du bien (CGI, art. 669). Sa valeur est exprimée en pourcentage.

VALEUR FISCALE DE L'USUFRUIT		
ÂGE DE L'USUFRUITIER	VALEUR DE L'USUFRUIT	VALEUR DE LA NUE-PROPRIÉTÉ
Moins de 21 ans révolus	90 %	10 %
Moins de 31 ans révolus	80 %	20 %
Moins de 41 ans révolus	70 %	30 %
Moins de 51 ans révolus	60 %	40 %
Moins de 61 ans révolus	50 %	50 %
Moins de 71 ans révolus	40 %	60 %
Moins de 81 ans révolus	30 %	70 %
Moins de 91 ans révolus	20 %	80 %
Plus de 91 ans révolus	10 %	90 %

Droit d'usage et d'habitation

La valeur des droits d'habitation et d'usage attribuée au conjoint survivant portant sur la résidence principale et le mobilier est évaluée à 60 % de la valeur de l'usufruit (CGI, art. 762 *bis*).

Droit temporaire d'usage et d'habitation pendant un an

Le droit temporaire au logement (pendant 1 an) sur l'habitation principale transmise aux héritiers n'est ni cessible, ni transmissible. À ce titre, il n'a pas de valeur patrimoniale.
S'agissant de la situation des héritiers, propriétaires au 1er janvier d'un immeuble grevé d'un droit temporaire au logement du conjoint survivant, il est admis que ces derniers bénéficient de l'abattement de 20 % prévu à l'article 885 S du Code général des impôts.

Valeur de l'usufruit à durée fixe

Si l'usufruit est à durée fixe (et non pour la vie entière de l'usufruitier), la valeur de l'usufruit est de 23 % de la valeur de la pleine propriété du bien par période de 10 ans de la durée de l'usufruit, sans fraction et sans relation avec l'âge de l'usufruitier (CGI, art. 669-II).
Toutefois, la valeur ainsi obtenue est plafonnée aux pourcentages indiqués ci-avant en fonction de l'âge du bénéficiaire.

› Les meubles

En langage juridique, les meubles regroupent tous les biens qui ne sont pas immeubles. Parmi les meubles on distingue aussi les meubles corporels (mobilier, bijoux) des meubles incorporels (valeurs mobilières, actions, obligations).
Les meubles meublants comprennent tous les objets servant à l'usage ou à la décoration d'un immeuble (mobilier, tableaux, vaisselle, objets décoratifs, appareils électroménagers, etc.).

Transmission par décès

Les meubles meublants légués sont :
- soit évalués, en cas de vente publique, au prix résultant de cette vente si elle est intervenue dans les 2 ans du décès (prix net de la vente, frais déduits) ;
- soit évalués en fonction des valeurs retenues dans un inventaire réalisé par un notaire (avec intervention d'un commissaire-priseur si les biens se situent dans une ville de plus de 200 000 habitants) dans les 5 ans du décès ;
- soit évalués globalement et forfaitairement. Cette évaluation forfaitaire ne doit pas être inférieure à 5 % du montant total de la succession (actif brut).

Le choix de la méthode d'évaluation dépendra donc de la valeur intrinsèque des meubles et de la valeur de la succession. S'il n'existe pas de meubles de prix, et que la succession est relativement importante, il est préférable de faire établir l'inventaire détaillé, même si les frais de cet inventaire viennent s'ajouter au coût de la déclaration.
Mais attention, si le fisc estime que l'évaluation par inventaire comporte des omissions ou des sous-évaluations, il peut écarter cette méthode d'évaluation et appliquer le forfait de 5 %.

À NOTER

Les tableaux Les tableaux qui font partie de la décoration d'un immeuble d'habitation peuvent être compris dans l'évaluation forfaitaire de 5 %, même si leur valeur est bien supérieure, sachant toutefois que l'administration peut écarter cette méthode d'évaluation en prouvant leur valeur réelle.
Mais les tableaux qui font partie d'une collection ou qui sont exposés dans une galerie ne sont jamais assimilés à des meubles et doivent donc être évalués spécifiquement (CGI, art. 764-I).

Cas pratique

Considérons une affaire où les héritiers ont fortement minoré le prix de certains meubles et oublié de signaler certains autres…
Le fisc a pu mettre à jour la fraude en comparant cet inventaire et celui établi par la défunte quelques années avant son décès à l'occasion de la souscription d'une police d'assurance.
Les agents du fisc ont relevé, par exemple, qu'une commode estimée 75 000 F (11 433 €) dans la police d'assurance (en 1986) a été portée pour une valeur de 5 000 F (762 €) dans la déclaration de succession (en 1991). La même constatation

> a été faite pour des tableaux, pour une tapisserie d'Aubusson, pour de l'argenterie, pour des armoires style Louis XV, pour une statue de bois avec traces de polychromies… (C. cass., com., 8.2.2000).

Les autres meubles corporels sont estimés :
- soit en fonction du prix net (frais déduits) d'une vente publique réalisée dans les 2 ans du décès ;
- soit en fonction du prix résultant d'un inventaire ou d'un autre acte dressé dans les 5 ans du décès ;
- soit forfaitairement par déclaration estimative des redevables, sans pourcentage minimum de l'actif successoral.

Transmission par donations

Les meubles corporels dont font partie les meubles meublants doivent être évalués :
- soit, en cas de vente publique, au prix résultant de cette vente si elle est intervenue dans les 2 ans de l'acte de donation (prix net de la vente, frais déduits ; CGI, art. 776) ;
- soit évalués individuellement.

Il n'est pas possible de les évaluer forfaitairement (comme il est possible de le faire en cas de transmission par décès).
Comme pour les immeubles, les charges peuvent être déduites des sommes déclarées, sous certaines conditions.

› Déduction des charges

La loi de fiscale autorise la déduction des dettes du donateur qui sont mises à la charge du donataire dans l'acte de donation, avec l'accord du créancier.
Il s'agit des dettes contractées par le donateur pour l'acquisition ou dans l'intérêt des biens objets de la donation (exemples : un crédit pour l'acquisition ou pour rénover le bien, une dette contractée pour l'exploitation du bien…). Les dettes doivent être mises à la charge du donataire dans l'acte de donation. Cette prise en charge par le donataire doit être notifiée au créancier. Cette information peut lui être donnée par tous moyens.
Les dettes doivent avoir été contractées auprès d'un organisme bancaire ou financier. Les dettes doivent être certaines et doivent résulter d'un contrat. Cela supprime la possibilité de déduire les droits de mutation ou de succession que le donateur doit encore à l'administration fiscale. En revanche, si le donateur a pris un prêt pour payer ses droits de mutation, ce prêt peut être déduit.
Lorsque la donation porte sur une partie des biens affectés à l'exploitation d'une entreprise familiale, les dettes contractées auprès du cercle familial ne peuvent pas être déduites, même s'il est prouvé que la dette est réelle.
En cas d'emprunt bancaire, sont déductibles :
- le capital restant dû à la date de la donation ;
- les intérêts échus et non payés et les intérêts courus à cette date.

Les dettes prises en charge doivent, en principe, être inférieures à la valeur vénale du bien.

Si elles sont égales ou supérieures, il s'agit alors non plus d'une libéralité, mais d'une mutation à titre onéreux.
En cas de donation-partage, la dette afférente au bien transmis à l'un des héritiers sera prise en compte uniquement pour la liquidation des droits de ce dernier.
Enfin, le bénéfice de la déduction est subordonné à la condition que le donataire puisse démontrer qu'il a supporté le paiement effectif des dettes mises à sa charge.
Le fisc peut demander cette preuve dans les 3 ans qui suivent l'année de l'échéance des dettes telle qu'elle est mentionnée dans l'acte de donation (CGI, art. 776 *bis*).
Si, à la demande de l'administration fiscale, les justifications fournies par le donataire sont insuffisantes ou en cas d'absence de réponse, le fisc peut déclencher une procédure de rectification contradictoire (LPF, art. 55) (instr. min., 27.7.2006, 7G-7-06).

À NOTER

Taxe de publicité foncière S'il s'agit d'un immeuble, la taxe de publicité foncière est calculée sur la valeur totale de l'immeuble, sans déduction des charges.

› Les bijoux, pierreries, objets d'art ou de collection

• Transmissions par décès

Leurs valeurs déclarées doivent se référer :
- aux prix obtenus dans une vente publique intervenue dans les 2 mois du décès ;
- à défaut de vente publique, aux valeurs retenues dans un inventaire ou tout autre acte (exemple : une délivrance de legs), dans les 5 ans du décès ;
- ou encore aux valeurs déclarées dans un contrat d'assurance (vol ou incendie) en cours au jour du décès et datant de moins de 10 ans (CGI, art. 764 II). S'il existe plusieurs polices susceptibles d'être retenues, la valeur imposable est égale à la moyenne des évaluations figurant dans ces polices. La valeur déclarée aux impôts peut correspondre à la valeur garantie ou être inférieure à hauteur de 100 % de la valeur garantie.

Les héritiers (ainsi que les légataires et les donataires) doivent faire connaître à l'administration fiscale si ces biens étaient l'objet d'un contrat d'assurance contre le vol ou contre l'incendie en cours au jour du décès (ou de la donation) et, dans l'affirmative, indiquer la date du contrat, le nom ou la raison sociale et le domicile de l'assureur, ainsi que le montant des risques (CGI, art. 798).
Les assureurs doivent également, dès qu'ils ont connaissance d'un décès, adresser aux services fiscaux dont ils dépendent une notice récapitulant les contrats d'assurance souscrits par le défunt (CGI, art. 805).
S'il n'y a pas d'acte ni de contrats d'assurance, les héritiers doivent établir une déclaration détaillée et estimative des bijoux, pierreries ou œuvres d'art, sans aucun minimum forfaitaire.

Transmissions par donations

Les règles d'évaluation sont les mêmes que celles applicables aux transmissions par décès.
Toutefois, l'évaluation ne peut être inférieure à 60 % des valeurs déclarées dans les contrats d'assurance (CGI, art. 776).

› Les valeurs mobilières

Transmissions par décès

Les valeurs cotées en bourse sont évaluées selon le cours moyen de la bourse au jour du décès. Les autres valeurs sont estimées par les déclarants, sous réserve d'un éventuel contrôle de l'administration.
Comme pour les immeubles, les valeurs mobilières dont le défunt possédait l'usufruit doivent être déclarées pour leur valeur globale, sauf si les héritiers établissent qu'il y a eu donation de la nue-propriété et que cette donation est intervenue plus de 3 mois avant le décès (dans cette hypothèse, les droits de mutation payés au moment de la donation viennent en déduction des droits de succession).

ATTENTION

Présomption de fraude L'administration fiscale peut réintégrer dans l'actif successoral toutes les actions, obligations, parts de fondateurs, parts sociales ou autres créances dont le défunt avait la propriété (ou pour lesquelles il a touché des revenus) dans l'année précédant son décès.
Ces créances sont présumées appartenir au défunt (et, à ce titre, sont imposables) sauf si les héritiers prouvent qu'elles sont sorties de l'hérédité et ne font plus partie du patrimoine du défunt. Si ces valeurs ont été vendues, l'acte de vente doit avoir été enregistré avant l'ouverture de la succession (CGI, art. 752 ; LPF, art. L.19 et R.* 19-1).

Transmissions par donations

Les valeurs cotées en bourse peuvent être évaluées selon le cours moyen de la bourse la veille du jour de la donation.

› L'entreprise individuelle

Depuis le 1er janvier 2005, il est admis que le décès du dirigeant d'une entreprise puisse entraîner une dépréciation de cette entreprise.
En conséquence, les héritiers, les légataires ou les donataires sont autorisés à déclarer une valeur dépréciée du bien transmis en se fondant sur les perspectives d'évolution de l'entreprise à la suite du décès (CGI, art. 764 A).
Ils devront apporter la preuve de cette dépréciation, laquelle ne peut concerner que la valeur des titres non cotés ou des actifs incorporels transmis. Cette mesure ne peut pas concerner des titres cotés.

Les personnes dont le décès est pris en compte pour l'application de cette mesure sont :
- le gérant d'une société à responsabilité limitée ou d'une société en commandite par actions non cotée ;
- l'un des associés d'une société de personnes ;
- l'une des personnes qui assume la direction générale d'une société par actions non cotée ;
- l'exploitant d'un fonds de commerce ou d'une clientèle ;
- le titulaire d'un office public ou ministériel.

Voir *La transmission d'entreprise*, p. 257.

› Prise en charge par le donateur des droits de mutation

Il est possible pour le donateur de payer à la place du donataire (à savoir, le bénéficiaire de la donation) les droits dont ce dernier est débiteur vis-à-vis de l'administration fiscale.
Cette possibilité permet au donataire de recevoir plus (après paiement des droits), alors que la somme dont entendait se dessaisir le donateur reste la même.
En effet, les droits de mutation ne sont pas calculés sur le montant total de la donation mais intégrés dans ce montant.
Cette possibilité n'est avantageuse que si la donation porte en tout ou au moins en partie sur une somme d'argent (au minimum le montant demandé pour le paiement des droits).

Cas pratique

Une personne entend donner à un ami la somme de 5 000 €. En principe, les droits que devra payer cet ami sont calculés sur cette somme et s'élèvent à 60 %, soit 3 000 €. Son bénéfice net devrait donc être de 2 000 €.
Si les droits sont payés par le donateur, le calcul s'établit ainsi : sur les 5 000 € le donateur versera au fisc 1 875 € et l'ami recevra la somme de 3 125 €, soit une différence de 1 125 € par rapport au premier calcul (les 1 875 € représentant 60 % de 3 125 €).
Le calcul se fait de la façon suivante : la somme globale à donner est multipliée par le chiffre obtenu en divisant 100 par 100 + taux applicable, soit pour l'exemple avec un taux de 60 % :

$$5\,000 \times \left(\frac{100}{100 + 60\,\%)}\right) = 5\,000 \times 0{,}625 = 3\,125\text{ €} \text{ (somme reçue par le donataire)}$$

Le fisc accepte de ne pas considérer que les droits de mutation payés par le donateur constituent eux aussi une donation, normalement soumise aux droits de mutation.
Mais attention, si le fisc opère un redressement après la donation et met à la charge du donataire un complément de droits à payer, ce complément ne peut être déduit de l'actif successoral (C. cass., com., 12.11.1996, Bull. civ. n° 269).

La règle selon laquelle les droits de mutation pris en charge par le donateur ne constituent pas une donation supplémentaire imposable s'applique également si le donateur paie par acte séparé les droits de mutation à la place du donataire (C. cass., com., 28.2.2006, Bull. civ. n° 51, p. 52).

Les abattements

Les abattements accordés par les lois fiscales sont les valeurs reçues à titre gratuit (par donation, par testament ou en tant qu'héritier) sur lesquelles il n'y a pas de droits de mutation à payer. Les droits se calculent sur les montants excédant l'abattement.
Certains abattements s'appliquent à toutes les transmissions de biens (par donation, par testament, par succession).
D'autres abattements sont exclusivement applicables aux transmissions par décès (par testament, par succession).
D'autres enfin ne sont prévus que pour les donations.

› Abattements généraux (donation et succession)

Abattements familiaux

Ces abattements s'appliquent quel que soit le mode de transmission des biens (après décès ou par donation). Ils diffèrent selon la personne gratifiée.
Les abattements applicables aux donations ainsi qu'aux transmissions par décès bénéficient :
- aux enfants : leur abattement est fixé à 100 000 € depuis le 18 août 2012 ;
- aux parents et grands-parents : 100 000 € ;
- aux frères et sœurs : 15 932 € ;
- aux neveux et nièces : 7 967 €.

Les conjoints mariés et les partenaires pacsés sont exonérés de droits de succession (successions ouvertes depuis le 22 août 2007). Ils restent imposables pour les donations qu'ils reçoivent de leur époux ou partenaire.
Pour les autres personnes de la famille ou pour les tiers, les abattements dont ils peuvent bénéficier ne s'appliquent que pour les donations ou les transmissions par décès (sur ces points, voir *Abattements ou exonérations spécifiques aux transmissions par décès*, p. 246, et *Abattements spécifiques aux donations*, p. 246).

Abattement pour les personnes en situation de handicap

Les personnes en situation de handicap physique ou mental bénéficient d'un abattement spécifique de 159 325 € applicable quel que soit leur lien de parenté avec le défunt et qu'il s'agisse d'une donation ou d'un bien reçu par testament ou succession (CGI, art. 779).
Cet abattement peut se cumuler avec un éventuel autre abattement auquel aurait droit la personne en situation de handicap (c'est le cas de l'enfant en situation de handicap qui bénéficie d'un abattement global de 259 325 € puisqu'il cumule

l'abattement applicable aux enfants et l'abattement lié à sa condition de personne en situation de handicap).
L'expression « en situation de handicap » signifie être « incapable de travailler dans des conditions normales de rentabilité en raison d'une infirmité physique ou mentale, congénitale ou acquise » (CGI, art. 779).

Revalorisation annuelle des abattements

Les abattements et tranches imposables devaient être réévalués tous les ans. Mais la loi prévoyant la revalorisation annuelle a finalement été abrogée.

› Abattements ou exonérations spécifiques aux transmissions par décès

Exonérations pour le conjoint et le partenaire pacsé

Le conjoint et le partenaire pacsé du défunt sont totalement exonérés de droits de succession pour les biens recueillis après décès.
Cette exonération s'applique aux successions ouvertes après cette date.
Pour les successions ouvertes avant cette date, le conjoint bénéficiait d'un abattement de 76 000 € et le partenaire pacsé d'un abattement de 57 000 €.

Exonération pour les frères et sœurs

Les frères et sœurs bénéficient normalement d'un abattement de 15 932 € pour les biens reçus par donation ou succession.
Mais ils sont totalement exonérés de droits de succession pour les biens reçus par décès (succession ou testament), s'ils remplissent les conditions suivantes (CGI, art. 796-0 *ter*) :
- être célibataire, veuf, divorcé ou séparé de corps ;
- être, au moment de l'ouverture de la succession, âgé de plus de 50 ans ou atteint d'une infirmité le mettant dans l'impossibilité de subvenir par son travail aux nécessités de l'existence ;
- avoir été constamment domicilié avec le défunt pendant les 5 années ayant précédé le décès.

Abattement minimum

Un abattement de 1 594 € est accordé à toutes les autres personnes, faisant partie ou non de la famille, qui recueillent les biens par succession ou par testament et qui ne bénéficient d'aucun autre abattement – cet abattement n'est pas applicable en cas de donation (CGI, art. 788).

› Abattements spécifiques aux donations

L'abattement pour les petits-enfants et arrière-petits-enfants

Les petits-enfants bénéficient d'un abattement pour les donations reçues de chaque grand-parent. Cet abattement de 31 865 € n'est pas applicable aux

biens transmis par décès (succession ou testament) mais uniquement en cas de donation.
Les arrière-petits-enfants bénéficient d'un abattement de 5 310 €.
Les petits-enfants et les arrière-petits-enfants peuvent bénéficier d'un abattement supplémentaire de 31 865 € pour les dons en numéraire qu'ils reçoivent de leurs grands-parents ou arrière-grands-parents. Cet abattement se renouvelle tous les 15 ans (voir *Quelles démarches pour donner à ses petits-enfants ?*, p. 158).

Les abattements en faveur des neveux et nièces

Les neveux et nièces bénéficient d'un abattement de 7 967 € (voir *Abattements familiaux*, p. 245).
Ils peuvent aussi recevoir de leur oncle ou tante un don de 31 865 € en numéraire net de droits (voir *Les frères et sœurs, neveux et nièces*, p. 209).

Donations au personnel d'une entreprise

Le régime d'imposition des donations consenties au personnel d'une entreprise a été modifié par la loi de modernisation de l'économie n° 2008-776 du 4 août 2008.
Auparavant, les donations consenties aux salariés en pleine propriété de fonds artisanaux, de fonds de commerce, de fonds agricoles ou de clientèles d'une entreprise individuelle ou de parts ou actions d'une société pouvaient être exonérées de droits de mutation si la valeur des biens transmis ne dépassait pas 300 000 €.
Désormais, un abattement de 300 000 € est substitué à cette exonération et la limite de valeur est supprimée. L'abattement ne peut s'appliquer qu'une seule fois entre un même donateur et un même donataire (CGI, art. 790 A).
Cet abattement s'applique si les conditions suivantes sont réunies :
- l'entreprise ou la société exerce une activité industrielle, commerciale, artisanale, agricole ou libérale ;
- les bénéficiaires doivent être des personnes titulaires d'un contrat de travail à durée indéterminée depuis au moins 2 ans et qui exercent leurs fonctions à temps plein dans l'entreprise, ou titulaires d'un contrat d'apprentissage en cours au jour de la transmission ;
- lorsqu'ils ont été acquis à titre onéreux, le fonds ou la clientèle doivent avoir été détenus depuis plus de 2 ans par le donateur ou la société ;
- lorsque la transmission porte sur des parts ou actions acquises à titre onéreux, celles-ci doivent avoir été détenues depuis plus de 2 ans par le donateur ;
- les donataires doivent poursuivre, à titre d'activité professionnelle unique et de manière effective et continue pendant les 5 années qui suivent la date de la transmission, l'exploitation du fonds ou de la clientèle transmis ou l'activité de la société, et dont l'un d'eux doit assurer, pendant la même période, la direction effective de l'entreprise.
Cet abattement est applicable sur options des donataires. Il exclut la possibilité de bénéficier de l'exonération partielle des droits pour la valeur des biens autres que

le fonds ou la clientèle (sur cette exonération partielle de droits, voir *La transmission d'entreprise*, p. 257).

À NOTER

En cas de liquidation de l'entreprise Si l'entreprise fait l'objet d'une procédure de liquidation judiciaire dans les 5 années qui suivent la date de la transmission, l'abattement n'est pas remis en cause.

L'abattement en cas de don à une fondation, une association ou un établissement public

La loi n° 2003-709 du 1er août 2003 relative au mécénat, aux associations et aux fondations a créé un nouvel abattement pour tout héritier donataire ou légataire qui, dans les 6 mois du décès, ferait don de biens provenant de la succession en faveur d'une fondation reconnue d'utilité publique ou don de sommes en faveur d'une association reconnue d'utilité publique, de l'État, d'une commune, d'un département, d'un établissement public hospitalier, d'un organisme de sécurité sociale.
L'abattement est égal à la valeur des biens ou des sommes donnés.
Il est consenti à deux conditions :
- que la libéralité soit effectuée, à titre définitif et en pleine propriété, dans les 6 mois suivant le décès ;
- que soient jointes à la déclaration de succession des pièces justificatives répondant à un modèle fixé par un arrêté attestant du montant et de la date de la libéralité ainsi que de l'identité des bénéficiaires (CGI, art. 788 III).
Cet abattement est cumulable avec l'abattement prévu pour les enfants, les ascendants, le conjoint, les frères et sœurs, les pacsés, ainsi qu'avec l'abattement réservé aux personnes en situation de handicap. En revanche, il n'est pas cumulable avec la réduction d'impôt sur le revenu.

› Calcul de l'abattement

À l'occasion d'une nouvelle donation

Lorsqu'une donation est faite à un héritier, appelé à la succession du donateur, les droits de succession de cet héritier doivent être calculés non seulement sur la valeur des biens recueillis dans la succession, mais également sur la valeur des biens qui lui ont été précédemment donnés.
En effet, les héritiers doivent « rapporter » à la succession les donations antérieures effectuées en avancement de part successorale. Ce rapport « civil » concerne les relations des héritiers entre eux et est essentiellement comptable.

Cas pratique

Si un enfant reçoit de son père la somme de 5 000 € en don manuel, cette somme fera partie de l'actif à partager entre lui et les autres héritiers, lors du décès du père ; les parts respectives de chacun seront déterminées sur cet actif global.

Mais d'un point de vue fiscal, les donations sont également « rappelées » pour le calcul des droits et l'application des abattements.
Le fisc réunit l'ensemble des biens donnés par une même personne et calcule les droits sur cet ensemble : abattement puis application par tranches des tarifs fiscaux.
Cela a pour conséquence que si les premières donations effectuées ont absorbé l'abattement, les suivantes seront directement imposables.
Si les secondes donations ont été imposées dans les premières tranches les plus basses du barème, les troisièmes seront taxées dans les plus hautes.

À NOTER

Possibilité de renoncer à l'abattement Un contribuable désirait effectuer plusieurs donations successives à la même personne et ce dans un délai inférieur à 15 ans.
Pour optimiser ces opérations, il pensait renoncer à l'abattement sur la première donation et reporter la totalité de l'abattement sur la seconde afin d'éviter, pour cette dernière, les tranches d'imposition les plus hautes. Ce montage a été refusé par l'administration. L'abattement constitue un élément du tarif des mutations à titre gratuit dont l'application s'impose. Un contribuable ne peut donc renoncer à ce droit.

À l'ouverture de la succession

Lors de l'ouverture de la succession, les héritiers doivent indiquer les donations qui ont pu être consenties par le défunt.
Pour que la donation ne soit pas imposée deux fois (une fois lors de la donation et une autre fois lors de la succession), on déduit de la part de l'héritier la donation qui lui a été faite en retenant, comme base, la valeur du bien donné, estimée au jour du partage de la succession.
Cette estimation au jour du partage complique la situation car, souvent, le partage des biens d'une succession intervient longtemps après le décès et la déclaration de succession (laquelle doit être faite, en principe, dans les 6 mois du décès).
Il faut donc réactualiser la valeur des biens indiquée dans la déclaration de succession avec la valeur des mêmes biens au jour du partage, et éventuellement procéder à la rectification des droits à payer.
Pour éviter cet inconvénient, il est possible de prévoir, soit dans l'acte de donation, soit à l'ouverture de la succession, par convention signée de tous les héritiers, que les biens donnés devront être évalués d'après leur valeur au jour de la donation ou bien au jour du décès.

Exception : la règle des 15 ans

Si la donation précédente est intervenue plus de 15 ans avant la seconde ou plus de 15 ans avant l'ouverture de la succession, la valeur des biens donnés n'est plus prise en considération pour évaluer la part taxable de l'héritier.
Le bénéficiaire peut à nouveau calculer l'abattement et profiter des tranches les plus basses pour les sommes qui excèdent l'abattement (CGI, art. 784).
Le délai de 15 ans a remplacé le précédent délai de 10 ans depuis le 18 août 2012.

Cas pratique

Un enfant reçoit de son père en donation une maison valant 170 000 €. Lors du décès du père (3 ans plus tard), cet enfant a déjà épuisé l'abattement auquel il a droit (100 000 €) et doit donc, sur les biens dont il hérite, payer des droits de succession selon les tranches applicables.

En prenant le même exemple et à condition que la donation soit intervenue plus de 15 ans avant le décès du père, l'enfant pourra bénéficier de nouveau de l'abattement de 100 000 € sur les biens qui lui seront dévolus à l'ouverture de la succession.

À NOTER

Les présents d'usage Ils ne sont pas soumis à la règle du rappel des donations antérieures et ne sont pas imposables (voir *Comment faire une donation ?,* p. 86).

Les exonérations

› Exonération des droits de mutation pour certains biens

Avantages matrimoniaux

Les biens, que le conjoint recueille en vertu d'une convention matrimoniale (avantage matrimonial) telle que :
- la clause d'attribution en propriété ;
- la stipulation de parts inégales ;
- la clause de prélèvement ;
- la clause de préciput ;
- la clause d'attribution de la communauté, etc.

… sont exonérés de droits de mutation (voir *À qui pouvez-vous donner ?,* p. 147).

Les réversions de rentes viagères entre époux ou entre parents en ligne directe

La réversion d'une rente viagère est prévue dans un acte de vente ou dans une donation. Le vendeur ou le donateur prévoit que l'acquéreur ou le donataire lui versera une rente viagère et que cette rente viagère sera transmise à son conjoint survivant après son décès (voir *Le versement d'une rente viagère,* p. 183).

Les biens immobiliers faisant l'objet d'une « tontine » ou « clause d'accroissement »

L'exonération ne concerne que les parts d'immeuble, sous certaines conditions (voir *La tontine : une formule obsolète et risquée,* p. 84).

Le capital versé au bénéficiaire d'une assurance-vie

En principe, le capital versé à la mort de l'assuré est exonéré, en partie, de droits de succession. La souscription d'une assurance-vie reste donc la solution la plus intéressante pour favoriser une personne étrangère à la famille ou l'un de ses héritiers (voir *Les règles fiscales,* p. 72).

La pension alimentaire versée au conjoint

La pension versée par la succession au conjoint survivant qui se trouve dans le besoin n'est pas imposable (C. civ., art. 767) (voir *Que se passe-t-il au décès du donateur ou du testateur ?,* p. 275).

Certains biens situés à l'étranger

Les biens déjà taxés au titre des droits de succession dans le pays étranger ne sont pas de nouveau imposables en France.

Le salaire différé

Les sommes dues au titre du contrat de travail à salaire différé sont transmises au bénéficiaire, hors droits de succession.

Sont exonérées les successions :

- des victimes de la guerre (civils et militaires) ou d'actes de terrorisme ;
- des sapeurs-pompiers décédés au cours d'une opération de secours ou décédés après avoir été blessés pendant ces opérations, et cités à l'ordre de la Nation ;
- des militaires décédés lors de leur participation à une opération extérieure ou de sécurité intérieure ou, blessés pendant ces opérations et décédés dans les 3 ans ;
- des policiers et des gendarmes décédés dans l'accomplissement de leur mission, ou décédés des blessures reçues dans les mêmes circonstances, et cités à l'ordre de la Nation ;
- des agents des douanes décédés dans l'accomplissement de leur mission, ou décédés des blessures reçues dans les mêmes circonstances et cités à l'ordre de la Nation (CGI, art. 796).

Dons en numéraire reçus par les victimes d'actes de terrorisme

Les dons en numéraire reçus par une personne victime d'un acte de terrorisme sont exonérés de droits de mutation à titre gratuit.

Si la victime est décédée du fait de l'acte de terrorisme, l'exonération de droits de mutation à titre gratuit s'applique, dans les mêmes conditions, aux dons en numéraire reçus par son conjoint, son partenaire lié par un PACS, son concubin notoire, ses descendants, ses ascendants et les personnes considérées comme à sa charge.

L'exonération s'applique aussi aux dons en numéraire reçus par une personne blessée, ou par le conjoint, le partenaire pacsé, le concubin notoire, les descendants, les ascendants et les personnes considérées comme à la charge, les militaires, sapeurs-pompiers, policiers ou gendarmes décédés ou blessés au cours d'opérations de sécurité intérieure.

Les dons doivent être reçus dans les 12 mois suivant l'acte de terrorisme sauf si les dons sont versés par une fondation, une association reconnue d'utilité publique ou une œuvre ou un organisme d'intérêt général. Dans cette hypothèse, il n'y a pas de délai (CGI, Art. 796 *bis*).

Certaines indemnités versées aux personnes décédées peuvent être déduites de l'actif de leur succession

La loi fiscale permet de déduire de l'actif successoral toutes les sommes versées en réparation d'un dommage corporel survenu après un accident ou une maladie.
Cette déduction n'était autorisée auparavant que pour les indemnités reçues par les victimes du Sida contaminées par transfusion sanguine et par les victimes de la maladie de Creutzfeldt-Jakob.

› Exonération pour les dons et legs faits à certains établissements publics ou certaines associations

L'État, les communes, certains établissements publics ou reconnus d'utilité publique, certaines associations, groupements ou fondations sont exonérés de droits de mutation pour les dons et legs qu'ils peuvent recevoir (CGI, art. 795).
Sur les dons et legs consentis à ces établissements, voir *Quelles démarches pour donner ou léguer à une personne morale ?*, p. 218).

› Abattements et réduction d'impôts pour les dons en faveur d'organismes d'intérêt général

La loi n° 2003-709 du 1er août 2003 relative au mécénat, aux associations et aux fondations a créé un nouvel abattement pour tout héritier donataire ou légataire qui, dans les 6 mois du décès, ferait don de biens provenant de la succession en faveur d'une fondation reconnue d'utilité publique ou don de sommes en faveur d'une association reconnue d'utilité publique, de l'État, d'une commune, d'un département, d'un établissement public hospitalier, d'un organisme de sécurité sociale (voir *L'abattement en cas de don à une fondation, une association ou un établissement public*, p. 248).
Par ailleurs, la loi a augmenté les réductions d'impôt sur le revenu accordées en contrepartie de dons et de versements effectués au profit (organismes à but non lucratif) :
- de fondations ou d'associations reconnues d'utilité publique ;
- d'œuvres ou d'organismes d'intérêt général ;
- d'établissements d'enseignement supérieur ;
- d'associations cultuelles et de bienfaisance ;
- d'organismes qui procèdent à la fourniture gratuite de repas à des personnes en difficulté ;
- d'organismes ayant pour activité principale la présentation au public d'œuvres dramatiques, lyriques, musicales, chorégraphiques, cinématographiques et de cirque ou l'organisation d'expositions d'art contemporain ;
- de la Fondation du patrimoine ;
- des associations de financement électoral au profit d'un parti ou d'un candidat (dans la limite de 15 000 €) ;
- des organismes agréés d'un État de l'Union européenne.

Voir *Quelles démarches pour donner ou léguer à une personne morale ?*, p. 218.
Enfin, cette même loi a exonéré des droits de mutation les dons manuels consentis aux organismes d'intérêt général visés à l'article 200 du Code général des impôts (associations et organismes sans but lucratif).

› Exonérations partielles des droits de mutation

Les bois et forêts

Les bois et forêts, sont exonérés à concurrence des 3/4 de leur valeur à condition :
• que l'acte constatant la donation ou la déclaration de succession soit appuyé d'un certificat du directeur départemental de l'agriculture et de la forêt attestant que les bois et forêts sont susceptibles de présenter l'une des garanties de gestion durable prévues à l'article L. 124-1 du Code forestier ;
• qu'il contienne l'engagement par l'héritier, le légataire ou le donataire, pris pour lui et ses ayants cause :
- soit d'appliquer pendant 30 ans aux bois et forêts une garantie de gestion durable,
- soit lorsque, au moment de la mutation, aucune garantie de gestion durable n'est appliquée aux bois et forêts en cause, de présenter dans le délai de 3 ans à compter de la mutation et d'appliquer, jusqu'à l'expiration du délai de 30 ans précité, une telle garantie.
Depuis le décret n° 2010-523 du 19 mai 2010 (applicable aux successions ouvertes et aux donations consenties depuis le 21 mai 2010), le bénéficiaire de l'exonération doit également fournir tous les 10 ans un bilan de la mise en œuvre du document de gestion durable.
Ce bilan comporte les éléments suivants :
- l'identité et l'adresse du bénéficiaire de l'exonération ou du groupement forestier dont les membres bénéficient des exonérations ;
- la liste des parcelles cadastrales concernées par l'exonération, l'indication de leurs contenances, des numéros des sections et lieux-dits ;
- la liste des coupes et travaux prévus sur les 10 dernières années dans le ou les documents de gestion durable applicables sur cette même période ;
- la liste des coupes et travaux réalisés sur les 10 dernières années.
Les personnes concernées ont 6 mois à l'expiration de ce délai de 10 ans pour envoyer ces documents.
Chaque donataire, héritier ou légataire, bénéficie de cette exonération sur sa part.
Le non-respect de la durée d'exploitation entraîne le paiement du complément des droits de mutation, le paiement d'un droit supplémentaire égal respectivement à 30 %, 20 % et 10 % de la réduction consentie selon que le manquement est constaté avant l'expiration de la dixième, vingtième ou trentième année (CGI, art. 1840 G) et le paiement d'un intérêt de retard de 0,40 % par mois (CGI, art. 1727).

Les terrains (hors bois et forêts) inclus dans les sites Natura 2000

Les propriétés non bâties incluses dans les sites Natura 2000 transmises par donation ou succession sont exonérées de droits à concurrence des 3/4 de leur valeur à condition de produire un certificat attestant que les propriétés font l'objet d'un engagement de gestion de conservation et que l'héritier ou le donataire prenne l'engagement d'appliquer pendant 18 ans les garanties de gestion définies par décret (CGI, art. 793). Cette exonération n'est pas cumulable avec une autre exonération applicable en matière de droits de mutation à titre gratuit.

Les parts des groupements fonciers agricoles ou forestiers

Sous conditions de conservation et de garanties de gestion, les transmissions par donations ou succession des parts de ces groupements sont exonérées à concurrence des 3/4 de leur valeur (CGI, art. 793).

Les biens ruraux

Les biens ruraux transmis au cours d'un bail à long terme, sont exonérés à concurrence des 3/4 de leur valeur à condition que le bail ait été signé depuis au moins 2 ans, que le donataire, légataire ou héritier, en reste propriétaire pendant au moins 5 ans et que la valeur du bien ne dépasse pas 300 000 €. Si le bien transmis dépasse cette somme, l'exonération s'applique à concurrence de 50 % pour les sommes dépassant 300 000 €.
Si le bien est vendu ou donné avant la durée de 5 ans, le bénéficiaire devra payer le complément des droits de mutation, et le paiement d'un intérêt de retard de 0,40 % par mois (CGI, art. 793 *bis*).

À NOTER

Revalorisation du seuil d'exonération Le seuil d'exonération partielle des transmissions de biens ruraux loués par bail à long terme et de parts de groupements fonciers agricoles (GFA) a été relevé à 300 000 €. Au-delà de ce seuil, l'exonération passe à 50 % de leur valeur.
L'exonération partielle pour la transmission de ces biens est donc de 75 % jusqu'à 300 000 €, et de 50 % pour la partie de la valeur excédant ce seuil.

Les immeubles neufs acquis entre le 1er juin 1993 et le 31 décembre 1994

Lors de la première transmission à titre gratuit (par donation ou succession), sont exonérés les immeubles acquis neufs ou en état futur d'achèvement dont la déclaration de l'achèvement des travaux a été déposée avant le 1er juillet 1994 à la mairie de la commune sur le territoire de laquelle l'immeuble concerné a été édifié et dont l'acquisition par le donateur ou le défunt est constatée par un acte authentique signé entre le 1er juin 1993 et le 31 décembre 1994.

L'exonération est subordonnée à la condition que les immeubles aient été exclusivement affectés de manière continue à l'habitation principale pendant une durée minimale de 5 ans à compter de l'acquisition ou de l'achèvement s'il est postérieur. Cette condition n'est pas opposable en cas de décès de l'acquéreur durant ce délai.
L'exonération (abattement) est plafonnée à 46 000 € par part reçue par chaque donataire, héritier ou légataire. Pour l'appréciation de cette limite de 46 000 €, il est tenu compte de l'ensemble des transmissions à titre gratuit consenties par la même personne, mais il n'est pas tenu compte des donations remontant à plus de 6 ans.
Le non-respect de l'affectation pendant le délai de 5 ans entraîne le paiement du complément des droits de mutation et le paiement d'un intérêt de retard de 0,40 % par mois.

Les immeubles neufs acquis entre le 1er août 1995 et le 31 décembre 1995

Lors de la première mutation à titre gratuit, sont exonérés les immeubles achevés avant le 31 décembre 1994 et acquis neufs par acte authentique signé entre le 1er août 1995 et le 31 décembre 1995.
Ces immeubles doivent avoir été affectés à l'habitation principale pendant au moins 2 ans depuis l'acquisition (sauf si le décès de l'acquéreur est intervenu avant l'expiration du délai). Par ailleurs, le bénéficiaire de la donation, l'héritier ou le légataire doit s'engager à conserver cette affectation pendant au moins 3 ans.
L'exonération est plafonnée à 46 000 € par part reçue par chacun des donataires, héritiers ou légataires.
Le non-respect de l'affectation pendant le délai de 3 ans entraîne le paiement du complément des droits de mutation et le paiement d'un intérêt de retard de 0,40 % par mois.

Les immeubles locatifs acquis entre le 1er août 1995 et le 31 décembre 1996

Lors de leur première transmission à titre gratuit et à concurrence des 3/4 de leur valeur, sont exonérés les immeubles ou fractions d'immeubles acquis par le donateur ou le défunt par acte authentique signé entre le 1er août 1995 et le 31 décembre 1996 et destinés à la location. L'exonération est subordonnée à la condition que les immeubles aient été donnés en location par le propriétaire sous certaines conditions, pendant une durée minimale de 9 ans, à une personne qui les affecte de manière exclusive et continue à son habitation principale.

À NOTER
La location doit avoir pris effet dans les 6 mois de l'acquisition de l'immeuble.

L'exonération est plafonnée à 46 000 € par part reçue.
Lorsqu'au jour de la transmission à titre gratuit, le délai de 9 ans n'est pas expiré, le bénéfice de l'exonération partielle est subordonné à l'engagement des donataires,

héritiers ou légataires ainsi qu'à leurs ayants cause de maintenir en location, dans les mêmes conditions, les biens transmis jusqu'à l'expiration de ce délai.
Le non-respect de ce délai de 9 ans entraîne le paiement du complément des droits de mutation et le paiement d'un intérêt de retard de 0,40 % par mois.

ATTENTION

Calcul de l'abattement L'abattement de 46 000 € est commun aux premières transmissions à titre gratuit d'immeubles neufs acquis entre le 1er août 1995 et le 31 décembre 1996 ou d'immeubles locatifs cités ci-avant. Cela signifie qu'il est calculé une seule fois par bénéficiaire, quel que soit le nombre de transmissions d'immeubles consenties par la même personne.
Mais il n'est pas tenu compte des donations remontant à plus de 15 ans (délai porté de 10 à 15 ans depuis le 18 août 2012).
L'abattement de 46 000 € applicable aux premières transmissions à titre gratuit d'immeubles neufs ou locatifs se cumule avec l'abattement de droit commun, ce dernier abattement s'appliquant sur la fraction non couverte par l'exonération.

Les terrains à bâtir

Les donations, signées entre le 1er janvier 2015 et le 31 décembre 2015, de terrains à bâtir sont exonérées des droits de mutation à concurrence de 100 000 € dans la limite de la valeur déclarée de ces biens, lorsque l'acte de donation contient l'engagement par le donataire, pris pour lui et ses ayants cause, de réaliser et d'achever des locaux neufs destinés à l'habitation dans un délai de 4 ans à compter de la date de l'acte (CGI, art. 790 H).

Les immeubles neufs

Les donations d'immeubles neufs à usage d'habitation n'ayant jamais servi, pour lesquels un permis de construire a été obtenu entre le 1er septembre 2014 et le 31 décembre 2016, signées dans les 3 ans suivant l'obtention de ce permis, sont exonérées de droits de mutation à titre gratuit, dans la limite de la valeur déclarée de ces biens, à concurrence de :
- 100 000 €, lorsqu'elles sont consenties au profit d'un descendant ou d'un ascendant en ligne directe, du conjoint ou du partenaire pacsé ;
- 45 000 €, lorsqu'elles sont consenties au profit d'un frère ou d'une sœur ;
- 35 000 €, lorsqu'elles sont consenties au profit d'une autre personne.

L'ensemble des donations consenties par un même donateur ne peuvent être exonérées qu'à hauteur de 100 000 € (CGI, art. 790 I).

Les exonérations en cas d'établissement du titre de propriété

Les immeubles dont le titre de propriété a été reconstitué et publié entre le 1er octobre 2014 et le 31 décembre 2017 sont exonérés, à concurrence de 30 % de leur valeur, de droits de mutation lors de leur première mutation postérieure à la reconstitution des titres de propriété (CGI, art. 793).

Les réductions

› Réductions générales des droits de mutation

Ces réductions s'appliquent aux transmissions de biens par décès (par testament ou succession) comme aux transmissions de biens par donations.

Réduction pour les mutilés de guerre

Par ailleurs, les mutilés de guerre invalides à 50 % au minimum bénéficient d'une réduction de droits (réduction de 50 % des droits plafonnée à 305 €). Cette réduction est applicable aux transmissions par donation et par décès (CGI, art. 782).

› Réduction des droits de mutation réservée aux donations

Seules les donations d'entreprises (parts, actions ou éléments d'exploitation) bénéficient de réductions de droits égales à 50 % quand le donateur est âgé de moins de 70 ans.

Cas pratique

Le déroulement du calcul des droits de mutation :
– 1re phase : évaluation des biens transmis ;
– 2e phase : déduction de l'abattement ;
– 3e phase : calcul des droits de mutation.

La transmission d'entreprise

› Transmission d'entreprise par décès

Né de la loi du 2 août 2005, le dispositif Dutreil visant à faciliter les transmissions d'entreprises a été assoupli et modifié par la loi de finances pour 2019. À ce titre, sont exonérées de droits de mutation par décès (CGI, art. 787 B), à concurrence de 75 % de leur valeur (sans limitation de montant), les parts ou actions transmises par succession ou par testament d'une société ayant une activité industrielle, commerciale, artisanale, agricole ou libérale ainsi que les biens meubles ou immeubles, corporels ou incorporels affectés à l'exploitation d'une entreprise individuelle.
Cette exonération est admise sous les conditions suivantes :

S'il s'agit d'une société

Le défunt doit avoir, avec ses associés par un pacte d'actionnaires, pris l'engagement de conserver pendant au moins 2 ans un certain pourcentage (20 % ou 34 % selon que la société est cotée ou non) des droits sociaux attachés à l'entreprise. Ces pourcentages doivent être respectés tout au long de la durée de l'engagement collectif de conservation.

Les associés de l'engagement collectif de conservation peuvent néanmoins effectuer entre eux des cessions ou donations des titres soumis à l'engagement. Ils peuvent aussi admettre un nouvel associé dans l'engagement collectif à condition que cet engagement collectif soit reconduit pour une durée minimale de 2 ans.
En principe, le décès doit intervenir pendant cette période d'engagement collectif de conservation. Mais la loi fiscale prévoit des dérogations à ce principe.
Tout d'abord, l'engagement collectif peut être conclu après le décès du détenteur des titres par ses héritiers entre eux ou avec d'autres associés, dans les 6 mois du décès (cet engagement peut donc être pris lors de la déclaration de succession, en même temps que l'engagement individuel).
D'autre part, l'engagement collectif de conservation est réputé acquis quand le défunt seul, ou le défunt et son conjoint, ou encore le défunt et son partenaire pacsé détiennent depuis 2 ans le seuil de titres exigé pour la conclusion de l'accord collectif de conservation.
Au décès, chacun des héritiers, donataires ou légataires, prend l'engagement dans la déclaration de succession, pour lui et ses ayants cause à titre gratuit, de conserver les parts ou les actions transmises pendant une durée de 4 ans à compter de la date d'expiration de la précédente période. Par ailleurs, la direction de l'entreprise doit être assurée pendant 2 ans par un associé ayant participé à l'engagement collectif de conservation ou par un héritier (CGI, art. 787 B).
L'engagement collectif de conservation est opposable à l'administration à compter de la date d'enregistrement de l'acte qui le constate.

À NOTER

Apport des titres à une holding Sous certaines conditions, les héritiers ou légataires peuvent faire apport à une société holding constituée à cet effet des titres transmis sans pour cela perdre le bénéfice de l'exonération de droits (CGI, art. 787 B).

S'il s'agit d'une entreprise individuelle

L'entreprise individuelle doit avoir été détenue depuis plus de 2 ans par le défunt lorsqu'elle a été acquise à titre onéreux.
Chacun des héritiers, donataires ou légataires, prend l'engagement dans la déclaration de succession, pour lui et ses ayants cause à titre gratuit, de conserver l'ensemble des biens affectés à l'exploitation de l'entreprise pendant une durée de 4 ans à compter de la date du décès.
L'un des héritiers, donataires ou légataires, doit poursuivre effectivement pendant les 3 années qui suivent la date de la transmission par décès l'exploitation de l'entreprise individuelle (CGI, art. 787 C).
L'exonération partielle des droits de succession pour les transmissions d'entreprise individuelle est acquise même si l'entreprise n'était pas exploitée par le défunt avant son décès.

Cas pratique

Dans ce contentieux, le défunt avait arrêté l'exploitation de son entreprise 5 ans avant son décès. L'entreprise était exploitée par son épouse.

Les juges de la Cour de cassation ont estimé que la transmission de cette entreprise pouvait bénéficier de l'exonération des droits de succession.
En effet, la loi n'exige pas que l'entreprise soit exploitée par le défunt au moment du décès.
Il suffit qu'il en soit propriétaire depuis au moins 2 ans.
La Cour rejette ainsi l'interprétation de l'administration fiscale, selon laquelle « les conditions d'engagement individuel de conservation des biens et de poursuite de l'exploitation de l'entreprise visent à assurer la continuation de l'exploitation de l'entreprise après le décès de l'entrepreneur, un but [qui serait] dénué de sens si l'entrepreneur n'exploitait pas au moment du décès » (C. cass., com., 10.9.2013, n° 12-21.140).

Formalités communes obligatoires

Les obligations déclaratives prévues dans le cadre du dispositif Dutreil ont été assouplies. La déclaration de succession doit être appuyée de divers documents établis par les héritiers et adressés au service des impôts (bureau de l'enregistrement), notamment :
- une copie de l'acte enregistré constatant l'engagement collectif de conservation en cours, signé par le défunt avec d'autres associés ou signé par les associés s'il s'agit d'une transmission par succession ;
- une attestation de la société dont les parts ou actions font l'objet de l'engagement collectif de conservation certifiant que l'engagement collectif de conservation est en cours au jour du décès et que cet engagement a porté jusqu'au jour du décès sur au moins 20 % et 34 % des droits de vote et des droits financiers attachés aux titres émis par la société.

Dans le cas où le régime concerne les titres d'une société interposée entre le redevable et la société signataire de l'engagement collectif de conservation, une attestation de la société interposée précisant le nombre de titres qu'elle détient dans la société signataire de l'engagement collectif de conservation à la date de la signature de celui-ci et certifiant que, depuis cette date, cette participation est demeurée inchangée (CGI, annexe II, art. 294 *bis*).

Après la transmission de ces documents, si l'administration fiscale le demande, les héritiers doivent produire dans les 3 mois une attestation établie par la société certifiant que l'ensemble des conditions d'application du dispositif ont été respectées de manière continue depuis la date de la transmission.

Si l'engagement de conservation est pris après le décès du détenteur des titres, les héritiers doivent adresser au service des impôts compétent pour enregistrer la déclaration de succession, dans les délais prévus pour cet enregistrement, les documents suivants :
- une copie de l'acte enregistré constatant l'engagement collectif de conservation ;
- une attestation de la société dont les parts ou actions font l'objet de l'engagement collectif de conservation certifiant qu'il a été souscrit par le ou les héritiers ou légataires, pour lui et ses ayants cause à titre gratuit, entre eux ou avec un ou plusieurs autres associés pour une durée d'au moins 2 ans.

L'héritier qui ne respecterait pas son obligation de conservation de ses titres (s'il s'agit d'une société) ou des biens (s'il s'agit d'une entreprise individuelle), serait tenu de payer le complément des droits de succession assorti de l'intérêt de retard.

› Transmission d'entreprise par donation

Transmission de parts et actions de société

La loi n° 2003-721 du 1er août 2003 pour l'initiative économique a appliqué aux donations en pleine propriété des parts ou actions de l'entreprise le régime d'exonération partielle des droits de succession, auparavant applicable aux seules transmissions par décès (sur les modalités de ce régime d'exonération partielle en cas de transmissions par décès, voir *Transmission d'entreprise par décès,* p. 257).
Ce régime est applicable depuis le 1er janvier 2004.
La loi permet de calculer un abattement de 75 % sur la valeur des titres transmis de société ou des éléments affectés à une exploitation individuelle.
Avant la donation, le donateur et un ou plusieurs associés ou actionnaires doivent s'engager à conserver les titres de société pendant une durée minimale de 2 ans, durée en cours au jour de la donation.
L'engagement collectif doit porter sur au moins 34 % des droits financiers et des droits de vote de la société ou sur 20 % si elle est cotée.
Pendant cette période, les associés de l'engagement collectif de conservation ne peuvent qu'effectuer entre eux des cessions ou des donations des titres soumis à l'engagement.
Le donataire doit par ailleurs s'engager personnellement, en son nom et au nom de ses ayants cause, à conserver à titre gratuit les titres reçus pendant une durée de 4 ans commençant à courir au jour de l'expiration de l'engagement collectif (CGI, art. 787 B et s.).
Enfin, l'un des donataires ou héritiers s'il s'agit d'une transmission par succession, signataire de l'engagement collectif de conservation des titres, devra exercer dans l'entreprise des fonctions de direction pendant 3 ans.

Transmission d'entreprise individuelle

La transmission d'entreprise individuelle par donation a également été alignée sur la transmission par décès. Sont exonérées de droits de mutation à titre gratuit, à concurrence de 75 % de leur valeur, la totalité ou une quote-part indivise de l'ensemble des biens meubles et immeubles, corporels ou incorporels affectés à l'exploitation d'une entreprise individuelle ayant une activité industrielle, commerciale, artisanale, agricole ou libérale transmise par donation en pleine propriété si les conditions suivantes sont réunies (CGI, art. 787 C) :
- l'entreprise individuelle doit être détenue depuis plus de 2 ans par le donateur lorsqu'elle a été acquise à titre onéreux ;
- chacun des donataires prend l'engagement dans l'acte de donation, pour lui et ses ayants cause à titre gratuit (héritiers, donataires, légataires), de conserver l'ensemble des biens affectés à l'exploitation de l'entreprise pendant une durée de 4 ans à compter de la date de la transmission ;

- l'un des donataires doit poursuivre effectivement pendant les 3 ans qui suivent la date de la transmission l'exploitation de l'entreprise.

Transmission par donation avec réserve d'usufruit

L'exonération de droits sur 75 % de la valeur des biens transmis est admise pour les donations en pleine propriété mais aussi pour les donations avec réserve d'usufruit. L'intérêt pour le donateur est qu'il conserve les revenus de l'entreprise (la perte de revenus était souvent un frein à la transmission d'entreprise). Dans cette hypothèse :
- il faut que les droits de vote de l'usufruitier soient statutairement limités aux décisions concernant l'affectation des bénéfices ; le donateur ne peut plus détenir le pouvoir effectif de l'entreprise. Si nécessaire, les statuts de l'entreprise doivent en conséquence être modifiés ;
- par ailleurs, cette exonération n'est pas cumulable avec la réduction de droits de mutation liée à l'âge du donateur (voir *Réduction des droits de mutation réservée aux donations,* p. 257). Les donataires doivent donc calculer le système le plus avantageux.

À NOTER

Déduction des dettes Depuis la loi de finances pour 2005 n° 2004-1484 du 30 décembre 2004, les donataires peuvent déduire de la valeur des biens meubles ou immeubles donnés les dettes afférentes à ces biens lorsqu'elles leur sont transmises dans l'acte de donation. Ces biens doivent être affectés à l'exploitation de l'entreprise individuelle transmise (CGI, art. 776 *bis*).

› Paiement des droits de mutation en cas de transmission d'entreprise

Qu'il s'agisse d'une transmission d'entreprise par donation ou par décès, le paiement des droits de mutation à titre gratuit peut être différé puis fractionné.
Le paiement est différé pendant 5 ans à compter de la date d'exigibilité des droits.
À l'expiration de ce délai, le paiement peut être fractionné pendant 10 ans lorsque les mutations portent :
- sur l'ensemble des biens meubles et immeubles, corporels ou incorporels affectés à l'exploitation d'une entreprise individuelle ayant une activité industrielle, commerciale, artisanale, agricole ou libérale et exploitée par le donateur ou le défunt ;
- sur les parts sociales ou les actions d'une société ayant une activité industrielle, commerciale, artisanale, agricole ou libérale, non cotée en bourse, à condition que le bénéficiaire reçoive au moins 5 % du capital social (CGI, art. 397 A, annexe III).
Les droits dont le paiement est fractionné sont exigibles par parts égales à intervalle de 6 mois. Le premier versement est effectué à l'expiration du délai de paiement différé. Le paiement des autres fractions intervient dans le mois suivant chaque échéance.

Taux d'intérêt

Les droits dont le paiement est différé et fractionné donnent lieu au versement d'un intérêt au taux de l'intérêt légal en vigueur au moment de la demande de crédit.
Ce taux est applicable pendant toute la durée du crédit.
Il est réduit des deux tiers lorsque la valeur de l'entreprise ou la valeur nominale des titres comprise dans la part taxable de chaque héritier, donataire ou légataire est supérieure à 10 % de la valeur de l'entreprise ou du capital social ou lorsque, globalement, plus du tiers du capital social est transmis. Il est déterminé en ne retenant que la première décimale.

À NOTER
La méthode de fixation du taux de l'intérêt légal a été modifiée au 1er janvier 2015. Ce taux est désormais fixé deux fois par an et est fonction du taux directeur de la Banque centrale et du taux des crédits à la consommation ou du taux des crédits aux entreprises (décret n° 2014-1115 du 2 octobre 2014).

Déchéance du crédit

Les sommes restant dues deviennent exigibles immédiatement en cas de cession de plus du tiers des biens bénéficiant du paiement différé et fractionné. Pour le calcul de cette proportion, la valeur des biens est appréciée au jour de la cession.
L'apport des biens à une société n'entraîne pas l'exigibilité des droits lorsque le bénéficiaire prend dans l'acte d'apport l'engagement de conserver les titres reçus en contrepartie de son apport jusqu'à l'échéance du dernier terme du paiement fractionné.

À NOTER
Assouplissement des formalités Le dispositif du pacte Dutreil permettant la réduction des droits de transmission des entreprises par donation ou décès a fait l'objet de mesures d'assouplissement (loi de finances pour 2019) parmi lesquelles :
- l'élargissement des possibilités d'apport des titres à une société holding ;
- la suppression de l'attestation qui pèse sur la société et les bénéficiaires ;
- la remise en cause partielle et non pas en totalité des avantages fiscaux en cas de cession de titres à un autre associé ;
- la suppression de l'attestation trimestrielle que les associés devaient fournir ;
- l'application du dispositif aux sociétés unipersonnelles (EURL, SASU, etc.)

Le paiement des droits de mutation

› Modalités de paiement des droits

Les droits de mutation (succession ou donation) peuvent être payés en numéraire (en liquide, par chèque), mais aussi en valeurs du Trésor ou par la remise d'objets d'art ou de forêts.

La dation en paiement

Les droits de succession ou de donation peuvent être acquittés par la remise d'œuvres d'art, de livres, d'objets de collection ou de documents de haute valeur artistique ou historique, ou encore, par la remise d'un immeuble situé dans une zone d'intervention du Conservatoire de l'espace littoral et des rivages lacustres dont la situation ainsi que l'intérêt écologique ou paysager justifient la conservation à l'état naturel.
Le paiement peut aussi être effectué par la remise d'immeubles en nature de bois, forêts ou espaces naturels pouvant être incorporés au domaine forestier de l'État.
Il faut toutefois que le montant des droits à payer soit au moins égal à 10 000 € pour que la dation en paiement soit autorisée.
Pendant les 6 mois suivant la date de son dépôt (délai pouvant être prolongé de 3 mois), l'offre ne peut pas être retirée.
L'offre de dation en paiement doit faire l'objet d'un agrément qui fixe la valeur libératoire des biens. Cette valeur doit être acceptée par le contribuable.

À NOTER

Retrait de l'offre Si l'intéressé ne donne pas son acceptation ou s'il retire son offre de dation avant la notification de la décision d'agrément, les droits dus sont assortis de l'intérêt de retard calculé à compter du premier jour du mois suivant celui au cours duquel les droits devaient être acquittés jusqu'au dernier jour du mois du paiement.

Lorsqu'il s'agit d'œuvres d'art ou historiques, la procédure a été simplifiée. Le redevable, dans le délai prévu pour l'enregistrement de l'acte, doit déposer une offre de dation à l'État, précisant la nature et la valeur de chacun des biens qu'il envisage de remettre à l'État. Cette offre est adressée au service des impôts compétent pour enregistrer la donation ou la déclaration de succession. Puis le dossier est transmis à une commission qui émet un avis tant sur l'intérêt artistique ou historique que sur la valeur des biens offerts.
La décision est notifiée au demandeur par pli recommandé avec avis de réception. En l'absence de décision notifiée dans le délai de 2 ans à compter de la date du récépissé de l'offre, celle-ci est considérée comme refusée (décret n° 2012-1241 du 7 juillet 2012, modifié par le décret n° 2018-680 du 30 juillet 2018) (CGI, annexe II, art. 384 A).

› Paiement comptant (transmission par donation)

Les droits de mutation calculés à l'occasion d'une donation sont payables lors de l'acte notarié, par l'intermédiaire du notaire qui fera enregistrer l'acte. Le délai d'enregistrement est d'1 mois à compter de l'acte.
• Les droits de mutation sont perçus lors de l'acceptation de la donation par le donataire (bénéficiaire) :
- si la donation n'est pas acceptée, l'acte (s'il est enregistré) est soumis au droit fixe forfaitaire applicable aux enregistrements d'actes innomés, à savoir 125 € (CGI, art. 680) ;

- s'il s'agit d'un don manuel déclaré (sur formulaire spécial), les droits sont payables avec l'envoi de ce formulaire ;
- si le don manuel n'est pas déclaré lors de sa réalisation, les droits sur ce don seront payables au moment de la révélation au fisc (sur ce point, voir *Les dons manuels et le fisc*, p. 92).
• Les droits sont dus par les donataires (les bénéficiaires de la donation).
Les donataires doivent payer ces droits comptant sans pouvoir bénéficier de délai de paiement ou de paiement fractionné.
Le donateur peut toutefois se substituer au donataire pour le paiement de ces droits, sans que ce paiement à la place du donataire soit considéré comme un supplément de donation.

À NOTER

La transmission d'entreprise Les donations portant sur les biens d'une entreprise familiale ou sur les parts sociales d'une entreprise bénéficient de la possibilité de différer les paiements des droits de mutation et de fractionner les droits dus (voir *Paiement des droits de mutation en cas de transmission d'entreprise*, p. 261).

› Paiement fractionné des droits (transmission par décès)

En principe, les droits doivent être payés lors de l'envoi de la déclaration de succession. Ils peuvent cependant faire l'objet de paiements fractionnés ou différés.
Les héritiers sont tenus solidairement aux droits de mutation. La totalité des droits peut donc être réclamée à l'un ou l'autre des déclarants.
Le paiement fractionné des droits de succession consiste à étaler dans le temps le versement des droits dus. Ce fractionnement n'est possible qu'en cas de mutation par décès (ce qui exclut les droits dus lors d'une donation) et, en tant que crédit, doit être garanti et est assorti d'intérêts.

À NOTER

Les modalités de paiement peuvent être différentes S'il y a plusieurs héritiers, les uns peuvent bénéficier du paiement différé et les autres du paiement fractionné, dès lors que des garanties sont fournies conjointement et qu'ils déclarent maintenir la solidarité entre eux.
De même, certains héritiers peuvent payer comptant et d'autres en différé ou en fractions sachant qu'ils restent tous solidaires pour le paiement intégral des droits (rép. min. n° 7598, JOAN, 30.3.2004, p. 525).

Durée du fractionnement

Dans certains cas, il est possible de payer les droits de succession à crédit.
Les droits de succession dus sur la transmission d'une entreprise peuvent être différés et fractionnés (CGI, art. 397, annexe III).
Ainsi, les droits dus peuvent être différés pendant 5 ans et, à l'expiration de ce délai, être fractionnés pendant 10 ans à raison d'un paiement de 1/20e tous les 6 mois assorti d'un intérêt payable chaque semestre.

Le paiement différé et fractionné est accordé s'il s'agit d'une entreprise individuelle ou d'une société non cotée ayant une activité industrielle, commerciale, artisanale ou libérale.
Pour les autres biens, les héritiers peuvent demander à payer les droits de succession en plusieurs versements de même montant, espacés de 6 mois, sur une durée maximale d'1 an. Le règlement peut ainsi être fait en trois fois, le premier ayant lieu lors du dépôt de la déclaration.
Les héritiers peuvent bénéficier d'un délai de paiement de 3 ans (au lieu d'1 an), avec un nombre de versements limité à sept, lorsque la succession comprend au moins 50 % de biens non liquides listés à l'article 404 A, annexe III du Code général des impôts.
Constituent des biens non liquides : les biens immobiliers (appartement, maison, terrain), les fonds de commerce, les parts sociales, les valeurs mobilières non cotées, les objets d'antiquité, d'art ou de collection, les matériels agricoles, les bestiaux et les récoltes.
Un crédit de paiement différé est également possible lorsque la succession :
- comprend des biens transmis en nue-propriété ;
- donne lieu à l'attribution préférentielle d'une exploitation agricole.
Dans ce cas, le paiement des droits de succession est différé jusqu'à l'expiration d'un délai de 6 mois à compter du décès de l'usufruitier, ou en cas de vente de la nue-propriété. En toute hypothèse, le paiement différé est limité aux droits de succession correspondant à la nue-propriété ou aux soultes.
Ce fractionnement de paiement ne peut porter que sur le principal des droits, mais non sur les indemnités de retard ou les pénalités éventuellement réclamées à la suite d'un redressement.
La demande de paiement fractionné et/ou différé peut figurer au pied de la déclaration de succession, ou être effectuée au moyen d'une lettre sur papier libre à joindre à la déclaration. La demande doit comporter une offre de garantie, c'est-à-dire indiquer quelles garanties les héritiers proposent en échange du crédit de paiement différé et/ou fractionné.

Garanties

Pour être acceptée, la demande doit être accompagnée d'une garantie de paiement qui peut consister en une sûreté (hypothèque, gage ou nantissement) ou une caution personnelle devant être agréée par le comptable des impôts. La caution peut être accordée par une personne physique ou morale (caution bancaire notamment).
Les biens qui servent à la liquidation des droits de mutation à titre gratuit peuvent également être admis en garantie, à la condition que le débiteur fournisse au comptable compétent de la direction générale des finances publiques, en même temps que sa demande de crédit, tous les éléments que l'administration juge nécessaire à la mise à jour de l'évaluation des biens. Il doit aussi tous les ans, dans le mois de la date anniversaire de la demande de crédit, renouveler cette mise à jour pour que le fisc puisse apprécier régulièrement la consistance des biens apportés en garantie.
La garantie doit être constituée dans les 4 mois qui suivent la demande.

S'il s'agit d'une hypothèque, les héritiers doivent faire établir un acte d'affectation hypothécaire, ou indiquer qu'ils optent pour l'inscription légale du Trésor public. Dans cette dernière hypothèse, l'inscription sera réalisée par le receveur des impôts. S'il s'agit de titres, la garantie peut être un nantissement.
Le comptable de la direction générale des finances publiques peut, à tout moment, exiger un complément de garanties. Ces garanties complémentaires doivent être constituées par le bénéficiaire du crédit dans un délai d'1 mois à compter de la demande qui lui est adressée à cet effet par lettre recommandée avec avis de réception (CGI, annexe III, art. 400).

Taux d'intérêt du crédit

Depuis le 1er janvier 2015, le taux d'intérêt exigible est calculé semestriellement en fonction des taux effectifs moyens des crédits consentis aux particuliers. Ce taux est publié au *Journal officiel*. Il est retenu avec une seule décimale et est, en outre, réduit d'un tiers. Il est applicable pendant toute la durée du crédit (Ord. n° 2014-947 du 20 août 2014).
Si le légataire ou le donataire cède le bien qui lui a été légué ou donné, les droits restés en suspens deviennent immédiatement exigibles.

À NOTER
Paiement fractionné ou différé des droits d'enregistrement Pour les demandes de crédit différé ou fractionné des droits de succession ou de donations présentées en 2021, le taux d'intérêt appliqué par l'administration fiscale s'élève à 1,20 % l'an. Pour les transmissions d'entreprises, le taux d'intérêt est fixé à 0,40 % par an.
Le taux reste identique pendant toute la durée du crédit.

Déchéance du crédit

Le redevable est déchu du bénéfice du crédit et les sommes encore dues deviennent immédiatement exigibles en cas de retard de paiement, en cas de défaut de constitution de garanties ou en cas de vente du ou des biens pour lesquels le crédit de paiement a été accordé. Le contribuable doit également payer des pénalités.

› Paiement différé des droits (transmission par décès)

En cas de mutation par décès, le paiement des droits peut être différé dans des situations spécifiques :
- en cas de dévolution d'un bien en nue-propriété. Le différé de paiement est possible pour les droits relatifs à la valeur de la nue-propriété (voir *Paiement différé des droits de succession pour le nu-propriétaire*, p. 267) ;
- en cas d'attribution préférentielle pour les droits correspondant à la soulte due par le bénéficiaire quand ce dernier a obtenu des délais de paiement de la part de ses cohéritiers ;

- en cas de legs ou donation soumis à réduction pour les droits correspondant à l'indemnité due par le légataire ou le donataire lorsque cette indemnité est payable à terme.
Le différé de paiement est de 6 mois à compter :
- soit de la réunion de l'usufruit et de la nue-propriété (en cas de décès de l'usufruitier notamment) ou de la cession de la nue-propriété ;
- soit du terme du délai imparti à l'attributaire, le légataire ou le donataire pour le paiement des sommes dont il est débiteur envers ses cohéritiers ;
- soit de la date du décès du conjoint survivant soit de la date de la donation ou cession, partielle ou totale, des biens transmis par succession.

Taux d'intérêt

S'il s'agit d'un paiement différé, les intérêts sont acquittés annuellement, le premier terme venant à échéance 1 an après l'expiration du délai imparti pour souscrire la déclaration de succession (CGI, art. 401 et 404 B, annexe III). S'il s'agit d'un paiement fractionné, les intérêts sont versés lors de chaque paiement, donc en pratique chaque semestre.
Le taux d'intérêt exigible est calculé semestriellement en fonction des taux effectifs moyens des crédits consentis aux particuliers. Ce taux est réduit d'un tiers et seule la première décimale est retenue. Il est applicable pendant toute la durée du crédit (Ord. n° 2014-947 du 20 août 2014).

Garanties

Comme pour la demande de fractionnement des droits, la demande de différé doit contenir une offre de garanties suffisantes que le débiteur de l'impôt s'engage à constituer à ses frais et dans un délai de 4 mois (voir *Paiement fractionné des droits (transmission par décès)*, p. 264).

Déchéance du crédit

Le redevable est déchu du bénéfice du crédit en cas de défaut de constitution des garanties ou du complément de garanties dans les délais, en cas de défaut de transmission au comptable des éléments de référence pour la valeur des biens donnés en garantie, ou en cas de retard dans le paiement de l'un quelconque des termes échus.
La déchéance entraîne l'exigibilité immédiate des droits en suspens, majorés de pénalités.

› Paiement différé des droits de succession pour le nu-propriétaire

Lorsque dans la succession figure un bien dont la nue-propriété est attribuée à un héritier et l'usufruit à un autre, le titulaire de la nue-propriété peut demander le paiement différé de ses droits de succession jusqu'au décès de l'usufruitier.

Nu-propriétaire d'un immeuble

Par exemple, le défunt laisse une maison lui appartenant en propre. Sa veuve recueille l'usufruit de cette maison en vertu de la donation au dernier vivant dont elle bénéficie ou en vertu de la loi. Leur fils recueille la nue-propriété.

Le fils peut demander que le paiement des droits de succession dus sur sa part soit reporté au décès de sa mère. Pour accepter cette demande de crédit, il est exigé l'inscription d'une hypothèque ou la constitution d'une caution (CGI, art. 400, annexe III).
Le fils a alors deux possibilités :
- soit il demande le report des droits dus sur la seule nue-propriété et il devra alors payer tous les ans un intérêt sur ces sommes (versement d'intérêts dont le taux est égal, depuis le 1er janvier 2015, à celui du taux effectif moyen pratiqué par les établissements de crédit pour des prêts à taux fixe aux particuliers) (CGI, art. 401, annexe III) ;
- soit il demande que les droits qu'il aura à payer soient calculés sur la valeur de la pleine propriété du bien (nue-propriété et usufruit) au décès du père et dans ce cas, aucun intérêt n'est réclamé pendant la durée du report (CGI, art. 404 B, annexe III).
Terme du différé de paiement : le paiement des droits peut être différé, en principe, au maximum jusqu'à l'expiration d'un délai de 6 mois décompté, soit de la date de la réunion de l'usufruit à la nue-propriété, soit de la cession totale ou partielle de cette dernière à titre onéreux ou gratuit.

Nu-propriétaire d'un portefeuille de valeurs mobilières

En principe, le bénéfice du paiement différé des droits de succession est subordonné à la conservation du bien transmis. Si le bien est vendu et le produit de la vente réinvesti dans d'autres valeurs, les droits deviennent exigibles.
Cette règle était issue d'une circulaire de l'administration fiscale du 10 septembre 1996.
Or, s'agissant d'un portefeuille d'actions transmis par succession, l'usufruitier ne pouvait donc vendre des titres même pour en acheter d'autres, sous peine de perdre le bénéfice de ce paiement différé.
Un parlementaire a donc demandé au ministre de l'Économie, des Finances et de l'Industrie d'assouplir la doctrine administrative afin de permettre le maintien du bénéfice du paiement différé des droits de succession dans le cadre de valeurs mobilières négociées et réinvesties au sein du portefeuille qui fait l'objet de la succession.
Le ministre a accédé à cette demande : « *En principe, en matière de droits d'enregistrement, le paiement de l'impôt doit précéder l'accomplissement de la formalité. Par dérogation à ce principe, le dispositif de paiement différé des droits de succession auquel il est fait référence dans la question posée est destiné à tenir compte du fait que les ayants droit auxquels sont dévolus des biens en nue-propriété n'en perçoivent pas les revenus et ne pourraient les céder que difficilement, dès lors que la propriété des biens est démembrée. S'agissant des portefeuilles de valeurs mobilières, la doctrine administrative prévoit que la cession des titres entraîne la déchéance du crédit de paiement différé même si son produit est destiné à être réinvesti dans d'autres valeurs. Cela étant, il peut être considéré qu'un portefeuille de valeurs mobilières constitue une universalité que l'usufruitier est autorisé à gérer en cédant les titres dans la mesure où ceux-ci sont intégralement remplacés. Dès lors, afin de prendre en compte la particularité de la gestion des portefeuilles de valeurs mobi-*

lières faisant l'objet d'un démembrement, il est envisagé d'assouplir la doctrine administrative sur ce point. Par conséquent, les héritiers nus-propriétaires d'un portefeuille de valeurs mobilières pourront désormais continuer à bénéficier du crédit de paiement différé des droits de succession, même si l'usufruitier procède à des cessions de titres. Le bénéfice de ces dispositions est subordonné à l'utilisation effective de l'intégralité du produit des cessions de titres à l'acquisition de nouvelles valeurs dans le cadre de ce portefeuille. Une instruction administrative précisera prochainement ces nouvelles modalités » (rép. min. éco., fin. et ind., n° 4145 JOAN Q, 31.3.2003, p. 2474).

› Paiement différé des droits de succession en cas de droit viager d'habitation du conjoint

Le paiement différé des droits de succession pour les héritiers peut également bénéficier aux mutations par décès pour lesquelles le conjoint survivant a exercé l'option pour les droits viagers prévus par l'article 764 du Code civil dans la limite de la fraction des droits correspondant à la valeur imposable de l'immeuble grevé du droit viager d'habitation (circulaire direction générale des impôts 7 A-1-03 n° 103 du 10 juin 2003).
Le fisc admet que les droits de succession soient payés non pas dans les 6 mois du décès mais dans les 6 mois qui suivent la fin du droit d'habitation du conjoint.
À défaut, la demande de crédit des droits de succession doit être accompagnée des justifications nécessaires pour attester auprès du comptable de la manifestation de la volonté du conjoint survivant d'exercer cette option.
Dans l'hypothèse où les héritiers et le conjoint survivant convertiraient les droits viagers après l'octroi du régime du paiement différé, le paiement des droits pourra être différé au maximum jusqu'à l'expiration d'un délai de 6 mois à compter de la conversion des droits viagers.
Ces dispositions s'appliquent aux successions ouvertes depuis le 1er juillet 2002.

› Paiement différé et fractionné des droits en cas de transmission d'entreprise

Les droits de mutation exigibles lors de la transmission de l'entreprise peuvent bénéficier du paiement différé pendant 5 ans (seuls les intérêts de ce crédit doivent être payés régulièrement) puis, à l'issue de ces 5 ans, du paiement fractionné en 10 annuités – 1/20e tous les 6 mois avec paiement d'un intérêt exigible semestriellement (voir *Paiement des droits*, p. 141).

NOTRE CONSEIL

Un crédit bancaire est souvent préférable pour payer les droits de succession. L'octroi de délai de paiement sous forme fractionnée ou différée nécessite de fournir des garanties dont la constitution est extrêmement coûteuse.
Sans oublier le respect du lourd formalisme de paperasse et justificatifs à fournir. Sauf pour les transmissions d'entreprises qui gardent un régime de crédit intéressant, il est souvent moins coûteux et plus simple de souscrire un crédit personnel auprès de sa banque.

Le contrôle fiscal des déclarations

À l'occasion du contrôle des déclarations (de donation ou de succession), le fisc peut rectifier les valeurs déclarées, demander aux héritiers (ou aux légataires) des éclaircissements ou des justifications à propos des titres ou créances non déclarés mais présumés faire partie de la succession.

Les dettes de l'actif successoral

Concernant les dettes déduites de l'actif successoral, le fisc peut exiger des justifications concernant l'ensemble de ces dettes.
Dans tous les cas, il peut exiger des héritiers et autres ayants droit la production d'une attestation certifiant l'existence d'une dette à l'époque de l'ouverture de la succession.
Cette attestation est demandée au créancier qui ne peut la refuser sous peine de dommages et intérêts, toutes les fois qu'elle est légitimement réclamée.
Le créancier qui certifie l'existence d'une dette doit déclarer expressément connaître les peines prévues par l'article 1840 F du Code général des impôts en cas de fausse attestation (il peut être condamné à la solidarité pour le paiement des dettes).
En revanche, s'il s'agit d'une dette constatée par acte authentique et non échue au jour de l'ouverture de la succession, c'est au fisc de prouver (par jugement) que cette dette n'a pas d'existence réelle s'il veut refuser la déduction de l'actif successoral (LPF, art. L. 20).

Rectification fiscale (procédure)

Si les justifications demandées sont inexistantes ou jugées insuffisantes, l'administration peut rectifier la déclaration en suivant la procédure de rectification contradictoire : l'administration adresse au contribuable une proposition de rectification qui doit être motivée. Le contribuable doit pouvoir formuler ses observations ou faire connaître son acceptation.
En cas de désaccord sur les rectifications notifiées après la réponse du contribuable, ce dernier peut demander à l'administration de soumettre le litige, pour avis, à la commission départementale de conciliation.

› Les comptes bancaires, les actions, les titres

L'administration fiscale peut réintégrer dans l'actif successoral imposable les titres, valeurs ou créances dont le défunt a eu la propriété ou a perçu les revenus ou à raison desquels il a effectué une opération quelconque (notamment les retraits) moins d'1 an avant son décès.

Dans cette hypothèse, les actions, obligations, parts de fondateur ou bénéficiaires, parts sociales et autres créances sont en effet présumées appartenir au défunt et ainsi, devraient figurer dans la déclaration de succession.
Les demandes d'éclaircissements ou de justifications sont faites par écrit aux héritiers ou autres personnes concernées. Si les intéressés refusent de répondre à la demande ou si leur réponse est considérée comme insuffisante, une mise en demeure leur est adressée par lettre recommandée avec avis de réception.
Ils disposent alors d'un délai de 3 mois :
- soit pour prouver que les titres, valeurs et créances étaient sortis de l'hérédité ;
- soit pour verser les droits de mutation par décès et les pénalités relatifs aux titres et valeurs non déclarés.
Passé ce délai, le contribuable doit payer les droits correspondants et n'a plus la possibilité de prouver que les titres, valeurs ou créances litigieuses ne font pas partie de la succession (LPF, art. R. 19-1).

À NOTER

Présomption de fraude Cette présomption de fraude n'est pas appliquée aux biens ayant fait l'objet d'une libéralité graduelle ou résiduelle (sur ces libéralités, voir *La donation ou le legs graduel,* p. 58).

› Les biens détenus en usufruit par le défunt

Les biens (meubles et immeubles) qui appartiennent au défunt pour l'usufruit et à un héritier, un donataire ou un légataire pour la nue-propriété sont réputés faire partie de la succession du défunt. Les droits de mutation payés par le nu-propriétaire peuvent être déduits des droits demandés à l'occasion du décès. Cette présomption de pleine propriété, toutefois, ne s'applique pas si le défunt a fait donation de la nue-propriété, que cette donation était régulière (constatée par acte authentique ou déclarée) et consentie plus de 3 mois avant le décès et à condition que la valeur de la nue-propriété ait été calculée selon le barème fiscal de l'article 669 du Code général des impôts (CGI, art. 751).

› Les intérêts de retard

En cas de redressement, les donataires ou les héritiers devront payer les droits supplémentaires correspondant aux sommes redressées ainsi qu'un intérêt de retard sur ces sommes égal à 0,20 % par mois, soit 2,40 % par an.
Des pénalités peuvent éventuellement être réclamées en cas de mauvaise foi.

À NOTER

Le droit à l'erreur Après avoir souscrit la déclaration de succession ou tout autre déclaration fiscale, vous réalisez que vous avez commis une erreur, oublié de mentionner un bien, somme, valeur, etc.

Si vous souscrivez spontanément une déclaration rectificative, vous devrez régler l'impôt supplémentaire dû à la correction de l'erreur ou l'omission, mais l'intérêt de retard qui vous est appliqué sera réduit de 50 %, soit 1,2 % l'an (au lieu de 2,4 %). Lorsque vous régularisez votre situation après l'engagement d'un contrôle de l'administration fiscale, l'intérêt de retard sera réduit de 30 % au lieu de 50 % en cas de régularisation spontanée (CGI, art. 1727, V). La réduction du taux des intérêts ne trouve à s'appliquer que si vous êtes de bonne foi.

Rectification fiscale (prescription)

Il existe plusieurs délais de reprise d'une déclaration de succession qui diffèrent selon les « erreurs » à rectifier :
- si tous les biens ont été déclarés, mais que les valeurs ont été minorées, le fisc ne peut plus opérer un redressement après l'expiration de la troisième année suivant celle de l'enregistrement de la déclaration ;
- en revanche, si des biens ont été omis de la déclaration, le redressement peut intervenir pendant un délai de 6 ans à compter du décès. La durée de ce délai est justifiée par le fait que l'administration fiscale doit opérer des recherches (extérieures à ses services) pour reconstituer l'actif successoral.

Dans la pratique, le délai de 6 ans est beaucoup plus souvent appliqué que le délai de 3 ans (LPF, art. L. 180 et L. 186). Ce délai de 6 ans s'applique aux procédures de contrôle engagées à compter du 1er juin 2008 :
- le délai peut être porté à 10 ans en cas de comptes bancaires, de contrats d'assurance-vie ou de trusts ouverts à l'étranger lorsqu'ils n'ont pas été révélés à l'administration ;
- lorsque le donataire opte pour la déclaration ou l'enregistrement du don manuel dans le délai d'1 mois suivant le décès du donateur, le droit de reprise de l'administration s'exerce jusqu'à l'expiration de la 6e année suivant le décès du donateur ;
- la valeur des donations antérieures intervenues depuis moins de 15 ans peut être rectifiée lors de l'ouverture de la succession ou en cas d'enregistrement d'une nouvelle donation, pour le calcul des nouveaux droits de mutation dus.

À NOTER

En cas de soldes minorés En ce qui concerne le solde des comptes (d'épargne notamment) qui ont été déclarés mais minorés, le délai de prescription applicable est de 6 ans. Cette solution résulte d'un arrêt de la Cour de cassation (C. cass., com., 9.3.1993, n° 91-11303, Bull. civ. n° 95).

Le contrôle fiscal sur demande

Le gouvernement voulant promouvoir la « sécurisation juridique des éléments de la succession » et limiter le plus possible le contrôle des déclarations de succession ou la remise en cause des donations, surtout lorsque le partage des biens a eu lieu, a mis en place le « contrôle sur demande ».

Il est proposé de permettre aux bénéficiaires d'une donation ou d'une succession de demander à l'administration de contrôler la donation ou la déclaration de succession.
Pour être recevable, la demande de contrôle doit être signée par les bénéficiaires détenant au moins un tiers de l'actif net déclaré et transmis lors de la mutation.
Elle doit être faite au plus tard dans le délai de 3 mois qui suivent l'enregistrement de l'acte (déclaration de succession ou donation).
Ce contrôle devra être fait dans l'année qui suit la demande. Le délai peut toutefois être allongé en cas de demande d'éclaircissements demandés par l'administration ou si des biens se situent à l'étranger et nécessitent des renseignements plus longs à obtenir des autorités étrangères.
À l'issue du délai d'1 an (éventuellement prolongé) et à défaut de contrôle engagé par l'administration, les éléments et les montants figurant dans l'acte ou la déclaration ne pourront plus être remis en cause (LPF, art. L. 21 B).

NOTRE CONSEIL

Le contrôle fiscal sur demande d'une situation ou d'une déclaration ne doit être envisagé que si toutes les parties concernées (héritiers, donateurs, donataires) ont la certitude absolue que leur situation fiscale est irréprochable au regard de tous les impôts.

Les tarifs des droits de mutation

Depuis le 1er janvier 2013 :

DROITS DE MUTATION			
BÉNÉFICIAIRES	**ABATTEMENT**	**PART NETTE TAXABLE**	**MONTANT DES DROITS DUS**
Enfants	100 000 € (donations et testaments)	Jusqu'à 8 072 € De 8 072 à 12 109 € De 12 109 à 15 932 € De 15 932 à 552 324 € De 552 324 à 902 838 € De 902 838 à 1 805 677 € Au-delà de 1 805 677 €	5 % 10 % 15 % 20 % 30 % 40 % 45 %
Père, mère, grands-parents	100 000 € (donations et testaments)	*Idem* Enfants	
Petits-enfants	31 865 € (donations) 1 594 € (testaments) 31 865 € (dons en numéraire, sous conditions)	*Idem* Enfants	

DROITS DE MUTATION			
BÉNÉFICIAIRES	ABATTEMENT	PART NETTE TAXABLE	MONTANT DES DROITS DUS
Arrière-petits-enfants	5 310 € (donations) 1 594 € (testament) 31 865 € (dons en numéraire, sous conditions)	*Idem* Enfants	
Époux et partenaire pacsé	80 724 € (donations) Exonération des droits (transmission par décès)	Donations : Jusqu'à 8 072 € De 8 072 à 15 932 € De 15 932 à 31 865 € De 31 865 à 552 324 € De 552 324 à 902 838 € De 902 838 à 1 805 677 € Au-delà de 1 805 677 €	 5 % 10 % 15 % 20 % 30 % 40 % 45 %
Concubin non pacsé	1 594 € (testaments)	Totalité	60 %
Frères et sœurs	Exonération sous conditions (transmission par décès) À défaut : 15 932 € (transmission par donation et par décès)	Jusqu'à 24 430 € Au-delà de 24 430 €	35 % 45 %
Neveux et nièces	7 967 € (transmission par donation et par décès) 31 865 € (sous conditions, dons en numéraire)	Totalité	55 %
Parents jusqu'au 4e degré inclusivement	1 594 € (testaments)	Totalité	55 %
Parents au-delà du 4e degré ou entre personnes étrangères l'une à l'autre	1 594 € (testaments)	Totalité	60 %

Que se passe-t-il au décès du donateur ou du testateur ?

➤ **Lorsque se produit le décès, les héritiers doivent reconstituer l'actif successoral afin d'établir la déclaration de succession.**

➤ **L'actif successoral doit être réparti entre les héritiers réservataires et les légataires si le défunt a laissé un testament.**

➤ **Mais il faut aussi respecter deux règles essentielles aux successions : préserver la réserve des héritiers réservataires et assurer l'égalité entre ces derniers.**

Quelles sont les formalités ?

Après un décès, il faut évaluer l'actif successoral et établir la déclaration de succession.
L'actif à déclarer est constitué de l'actif brut duquel sont déduites les dettes de la succession.

Les comptes bancaires du défunt

Au décès, les comptes bancaires du défunt sont bloqués.
Mais le déblocage est désormais facilité.
Pour le paiement des frais d'obsèques, la banque qui détient le compte du défunt doit verser à la personne qui pourvoit aux funérailles les sommes nécessaires au paiement de tout ou partie des frais funéraires, sur présentation de la facture des obsèques. Ce débit du compte est possible dans la limite de 5 000 €.
Par ailleurs, la loi n° 2015-177 du 16 février 2015 a permis à tout héritier en ligne directe (enfants, petits-enfants, ascendants) d'obtenir le déblocage des sommes nécessaires au paiement des actes dits « conservatoires », c'est-à-dire les frais funéraires et de dernières maladies, les impôts dus par le défunt, les loyers et autres dettes successorales dont le règlement est urgent (C. civ., art. 784).
Pour obtenir ce déblocage, l'héritier doit produire les factures, les bons de commande des obsèques ou les avis d'imposition pour justifier de sa demande, sauf si les sommes figurant sur le compte sont peu importantes et inférieures à un montant fixé par arrêté. Dans ce cas, l'héritier peut obtenir la clôture des comptes du défunt et le versement des sommes sans avoir besoin de produire des justificatifs.

À NOTER

De nombreuses entreprises de pompes funèbres ont mis en place une solution pratique consistant à prélever directement du compte bancaire de la personne décédée la somme maximale de 5 000 €. Cette solution évite aux héritiers d'avancer les frais d'obsèques et d'attendre que la banque leur rembourse la somme.

L'héritier doit justifier de sa qualité. Pour cela, il doit fournir soit un acte de notoriété établi par le notaire, soit une attestation signée de tous les autres héritiers.
L'attestation devra indiquer :
- qu'il n'existe pas de testament ni d'autres héritiers du défunt ;
- qu'il n'existe pas de contrat de mariage ;
- que les héritiers autorisent le porteur du document à percevoir pour leur compte les sommes figurant sur les comptes du défunt ou à clôturer ces derniers ;
- qu'il n'y a ni procès, ni contestation en cours concernant la qualité d'héritier ou la composition de la succession ;
- que la succession ne comporte aucun bien immobilier.
L'héritier porteur de l'attestation, doit également remettre à la banque du défunt :

- son extrait d'acte de naissance ;
- un extrait d'acte de naissance du défunt et une copie intégrale de son acte de décès ;
- le cas échéant, un extrait d'acte de mariage du défunt ;
- les extraits d'actes de naissance de chaque ayant droit désigné dans l'attestation ;
- un certificat d'absence d'inscription de dispositions de dernières volontés (CMF, art. L. 312-1-4).

L'acte de notoriété

L'acte de notoriété est établi par le notaire à la demande d'un ou plusieurs ayants droit.

Il est presque toujours nécessaire puisqu'il sert à prouver la qualité d'héritier ou la qualité de légataire dans une succession. L'acte de notoriété permet donc de prendre possession des biens de la succession (C. civ., art. 730-1).

L'acte de notoriété doit viser l'acte de décès de la personne dont la succession est ouverte et faire mention des pièces justificatives qui ont pu être produites, tels les actes de l'état civil et, éventuellement, les documents qui concernent l'existence de libéralités à cause de mort pouvant avoir une incidence sur la dévolution successorale.

La loi du 3 décembre 2001 a supprimé la nécessité d'avoir deux témoins pour établir l'acte. L'existence de l'acte de notoriété est portée en marge de l'acte de décès.

L'acte de notoriété ainsi établi fait foi jusqu'à preuve contraire. Le ou les héritiers désignés dans l'acte sont présumés avoir des droits dans la succession et dans la proportion indiquée.

Ils sont aussi présumés, à l'égard des tiers détenteurs des fonds ou des biens de la succession, pouvoir disposer librement de ces biens et de ces fonds.

Voir également le modèle *Contacter l'huissier de justice afin qu'il demande à un héritier de prendre parti sur l'héritage*, p. 340.

À NOTER

La renonciation Le fait d'établir un acte de notoriété ne signifie pas que les héritiers ont accepté la succession (C. civ., art. 730-2).

Les héritiers peuvent toujours renoncer à la succession. Pour cela ils doivent déposer au greffe du tribunal judiciaire ou adresser, par lettre recommandée avec avis de réception, une déclaration de renonciation.

Cette déclaration doit indiquer les nom, prénoms, profession et domicile de l'héritier, ainsi que la qualité en vertu de laquelle il est appelé à la succession. Le greffe inscrit la déclaration dans un registre tenu à cet effet et en adresse ou délivre récépissé au déclarant (CPC, art. 1339).

La déclaration de succession

La déclaration de succession est une formalité obligatoire qui doit être effectuée par les héritiers ou légataires du défunt. Les petites successions sont toutefois dispensées de déclaration (voir Dispense de déclaration, p. 280).
Cette déclaration permet au fisc de contrôler le montant des droits de succession qui sont dus.

Que doit-elle préciser ?

La déclaration doit faire apparaître l'actif brut, c'est-à-dire tous les biens (immeubles, meubles, objets, parts sociales, créances...) ayant appartenu au défunt. Chaque bien doit faire l'objet d'une évaluation conforme aux règles fiscales.
De cet actif sera déduit le montant des dettes de la succession.
L'impôt dû par les héritiers ou légataires sera calculé sur l'actif net (actif brut diminué du passif).
Les impôts dus à l'occasion d'une succession sont appelés droits de mutation à titre gratuit (exemple : par opposition avec les droits de mutation à titre onéreux concernant une vente).
Les droits dus dépendent de la qualité des héritiers ou des légataires (c'est-à-dire de leur lien de parenté avec le défunt) et sont calculés en fonction de la valeur des biens transmis.

À NOTER
La sépulture La sépulture transmise par le défunt ne constitue pas un actif de la succession et sa valeur n'est pas prise en compte dans le calcul de l'actif successoral à partager. À défaut de volontés particulières exprimées par le titulaire de la concession, elle devient un bien de famille qui reste en indivision entre les membres de la famille et leurs descendants, qui pourront s'y faire inhumer dans la limite des places disponibles.

Les délais

La déclaration de succession doit être déposée au service des impôts du domicile du défunt (CGI, art. 656).
Si le défunt n'était pas domicilié en France, la déclaration est déposée à la Recette des non-résidents, 10, rue du Centre, TSA 10010, 93465 Noisy Le Grand Cedex, Tél. : 01 72 95 20 42.
Les délais pour l'enregistrement des déclarations sont :
- de 6 mois à compter du jour du décès lorsque celui-ci a eu lieu en France métropolitaine ;
- d'1 an dans tous les autres cas.

Dans les départements de la Guadeloupe, de la Martinique, de la Réunion et en Guyane, le délai est de 6 mois lorsque celui dont on recueille la succession est décédé dans le département où il était domicilié, et d'1 an dans tous les autres cas. Ces délais sont impératifs et courent à compter du décès.

À NOTER

Exceptions au délai de 6 mois Si les héritiers sont inconnus, le délai de 6 mois ne court qu'à compter du jour où la succession leur a été révélée (par un généalogiste notamment). De même, les légataires ne sont pas tenus de respecter ce délai si leurs droits sont contestés par les héritiers.

ATTENTION

La déclaration des revenus du défunt Les héritiers doivent également déclarer les revenus du défunt afin que l'administration établisse le montant de l'impôt sur le revenu de l'année. Cette déclaration doit comprendre les revenus dont le défunt a disposé l'année de son décès ainsi que les revenus acquis par le défunt mais sans en avoir la disposition avant son décès (CGI, art. 204).
Le délai de 6 mois a été supprimé. La déclaration des revenus est à adresser en même temps que les autres déclarations de revenus, c'est-à-dire en mai de l'année suivante. Le cas échéant, le notaire chargé de la succession peut produire cette déclaration à la demande des ayants droit si la succession n'est pas liquidée à la date de production de la déclaration.

Les personnes tenues d'effectuer la déclaration

L'obligation de déclarer une succession s'applique aux héritiers, aux donataires et aux légataires.
S'il y a plusieurs héritiers, un seul d'entre eux peut établir et signer la déclaration de succession à condition d'y joindre une procuration de chacun des héritiers autorisant l'un d'entre eux à établir cette déclaration au nom de tous (voir le modèle *Donner mandat à un héritier de souscrire la déclaration de succession au nom de tous*, p. 336).
Les cohéritiers sont solidaires, c'est-à-dire que chaque héritier peut se voir réclamer le paiement de la totalité des droits de succession dus (CGI, art. 1709).
La déclaration de succession doit être effectuée en double exemplaire si l'actif brut successoral dépasse 15 000 € (CGI, art. 800).

NOTRE CONSEIL

Dans tous les cas, y compris s'il y a des biens immobiliers, les héritiers peuvent établir et déposer eux-mêmes la déclaration de succession, sans recourir au service d'un notaire.
La déclaration de succession et la notice explicative pour la remplir sont accessibles gratuitement sur Internet (Cerfa n° 11277*08).

Dispense de déclaration

Les successions entre héritiers en ligne directe (parents, enfants, petits-enfants) ou entre époux sont dispensées de déclaration fiscale si l'actif successoral est inférieur à 50 000 € et à la condition que ces personnes n'aient pas bénéficié antérieurement, de la part du défunt, d'une donation ou d'un don manuel non enregistré ou non déclaré (dispositions applicables aux successions ouvertes depuis le 1er janvier 2006).

S'il s'agit d'une succession en ligne collatérale (succession entre frère et sœur, oncle et neveu ou entre cousins) ou entre non parents, la déclaration n'est pas obligatoire lorsque l'actif brut ne dépasse pas 3 000 €.

Ces montants sont applicables aux successions ouvertes depuis le 1er janvier 2004. Les dispenses de déclarations entraînent dispense de paiement de droits de succession (CGI, art. 796-0).

À NOTER

Nombre d'exemplaires En principe, toutes les déclarations de succession doivent être faites en double exemplaire et le seuil de 760 € (en dessous duquel un seul exemplaire pouvait être établi) est supprimé. Toutefois, l'administration admet un seul exemplaire si l'actif brut successoral (imposable ou non) est inférieur à 15 000 €. En pratique, quand le double exemplaire est exigé, on remet au service des impôts un exemplaire de la déclaration de succession sous forme d'original et un exemplaire sous forme de photocopie.

Sanctions en cas de dépassement des délais

Le défaut de production de la déclaration de successions dans le délai entraîne l'application d'un intérêt de retard et une majoration, à compter du 7e mois suivant la date où elle aurait dû être souscrite.

Fiscalement parlant, l'intérêt de retard n'est pas une sanction : il compense simplement le manque à gagner du fisc dans le retard d'encaissement de son dû et s'élève à 0,20 % par mois du montant des droits de successions exigibles (CGI, art. 1727, III).

Cas pratique

Pour un décès intervenu le 15 novembre, le délai de 6 mois expire le 15 mai.

L'intérêt de retard, de 0,20 % par mois de retard, commencera à s'appliquer à partir du 1er juin.

Aux termes de l'article 1728 du Code général des impôts, la majoration est fixée à :

- 10 % en l'absence de mise en demeure du fisc, ou de dépôt de la déclaration de succession dans les 30 jours suivant la réception d'une mise en demeure, notifiée par pli recommandé, d'avoir à présenter cette déclaration ;
- 40 % lorsque la déclaration n'est pas déposée dans les 30 jours suivant la réception de la mise en demeure.

À défaut, le fisc peut appliquer la procédure de taxation d'office, 90 jours après la mise en demeure notifiée par courrier recommandé avec avis de réception.

À NOTER

Dépassement des délais Le notaire est responsable s'il n'avertit pas ses clients du délai de déclaration des successions et des sanctions encourues en cas de dépassement de ce délai. Toutefois, même si le manquement à son devoir de conseil est reconnu, le notaire pourra être condamné à prendre en charge les pénalités et intérêt de retard, mais jamais le montant des droits en principal.

Dans les rapports avec le service des impôts, le fait de donner à un notaire mandat de souscrire la déclaration de succession, n'est pas, en cas de retard ou d'erreurs, une excuse acceptable. En effet, légalement, l'obligation de déclarer incombe aux héritiers.

Cas pratique

Un notaire avait été chargé de régler la succession d'une personne décédée en décembre 1983 et la déclaration de succession n'avait été déposée qu'en avril 1987. Entre-temps, le fisc avait envoyé une relance en septembre 1984, puis une mise en demeure en mars 1987 et enfin, avait taxé d'office l'héritier pour un montant de 45 000 € dont 11 100 € au titre des indemnités de retard.

L'héritier considérait que le notaire était coupable de négligence fautive puisqu'il ne l'avait pas informé des conséquences d'un retard de déclaration.

Le notaire considérait que l'héritier ne lui avait pas permis de déclarer cette succession puisqu'il ne lui avait pas remis les fonds nécessaires.

La cour d'appel donne raison au notaire et considère que l'héritier était suffisamment informé par la lettre de mise en demeure du fisc reçue en janvier 1987 qui lui impartissait un délai de 30 jours pour régulariser la situation.

Mais la Cour de cassation casse cet arrêt. Le notaire a manqué à son devoir d'information puisqu'à la date à laquelle l'héritier avait reçu la mise en demeure de l'administration, le délai de 6 mois pour déposer la déclaration de succession était déjà expiré, et le notaire n'avait pas personnellement averti son client des sanctions encourues au titre de la méconnaissance de ce délai (C. cass., civ. 1re, 26.11.2002, Juris-Data n° 2002-016555).

Le cas particulier des immeubles sans titre de propriété

Pour diminuer le nombre de biens immobiliers (bâtiments ou terrains nus) non enregistrés et sans titre de propriété, plusieurs mesures ont été prises pour inciter les héritiers, à l'occasion d'une succession, à procéder à cet enregistrement :

- Lorsque la succession comprend des immeubles dont la propriété est incertaine, c'est-à-dire quand la propriété du défunt n'est pas constatée dans un acte transcrit et publié avant son décès, le délai pour déclarer la succession passe de 6 à 24 mois (CGI, art. 641 *bis*).

Cette dérogation, bénéficiant auparavant uniquement aux biens situés en Corse, est maintenant applicable sur tout le territoire.
Mais pour que le délai de 24 mois soit applicable, il faut que les attestations notariées concernant ces immeubles soient publiées dans le même délai. Si cette condition n'est pas respectée, le délai de 6 mois est à nouveau en vigueur et les intérêts de retard calculés à partir du 1er jour du 7e mois qui suit le décès.
• D'autre part, lorsque les héritiers engagent des frais pour reconstituer les titres de propriété de ces biens immobiliers, ils peuvent les déduire de l'actif successoral (dans la limite de la valeur de ces biens et sur justificatifs) (CGI, art. 775 *sexies*).
Cette déduction est également autorisée quand les biens font l'objet d'une donation. Les frais de reconstitution doivent être engagés dans les 24 mois précédant la donation et les attestations notariées doivent être publiées dans le délai de 6 mois précédant la donation (CGI, art. 776 *quater*).
• Par ailleurs, lorsque le droit de propriété de ces immeubles est constaté pour la première fois entre le 1er janvier 2014 et le 31 décembre 2017 dans un acte transcrit et publié, les immeubles bénéficient d'une exonération de 30 % de leur valeur lors de la première mutation qui suit la publication.
• Enfin, les immeubles non bâtis (terrains nus) sans titre de propriété peuvent être totalement exonérés de droits de succession s'ils remplissent les conditions suivantes : être en indivision au sein d'une parcelle cadastrale et avoir une valeur inférieure à 5 000 € (ou 10 000 € si le terrain est constitué de deux parcelles).
Les attestations notariées doivent être publiées dans les 24 mois à compter du décès.
Cette exonération est limitée à une parcelle indivise par succession.

Les déclarations de successions en Corse

Beaucoup d'immeubles en Corse ne figurent pas au fichier immobilier, ne sont pas inscrits aux hypothèques. Leurs propriétaires ne disposent pas de titre de propriété.
Pour régulariser l'ensemble des titres de propriété immobilière sur l'île, et inciter les héritiers, lors du décès d'un propriétaire, à procéder à cette inscription (publication au fichier immobilier de l'attestation immobilière), la loi accorde à ces héritiers des délais supplémentaires pour procéder à la déclaration de la succession et des exonérations fiscales jusqu'au 1er janvier 2023.
La loi de finances pour 2014 a modifié les règles applicables.

› Délais supplémentaires

Les règles instituées pour l'ensemble du territoire sont également applicables en Corse. Les héritiers disposent d'un délai de 24 mois pour déclarer les successions qui comportent des immeubles dépourvus de titre de propriété.
Cette prolongation de délai n'est accordée que si les héritiers, donataires ou légataires inscrivent les biens immobiliers au fichier immobilier dans les 24 mois qui suivent le décès (CGI, art. 641 *bis*).

› Exonérations de droits de mutation

Si le décès est intervenu entre le 23 janvier 2002 et le 31 décembre 2012, les biens immobiliers pour lesquels le droit de propriété du défunt n'a pas été constaté antérieurement à son décès par un acte régulièrement transcrit ou publié sont exonérés de droits de mutation.
À compter du 1er janvier 2013, l'exonération des droits de succession est dégressive :
- 85 % pour les successions ouvertes entre le 1er janvier 2013 et le 31 décembre 2016 ;
- 70 % pour les successions ouvertes entre le 1er janvier 2017 et le 31 décembre 2019 ;
- 50 % pour les successions ouvertes entre le 1er janvier 2020 et le 31 décembre 2022.

Ces exonérations se cumulent avec l'exonération générale de 30 % applicable lorsque le droit de propriété de ces immeubles est constaté pour la première fois entre le 1er janvier 2014 et le 31 décembre 2017 dans un acte transcrit et publié (voir ci-avant).
Il convient d'appliquer en premier l'exonération de 30 % puis de calculer les autres exonérations (CGI, art. 1135 *bis*).
Ici encore, les exonérations ne sont accordées que si les intéressés régularisent une attestation de propriété notariée dans les 24 mois qui suivent le décès (CGI, art. 1135 *bis*).
En cas de non-respect de cette condition, les héritiers, donataires ou légataires ou leurs héritiers seront tenus d'acquitter, dans le mois suivant l'expiration du délai de 2 ans, les droits de mutation dont la transmission par décès a été dispensée ainsi qu'un droit supplémentaire de 1 % et l'intérêt de retard (CGI, art. 1840 G *undecies*).
La même exonération s'applique aux actes de notoriété établis entre le 1er janvier 2002 et le 31 décembre 2014 en vue du règlement d'une indivision successorale comportant des biens et droits immobiliers situés en Corse (CGI, art. 1135).

› Exonération de droit de partage

Les actes de partage de succession et les licitations de biens héréditaires, établis entre le 1er janvier 1986 et le 31 décembre 2014, sont exonérés du droit de partage à hauteur de la valeur des immeubles situés en Corse. Cette exonération n'est toutefois accordée que si le partage est établi par un acte authentique (CGI, art. 750 *bis* A).

L'enregistrement du testament

Le testament retrouvé parmi les affaires du défunt doit obligatoirement être remis à un notaire par celui qui l'a découvert (ou par le greffier en chef du tribunal si le testament a été découvert au cours de la mise sous scellés).
À défaut d'être déposé sans délai chez un notaire, le testament ne peut pas être exécuté.

Cas pratique

Un homme avant de décéder avait, dans son testament, écrit sa volonté d'être incinéré. Il avait remis ce testament à l'association crématiste du Lot-et-Garonne dont il faisait partie. Un litige, au décès du testateur, opposait l'association et la famille sur la forme des obsèques. L'association n'a pas pu faire exécuter le testament, ni donc procéder à l'incinération et au respect des dernières volontés du testateur, car elle avait omis de le déposer au rang des minutes d'un notaire, qui le transmet alors au fichier des testaments (CA Agen, 30.8.2000, JCL Droit de la famille, 1.2001, n° 9, p. 24).

Le testament doit être enregistré dans le délai de 3 mois à compter du décès. Ce délai est porté à 6 mois pour les testaments-partages déposés chez les notaires ou reçus par eux (CGI, art. 636).
Le notaire peut, soit convoquer les héritiers pour procéder à l'ouverture et à la lecture du testament, soit leur adresser directement une copie de ce testament.
L'obligation de faire ouvrir le testament par un notaire ne signifie pas pour autant que les héritiers doivent lui confier le règlement de la succession.

La recherche d'un testament

Le fichier central des dernières volontés (FCDDV), parfois nommé fichier des testaments, centralise l'ensemble des testaments déposés chez les notaires (testaments authentiques et testaments olographes). Le fichier regroupe également les donations intervenues entre époux.
Lors d'un décès, un notaire peut, en questionnant le FCDDV, savoir si le défunt avait ou non rédigé un testament et chez quel notaire il a été déposé.
Les particuliers peuvent aussi interroger directement le FCDDV pour savoir si un testament a été rédigé et quel notaire le détient.
Pour interroger le fichier central des dernières volontés, le particulier doit fournir l'acte de décès et régler une participation aux frais dont le montant TTC est de 18 €. La consultation du fichier peut avoir lieu en ligne, *via* www.adsn.notaires.fr.
Il est également possible de demander la recherche en s'adressant au fichier central des dernières volontés au moyen d'un courrier accompagné du certificat du décès et du règlement des frais de 18 € à l'adresse suivante :
Fichier central des dispositions des dernières volontés (FCDDV)
95, avenue des Logissons, 13107 Venelles
Tél. : 08 00 30 62 12

L'attribution des legs aux légataires

Les biens composant la succession forment une masse qui a été évaluée lors de la déclaration de succession et qu'il convient ensuite de gérer et notamment attribuer aux légataires les biens qui doivent leur revenir.
Le légataire est désigné par le défunt (par testament) pour recevoir certains biens particuliers ou une quote-part de la succession ou encore la totalité de la succession (sur les différents legs, voir *Comment faire un testament ?*, p. 101).

Lors de l'ouverture de la succession, les légataires ne peuvent se contenter de prendre possession des biens qui leur sont légués.
Pour pouvoir recueillir leurs biens, ils doivent en principe demander la « délivrance » de leur legs.
Alors que les héritiers légitimes, naturels et le conjoint survivant sont saisis de plein droit des biens, droits et actions du défunt, c'est-à-dire le pouvoir, concrètement, de prendre possession des biens mobiliers ou immobiliers de la succession, les légataires, en effet, n'ont pas cette « saisine » – sauf le légataire universel dans certains cas (C. civ., art. 724).
Les légataires constituent une dérogation aux règles légales de dévolution successorale puisqu'ils tiennent leurs droits d'un testament.
Cette formalité est justifiée par le fait qu'ils ne tiennent pas leurs droits de la loi et qu'il peut être utile de contrôler leur identité, leur capacité, la validité du testament, etc.
Les règles de délivrance des legs sont différentes selon qu'il s'agit d'un légataire universel, d'un légataire à titre universel ou d'un légataire particulier.

À NOTER

Que se passe-t-il si le bien légué appartient à un tiers ? Lorsque le testateur a légué un bien appartenant à autrui, ce legs est nul. Cette règle s'applique, que le testateur ait su ou non que ce bien ne lui appartenait pas (C. civ., art. 1021).
Cette situation peut se trouver dans l'hypothèse où un époux lègue un bien qui appartient en réalité en tant que bien propre à son conjoint.
On ne tient pas compte de la volonté du testateur d'avantager un légataire et il n'est pas possible de remplacer le bien légué par un autre bien de même valeur.
Le legs d'un bien en indivision n'est pas un legs de la chose d'autrui. Le legs n'est donc pas nul mais peut, lors du partage, être caduc (voir *Que pouvez-vous donner ?*, p. 31).

› Le légataire universel

Le légataire universel a une situation particulière puisqu'elle diffère selon qu'il y ait ou non des héritiers réservataires (C. civ., art. 1003 à 1009).

Il n'y a pas d'héritier réservataire

Le légataire universel a vocation à recueillir la totalité de la succession s'il n'y a pas d'héritier réservataire. Dans cette hypothèse, il a la saisine de la succession. Il peut alors prendre possession, sans formalités, des biens de la succession, à condition toutefois que le testament qui l'a institué légataire universel soit un testament authentique.
Si le testament est un testament olographe, la saisine doit être contrôlée et confirmée par le président du tribunal judiciaire du lieu d'ouverture de la succession. Le juge, saisi par requête, vérifie la régularité du testament et s'assure qu'il n'y a pas d'héritier réservataire (CPC, art. 493 et s.). Il rend alors une ordonnance d'envoi en possession.
Lorsqu'une contestation portant sur la validité du testament (contestation portant sur l'écriture ou la signature du testament olographe) est soulevée, le juge

peut surseoir à statuer, c'est-à-dire attendre pour rendre son ordonnance, que le litige soit jugé.
Lorsque l'ordonnance d'envoi en possession est rendue, les héritiers peuvent la contester en faisant appel. L'appel ne suspend pas l'exécution de l'ordonnance. Cela signifie que le légataire peut tout à fait prendre possession des biens qu'il estime lui revenir. Afin de sauvegarder leurs intérêts, les héritiers peuvent donc être amenés à devoir prendre des mesures conservatoires telles que l'apposition des scellés, l'inventaire des biens, la mise sous séquestre, la nomination d'un administrateur provisoire.

À NOTER
Depuis le 1er novembre 2017, en l'absence d'héritiers réservataires, le légataire universel n'est plus tenu de demander l'envoi en possession, sauf opposition (C. civ., art. 1007).

Il y a des héritiers réservataires

Mais s'il y a des héritiers réservataires, le légataire universel n'a plus droit à la totalité de la succession et la saisine lui est refusée. Il doit demander la délivrance de son legs aux héritiers.
La délivrance du legs n'est soumise à aucune règle de forme particulière et s'exécute généralement de façon amiable. La délivrance amiable signifie que les héritiers ratifient le testament et renoncent à l'attaquer par la suite. Le légataire et les héritiers sont alors en indivision jusqu'au partage.
Mais si cette délivrance n'est pas volontaire, le légataire doit la formuler expressément auprès des héritiers. Il n'y a pas de formalisme imposé pour cette demande. Elle peut être faite par lettre recommandée avec avis de réception. En cas de contestation, le légataire doit s'adresser au tribunal judiciaire.
Il a droit aux fruits ou revenus des biens légués du jour du décès s'il a demandé la délivrance du legs dans l'année qui suit le décès. Dans le cas contraire, il n'a droit aux fruits qu'à compter de la délivrance amiable ou de sa demande en justice.
Le fait de demander la délivrance du legs ne signifie pas qu'il peut jouir des biens qui se trouvent en indivision entre lui et les héritiers réservataires.

Cas pratique

Une personne décède en laissant pour héritier réservataire son petit-fils et pour légataire universel de tous ses biens un ami qui vivait avec elle. Les biens de la succession étaient donc en indivision entre l'héritier et le légataire.

Le légataire entendait demeurer dans les lieux qu'il habitait et qui constituaient le domicile de la défunte.

Le petit-fils voulait obtenir l'expulsion du légataire et récupérer la jouissance du logement.

La demande du légataire a été refusée et l'expulsion demandée par le petit-fils a été ordonnée.

Le Code civil prévoit que le légataire universel doit demander la délivrance de son legs aux héritiers réservataires si cette délivrance ne lui est pas volontairement accordée.

Par ailleurs, la délivrance a pour objet d'établir et de reconnaître les droits du légataire, mais non de lui permettre de jouir des biens en indivision (en l'occurrence le logement).
Ce n'est qu'au moment du partage que le legs pourra être remis au légataire ainsi que les fruits et revenus de ces biens.
À double titre, la demande du légataire ne pouvait qu'être rejetée :
– il n'avait pas demandé la délivrance de son legs ;
– même si la demande en délivrance avait été formulée, il devait attendre le partage des biens en indivision pour bénéficier éventuellement du droit d'occuper le logement.
Il ne pouvait donc pas justifier d'un droit sur le logement de la défunte (C. cass., civ. 1re, 3.10.2000, JCL Droit de la famille, 3.2001, n° 33, p. 29).

Voir également le modèle *Demander à un cohéritier le versement d'une indemnité d'occupation pour un logement en indivision*, p. 341.

› Le légataire à titre universel

Le légataire à titre universel n'a jamais la saisine, c'est-à-dire qu'il doit toujours demander la délivrance de son legs. Il fait cette demande (sans formalité) :
- soit aux héritiers réservataires ;
- soit, à défaut, au légataire universel ;
- soit, à défaut d'héritier réservataire et de légataire universel, à tout autre héritier ;
- soit, à défaut de tout héritier, à l'État (administration des domaines) ou au curateur nommé pour les successions vacantes (C. civ., art. 1011).

Si la délivrance du legs est refusée, le légataire doit déposer au tribunal judiciaire du lieu d'ouverture de la succession, une demande en délivrance de legs. Le tribunal vérifie la validité et la régularité du testament et décide si le légataire est fondé, ou non, à réclamer son legs.

Comme le légataire universel, il a droit aux fruits ou revenus des biens légués à compter du jour du décès s'il a demandé la délivrance du legs dans l'année qui suit le décès. Dans le cas contraire, il n'a droit aux fruits qu'à compter de la délivrance amiable ou de sa demande en justice.

› Le légataire particulier

Le légataire particulier doit également demander la délivrance du ou des biens légués (C. civ., art. 1014). Il s'adresse aux héritiers réservataires ou aux légataires universels, à titre universel ou encore aux autres héritiers.

Les contestations sont portées devant le tribunal judiciaire.

Il a droit aux fruits ou revenus du bien légué à compter du jour de sa demande en délivrance (sauf si le testateur a manifesté son désir que ce droit soit effectif à compter du décès).

L'héritier n'est tenu des legs de sommes d'argent qu'à concurrence de l'actif successoral, net des dettes. Avant la loi du 23 juin 2006, l'héritier pouvait être tenu de régler ces legs sur son patrimoine personnel (C. civ., art. 785).

À NOTER

Les frais de procédure Les frais de procédure de la demande de délivrance sont à la charge de la succession si le légataire obtient gain de cause (à condition toutefois que la réserve des héritiers ne soit pas entamée par ces frais). Si la délivrance lui est refusée, il doit payer ces frais (C. civ., art. 1016).

› Renonciation du légataire à certains biens

Le légataire universel ou à titre universel peut limiter ses droits et n'exécuter le legs que sur certains des biens qui lui ont été légués (C. civ., art 1002-1). Dans ce cas, les biens qu'il refuse sont attribués aux héritiers ou aux autres légataires.

Par exemple, un conjoint ou un concubin peut être désigné légataire universel, le défunt ne laissant que ses parents (pas d'enfants). Le bénéficiaire du legs peut décider de ne conserver qu'un seul bien (une maison) de la succession.

Les autres biens sont donc attribués aux héritiers (en l'occurrence les parents).

Fiscalement, les biens sont réputés transmis à titre gratuit par le défunt.

Dans l'exemple, ces biens sont censés être transmis par le défunt à ses parents. Ces derniers peuvent donc appliquer leur abattement sur la valeur de ces biens et calculer les tarifs des droits en fonction des tranches établies pour la ligne directe (CGI, art. 788 *bis*).

Mais attention : le fisc contrôle l'opération et rectifie si la renonciation n'avait que pour but d'éluder (en tout ou partie) le paiement des droits.

Cas pratique

Des petits-enfants avaient reçu des legs de leur grand-mère.

Ils auraient dû payer des droits sur la valeur de ces legs ne pouvant appliquer que l'abattement général de 1 564 € chacun.

Pour profiter d'un abattement plus important, ils ont renoncé à la succession de leur grand-mère. Les legs ont donc été attribués aux filles de la défunte qui, ensuite, en ont fait donation à leurs propres enfants (les petits-enfants de la grand-mère décédée).

Les petits-enfants ont alors pu profiter de leur abattement de 156 359 € applicable aux transmissions entre parents et enfants.

Pour l'administration fiscale, la renonciation aux legs par les petits-enfants, suivie de la donation par les deux filles à leurs propres enfants d'une somme égale à celle objet du legs, consiste à rechercher le bénéfice d'une disposition littérale dans le seul but d'éluder l'impôt dû par les légataires.

« Or, il apparaît que le législateur n'a pas voulu que les transmissions entre grands-parents et petits-enfants bénéficient des mêmes abattements que ceux prévus pour les transmissions entre parents et enfants. Dans ces conditions, l'opération envisagée est abusive et, à ce titre, susceptible d'être remise en cause selon la procédure de répression des abus de droit prévue par l'article L. 64 du Livre des procédures fiscales » (décision de rescrit, 14.4.2009, n° 2009/24 [ENR et RC]).

Les dettes de la succession

› Les héritiers

Le principe est que l'héritier devient titulaire du patrimoine actif et passif du défunt. Il « continue » la personne du défunt. Il y a donc confusion des deux patrimoines et l'héritier est tenu de régler les dettes de la succession. S'il y a plusieurs héritiers, ils contribuent entre eux au paiement des dettes et charges de la succession, chacun dans la proportion de ce qu'il recueille (C. civ., art. 870).
L'acceptation à concurrence de l'actif net remplace, depuis le 1er janvier 2007, l'ancienne acceptation sous bénéfice d'inventaire. Cette option peut être choisie si l'héritier ne connaît pas la composition de la succession et s'il redoute un passif important (C. civ., art. 787).
L'intérêt pour l'héritier est :
- d'éviter la confusion de ses biens personnels avec ceux de la succession ;
- de conserver contre la succession tous les droits qu'il avait antérieurement sur les biens du défunt ;
- de n'être tenu au paiement des dettes de la succession que jusqu'à concurrence de la valeur des biens qu'il a recueillis.

À NOTER

Les actes conservatoires Lors du décès d'un proche, ses héritiers peuvent effectuer certains actes de gestion des biens de la succession sans que ces actes soient considérés comme une acceptation de la succession.
Ces actes purement conservatoires ou de surveillance et les actes d'administration provisoire sont :
– le paiement des frais funéraires et de dernière maladie, des impôts dus par le défunt, des loyers et autres dettes successorales dont le règlement est urgent ;
– le recouvrement des fruits et revenus des biens successoraux ou la vente des biens périssables, à charge de justifier que les fonds ont été employés à éteindre les dettes visées au 1° ou ont été déposés chez un notaire ou consignés ;
– l'acte destiné à éviter l'aggravation du passif successoral ;
– les actes liés à la rupture du contrat de travail du salarié du particulier employeur décédé, le paiement des salaires et indemnités dus au salarié ainsi que la remise des documents de fin de contrat ;
– les opérations courantes nécessaires à la continuation à court terme de l'activité de l'entreprise dépendant de la succession ;
– le renouvellement, en tant que bailleur ou preneur à bail, des baux qui, à défaut, donneraient lieu au paiement d'une indemnité, ainsi que la mise en œuvre de décisions d'administration ou de disposition engagées par le défunt et nécessaires au bon fonctionnement de l'entreprise.
Tout autre acte que requiert l'intérêt de la succession et que le successible veut accomplir sans prendre le titre ou la qualité d'héritier doit être autorisé par le juge (C. civ., art. 784).

› Les créanciers

Les créanciers du défunt (de la succession) et les légataires de sommes d'argent peuvent demander à être préférés sur l'actif successoral aux créanciers personnels de l'héritier (C. civ., art. 878).
Réciproquement, les créanciers personnels de l'héritier peuvent demander à être préférés à tout créancier du défunt. Le droit de préférence remplace l'ancienne « séparation des patrimoines ».
Le droit de préférence se prescrit, en ce qui concerne les meubles, par 2 ans à compter de l'ouverture de la succession.
Pour les immeubles, le droit de préférence peut être exercé tant que ces immeubles sont encore entre les mains de l'héritier.

› Les légataires

En ce qui concerne les légataires, seuls les légataires universels et les légataires à titre universel contribuent avec les héritiers au paiement des dettes, toujours au prorata de leurs parts. S'il n'y a pas d'héritiers réservataires, le légataire universel est tenu de payer les dettes de la succession.

Cas pratique

La Ligue nationale contre le cancer avait été déclarée légataire universelle d'une succession. Dans cette succession figurait un immeuble. Entre l'ouverture de la succession et l'autorisation pour le légataire d'accepter le legs, il s'était écoulé 4 ans.
La question se posait de savoir si le légataire était tenu de payer les dettes à compter du décès ou à compter de son envoi en possession (l'envoi en possession est une procédure obligatoire quand le légataire a été institué par testament olographe).
Bien que le légataire n'ait réellement pris possession de l'immeuble que 4 ans après l'ouverture de la succession, il a été condamné à payer les charges de copropriété de cet immeuble pendant cette période.
Les créanciers (en l'espèce, le syndicat des copropriétaires) ne peuvent poursuivre le légataire avant sa saisine mais peuvent, après cette saisine, lui réclamer les dettes nées à compter de l'ouverture de la succession (C. cass., civ. 1re, 16.7.1999, Bull civ. n° 253).

Le légataire particulier n'est pas tenu des dettes et charges. Ce n'est que s'il lui est légué un immeuble hypothéqué qu'il devra prendre en charge le paiement des créances hypothécaires (C. civ., art. 871), sauf à se retourner par la suite contre les héritiers ou légataires à titre universel pour obtenir le remboursement des sommes payées.
Les créanciers ne peuvent donc demander à l'un d'entre eux le paiement intégral de leur créance. Cette règle n'est pas applicable aux créances hypothécaires, c'est-à-dire garanties par une hypothèque inscrite sur un immeuble.
Pour ces créances en effet, chaque héritier est tenu pour le tout, avec, néanmoins, le droit après paiement des créanciers, de se retourner contre ses cohéritiers ou contre les légataires universels pour obtenir leurs remboursements respectifs.

À NOTER

La prestation compensatoire du conjoint divorcé Depuis la loi n° 2004-439 du 26 mai 2004 (applicable depuis le 1er janvier 2005), la prestation compensatoire n'est plus à la charge des héritiers ni du nouveau conjoint du défunt mais de la succession.

• Si la prestation est versée sous forme d'un capital, le solde devient immédiatement exigible et il est prélevé sur l'actif successoral (si celui-ci est insuffisant, les légataires peuvent également être tenus d'y contribuer).

• Si la prestation est versée sous forme d'une rente, il lui est substitué un capital qui devient également immédiatement exigible.

Si la succession est déficitaire et que les héritiers renoncent à la succession, la prestation ne peut plus être réclamée aux héritiers qui ne sont pas tenus personnellement au paiement de cette dette.

Les héritiers peuvent néanmoins décider ensemble de maintenir le versement de la prestation compensatoire, tel qu'il existait avant le décès du débiteur.

Dans ce cas :

– cet accord doit être constaté par acte notarié ;

– les héritiers deviennent débiteurs personnellement de cette prestation et peuvent en demander la révision, la suspension ou la suppression s'il s'agit d'une rente, ou la modification des modalités de paiement s'il s'agit d'un capital ;

– ils peuvent aussi se libérer à tout moment du solde du capital indexé (C. civ., art. 280-1).

Par ailleurs, la loi n° 2004-439 du 28 mai 2004 a conservé la règle du non-cumul de la prestation compensatoire et de la pension de réversion lorsque cette prestation compensatoire est versée sous forme de rente au moment du décès du débiteur.

Les pensions de réversion sont déduites de plein droit du montant de la prestation compensatoire. Cette déduction est maintenue (sauf décision contraire du juge) même si le créancier perd son droit ou subit une variation de son droit à pension de réversion (C. civ., art. 280-2).

› Les donataires

Les donataires ne sont pas tenus d'acquitter les dettes de la succession. Ils ne peuvent être débiteurs que des dettes liées au bien qu'ils ont reçu par donation, ou des charges qui auraient pu être une condition de la donation.

Les aides sociales récupérables sur la succession

Les prestations de l'aide sociale ont pour objectif d'aider les personnes âgées qui n'ont pas les moyens de payer leurs frais médicaux, d'aide à domicile, leurs frais d'hospitalisation ou leurs frais de séjour dans un EHPAD. Ces aides sont accordées par la commission d'admission sur proposition du centre communal ou intercommunal d'action sociale dont dépend le domicile du demandeur.
Mais ces aides constituent, en principe, une avance dont le remboursement peut être demandé soit à l'intéressé lui-même (si ses ressources augmentent), soit à sa famille. Le remboursement demandé à la famille peut être demandé du vivant du

bénéficiaire aux personnes tenues envers lui d'un devoir de secours ou, après son décès, à sa succession, aux donataires et légataires.

› Recours contre le bénéficiaire

Les recours peuvent être exercés à l'encontre du bénéficiaire lui-même revenu à « meilleure fortune » (c'est-à-dire, dans la plupart des cas, à l'encontre du bénéficiaire qui a reçu un héritage) ou lorsque le bénéficiaire de l'aide sociale s'est dessaisi d'un bien de son patrimoine en le donnant pendant la période entourant la demande d'aide sociale.

Dans ces hypothèses, il doit rembourser au département les prestations versées.

› Recours contre les héritiers

Sont récupérables sur la succession les prestations d'aide sociale. Le recours ne s'exerce qu'à concurrence de l'actif successoral. Il ne s'exerce donc pas contre les héritiers personnellement.

Certaines créances ne sont récupérables qu'à partir d'un double seuil. Il s'agit :

- des sommes versées au titre de l'aide sociale à domicile (allocation simple, aide ménagère, aide aux repas) et l'aide médicale à domicile ;
- des sommes versées au titre de la prise en charge du forfait journalier.

Seules les dépenses d'un montant supérieur à 760 €, et pour la part excédant ce montant, peuvent donner lieu à ce recouvrement.

D'autre part, la récupération ne peut s'effectuer que sur la partie de l'actif net successoral qui excède 46 000 € (CASF, art. R. 132-12).

Même si l'actif successoral net (après déduction du passif et paiement des droits de succession) est insuffisant pour désintéresser l'administration de l'aide sociale, aucune action ne peut être entreprise contre les héritiers et leur patrimoine propre.

En revanche, les sommes que le conseil départemental paie pour le séjour d'une personne en EHPAD ou dans une autre institution de long séjour, au titre de l'aide sociale à l'hébergement (ASH), sont récupérables au premier euro, donc quel que soit le montant de la succession.

En présence d'un conjoint survivant, la commission d'admission de l'aide sociale accepte généralement d'attendre le décès de ce conjoint pour réclamer le paiement de sa créance (CASF, art. L. 132-8).

L'action en récupération sur succession est éteinte après un délai de 5 ans (C. civ., art. 2224).

À NOTER

Les enfants maltraités sont dispensés d'aider leurs parents Sous réserve d'une décision contraire du juge aux affaires familiales, sont de droit dispensés de fournir cette aide les enfants qui, après signalement de l'aide sociale à l'enfance, ont fait l'objet d'un retrait judiciaire de leur milieu familial durant une période de 36 mois cumulés au cours des 12 premières années de leur vie. Cette dispense s'étend aux propres enfants de ces enfants (loi n° 2004-1 du 2 janvier 2004 relative à l'accueil et à la protection de l'enfance ; CASF, art. L. 132-6).

À NOTER

L'APA La prestation spécifique dépendance (PSD) est remplacée depuis le 1er janvier 2002 par l'allocation personnalisée d'autonomie (APA). À l'inverse de la prestation spécifique dépendance, l'APA n'est pas récupérable sur la succession.

› Recours contre le donataire

Si le bénéficiaire de l'aide donne un de ses biens, il s'appauvrit volontairement. Lorsqu'il demande l'aide sociale après avoir consenti une donation, l'administration peut :
- soit réintégrer la valeur de la donation dans le patrimoine du demandeur (ce qui peut diminuer le montant de l'aide, voire le supprimer) ;
- soit demander au donataire le remboursement de la valeur de la donation.

L'administration peut agir contre le donataire pour les donations intervenues moins de 10 ans avant la demande.

L'administration peut aussi exercer un recours contre les bénéficiaires d'une donation qui serait intervenue postérieurement à la demande d'aide sociale.

Le recours contre les donataires peut être exercé pendant un délai de 5 ans à compter de la donation (notariée). Il s'agit de l'application des règles de droit commun de l'article 2224 du Code civil qui prévoit que les actions personnelles ou mobilières se prescrivent par 5 ans à compter du jour ou le titulaire d'un droit a connu ou aurait dû connaître les faits lui permettant de l'exercer.

Pour que la récupération soit ordonnée, la commission doit tenir compte de la situation financière et personnelle des personnes à qui ce remboursement est demandé.

Cas pratique

Une personne avait bénéficié des prestations de l'aide sociale pour la prise en charge des frais de son placement dans une maison de retraite pour la période du 5 juillet 1991 au 31 mars 1992. Le 17 avril 1990, elle avait fait donation à sa fille unique d'une maison d'une valeur de 300 000 F (45 734,71 €). Cette maison avait par la suite été vendue (le 29 mars 1991) pour le prix de 470 000 F (71 651,04 €). Le 19 mai 1992, la Commission d'admission avait ordonné la récupération à l'encontre de la fille de la bénéficiaire de la somme de 48 600 F (7 409,02 €) correspondant à l'aide sociale accordée par le département.

Cette décision avait été dans un premier temps confirmée par la commission départementale, puis annulée par la commission centrale qui avait considéré qu'il n'était pas prouvé que les sommes provenant de la vente de la maison étaient encore à la disposition de l'intéressée au moment où la décision de récupération avait été prise.

Devant le Conseil d'État, cette dernière décision a été annulée. La commission centrale aurait dû prendre en compte les ressources de l'intéressée au moment où elle statuait (CE, 25.11.1998, JCL Droit administratif, 2.1999, p. 14).

La récupération se fait dès le premier euro donné (sans application de l'abattement) mais dans la limite du montant de la donation. La valeur du bien donné est appréciée au jour de l'introduction du recours, déduction faite, le cas échéant,

des plus-values résultant des dépenses réalisées ou du travail effectué par le donataire (CASF, art. R. 132-11).
L'administration examine aussi les ventes qui ont pu être conclues pendant cette période afin de déterminer s'il ne s'agit pas de donations déguisées (la vente d'un bien n'entraîne pas la récupération de l'aide). Il faut prouver que le bien a été transmis sans contrepartie réelle, ou avec une contrepartie dérisoire par rapport au bien et aux conditions de vie du « vendeur ».

Cas pratique

Une personne avait sollicité et obtenu une aide ménagère à domicile. Elle avait, 1 mois avant la demande d'aide, vendu à son unique héritier (son neveu) un bien dont le prix consistait pour ce dernier à subvenir à l'entretien de sa tante, sa vie durant (bail à nourriture). Au décès de la bénéficiaire de l'aide sociale, la commission avait considéré que la vente était en fait une donation déguisée et avait réclamé au neveu le remboursement de l'aide.
En l'occurrence, le Conseil d'État avait annulé la décision de recouvrement car la commission n'avait pas suffisamment prouvé le caractère déguisé de la vente (CE, 18.5.1998, D. 1999, II, p. 35).

› Recours contre le bénéficiaire d'un contrat d'assurance-vie

À titre subsidiaire, la récupération peut être demandée au bénéficiaire d'un contrat d'assurance-vie souscrit par le bénéficiaire de l'aide sociale, à concurrence de la fraction des primes versées après l'âge de 70 ans.
L'expression « à titre subsidiaire » signifie que la récupération des aides sociales n'a lieu sur un contrat d'assurance-vie que si elle n'est pas possible sur d'autres biens ou actifs.
Quand la récupération concerne plusieurs bénéficiaires, celle-ci s'effectue au prorata des sommes versées à chacun d'eux (CASF, art. L. 132-8).

› Recours contre le légataire

Le Conseil d'État a distingué la situation des légataires particuliers de celle des légataires à titre universel ou des légataires universels.

Les légataires à titre universel et les légataires universels

Ils ont comme les héritiers des droits et des obligations et sont, comme eux, tenus aux dettes de la succession. À ce titre, lorsqu'ils bénéficient d'un legs, l'aide sociale ne peut récupérer la valeur du legs que si la succession excède le seuil fixé pour les héritiers (46 000 €).

Les légataires particuliers

En revanche, ce seuil n'est pas applicable aux légataires particuliers et la récupération sur la valeur du legs se fait dès le premier euro (sans application de l'abattement) mais dans la limite du montant du legs (CE, 4.2.2000, D. 2000, IR, p. 63).

La valeur du legs est estimée au jour de l'ouverture de la succession (CASF, art. R. 132-11).

› Procédure

Les juridictions de l'aide sociale comprennent la commission départementale et la commission centrale. Elles ont la qualité de juges de plein contentieux, c'est-à-dire que leurs décisions ont valeur de jugement.
La décision d'autoriser ou de refuser la récupération est prise par la commission d'admission saisie par le préfet.
Pour faire annuler une décision de recouvrement de prestations, il faut s'adresser dans un premier temps à la commission départementale, puis, devant la commission centrale d'aide sociale, déposer un recours en annulation de la décision de la commission départementale.
Le Conseil d'État est compétent en dernier lieu, soit pour annuler la décision de la commission centrale et renvoyer l'affaire devant cette commission, soit confirmer la dernière décision.
Il faut prendre un avocat si on veut contester la décision de la commission centrale devant le Conseil d'État.

Le remboursement des allocations de solidarité aux personnes âgées

Les arrérages des allocations de solidarité aux personnes âgées (ASPA) peuvent être récupérés sur la succession du bénéficiaire après son décès.
Toutefois, la récupération n'est opérée que sur la fraction de l'actif net de la succession qui excède 39 000 €.
Lorsque le montant de l'allocation est versé à des conjoints, concubins ou partenaires pacsés, tous deux bénéficiaires, l'allocation est réputée avoir été perçue pour moitié par chacun des membres du couple.
Lorsque l'allocation n'a pas été servie pendant l'année complète, ces montants sont diminués au prorata de la durée effective de service de l'allocation (CSS, art. L. 815-13 et D. 815-3).
La récupération s'exerce dans la limite d'un montant fixé chaque année en fonction de la composition du foyer. Actuellement, le montant maximal annuel pouvant être récupéré sur la succession est de 7 354,12 € si l'allocation a été versée à une seule personne, et de 9 838,65 € en cas d'allocation ayant été versée à un couple.

À NOTER

La non-récupération de l'ASI Bonne nouvelle, la récupération sur succession ne s'applique plus à l'allocation supplémentaire d'invalidité (ASI) versée aux pensionnés d'invalidité, y compris dans le cas où les versements ont eu lieu avant le 1er janvier 2020 (loi n° 2019-1479 du 28 décembre 2019).

Les aides non récupérables

Ne sont pas récupérables sur la succession du bénéficiaire décédé, quel que soit le montant de l'actif successoral, ni auprès des donataires ou légataires :
- l'allocation de revenu minimum d'insertion ainsi que la prime éventuellement versée par le département (CASF, art. L. 262-43) ;
- l'allocation personnalisée d'autonomie (APA) et l'aide ménagère versée par les caisses de retraite ;
- les allocations attribuées aux personnes en situation de handicap (allocation adulte handicapé, prestations de compensation) (CASF, art. L. 245-7) ;
- le RSA (revenu de solidarité active).

En revanche, l'aide à l'hébergement versée par le département est récupérable dès le premier euro.

Comment comprendre la réserve et la quotité disponible ?

S'il y a des héritiers réservataires, les libéralités (donations ou legs) consenties de son vivant par le défunt ne doivent pas excéder en valeur le montant de la quotité disponible de la succession. La quotité disponible dépend de la qualité et du nombre d'héritiers réservataires.

La notion de réserve et de quotité disponible

La réserve est la partie de la succession qui est réservée à certains héritiers (enfants et conjoint).
La quotité disponible est la partie de la succession obtenue après soustraction de la réserve, qui peut être attribuée à des tiers.
Lorsqu'une personne a fait des libéralités (donations ou legs), il faut, lors de son décès, évaluer le montant de ces libéralités par rapport à la quotité disponible de sa succession.
En présence d'héritiers réservataires (enfants ou conjoint), il n'est donc pas possible de donner ou de léguer plus que la quotité disponible.

À NOTER

Tous les autres héritiers peuvent être exclus de la succession S'il n'y a ni enfants (ni petits-enfants), ni conjoint (non divorcé), il est possible de faire donation ou de léguer tous ses biens à la personne de son choix.

› La renonciation à la réserve

Créé par la loi n° 2006-728 du 23 juin 2006, applicable depuis le 1er janvier 2007, le pacte successoral ou pacte de famille consiste pour un héritier réservataire à renoncer par avance à l'action en réduction pour atteinte à sa réserve. Cela permet ainsi au donateur de disposer plus librement de ses biens (sans avoir à s'inquiéter du montant de la réserve, surtout si tous les héritiers réservataires acceptent de renoncer à demander la réduction) (sur cette possibilité, voir *La renonciation à l'action en réduction*, p. 28).

› La suppression de la réserve des parents

La loi n° 2006-728 du 23 juin 2006, applicable depuis le 1er janvier 2007, a supprimé la réserve des ascendants. Désormais, les parents du défunt ne peuvent hériter de leur enfant qu'en l'absence de descendants et de conjoint et si le défunt n'a pas disposé (par donation ou testament) de ses biens en faveur d'un tiers. Les parents bénéficient d'un droit de retour sur les biens qu'ils ont pu donner à leur enfant (voir *Part maximum de la succession pouvant être attribuée au conjoint lorsqu'il y a des enfants*, p. 165).

Les héritiers réservataires

› La réserve des enfants

La réserve des enfants est une fraction de la succession de leurs parents qui doit obligatoirement leur être attribuée (C. civ., art. 913).
Il est donc impossible de déshériter ses enfants. Ce n'est que si la succession est déficitaire ou inexistante que les enfants ne reçoivent rien au décès de leurs parents.
Les parents désirant transmettre certains de leurs biens à d'autres personnes peuvent donc le faire, mais sous certaines limites : il faut que les biens ainsi transmis laissent intacte la réserve des enfants.
La partie de la succession qui peut être librement transmise s'appelle la quotité disponible.

ATTENTION

Les biens donnés sont pris en compte dans le calcul de la réserve et de la quotité disponible Les valeurs respectives de la réserve et de la quotité disponible sont calculées sur une masse comprenant la valeur des biens existant au jour du décès dans le patrimoine du défunt mais également la valeur des biens qui ont pu être donnés par le défunt de son vivant.
Les biens donnés doivent être estimés à leur valeur réelle au jour de la donation-partage quelles qu'aient pu être celles énoncées à l'acte (C. cass., civ. 1re, 25.5.2016, n° 15-16160).

Pour calculer le montant de cette quotité disponible, il faut connaître le montant de la réserve des enfants.
Cette réserve dépend du nombre d'enfants :
- s'il n'y a qu'1 seul enfant, la réserve est égale à la moitié de la succession ; la quotité disponible est donc égale à l'autre moitié. Le défunt peut donc léguer par testament la moitié de son patrimoine ;
- s'il y a 2 enfants, leur réserve est égale aux 2/3 de la succession (quotité disponible = 1/3) ;
- s'il y a 3 enfants ou plus, leur réserve est égale aux 3/4 de la succession (quotité disponible = 1/4).

Si un des enfants est mort avant le défunt et si cet enfant avait lui-même des enfants, la réserve est calculée comme s'il était encore vivant. Ses enfants (les petits-enfants du défunt) se partagent sa part de réserve.

Cas pratique

Emma a trois enfants (Odette, Anselme et Alexandre). Anselme est décédé en laissant deux enfants. Au décès d'Emma, on découvre un testament instituant une de ses amies légataire universelle de sa succession. La succession sera en conséquence répartie ainsi : la réserve, en présence de trois enfants est égale aux 3/4 de la

succession. Odette recueillera 1/4, Alexandre 1/4, les deux enfants d'Anselme se partageront le troisième quart. La quotité disponible (le dernier 1/4) sera attribuée à l'amie de la défunte.
Cette réserve ne peut en aucun cas être diminuée :
– s'il y a un conjoint survivant, sa part est imputée sur la quotité disponible ;
– si l'un des enfants renonce à la succession, cette renonciation ne modifie pas la valeur de la réserve. La part du renonçant accroît la part des autres enfants.

À NOTER

Tous les enfants sont égaux dans la succession de leur père ou mère Concernant les enfants adultérins, la loi n° 2001-1135 du 3 décembre 2001 a abrogé les articles du Code civil prévoyant la diminution de moitié de leur part réservataire par rapport à celle reçue par les enfants légitimes.

› La protection de la réserve en cas de décès à l'étranger

En France, il n'est pas possible de déshériter ses enfants (voir *La réserve des enfants*, p. 298). Or, dans de nombreux pays, notamment de culture anglo-saxonne, la réserve héréditaire n'existe pas. Les enfants dont l'un des parents réside et/ou décède dans un pays n'offrant pas de réserve, peuvent se retrouver privés d'héritage.
Cette situation a été popularisée lors du décès de deux artistes célèbres.
Maurice Jarre, le célèbre compositeur, a, par testament, légué tous ses biens à sa dernière épouse, déshéritant intentionnellement ses enfants. Ces derniers, résidant en France, ont tenté de contester le testament, mais sans succès : leur père habitait et est décédé aux États-Unis, pays qui ne connaît pas la réserve héréditaire.
Le décès de Johnny Hallyday a soulevé la même question, à savoir si les premiers enfants du chanteur pouvaient être privés de leur réserve : les juges ont répondu par la négative après avoir estimé que le chanteur était bel et bien résident français.
Une nouvelle loi vient protéger les droits successoraux des enfants et crée à leur bénéfice un droit de prélèvement compensatoire (loi n° 2021-1109 du 24 août 2021, codifiée à l'article 913 du Code civil). Désormais, lorsque la loi étrangère applicable à la succession ne connaît pas le mécanisme protecteur de la réserve héréditaire des enfants, la loi les autorise à effectuer un prélèvement compensatoire sur les biens existants situés en France au jour du décès, dans la limite de leurs droits réservataires.

› Le calcul des droits successoraux du conjoint en présence d'enfants

La part du conjoint a été améliorée depuis la loi de 2001 et il peut bénéficier, notamment en présence d'enfants, de la totalité des biens en usufruit ou du quart de ces biens en pleine propriété.

Mais ces droits n'étant pas des droits réservataires, la question se pose de savoir comment ils peuvent s'articuler avec les droits des réservataires, les droits des légataires ou des autres héritiers.

Le conjoint a opté pour le droit d'usufruit

Les droits en usufruit du conjoint portent sur les biens existants, c'est-à-dire les biens dont est propriétaire le défunt le jour de son décès et dont il n'a pas disposé par testament.
L'usufruit du conjoint porte sur la totalité des biens existants et par conséquent sur la réserve des enfants.
Les droits d'usage et d'habitation du conjoint sur le logement s'imputent sur son usufruit.

Le conjoint a opté ou recueille le quart en pleine propriété

Si le conjoint a droit, en théorie, à un quart en toute propriété, ses droits ne peuvent pas porter, en pratique, sur les biens dont le défunt aurait disposé ni sur la réserve des enfants.
Ses droits ne peuvent préjudicier non plus aux droits de retour (sur les droits de retour, voir *Les droits de retour prévus par la loi*, p. 45).
C'est pourquoi, pour évaluer la part réelle de ce conjoint, on calcule dans un premier temps la masse de calcul (droits théoriques) puis la masse d'exercice.

La masse de calcul (C. civ., art. 758-5)

Elle porte sur les biens existants, c'est-à-dire :
- les biens dont est propriétaire le défunt le jour de son décès (en excluant ceux dont il a disposé par testament et en excluant les biens objet d'un retour légal) ;
- les biens dont il a disposé par libéralités rapportables, c'est-à-dire les biens donnés en avancement de part d'héritage (en excluant les biens donnés hors part successorale).

Ces biens doivent être évalués au jour du partage.

> **Cas pratique**
> Deux enfants, un conjoint qui opte pour 1/4 en toute propriété.
> Patrimoine : 1 700 € dont 300 € sont légués.
> Donation : 100 € à un enfant (donation rapportable).
> Masse de calcul : 1700 – 300 = 1400 + 100 = 1500 €.
> Part théorique du conjoint = 1500 : 4 = 375 €.

La masse d'exercice (C. civ., art. 758-5)

Le conjoint ne peut exercer ses droits que sur les biens dont le défunt n'aura disposé ni par donation ni par testament, et sans préjudicier aux droits de la réserve, ni aux droits de retour.
De la masse de calcul précédemment calculée, il faut soustraire les biens :
- donnés sans dispense de rapport (biens rapportables) ;
- constituant la réserve ;
- faisant l'objet d'un droit de retour.

À NOTER

Le conjoint peut être totalement déshérité si le défunt a donné toute la quotité disponible S'il s'agit d'une donation rapportable, on ne soustrait de la masse de calcul que l'excédent de ces donations (part qui excède la réserve et qui s'impute sur la quotité disponible). S'il s'agit de donations non rapportables, on soustrait l'ensemble de la valeur de la donation.

Cas pratique

Deux enfants, un conjoint qui opte pour 1/4 en toute propriété.
Patrimoine : 1 700 € (dont 300 € sont légués).
Donation de 100 € à un enfant (donation rapportable).
– Première étape : calcul de la réserve (les biens donnés ou légués sont compris dans la réserve) : 1 700 + 100 = 1 800 × 2/3 = 1 200 €.
– Deuxième étape : il faut ensuite savoir dans quelle mesure la donation rapportable s'impute sur la quotité disponible. La part de réserve de chaque enfant est de 600 € (1200 / 2). La donation (100 €) ne dépasse pas la réserve de ce bénéficiaire (si la donation rapportable dépassait la part de réserve, il faudrait soustraire de la masse de calcul cet excédent).
– Troisième étape : calcul de la masse d'exercice : 1500 – 1200 = 300 €.

Les droits réels du conjoint

On calcule la masse de calcul puis la masse d'exercice.
Si la masse d'exercice est supérieure à la masse de calcul, le conjoint aura droit à la masse de calcul.
À l'inverse, ses droits seront égaux à la masse d'exercice si cette masse est inférieure à la masse de calcul.
Dans l'exemple, le chiffre retenu sera la masse d'exercice, soit 300 €.

Le droit viager sur le logement

La valeur des droits d'habitation et d'usage s'impute sur la valeur des droits successoraux recueillis par le conjoint (C. civ., art. 765).
Si la valeur de ces droits est inférieure à celle de ses droits successoraux, le conjoint peut prendre le complément sur les biens existants.
Si ces droits sont supérieurs, le conjoint peut conserver l'excédent.

› La réserve du conjoint

La réserve du conjoint est prévue lorsque le défunt ne laisse pas de descendant (enfants ou petits-enfants). Cette réserve n'existe donc que dans cette hypothèse.
Le conjoint est donc protégé par la réserve constituée à son profit contre les donations ou legs qui auraient pu être consentis par le défunt de son vivant, mais cette protection n'est pas assurée lorsqu'il y a des enfants ou des ascendants.
En effet, s'il y a des enfants, c'est leur réserve qui est retenue et le défunt peut donner et léguer dans ces limites. Si leur réserve est respectée, les libéralités seront validées, même si le conjoint ne peut disposer de sa propre réserve.
Le conjoint ne doit pas être divorcé. Il reste héritier, même s'il est séparé de corps et même si une action en divorce est en cours au moment du décès.

La réserve du conjoint est égale à 1/4 des biens de la succession. Les libéralités (quotité disponible) peuvent donc avoir une valeur équivalente aux 3/4 de la succession (C. civ., art. 914-1).

Les autres héritiers (frères et sœurs, neveux, cousins...)

Les frères et sœurs ou leurs descendants (les neveux du défunt) ne sont pas héritiers réservataires.
Ils peuvent hériter d'une partie de la succession si le défunt n'a rien prévu de son vivant, n'a fait aucune donation, n'a rédigé aucun testament et s'il ne laisse ni enfant, ni conjoint (voir *Quelles sont les règles générales ?*, p. 1).
Mais n'étant pas réservataires, ils peuvent également être entièrement exclus de cette succession.
Leur exclusion est tacite (quand le défunt a donné tous ses biens à des tiers) ou expresse (si le défunt a déclaré les exclure par testament).
Les autres héritiers (oncles, cousins...) peuvent également être exclus de la succession si le défunt a, de son vivant, donné ou légué tous ses biens à un tiers.

Cas pratique

Le défunt avait de son vivant institué un de ses amis légataire universel. À son décès, il laisse comme seul héritier son frère. Si le testament est valable, toute la succession sera attribuée à son ami.

Tableau récapitulatif

HÉRITIERS EN PRÉSENCE	RÉSERVE (RÉPARTIE ENTRE LES HÉRITIERS RÉSERVATAIRES)	PART POUVANT ÊTRE DONNÉE À UN TIERS (QUOTITÉ DISPONIBLE)
1 enfant (ou ses descendants s'il est décédé)	La moitié des biens	La moitié des biens
2 enfants (ou leurs descendants)	2/3 des biens	1/3 des biens
3 enfants ou plus (ou leurs descendants)	3/4 des biens	1/4 des biens
Le conjoint survivant (pas de descendant)	1/4 des biens	3/4 des biens
S'il n'y pas d'enfant ni de descendant, ni de conjoint survivant		La totalité des biens
À noter : la réserve des ascendants est supprimée depuis le 1er janvier 2007.		

Qu'est-ce que la réduction des donations ?

La procédure de réduction a pour but de protéger la part des héritiers réservataires. Elle ne peut avoir lieu qu'au décès du donateur.
La réduction porte sur les libéralités qui ont dépassé la quotité disponible et entamé la réserve.

Le principe de la réduction

Pour répartir les biens entre les héritiers et les légataires, il faut prendre en compte non seulement les biens qui constituent le patrimoine du défunt lors de l'ouverture de sa succession, mais aussi les biens qu'il a pu donner de son vivant.
On réunit donc fictivement l'ensemble de ces biens comme si le défunt n'avait effectué aucune libéralité de son vivant et que les biens donnés lui appartiennent encore ; on calcule la quotité disponible en fonction du nombre des héritiers, et on vérifie si les libéralités consenties par le défunt n'excèdent pas cette quotité disponible.
Les biens existants dans le patrimoine du défunt sont évalués à la date du décès.
Les biens qui ont été donnés sont évalués d'après leur valeur au jour du décès selon leur état au moment de la donation.
Il n'est pas tenu compte des améliorations ou des détériorations apportées ou causées par le bénéficiaire de la donation.
Les libéralités (donations ou legs) qui excèdent la quotité disponible, ne sont pas nulles, mais doivent être réduites. La réduction est applicable même s'il s'agit d'une donation déguisée.

À NOTER
La renonciation Depuis la loi du 23 juin 2006, applicable aux successions ouvertes depuis le 1er janvier 2007, les héritiers réservataires ont la possibilité de renoncer par avance à exercer l'action en réduction. Cette renonciation peut intervenir au moment de la donation (sur ce point, voir *La renonciation à l'action en réduction,* p. 28).

L'ordre de la réduction

La réduction se détermine en formant une masse de tous les biens existant au décès du donateur ou testateur. À ces biens, on ajoute fictivement, après en avoir déduit les dettes, ceux qui auraient fait l'objet d'une donation par le défunt, de son vivant.
S'il apparaît que les libéralités sont excédentaires par rapport à la quotité disponible et donc empiètent sur la réserve, on commence par réduire les legs (c'est-à-dire transmis par testament).

Les legs seront tous réduits proportionnellement à l'excédent.
La réduction peut n'être que partielle si la libéralité ne porte atteinte que pour partie à la réserve.

Cas pratique

M. X a deux enfants. La réserve est donc égale à 2/3 et la quotité disponible à 1/3. Il ne peut donc donner ou léguer des biens dont la valeur serait supérieure au 1/3 de son patrimoine. Sa succession s'élève à 90 000 €. Il rédige un testament léguant à sa nièce son appartement d'une valeur de 50 000 €. Ce legs sera réduit à hauteur de 20 000 €.

À NOTER

Protéger un legs Pour éviter la réduction d'un legs, le défunt peut, dans son testament, déclarer que tel legs sera acquitté de préférence aux autres legs. Dans ce cas, on commence par réduire les autres legs. Le legs protégé sera réduit en dernier si la réduction des autres libéralités est insuffisante (C. civ., art. 927).

Si la réduction des legs est insuffisante (ou si le défunt n'a pas fait de testament), on procède à la réduction des donations en commençant par la plus récente et ainsi de suite en remontant des dernières aux plus anciennes jusqu'à la reconstitution de la réserve des héritiers.
Cet ordre des réductions est justifié par le principe d'irrévocabilité des donations. Si les donations étaient réduites en même temps et suivant les mêmes proportions que les legs, cela permettrait au donateur de révoquer indirectement les donations qu'il a pu consentir en rédigeant un testament léguant les biens donnés. Si les donations absorbent la quotité disponible, les legs sont caducs.

Cas pratique

Des époux avaient dans un premier temps effectué un don manuel en faveur de leurs deux enfants (don de titres de rentes Pinay). Ce don était constaté par un acte sous seing privé non enregistré. Par la suite, ils ont fait donation à l'un de leurs enfants d'un appartement (cette donation est faite en « avancement d'hoirie » ou « en avance sur sa part d'héritage », c'est-à-dire que la valeur de cet immeuble doit être imputée sur la part de cet enfant et ne doit pas s'ajouter à sa part). Enfin, l'épouse a légué à sa petite-fille un autre appartement.
Au décès de l'épouse, on réunit (de façon comptable) les valeurs des biens donnés et légués et on calcule la réserve des deux enfants (2/3 de la valeur des biens de la succession). La quotité disponible ne devait donc pas dépasser 1/3 de cette valeur.
Les donations rapportables effectuées en faveur des enfants (dons manuels puis donation de l'appartement) s'imputent sur leur réserve. S'il s'avère qu'elles sont supérieures à la réserve, elles viennent alors diminuer la quotité disponible.
Le legs doit également s'imputer sur la quotité disponible.
L'excédent des donations et le legs dépassaient la valeur de la quotité disponible. Il fallait donc procéder à la réduction des libéralités.

> En principe, lorsqu'il y a des legs, ceux-ci doivent être les premiers réduits, puis, s'il y a lieu, il faut procéder à la réduction des donations.
> Dans ce cas présent, la réduction a eu pour effet d'annuler la totalité du legs puisque la valeur de l'appartement légué correspondait à la totalité de l'excédent de la quotité disponible (C. cass., civ. 1re, 12.11.1998, D. 1999, p. 325).

L'action en réduction

La loi du 23 juin 2006 a modifié la procédure de l'action en réduction. Cette loi est applicable depuis le 1er janvier 2007 aux successions ouvertes et non encore partagées.
L'action en réduction est ouverte aux héritiers réservataires pendant un délai de 5 ans à compter de l'ouverture de la succession, ou à 2 ans à compter du jour où les héritiers ont eu connaissance de l'atteinte portée à leur réserve, sans jamais pouvoir excéder 10 ans à compter du décès (contre 30 ans auparavant).
L'action en réduction est strictement réservée aux héritiers réservataires et ne peut être demandée ni par les autres donataires, ni par les légataires, ni par les créanciers du défunt (C. civ., art. 921).
Par ailleurs, la réduction n'est pas automatique. L'héritier réservataire peut tout à fait renoncer à réduire la donation ou le legs et laisser toute son efficacité à la libéralité excessive (et renoncer ainsi à une partie de sa réserve).
S'il décède après avoir renoncé à la réduction, ses propres héritiers ne peuvent pas reprendre l'action à sa place.
Mais il ne faut pas que la renonciation à cette action soit faite de mauvaise foi et notamment dans le but de déshériter d'autres héritiers.

> **Cas pratique**
> Dans le but de déshériter ses enfants nés d'un premier mariage, un fils incite sa mère à consentir à une donation en faveur de sa seconde épouse. Cette donation excède la quotité disponible et, au moment du décès de la mère, aurait pu être réduite par l'héritier réservataire, c'est-à-dire le fils. Mais celui-ci y renonce. Sa seconde femme conserve donc le bien donné.
> Au décès du fils, ses deux enfants demandent la réduction de la donation consentie par leur grand-mère à leur belle-mère.
> Les juges ont accepté cette demande en relevant que le père n'avait renoncé à demander la réduction de la donation que pour priver ses deux enfants d'une partie de la succession (le bien donné par la grand-mère n'a pas fait partie de la succession de son fils et n'a donc pas pu être transmis aux deux enfants) (C. cass., civ. 1re, 4.2.1992, Bull. civ. n° 41).

L'héritier, depuis le 1er janvier 2007, peut également renoncer par anticipation et avant le décès du donateur à exercer l'action en réduction. Il s'agit du pacte de famille (sur cette possibilité de renonciation, voir *La renonciation à l'action en réduction*, p. 28).

À NOTER

Le capital d'une assurance-vie Le capital stipulé payable lors du décès de l'assuré à un bénéficiaire déterminé ou à ses héritiers ne fait pas partie de la succession et n'entre pas dans la masse de calcul de la réserve et de la quotité disponible. Il ne peut donc pas faire l'objet d'une éventuelle réduction pour atteinte à la réserve (C. cass., civ. 1re, 20.5.2009, n° 08-11355), sauf en cas de primes exagérées (voir *L'assurance-vie*, p. 323).

Le calcul de la réduction

› La réduction des donations faites à un enfant

Si un enfant reçoit une donation en avancement de part successorale, la donation s'impute sur la réserve puisqu'elle n'est qu'une avance sur succession (voir *Qu'est-ce que le rapport des donations ?*, p. 314). La réduction, dans ce cas, intervient si la donation excède la part de réserve de cet enfant.

Mais si l'enfant bénéficie d'une donation non rapportable, c'est-à-dire qui doit s'ajouter à sa part de réserve, la donation doit alors s'imputer sur la quotité disponible.

Cas pratique

Une succession a une valeur globale de 120 000 € et le montant de la quotité disponible (en présence de trois enfants) est égal à 1/4, soit 30 000 €.

Un enfant a reçu de son père décédé une donation d'une valeur de 40 000 € devant s'ajouter à sa part de réserve (donation faite hors part successorale).

Cette donation s'impute sur la quotité disponible. Puisque cette donation est supérieure à la quotité disponible, il devra à ses frères et sœurs une indemnité d'un montant de 10 000 € (40 000 – 30 000).

Il touchera sa part de réserve, soit 30 000 €, plus la donation réduite, soit 30 000 €.

Les deux autres enfants toucheront leur part de réserve, soit 30 000 € chacun.

Pour qu'une donation faite à un enfant ou un héritier soit dispensée de rapport et vienne s'ajouter à la part de réserve du bénéficiaire, le donateur doit le préciser, soit dans la donation elle-même, soit dans un acte postérieur (par acte notarié ou par testament) (C. civ., art. 919).

› La réduction d'une vente faite à un héritier (donation déguisée)

Lorsque le défunt a cédé un bien en nue-propriété à l'un de ses héritiers et qu'il a conservé l'usufruit de ce bien (généralement un immeuble), la loi suppose qu'il s'agit en fait d'une donation déguisée (C. civ., art 918).

La valeur totale du bien est retenue (et non pas la simple valeur de la nue-propriété, censée avoir fait l'objet de la donation déguisée) et est imputée sur la quotité disponible.

L'éventuel excédent doit alors être réduit. Cette règle ne s'applique que si l'acquéreur est un héritier en ligne directe au moment de l'aliénation. Elle ne s'appliquera donc pas lorsque la vente a été consentie par un grand-père à sa petite-fille, alors que le père était toujours en vie (la petite-fille n'étant donc pas héritière de son grand-père).
Cette présomption de gratuité s'applique quand la vente a été consentie :
- avec réserve d'usufruit ;
- ou à charge de rente viagère ;
- ou encore à fonds perdu (par exemple, lorsque la vente a été consentie avec l'obligation pour l'héritier acquéreur de fournir la nourriture et l'entretien du vendeur).

› La réduction des donations entre époux

Les donations entre époux des biens présents sont devenues irrévocables (loi n° 2004-439 du 26 mai 2004 applicable depuis le 1er janvier 2005) comme le sont les autres donations. Ce qui signifie que la réduction des donations entre époux suit les mêmes règles que celles de droit commun applicables à toute autre donation.
Si la donation doit être réduite, le conjoint bénéficiaire de la donation peut conserver le bien acquis avec les fonds de son conjoint, mais doit rendre la somme donnée (C. civ., art. 1099-1). La donation porte en effet sur les sommes données et non sur le bien acquis.
La somme à restituer doit correspondre à la valeur actualisée du bien acquis. Mais cette valeur doit être diminuée des améliorations que le bénéficiaire de la donation a pu apporter au bien.
Si le bien a été vendu, on retient sa valeur au moment de cette aliénation.
Si, enfin, un autre bien a été acquis avec l'argent de la vente du premier, on retient la valeur du nouveau bien.
Ces litiges ne concernent pas des époux mariés sous le régime de la communauté légale puisque les acquisitions réalisées pendant le mariage sont toujours des biens communs sans avoir à rechercher si les deux époux ont financé ou non l'achat.
À la différence des donations de biens présents, les donations de biens à venir ou des donations dites « à cause de mort » comme la donation au dernier vivant restent révocables et sont assimilées, pour la réduction, aux legs faits par testaments.

› La réduction des dons manuels

Les dons manuels, même non datés, suivent le même régime que les donations notariées. Ils ne sont réduits qu'après la réduction des legs.

› La réduction des donations déguisées

Les donations qui seraient faites en fraude des droits des héritiers réservataires ne sont pas pour autant annulées. Elles doivent être réduites si elles dépassent le montant de la quotité disponible.
Les héritiers doivent d'abord apporter la preuve qu'il s'agit d'une donation déguisée (preuve de l'intention libérale) puis demander la réduction.

› La réduction de l'usufruit du conjoint survivant

Le droit d'usufruit du conjoint survivant doit s'exercer sur la quotité disponible de la succession. Il ne peut avoir pour effet de réduire la réserve des enfants.

Cas pratiques

• **Un défunt laisse un patrimoine de 150 000 €.**

De son vivant, il a donné à chacun de ses deux enfants la somme de 15 000 €.

Par testament, il a légué à son frère la somme de 7 500 €.

En présence de deux enfants, la réserve est égale aux 2/3 de la succession et la quotité disponible à 1/3.

Dans cet exemple, la masse successorale est égale à :

– biens existants = 150 000 €

– donations rapportables = 30 000 €

– soit au total : 180 000 €, dont 60 000 € de quotité disponible (1/3) et 120 000 € de réserve (2/3).

Les donations rapportables effectuées en faveur des enfants s'imputent sur la réserve. Puisque ces donations sont inférieures à la réserve, elles ne viennent pas diminuer la quotité disponible.

Le legs, en revanche, s'impute sur la quotité disponible, soit 60 000 € – 7 500 € = 52 500 €.

Le droit d'usufruit du conjoint survivant s'exercera sur 52 500 €.

Si le défunt avait, par testament, légué l'équivalent de la quotité disponible à un tiers, le conjoint n'aurait pu bénéficier d'aucun droit.

• **Il y a 2 ans, j'ai rédigé un testament en faveur de ma femme en lui léguant la totalité de l'usufruit de ma succession. Or, aujourd'hui, je voudrais avantager un de mes enfants par rapport aux deux autres. Est-ce que je peux faire un autre testament en sa faveur sans annuler le premier et sans diminuer pour autant la part de mon conjoint ?**

Vous désirez avantager l'un de vos enfants et lui léguer la quotité disponible de votre succession. Puisque vous avez trois enfants, cette quotité disponible est égale à 1/4 de vos biens.

Puisque vous avez légué l'usufruit à votre épouse, ce 1/4 pourra porter sur la nue-propriété de vos biens. Il convient de préciser dans votre nouveau testament que le premier testament reste valable (C. cass., civ. 1re, 20.2.1996, Bull. civ. n° 99).

La réduction en nature ou en valeur

La réduction en nature signifie rendre le bien ou une partie du bien tel qu'il existe.

La réduction en valeur signifie rendre en argent l'excédent de la quotité disponible.

› Principe : la réduction doit se faire en valeur

La loi n° 2006-728 du 23 juin 2006, applicable depuis le 1er janvier 2007, a posé le principe que la réserve des héritiers est une réserve en valeur et non plus une réserve en nature. Cela a pour conséquence que la réduction doit, en priorité, se

faire également en valeur. Cette règle permet de mieux respecter la volonté du défunt qui a voulu transmettre un bien déterminé à une personne déterminée (héritier ou non).
Le bénéficiaire de la libéralité peut donc conserver le bien transmis et sera, vis-à-vis des héritiers, débiteur d'une indemnité. Cette indemnité est équivalente à la portion excessive de la libéralité devant être réduite.

Cas pratique

Une femme décède en laissant une fille unique. Avant de décéder, elle avait rédigé un testament désignant son neveu légataire universel. La fille, héritière réservataire, voulait obtenir l'attribution préférentielle de certains biens de la succession de sa mère. Le neveu s'y opposait, désirant conserver les biens pour lui et dédommager l'héritière par une somme d'argent représentant la valeur de la réserve. Les juges ont donné raison au neveu. La réduction se fait en valeur. Le neveu peut conserver les meubles et immeubles de la succession dès lors qu'il indemnise l'héritière de la valeur de la réserve (C. cass., civ. 1re, 11.5.2016, n° 14-16967).

En cas de réduction en valeur, le montant de l'indemnité de réduction se calcule d'après la valeur des biens donnés ou légués à l'époque du partage.
Si le bien donné ou légué a été vendu par le gratifié, on tient compte de sa valeur au moment de la vente et en fonction de son état au jour où la libéralité a pris effet (le jour de la donation ou le jour de l'ouverture de la succession s'il s'agit d'un testament).
Si le bien a été remplacé par un autre (subrogation), le calcul de l'indemnité de réduction tient compte de la valeur du nouveau bien à l'époque du partage, d'après son état à l'époque de l'acquisition.
Cependant, si le bien subrogé a perdu toute valeur (dépréciation inéluctable), il n'est pas tenu compte de la subrogation et on retient la valeur du bien donné à l'époque de la subrogation (C. civ., art. 924-2).
Dans l'hypothèse où le gratifié est insolvable et donc dans l'impossibilité de payer l'indemnité aux héritiers, et que le bien vendu à un tiers est un immeuble, les héritiers ont la possibilité de le revendiquer auprès du tiers acquéreur. Cependant, cette action est exclue si tous les héritiers réservataires présents au moment de la donation ou à l'ouverture de la succession ont donné leur accord à la vente. Même si un héritier réservataire est né après le consentement donné par ses cohéritiers, il ne peut, non plus, exercer cette action en revendication (C. civ., art. 924-4).
Les biens doivent être évalués à une date la plus proche possible du partage et les héritiers peuvent toujours demander une nouvelle évaluation si l'évaluation précédente est trop lointaine.

Cas pratique

Dans ce litige, des parents avaient légué la totalité de leurs biens comprenant notamment deux exploitations agricoles à leur fils. À leur décès, leur fille conteste dans un premier temps le testament. En 1994, un arrêt de la cour d'appel est rendu déclarant le testament valable et fixant la valeur des biens qui avaient été légués afin de calculer l'indemnité due par l'héritier bénéficiaire du testament. Cette valeur reposait sur une expertise qui avait eu lieu en 1990.

L'état liquidatif qui avait été établi en 2002, après la procédure, reprenait ces mêmes bases. Or, la sœur cohéritière estimait que ces chiffres n'étaient plus valables et demandait une nouvelle évaluation. Déboutée devant la cour d'appel, elle obtient gain de cause devant la Cour de cassation. Les juges de cassation ont reconnu le droit pour l'héritier de demander une nouvelle évaluation des biens même si une décision de justice a fixé ces valeurs et que cette décision est définitive (C. cass., civ. 1re, 25.2.2003, JCL Droit de la famille, 4.2003, n° 51, p. 37).

Quand une libéralité est faite à un héritier réservataire, et que cette libéralité excède la quotité disponible, le paiement de l'indemnité par l'héritier réservataire se fait en moins prenant et en priorité par voie d'imputation sur ses droits dans la réserve. L'expression « moins prenant » signifie que l'héritier concerné opère une compensation entre la part d'héritage qui lui revient et les sommes et valeurs qu'il doit rapporter, et récupère la différence.

Cas pratique

Un père décède en laissant trois filles. Avant son décès, il rédige un testament léguant le capital de son assurance-vie à l'une de ses filles et aux enfants de cette dernière.

Les deux autres filles contestent ce legs et demandent le séquestre de cette somme et le partage de la succession.

La sœur bénéficiaire du legs conteste la mise sous séquestre de la somme.

Quand la libéralité excède la quotité disponible, le gratifié, successible ou non successible, doit indemniser les héritiers réservataires à concurrence de la portion excessive de la libéralité, quel que soit cet excédent. Mais le paiement de l'indemnité par l'héritier réservataire se fait en moins prenant et en priorité par voie d'imputation sur ses droits dans la réserve.

La Cour de cassation lui donne raison sur ce point. L'héritière réservataire peut attendre le partage et s'acquitter de l'éventuelle indemnité de réduction mise à sa charge en moins prenant, c'est-à-dire en l'imputant sur sa part (C. cass., civ. 1re, 10.10.2012, pourvoi n° 11-17891).

› Exception : l'option pour une réduction en nature

Le bénéficiaire de la donation ou du legs conserve la possibilité d'opter pour une réduction en nature et de rendre, s'il le souhaite, le bien excédent la quotité disponible.

Certaines conditions sont cependant nécessaires. Il faut que le bien rendu soit libre de toute charge (absence de gage, d'hypothèque, de bail…). Par ailleurs, l'intéressé doit opter pour une réduction en nature dans les 3 mois de la sommation adressée par les héritiers lui demandant de prendre parti. S'il n'exprime pas son choix pour cette modalité de réduction, cette faculté s'éteint (C. civ., art. 921 et s.).

ATTENTION

Réduction des fruits ou revenus Si le bénéficiaire de la donation ou du testament opte pour une réduction en nature, il doit rendre le bien à ses cohéritiers, mais aussi les fruits ou revenus procurés par ce bien.

Si la réduction a lieu en valeur, l'héritier en est dispensé (C. civ., art. 928).

La réduction des donations-partages

Les biens qui ont fait l'objet d'une donation-partage n'ont pas à être rapportés à la succession à l'inverse des donations ordinaires.
Les contestations entre descendants portant sur la valeur de leur part respective ne sont ouvertes qu'après le décès de l'ascendant.
La donation-partage ne peut pas être annulée sous prétexte qu'un des héritiers a reçu un lot inférieur en valeur à ceux de ses cohéritiers. De même, si un héritier n'a pas accepté et signé la donation-partage ou encore n'a pas concouru à l'acte ou n'était pas né à l'époque de cette donation, la donation-partage n'est pas pour autant annulée.
Au moment du décès du donateur, il faut reconstituer l'ensemble du patrimoine du défunt en comprenant non seulement les biens actuels, mais aussi les biens qu'il a pu donner de son vivant. Lorsque la masse de ce patrimoine est reconstituée, on calcule le montant de la réserve des héritiers afin de savoir à quelle part peut prétendre le descendant omis ou désavantagé dans la donation-partage.
S'il existe des biens dans la succession, sa part pourra être composée de ces biens. S'ils sont insuffisants ou inexistants (si le défunt a donné l'intégralité de ses biens), le descendant pourra exercer l'action en réduction.

› L'action en réduction

Si le défunt a, de son vivant, effectué une donation-partage, il faut vérifier que les enfants ont tous reçu leur part de réserve.
Si les droits de tous les enfants ont été respectés, ils ne peuvent pas, le jour du décès, remettre en cause la donation-partage qu'ils ont acceptée.
Mais dans l'hypothèse où un enfant n'a pas concouru à la donation-partage (c'est le cas s'il n'était pas encore né le jour de la donation-partage) ou s'il a reçu un lot inférieur à sa part de réserve et qu'il n'y a pas suffisamment de biens dans la succession pour constituer sa part de réserve, il peut exercer l'action en réduction sur les biens donnés à ses frères et sœurs.

> **Cas pratique**
> Un père partage entre ses deux enfants ses biens par une donation-partage. Quelques années plus tard, un troisième enfant naît. Au moment du décès du père, la part du troisième enfant qui n'est pas intervenue lors de la donation-partage devra être constituée, si possible, avec les biens laissés par le défunt et, si ces biens sont insuffisants, par les biens donnés à ses deux frères.
> Cette action en réduction consiste à réduire les parts de chacun pour que l'égalité entre tous les enfants soit respectée et que leurs lots soient d'égale valeur.

L'action en réduction est également ouverte si la donation-partage comprend une somme d'argent donnée avec réserve d'usufruit (il en est ainsi lorsqu'un lot comprend une créance ayant pour objet une somme d'argent et dont l'ascendant donateur s'est réservé l'usufruit). Dans ce cas, l'évaluation des biens doit se faire au jour de l'ouverture de la succession (C. civ., art. 1078).

› La fixation de l'indemnité

La réduction des lots de la donation-partage a lieu en valeur (argent) et non en nature.
En principe la valeur des biens donnés dans la donation-partage est définitivement fixée le jour de la donation-partage et ce, même si les enfants n'ont pas reçu des lots d'égale valeur à partir du moment où ils ont tous accepté la donation-partage et que la part reçue par chaque enfant était au moins égale à sa part de réserve (C. civ., art. 1077-1 et s.). Sur le calcul de la réserve et de la quotité disponible, voir *La réserve des enfants,* p. 298.
Pour fixer le montant de la réserve de l'héritier désavantagé, il faut distinguer selon que l'enfant a concouru ou non à la donation-partage.

Évaluation des biens au jour du décès

Lorsque l'enfant (qui était au moins conçu à l'époque de l'acte) n'a pas concouru à la donation-partage (soit parce qu'il a été omis, soit parce qu'il ne l'a pas acceptée), la réduction en sa faveur se passe comme pour les donations ordinaires.
On calcule sa part de réserve en évaluant tous les biens donnés y compris les biens faisant l'objet de la donation-partage. Ces biens sont évalués d'après leur état à l'époque de la donation et leur valeur au jour de l'ouverture de la succession (le jour du décès).
Si un lot a pris de la valeur, cette plus-value profite à l'enfant qui agit en réduction.

À NOTER
Si l'enfant n'était pas conçu à l'époque de la donation L'enfant qui n'était pas conçu à l'époque de la donation-partage a droit non seulement à sa part de réserve mais aussi à la quotité disponible si celle-ci n'a pas déjà été épuisée par des donations antérieures.

Évaluation des biens au jour de la donation-partage

Mais si un enfant, ayant concouru à la donation-partage (c'est-à-dire l'ayant acceptée), n'a pas reçu sa part de réserve et à condition que tous les enfants aient concouru à la donation-partage, les biens compris dans la donation-partage sont évalués au jour de l'acte de donation.
On retient les valeurs indiquées dans l'acte (C. civ., art. 1078).
C'est en fonction de cette évaluation que seront calculées la réserve et la part de l'héritier désavantagé.
Les plus-values éventuellement prises par les biens donnés aux autres enfants ne profitent pas à l'enfant désavantagé.
Ainsi, si un enfant a reçu par donation-partage un fonds de commerce, il n'a pas à faire évaluer la valeur de ce fonds lors du décès du donateur et ne risque pas d'avoir à verser une indemnité à ses frères et sœurs même si le fonds a pris de la valeur.
Pour que les biens puissent être évalués au jour de la donation-partage, il faut aussi que la donation-partage n'ait pas prévu une réserve d'usufruit portant sur une somme d'argent et que le donateur n'ait pas exigé que les biens donnés soient réunis pour leur valeur au jour du décès.

Délai de l'action

Le délai de prescription de l'action en réduction est abrégé puisqu'il est de 5 ans à compter de l'ouverture de la succession (C. civ., art. 1077-2).
Le délai de 5 ans court à compter du décès du donateur (ou du deuxième parent en cas de partage conjonctif).

Cas pratiques

- En 1972, des parents effectuent une donation-partage entre leurs enfants qui l'entérinent.

Après le décès des parents, une des enfants, se fondant sur un redressement fiscal dont avait fait l'objet un de ses frères et qui concluait à une sous-évaluation des biens qui lui avaient été transmis, demande la réduction de sa part. La valeur estimée dans la donation-partage n'était pas réelle et son frère avait donc reçu une part plus importante que celle figurant dans l'acte.

Le délai de 5 ans après le décès des parents était écoulé mais la fille estimait que ce délai avait été interrompu par le redressement fiscal.

Cette analyse est écartée. Puisque rien n'empêchait la fille d'agir en réduction dans le délai légal, le délai n'avait pas été interrompu. Son action était donc prescrite (C. cass., civ. 1re, 3.10.2000, JCL Droit de la famille 2001, n° 63, p. 21).

- Une mère avait réalisé, en octobre 1952, une donation-partage entre ses cinq enfants. Quelques mois plus tard (décembre de la même année), elle répartit par testament plusieurs biens d'inégale valeur entre ses enfants.

Elle décède et, 15 ans après son décès, un des enfants demande la réduction des libéralités.

Son action a été jugée prescrite et donc irrecevable puisqu'elle aurait dû être entamée dans le délai de 5 ans à compter du décès. Les juges ont considéré que le testament était le complément de la donation-partage puisque dans les deux actes la mère avait voulu partager ses biens entre ses enfants. Il s'agissait donc d'un testament-partage soumis à la même prescription de 5 ans (C. cass., civ. 1re, 5.7.1989, Bull. civ. n° 282).

Qu'est-ce que le rapport des donations ?

Le rapport est une opération comptable mise en œuvre à l'ouverture de la succession du donateur ou du testateur. Elle a pour but de réunir dans le partage les biens existants et les biens qu'un héritier a déjà reçus du défunt.

Les biens concernés

Le partage des biens d'une succession ne peut être réalisé qu'après évaluation et détermination de l'actif successoral.

Or, l'actif successoral se compose d'une part, des biens que le défunt possédait lors de son décès et d'autre part, des biens sujets au rapport, c'est-à-dire les biens qu'un héritier a pu recevoir gratuitement de son parent. En effet, le principe de la loi est d'assurer l'égalité entre les héritiers.

Il est possible que de son vivant, le parent ait voulu aider l'un de ses enfants en difficulté et lui ait consenti une donation (d'un objet, d'une somme d'argent, d'un bien immobilier…). Mais cette donation ne signifie pas automatiquement que ce parent ait voulu avantager cet enfant par rapport à ses frères et sœurs.

C'est la raison pour laquelle a été mise en place la procédure du « rapport à succession ».

Le rapport constitue l'un des instruments permettant de rétablir l'équilibre entre les héritiers dans la répartition des biens du défunt. En effet, le législateur a souhaité que les successeurs d'une même personne ne soient pas défavorisés les uns par rapport aux autres. L'héritier favorisé « rapporte » le bien à la succession (C. civ., art. 843 et s.).

Si le donateur a voulu avantager un enfant et que la donation est stipulée « préciputaire », « par préciput » ou « hors part », la donation est soumise aux règles de la réduction (voir *Qu'est-ce que la réduction des donations ?*, p. 303).

Les personnes concernées

› Seuls les héritiers sont soumis au rapport

Le rapport n'est exigé que des héritiers du défunt envers leurs cohéritiers. Les personnes qui ne sont pas héritières n'ont pas à rapporter à la succession les donations qu'elles ont reçues du défunt.

Ainsi, si le défunt a effectué de son vivant une donation au profit de l'un de ses enfants, la valeur de cette libéralité sera prise en compte dans l'actif successoral à partager entre les enfants.

Cas pratique

Une personne décède et laisse une succession d'une valeur de 50 000 €.
Elle a deux enfants.
De son vivant, le défunt avait fait don de 10 000 € à l'un de ses deux enfants.
L'actif successoral à partager sera égal à 50 000 € + 10 000 € = 60 000 €.
S'il n'y a pas d'autre héritier, chaque enfant devra recevoir 30 000 €.
Le bénéficiaire de la donation ayant déjà reçu 10 000 €, il ne recevra de la succession que 20 000 €. Les 30 000 € restants seront attribués au deuxième enfant.

› Les petits-enfants ne sont pas soumis au rapport dans la succession de leur grand-père ou grand-mère

Le principe est que les petits-enfants ne sont pas soumis au rapport dans la succession de leur grand-père ou grand-mère sauf s'ils viennent en représentation de l'enfant du défunt, c'est-à-dire leur père ou mère.

Ainsi, si la donation a été faite à un petit-enfant, celui-ci n'a pas à rapporter la donation qu'il a reçue, puisqu'il n'est pas héritier de la succession de son grand-père ou de sa grand-mère. En effet, seuls les enfants sont héritiers de leur père et de leur mère.

Le rapport est dû par la personne qui était héritière au moment de la donation.

Si le donataire est devenu héritier après la donation, il n'a pas à rapporter le bien à la succession.

Exemple : un petit-fils reçoit de son grand-père un bien. Au moment de la donation, il n'est pas héritier puisque le père est encore vivant.

Le père décède avant le grand-père. Ainsi, au moment du décès du grand-père, le petit-fils est devenu héritier. Pourtant, il n'a pas à rapporter le bien à l'ouverture de la succession.

Avant le 1er janvier 2007, le rapport était dû, même par celui qui n'était pas héritier au moment de la donation.

De même, le légataire universel ou à titre universel bien que successeur du défunt n'a pas à rapporter les biens reçus à la succession s'il n'est pas héritier.

Les donations faites à des personnes qui ne sont pas héritières peuvent être réduites (voir *L'action en réduction*, p. 311).

Cependant, si les petits-enfants représentent l'enfant du donateur, ils sont soumis au rapport (C. civ., art. 848).

Depuis le 1er janvier 2007, un héritier qui renonce à la succession peut être représenté par ses descendants. La part de l'enfant qui renonce à la succession de son père est attribuée à ses propres enfants, c'est-à-dire les petits-enfants du défunt.

Les petits-enfants, quand s'ouvrira la succession de leur père, devront rapporter la part qu'ils ont reçue de la succession de leur grand-père pour que soit respectée l'égalité entre tous les enfants (dans l'hypothèse où d'autres petits-enfants ont été conçus après l'ouverture de la succession du grand-père).

› Seuls les héritiers peuvent demander le rapport

Seuls les héritiers peuvent bénéficier du rapport. Ces héritiers peuvent être les enfants ou, à défaut, les ascendants, le conjoint survivant, les collatéraux.
Les légataires ne bénéficient pas du rapport. Cela signifie qu'ils ne peuvent recevoir leurs legs que sur les biens existants dans la succession.

Cas pratique

Une personne donne à son fils unique ses droits sur un fonds de commerce. Elle lègue par ailleurs la quotité disponible à sa petite-fille.
La question se pose de savoir si la quotité disponible doit être calculée sur la valeur des biens existants augmentée de la valeur de la donation (après rapport) ou bien si l'héritier unique est dispensé de rapporter la valeur du bien donné.
La Cour de cassation a retenu la seconde solution. Le rapport n'est dû qu'aux autres héritiers et non aux légataires (la petite-fille n'étant pas héritière de sa grand-mère) (C. cass., civ. 1re, 1.7.2003, Bull. civ. n° 155, p. 122).

De même, le rapport n'est pas dû aux créanciers de la succession qui ne peuvent être payés que sur les biens existants. Toutefois, lorsque les héritiers ont accepté la succession, les créanciers de la succession deviennent créanciers personnels des héritiers et peuvent demander le rapport à succession au nom d'un héritier si celui-ci néglige de le faire (« action oblique »).

À NOTER

La preuve de la donation C'est l'héritier qui demande le rapport qui doit prouver l'existence de la donation. Par exemple, si un enfant a reçu des sommes d'argent de sa mère, ses frères et sœurs qui demandent le rapport doivent prouver que ces sommes n'ont pas servi à l'entretien de cette dernière (ce n'est pas à l'enfant mis en cause de prouver qu'il a bien utilisé les sommes reçues pour prendre soin de sa mère).

Les donations rapportables

En principe, toutes les donations, tous les avantages pécuniaires accordés à un héritier, doivent être rapportés à la succession (à l'exception des donations-partages dont la seule sanction en cas d'atteintes à la réserve des héritiers consiste en l'action en réduction ; voir *Qu'est-ce que la réduction des donations ?*, p. 303).
Il s'agit bien sûr des biens mobiliers ou immobiliers donnés par le défunt.
Il peut aussi s'agir d'avantages qui ne portent pas sur un bien mais qui peuvent consister dans le droit d'exploiter une terre gratuitement et sans contrepartie, le droit de poursuivre la profession libérale ou indépendante développée par le défunt, ou encore, dans le fait de laisser un de ses enfants occuper gratuitement une maison. Dans ce cas, il s'agit d'une donation en possession ou une donation des fruits.

Mais quel que soit l'avantage accordé, il faut qu'il s'agisse d'une libéralité, c'est-à-dire prouver l'intention libérale du disposant et son appauvrissement (C. cass., civ. 1re, 20.3.2013, n° 11-21368).

› Rapport d'un droit d'usage gratuit

La loi du 23 juin 2006 portant réforme des successions a déclaré expressément qu'en cas de donation de fruits et revenus, le rapport était dû (C. civ., art. 851). La loi consacre ainsi les solutions dégagées par la jurisprudence.
La mise à disposition gratuite d'un bien, par exemple un logement, ne constitue pas une donation rapportable à la succession dès lors qu'il n'y a pas eu appauvrissement du défunt.

Cas pratique

Un père de famille laisse à deux de ses enfants le droit d'occuper sans contrepartie un immeuble lui appartenant. Cette occupation dure 15 ans. Au décès du père, un autre enfant qui n'avait pas bénéficié de cette occupation gratuite, réclame à ses frères le rapport à la succession de cet avantage.
La cour d'appel a estimé que cet avantage était dispensé du rapport puisque le père ne s'était pas appauvri en laissant ses enfants habiter gratuitement un bien qui lui appartenait. Le fondement du rapport est en effet, pour la cour d'appel, de réintégrer dans la succession la valeur d'un bien qui aurait dû se retrouver dans la succession s'il n'avait pas été donné. Lorsque l'avantage ne porte que sur l'usage d'un bien, le bien lui-même reste dans le patrimoine du donateur et il n'y a donc pas lieu de réintégrer dans la succession le droit d'usage concédé aux enfants.
Mais la Cour de cassation a cassé cet arrêt. L'article 843 du Code civil qui prévoit le rapport ne fait aucune distinction entre la donation d'un bien et la donation des fruits ou de l'usage de ce bien (C. cass., civ. 1re, 14.1.1997, D. 1997, II, p. 607).

Il ne faut donc pas exclure systématiquement le rapport lorsque la donation ne porte que sur un simple usage, ni à l'inverse soumettre au rapport tous les avantages conférés à un héritier.
Les juges doivent rechercher si les avantages consentis par un parent à un enfant constituent des libéralités rapportables à sa succession dont la reconnaissance exige la preuve de l'intention libérale. La Cour de cassation est revenue sur sa jurisprudence et exige maintenant des héritiers qui réclament le rapport la preuve de l'intention libérale du donateur.
En effet, seule une libéralité, qui suppose un appauvrissement du disposant dans l'intention de gratifier son héritier, est rapportable à la succession.

Cas pratiques

- La mise à disposition gratuite en faveur d'un enfant d'un logement appartenant aux parents n'établit pas l'intention libérale ni l'appauvrissement du parent (C. cass., civ. 1re, 18.1.2012, n° 10-27325, n° 10-25685, n° 11-12683).
- La mise à disposition d'un logement par les parents à un enfant ne constitue pas une donation rapportable (C. cass., civ. 1re, 25.6.2014, n° 13-16409).

- Seule une libéralité, qui suppose un appauvrissement du disposant dans l'intention de gratifier son héritier, est rapportable à la succession (C. cass., civ. 1re, 18.1.2012, n° 09-72.542).

La mise à disposition gratuite d'une maison n'a pas à être rapportée si cet avantage était la contrepartie de charges réelles et permanentes du bénéficiaire de cette mise à disposition.

Cas pratiques

- Un enfant avait bénéficié pendant 30 ans d'une maison de gardien de la propriété de ses parents. Au décès du père, ses frères et sœurs lui demandent de rapporter la valeur locative de cette maison. Or, il est apparu que cet enfant avait rendu de nombreux services à ses parents tels que l'entretien du jardin, la surveillance de la propriété des parents en leur absence, la prise en charge de la santé de ses parents, de leur ravitaillement, de leurs démarches administratives…

Il apparaissait aussi que cet enfant avait renoncé à déménager lors de la naissance de son second enfant pour pouvoir assurer une présence constante auprès de ses parents.

L'occupation gratuite de cette maison lui avait donc été consentie en contrepartie des services qu'il rendait.

Il a donc été dispensé de rapporter à la succession l'équivalent des loyers correspondant à cet immeuble.

Les juges ont relevé aussi que le pavillon n'était pas destiné à être loué et que l'occupation gratuite par leur fils ne sous-entendait pas un manque à gagner pour les parents (CA Paris, 16.1.2003, Gaz. Pal. 10.5.2003, I, p. 19).

- Ne donne pas de base légale à sa décision la cour d'appel qui décide que l'hébergement du donataire de la nue-propriété d'un immeuble par le donateur, qui s'est réservé l'usufruit de celui-ci, constitue une libéralité rapportable à la succession, sans rechercher si, nonobstant l'absence de paiement de loyers, le règlement par le donataire de diverses dépenses au bénéfice du donateur ne constituait pas la contrepartie de son hébergement, excluant ainsi toute libéralité, dont la reconnaissance exige, en outre, la preuve d'une intention libérale (C. cass., civ. 1re, 18.1.2012, pourvoi n° 11-12.863).

› Rapport des retraits effectués avec une procuration sur un compte du défunt

Le rapport peut être aussi ordonné quand un héritier, titulaire d'une procuration sur un compte appartenant au défunt, a retiré diverses sommes de ce compte. S'il ne prouve pas que l'argent a servi aux besoins du parent, il devra rapporter à la succession le montant des sommes qu'il a retirées en vertu de sa procuration.

Cas pratiques

- Dans un cas jugé par la Cour de cassation, le fils d'une défunte a dû rapporter à la succession, sur demande de sa sœur, la somme de 130 000 F (19 818 €) qu'il avait retirée du livret d'épargne de sa mère. Son argument, qui consistait à affirmer que les sommes avaient été remises à sa mère et que celle-ci subvenait ainsi à ses propres besoins, n'a pas été retenu. Il aurait dû prouver l'emploi effectif de ces sommes par sa mère et cette preuve n'a pu être apportée (C. cass., civ. 1re, 2.2.1999).

- Le mandataire doit rendre compte de sa gestion. Mais si un héritier conteste l'emploi des sommes retirées du compte de la défunte, il doit établir que les sommes litigieuses proviennent de l'utilisation par ce mandataire de sa procuration.

Dans ce contentieux, la cour d'appel n'était pas parvenue à distinguer les sommes retirées par la défunte elle-même, les sommes retirées par le titulaire de la procuration et les sommes qui avaient bénéficié à des tiers. Les juges avaient décidé que la totalité des sommes était soumise au rapport.

L'arrêt d'appel est cassé (C. cass., civ. 1re, 4.3.2015, n° 13-23011, n° 14-13755).

› Rapport des bénéfices d'une entreprise ou association créée avec le défunt

Il peut s'agir d'une société créée entre le défunt et l'un de ses héritiers permettant à ce dernier, porteur de parts sociales, de percevoir les bénéfices de cette société ou, en cas de cession, la valeur des parts sociales.

Les avantages tirés des apports effectués par le défunt à la société et procurés à l'héritier doivent être rapportés.

Il est cependant des cas où ce rapport n'est pas ordonné :

- lorsque les statuts de la société ont été rédigés par acte authentique. On estime en effet que l'association entre le défunt et l'héritier a été faite sans fraude aux droits des autres héritiers (C. civ., art. 854) ;
- lorsque les sommes versées à l'héritier associé ne constituent pas une répartition des bénéfices mais une juste indemnité pour les risques courus par les capitaux ;
- lorsque le défunt a spécifié de son vivant que les avantages tirés de la société étaient dispensés de rapport (la dispense de rapport est possible quelle que soit la libéralité consentie).

› Rapport d'une donation conjointe

La donation conjointe d'un bien commun par des parents à leur enfant est, sauf clause particulière, rapportable par moitié à la succession de chacun des donateurs et non en totalité à la succession de l'époux prédécédé (C. cass., civ. 1re, 18.1.2012, n° 11-12863).

› Rapport d'une somme d'argent

Lorsqu'il est fait don d'une somme d'argent, le bénéficiaire doit rapporter à la succession le montant nominal de cette somme (C. civ., art. 860-1).

Par ailleurs, le même article prévoit que si la somme a servi à acquérir un bien, le rapport est égal à la valeur de ce bien à l'époque du partage d'après son état à l'époque de l'acquisition.

Dès lors que l'argent est en général toujours destiné à une acquisition à plus ou moins long terme, les litiges entre les héritiers peuvent naître du fait de la diffé-

rence entre le montant de la somme donnée et la valeur du bien après plusieurs années (le bien peut totalement être déprécié ou au contraire avoir gagné beaucoup de valeur).
La jurisprudence distingue les cas où la donation d'argent correspondait exactement à l'acquisition (par exemple, lorsque le prix est payé par le donateur) et les cas où la somme a été remise au bénéficiaire qui a, par la suite, procédé à une acquisition.

Cas pratique

Un enfant reçoit de son père la somme de 100 000 F (15 244,90 €) pour lui permettre d'acquérir une voiture. Il ne déclare pas le don manuel au fisc.
Lors de l'ouverture de la succession, le fisc opère un redressement en demandant de réintégrer dans la déclaration de succession la somme donnée quelques années avant.
Le fils conteste le montant réintégré dans la succession, estimant qu'il fallait retenir la valeur du bien acquis avec cette somme, c'est-à-dire la valeur de la voiture puisque l'acquisition du bien a eu lieu avant la révélation du don au fisc.
Cette solution est écartée par la Cour de cassation.
Le bénéficiaire d'un don manuel doit effectuer une déclaration de ce don au fisc. Puis, lors de l'ouverture de la succession, l'héritier doit mentionner toutes les donations antérieures reçues du défunt.
Il s'ensuit que c'est bien le montant du don manuel et non la valeur du bien acquis avec cet argent qui doit être intégré dans la déclaration de succession. (C. cass., 20.10.1998, Bull. cass. n° 245, p. 203).

Cette règle s'applique quelle que soit la date d'acquisition du bien (avant ou après le décès du donateur).

› Rapport d'un don manuel

Les donations qui n'ont pas été constatées par acte notarié doivent également être rapportées.
S'il s'agit de la remise de chèques ou de virement (dons manuels), les héritiers qui demandent le rapport devront prouver la réalité de ces transferts de fonds.
La seule possibilité est de demander à la banque les relevés de comptes du donateur (sachant que les banques refusent souvent d'effectuer ces recherches sur une période dépassant 10 ans).

ATTENTION

Le recel successoral Si le bénéficiaire du don manuel refuse délibérément de déclarer ce don (exemple : à l'occasion d'un inventaire notarié), il peut être déclaré coupable de recel successoral. Il sera alors privé des biens recelés et ne pourra plus refuser la succession.
Si cette succession est déficitaire, il devra payer les créanciers sur son propre patrimoine.

Les legs rapportables

Lorsqu'un legs est fait en faveur d'un héritier, on suppose que l'auteur du testament a voulu avantager l'héritier par rapport aux autres héritiers (exemple : un enfant par rapport à ses frères et sœurs).
Un legs est censé être fait hors part successorale et donc dispensé de rapport (C. civ., art. 843).
Mais si le testateur a indiqué que le legs devait s'imputer sur la part de l'héritier, la valeur du legs devra donc être intégrée dans les biens à partager.

Les donations dispensées de rapport

Certaines donations faites à un héritier et à un enfant notamment, sont, en raison de leur caractère particulier, dispensées de rapport (C. civ., art. 844 et s., et art. 919).
Ce sont :
- les frais de nourriture, d'entretien, d'éducation, d'apprentissage, les frais ordinaires d'équipement ;
- les frais de noces et les présents d'usage (c'est le cas d'une bague de fiançailles donnée par une mère à sa fille) ;
- les produits retirés d'une association ou d'une société faite entre le défunt et l'un de ses enfants, lorsque les conditions de cette association ont été réglées par acte authentique. Dans ce cas, les sommes reçues par l'héritier constituent sa juste rémunération ;
- les biens donnés qui ont été détruits par cas fortuit et sans la faute du donataire (mais la prime d'assurance éventuellement perçue est rapportable) ;
- les revenus (fruits et intérêts) produits avant le décès, par les biens donnés ;
- le capital de l'assurance-vie versé à l'héritier ;
- les donations avec charges équivalentes à l'avantage procuré (par exemple si un logement est mis à la disposition d'un héritier en contrepartie des soins apportés au donateur) ;
- les donations-partages puisque le partage est déjà effectué.

Pour les deux premières catégories de donations citées, le rapport peut néanmoins être dû si le donateur l'a demandé.

> **Cas pratique**
>
> **Les frais d'entretien**
>
> L'enfant qui reçoit des sommes de ses parents au titre de ses frais d'entretien n'a pas à rapporter ces sommes à la succession dès lors que ces sommes n'entraînent pas un appauvrissement significatif du donateur et qu'elles représentent l'expression d'un devoir familial (C. cass., civ. 1re, 1.2.2012, n° 10-25546).

› La dispense de rapport par le donateur

Une donation peut aussi être dispensée de rapport par une clause insérée par le donateur.

La dispense de rapport signifie que l'héritier qui a reçu du vivant de son parent une donation n'a pas à inclure dans la masse à partager entre cohéritiers la valeur de cette donation. Cette donation doit s'ajouter à sa part de succession.
Il s'agit donc d'un moyen d'éviter le rapport et de favoriser un enfant par rapport à ses frères et sœurs.
Il y a dispense de rapport lorsque le donateur l'a voulu et a exprimé cette volonté d'avantager un de ses héritiers (ces donations sont appelées « préciputaires » ou « par préciput » ou « hors part »). Cette volonté doit apparaître dans l'acte de donation lui-même ou dans un testament postérieur.
Cette règle est opposée à celle concernant le legs puisque ces derniers sont, par principe, dispensés de rapport, sauf volonté contraire du défunt.
Si une donation est dispensée de rapport et n'est pas réductible, l'héritier bénéficiaire de la donation ne peut pas être poursuivi pour recel par ses cohéritiers, même s'il a dissimulé l'existence de cette donation.

Cas pratique

Un homme décède après avoir donné à un de ses fils la nue-propriété d'une résidence. L'autre fils du défunt accuse son frère de recel de biens dans le but de rompre l'équilibre du partage à son détriment et d'éviter le rapport à succession.
La cour d'appel reconnaît le recel mais l'arrêt est cassé. En effet, cette donation avait été faite par préciput et hors part ce qui excluait le rapport. Par ailleurs, elle n'était pas réductible. Les peines du recel ne pouvaient pas s'appliquer (C. cass., civ. 1re, 25.5.2016, n° 15-14863).

ATTENTION

Le respect de la quotité disponible Lorsque la donation est dispensée de rapport, sa valeur ne doit cependant pas excéder la quotité disponible car elle porterait alors atteinte à la réserve des autres héritiers. Si elle excède la quotité disponible, elle doit être réduite (voir *Qu'est-ce que la réduction des donations ?*, p. 303).

La dispense de rapport pour un don manuel

En principe, pour qu'une donation soit dispensée de rapport, il faut que le donateur indique de façon expresse cette volonté dans l'acte de donation (C. civ., art. 843).
La mention peut être : « Cette donation est expressément dispensée de rapport. Elle est effectuée hors part successorale. »
Lorsque le donateur a consenti un don manuel, il n'y a, par définition, pas d'acte. La jurisprudence admet que le donateur n'est pas obligé de recourir à la déclaration expresse prévue par l'article 843 du Code civil, mais il est nécessaire que cette dispense résulte de la volonté nettement établie du donateur. Cette volonté peut, au moment du décès, être prouvée par témoignages ou documents personnels (exemple : lettres) mais, de son vivant, le donateur peut rédiger un testament olographe (voir *Comment faire un testament ?*, p. 101) où il pourra exprimer cette volonté.

› Les présents d'usage sans impôt

Les présents d'usage, sous forme de biens ou de sommes d'argent, sont des présents attribués à l'occasion d'un événement pour lequel il est coutumier d'offrir un cadeau : anniversaire de naissance, fiançailles, mariage, anniversaire de mariage, naissance, baptême, fêtes de Noël, Nouvel an, obtention d'un diplôme, majorité, communion, crémaillère lors de l'acquisition d'un nouveau logement, conclusion d'un PACS, etc.

Les présents d'usage ne sont pas rapportables à la succession du donateur. Ils sont hors du champ de la fiscalité, à condition que les biens ou les sommes données n'apparaissent pas démesurées au regard de la situation de fortune de celui qui donne.

Le caractère de présents d'usage s'apprécie à la date où il est consenti et compte tenu de la fortune du donateur (C. civ., art. 852).

Pour attribuer à un cadeau la qualité de présent d'usage, il ne faut pas que la valeur de ce présent soit disproportionnée par rapport à la fortune du donateur. Par exemple, si une personne très fortunée donne un bijou à sa fille qui se marie, ce bijou peut être un présent d'usage, si sa valeur est modique par rapport à ses autres biens. Dans une famille moins aisée, il s'agira d'une donation rapportable.

Cas pratique

Un père avait donné à sa fille, à l'occasion de son mariage, 8 aquarelles dont la valeur atteignait 70 000 F (10 671 €) en 1975. 10 ans plus tard, la fille revend 7 de ces tableaux pour la somme de 5 620 000 F (856 763 €).

Les frères et sœurs ont demandé, lors du décès du père, le rapport à la succession des sommes correspondant à cette libéralité.

Ils ont été déboutés de leur demande. Les juges ont en effet considéré qu'à l'époque de la donation, les aquarelles pouvaient avoir le caractère de présents d'usage, compte tenu de la fortune du donateur et n'avaient pas à être rapportés à la succession même si leur valeur avait considérablement augmenté depuis l'époque de la donation (C. cass., civ. 1re, 10.5.1995, Bull. cass. n° 197).

› L'assurance-vie

En principe, l'héritier qui en est bénéficiaire ne doit pas rapporter à la succession les sommes perçues. Ces sommes viennent s'ajouter à sa part de succession.

Si le bénéficiaire est un tiers, non héritier, il peut conserver les sommes reçues sans qu'elles puissent être réduites comme les donations ou testaments.

Il existe cependant une exception à cette règle : si les primes versées sont manifestement exagérées par rapport aux facultés financières du défunt, ses héritiers peuvent demander au bénéficiaire du contrat la réduction (si le bénéficiaire est un tiers) ou le rapport à succession (si le bénéficiaire est un héritier).

Les primes versées sont alors considérées comme des donations.

Si le bénéficiaire du contrat d'assurance est un héritier, il doit rapporter à la succession l'intégralité des primes et non pas uniquement la partie de ces primes constituant l'abus.

La notion de primes manifestement exagérées

Cette notion dépend des circonstances de chaque cas d'espèce. En règle générale, on tient compte des revenus de la personne et on étudie le rapport entre ces revenus et le montant des primes versées. On tient compte également de l'âge du souscripteur, de son état de santé et de la composition de la famille.

Cas pratiques

- La notion de « prime manifestement exagérée » a été reconnue dans le cas suivant : une personne âgée de 84 ans avait souscrit un contrat d'assurance-vie le 7 août 1991 pour une durée de 8 ans, destiné à lui procurer le service d'une rente à son expiration. Elle avait également désigné l'un de ses fils bénéficiaire en cas de décès. Elle avait versé la somme de 99 900 F (15 229 €) à la souscription et 100 000 F (15 244 €) le 4 novembre 1991. Elle décède 5 jours plus tard (le 9 novembre 1991).

À la demande de l'autre fils, les juges ont ordonné le rapport à la succession de la totalité des primes versées. Ils ont retenu que ce contrat n'avait aucun intérêt pour elle, puisqu'il était d'une durée de 8 ans (la rente devait ainsi lui être versée à 92 ans) et que le deuxième versement était intervenu à un moment où son état s'était sensiblement dégradé, puisqu'elle venait de sortir de l'hôpital et devait décéder quelques jours plus tard. Par ailleurs, ces primes représentaient le tiers de son capital (C. cass., civ. 1re, 1.7.1997, Bull. civ., n° 217).

- Dans un autre dossier, un contrat d'assurance-vie avait été souscrit en faveur d'un des petits-fils du souscripteur. Au décès du grand-père, les autres petits-fils avaient demandé le rapport à la succession de la somme de 70 000 F (10 671 €), montant de la prime unique versée lors de la souscription. Ils estimaient que cette prime était manifestement exagérée par rapport aux possibilités financières du souscripteur qui disposait, lors de la souscription du contrat, d'une somme de 113 953 F (17 372 €) sur son compte et de ressources mensuelles de 5 800 F (884 €). Cet argument a été retenu par les juges. Le montant de la prime a dû être réintégré dans l'actif successoral (C. cass., civ. 1re, 20.2.2001, JCL Resp. civ. et assur., 5.2001, n° 167, p. 24).
- Dans ce litige, l'assurée était âgée de 83 ans au moment de la souscription d'un contrat d'assurance-vie.

Elle avait versé en 2 ans des primes équivalant aux trois quarts de ses biens en valeur.

Les juges ont considéré que le contrat n'avait pas d'utilité pour elle, que la souscription n'avait d'autre utilité que de soustraire une partie de son actif aux règles des successions et que les primes payées étaient manifestement exagérées par rapport à ses facultés (ses revenus annuels étaient de l'ordre de 4 116 €).

- Le souscripteur avait versé sur deux contrats d'assurance-vie la somme totale de 16 500 000 €. Il se savait atteint d'un cancer en 1993 et avait souscrit ces deux contrats en 1994 et 1995. Les primes représentaient 82 % de son patrimoine et il avait désigné la bénéficiaire 3 jours avant son décès, cette bénéficiaire étant par ailleurs sa légataire universelle. Les juges ont considéré qu'il s'agissait d'une donation et les sommes ont été imposées à ce titre (C. cass., civ., ch. mixte, 21.12.2007, n° 06-12769).

• En revanche, dans cet exemple, une personne avait, en une seule fois, versé la somme de 228 844,27 € sur un contrat et avait désigné sa première fille bénéficiaire. À son décès, la seconde fille avait contesté ce versement et voulait que les sommes investies soient réintégrées dans la succession. Les juges n'ont pas jugé les primes exagérées. Le souscripteur disposait en effet d'une petite retraite mais les sommes placées n'étaient pas prélevées sur les revenus mais provenaient d'une somme de 313 151 € que le souscripteur venait de recevoir dans le cadre de la liquidation de sa communauté après divorce (C. cass., civ. 2e, 4.7.2007, n° 06-14.048).

La notion de primes exagérées doit être étudiée au moment du versement des primes et non pas au moment du décès.

Cas pratique

Une personne disposant d'un patrimoine de 230 000 € verse une prime de 30 000 € (en mai). Elle décède en juin en laissant un patrimoine de 16 000 €.

La prime n'est pas exagérée au regard du patrimoine existant au moment du versement (C. cass., civ. 1re, 12.11.2009, n° 08-20443).

À NOTER

La récupération des aides sociales sur l'assurance-vie Seules les aides sociales dont la loi autorise la récupération peuvent l'être sur l'actif successoral dépassant un certain montant.

Les capitaux de l'assurance-vie ne font pas partie de l'actif successoral.

Toutefois, la loi autorise la récupération des aides sociales auprès des bénéficiaires d'assurance-vie, sur la partie du capital correspondant aux primes versées par l'assuré après 70 ans.

La volonté du défunt

En principe, le capital stipulé payable lors du décès de l'assuré à un bénéficiaire déterminé ne fait pas partie de la succession de l'assuré. Mais le défunt peut, de son vivant, décider d'intégrer le capital dans sa succession. Les héritiers devront prouver que la transmission du capital constitue une libéralité. C'est le cas lorsque cette transmission est faite par testament.

Cas pratique

Un père décède en laissant trois filles. Avant son décès, il rédige un testament léguant le capital de son assurance-vie à une de ses filles et aux enfants de cette dernière.

Les deux autres filles contestent ce legs et demandent le séquestre de cette somme et le partage de la succession.

La sœur bénéficiaire du legs conteste la mise sous séquestre de la somme, considérant que cette somme ne devait pas faire partie de la succession.

Sur ce point, elle est déboutée. S'il est vrai que le capital de l'assurance-vie est en principe exclu des biens de la succession, il peut être réintégré dans l'actif successoral en tant que libéralité, par la volonté du défunt. En l'espèce, la volonté du défunt résulte de son testament.

L'attribution du capital constituait une libéralité en raison de la désignation des bénéficiaires par voie testamentaire (C. cass., civ. 1re, 10.10.2012, n° 11-17891).

La requalification du contrat d'assurance-vie en contrat de capitalisation

Seuls les contrats d'assurance-vie bénéficient des règles prévues aux articles L. 132-12 et L. 132-13 du Code des assurances qui soustraient de l'actif successoral le capital versé au bénéficiaire (dispense de rapport et de réduction ; exonération sous certaines conditions des droits de mutation). Toutefois, dans certains cas, le contrat d'assurance-vie est en réalité un contrat de capitalisation, les primes versées sont alors destinées à obtenir le versement d'un capital à une échéance sans lien avec le décès du souscripteur ou à effectuer une libéralité si le bénéficiaire n'est pas le souscripteur du contrat. Il s'agit en fait d'un contrat de gestion du patrimoine.

Un contrat d'assurance-vie se définit quant à lui comme un contrat de prévoyance visant à garantir le risque d'un décès et ses conséquences financières pour le bénéficiaire désigné (un proche ou le conjoint très souvent).

ATTENTION

Le contrat d'épargne ou de capitalisation S'il s'agit d'un contrat d'épargne ou de capitalisation, le bénéficiaire, s'il est héritier, doit rapporter à la succession le capital versé. Le bénéfice de ce contrat est par ailleurs réduit s'il excède la quotité disponible.

Établir les critères de distinction est difficile puisque les deux types de contrats peuvent prévoir que le capital sera versé à un bénéficiaire au moment du décès du souscripteur. Le critère pour déterminer s'il s'agit d'un contrat d'assurance-vie et/ou d'un contrat de capitalisation est l'aléa existant ou non dans le contrat.

Est considéré comme un contrat d'assurance-vie, le contrat qui prévoit, soit la possibilité pour l'assuré d'utiliser les fonds, soit le versement du capital à un bénéficiaire désigné au moment du décès de l'assuré. L'aléa est la date incertaine de ce décès.

Les juges saisis d'une contestation entre les héritiers peuvent écarter le nom donné au contrat litigieux, et le requalifier, soit de contrat d'assurance vie, soit de contrat de capitalisation (voir *La requalification du contrat d'assurance-vie en contrat de capitalisation*, p. 78).

› Les donations rémunératoires

Les sommes ou les biens qui ont été donnés à un héritier peuvent être dispensés de rapport s'ils sont la compensation d'un travail ou d'une collaboration apportés au défunt et non rémunérés.

Cas pratique

Une femme mariée sous le régime de la séparation de biens collabore pendant plusieurs années à l'entreprise de son mari sans recevoir la moindre rémunération.

Au décès de son mari, ses enfants, issus d'un premier mariage, demandent le rapport à la succession des sommes versées par leur père à sa seconde épouse (sommes relativement importantes puisqu'elles lui avaient permis d'acquérir

cinq appartements). Pour eux, l'aide apportée par leur belle-mère à l'entreprise de leur père n'était qu'une contribution aux charges du mariage, obligation prévue à l'article 214 du Code civil.
Les juges ont repoussé la demande des enfants en considérant que les sommes reçues ne constituaient pas des donations, mais des rémunérations pour l'aide apportée à l'entreprise.
En effet, cette aide semblait importante compte tenu des nombreuses attestations recueillies et dépassait largement le devoir de contribution aux charges du mariage. Ce dépassement suffit à considérer qu'il s'agit de donations rémunératoires (C. cass., civ. 1re, 8.2.2000, Bull. civ., n° 245).

De même les sommes versées par un père à son fils qui l'héberge, ne sont pas des donations rapportables.

Cas pratique

Au décès de son épouse, un homme est maintenu à son domicile, son fils venant s'occuper de lui. Puis, en raison de problèmes de santé et à la suite de la mutation professionnelle de son fils, il part habiter au domicile de ce dernier.
Pendant 7 ans, le fils reçoit une somme mensuelle d'environ 4 500 F (686 €) (soit un total d'environ 378 000 F [57 625 €]). Sa sœur, au moment de l'ouverture de la succession de leur père, demande que les sommes perçues soient rapportées à la succession.
La cour d'appel a estimé que les versements mensuels dont avait bénéficié le fils devaient être considérés comme correspondant aux frais d'entretien normaux d'une personne âgée disposant de ressources relativement confortables et devaient, en conséquence, être dispensés de rapport.
Il faut noter que les juges ont également relevé l'égoïsme de la fille en indiquant qu'elle ne paraissait pas s'être « préoccupée de la manière dont son père veuf, âgé et malade, assurait le quotidien de son existence alors qu'elle était, tout autant que son frère, débitrice d'une obligation alimentaire envers lui » (CA Riom, 9.5.2000, JCL Droit de la famille 2.2001, n° 21, p. 25).

Si une donation rémunératoire est excessive, elle garde cependant son caractère rémunératoire et doit être validée. Seul l'excédent doit être restitué aux héritiers (rapport ou réduction).
La Cour de cassation va à l'encontre de la jurisprudence antérieure qui voulait qu'une donation qui était excessive ne pouvait pas être rémunératoire même pour partie.

Cas pratique

Une personne avait donné à sa nièce un terrain commun en rémunération des services rendus. Le fils de cette personne avait contesté cette donation après le décès de sa mère et revendiqué la moitié du terrain (issu de la succession de son père) et sa part de réserve sur l'autre moitié.

> Après enquête, il était apparu qu'effectivement la nièce avait aidé son oncle et sa tante pendant 13 ans. Les prestations fournies par la nièce ont été évaluées à 250 € par mois pendant 13 ans soit 39 000 €. Or le terrain donné était évalué à 59 730 €. La rémunération octroyée à la nièce était donc excessive. La différence a été versée au fils de la défunte soit 20 730 € (C. cass., civ. 1re, 8.7.2010, n° 09-67135).

› Les donations ou legs faits à un héritier qui renonce à la succession

Un héritier réservataire qui renonce à la succession peut néanmoins conserver les donations ou les legs qui lui ont été faits. Cette donation ou ce legs ne sont, en principe, pas rapportables (puisque le renonçant n'est plus héritier) et doivent s'imputer sur la quotité disponible.

L'héritier peut donc avoir intérêt à renoncer à la succession si sa part de réserve est inférieure à la libéralité qu'il a reçue. Cette solution n'est cependant pas satisfaisante puisque l'héritier conserve une donation faite en avance sur une succession à laquelle il a renoncé…

La loi du 23 juin 2006, applicable depuis le 1er janvier 2007, a rectifié cette situation puisqu'il est désormais possible, pour le donateur, d'insérer dans la donation ou dans son testament, une clause prévoyant expressément le rapport en cas de renonciation (C. civ., art. 845).

Dans ce cas, le rapport se fait en valeur. Si la valeur rapportée excède les droits qu'il aurait dû avoir dans la succession s'il l'avait acceptée, l'héritier renonçant doit indemniser ses cohéritiers (qui ont accepté la succession) à concurrence de cet excédent. L'héritier qui renonce n'est donc pas avantagé par rapport à ses cohéritiers.

Le calcul du rapport

› Rapport du bien en nature

L'héritier qui doit rapporter le bien peut choisir entre le rapport en nature et le rapport en valeur (C. civ., art. 859 et 860).

S'il décide de rapporter en nature le bien qui lui appartient, il faut que le bien soit libre de toute occupation et de toute charge (exemples : un bail consenti à un locataire, une hypothèque inscrite par les créanciers de l'héritier). Le bien revient donc dans la succession et sera partagé comme les autres biens entre les héritiers.

Mais si l'héritier ne veut pas rapporter le bien en nature, ses cohéritiers ne peuvent l'y forcer, le principe du rapport étant le rapport en valeur.

Le donateur peut toutefois exiger expressément le rapport en nature dans l'acte de donation (C. civ., art. 858). Le bénéficiaire de la donation doit alors s'y soumettre et les droits réels constitués sur le bien (par exemple, une hypothèque s'il s'agit d'un immeuble) sont rétroactivement anéantis.

› Rapport du bien en valeur

Le mode légal d'exécution du rapport est le rapport « en moins prenant ». Cette expression signifie que le ou les héritiers à qui ce rapport est dû prélèvent sur la masse successorale une valeur égale et non supérieure au montant du rapport. L'héritier conserve le bien, mais sa part est amputée du montant du rapport.
Le montant du rapport est égal à la valeur du bien donné à l'époque du partage (et non à la date de l'ouverture de la succession, c'est-à-dire du décès), d'après son état à l'époque de la donation. Il faut donc évaluer la valeur actuelle du bien devant être rapporté.

Cas pratique

La donation d'une mère à sa fille portait sur un terrain qui n'était pas constructible. Au décès de la mère, le conflit opposait la fille bénéficiaire de la donation et les autres héritiers à propos de la valeur du terrain donné. Les héritiers retenaient les résultats d'une expertise qui estimait que le terrain devait « être assimilé à un terrain d'urbanisation future dont les perspectives de constructibilité sont différées dans le temps ». La cour d'appel donne raison aux héritiers et estime que la valeur à retenir doit tenir compte de ce changement de destination à terme.
Mais l'arrêt est cassé. Puisque le terrain, au moment du partage n'était pas constructible et puisque la situation n'a pas changé depuis l'avis de l'expert, il ne faut pas tenir compte d'un hypothétique changement de destination de l'objet de la donation pour en fixer la valeur de rapport (C. cass., civ. 1re, 13.2.2013, n° 11-24138).

La formule « d'après son état à l'époque de la donation » signifie que les éventuelles améliorations qui ont été apportées au bien par le donataire, ou à l'inverse les dégradations qu'il a commises, ne doivent pas intervenir pour fixer la valeur du rapport. Ce n'est que si ces améliorations ou dégradations sont dues à un cas fortuit indépendant de la volonté du donataire qu'elles seront retenues pour fixer la valeur à retenir.

Cas pratique

Si le donataire reçoit une terre destinée à la culture et qu'il change sa destination entraînant la dépréciation de cette terre, il devra rapporter à ses cohéritiers la valeur de la terre à l'époque de la donation.
Si au contraire la terre prend de la valeur en raison du changement du Plan local d'urbanisme (PLU, anciennement dénommé Plan d'occupation des sols – POS) (exemple : si le terrain devient constructible) ou au contraire est déclassée et perd de la valeur, il faudra tenir compte de la plus-value ou de la moins-value apportée par le changement de PLU (changement indépendant de la volonté du donataire).

À NOTER

Rapport en valeur En cas de rapport en valeur, l'héritier peut être tenu de verser des intérêts sur les sommes qu'il doit, calculés à compter de l'ouverture de la succession, c'est-à-dire du décès (C. cass., civ. 1re, 14.5.1992, Bull. civ. n° 142).

Si le bien a été vendu

Il faut pouvoir évaluer le bien donné comme s'il était resté dans le patrimoine du donateur.

1re hypothèse : le bien a été vendu mais n'a pas été remplacé

> **Cas pratique**
>
> Une mère donne à son fils une voiture. Il s'en sert quelque temps puis la vend. À l'ouverture de la succession, ses frères lui demandent le rapport de la valeur de la voiture donnée.

Pour calculer la valeur à rapporter, il faut tenir compte de la valeur du bien à l'époque de l'aliénation. Dans l'exemple, la valeur retenue serait celle de la valeur argus du véhicule au moment de sa vente.

2e hypothèse : le bien a été vendu et remplacé

Si le bien a été remplacé par l'achat d'un autre bien, il faut tenir compte de la valeur du bien à l'époque de la vente, et de la valeur de ce nouveau bien à l'époque du partage (C. civ., art. 860). Toutefois, si la dépréciation du nouveau bien était, en raison de sa nature, inéluctable au jour de son acquisition, il n'est pas tenu compte de la subrogation.

> **À NOTER**
>
> **L'indication de la valeur à rapporter** Le donateur peut, dans l'acte de donation, préciser la valeur que le donataire devra rapporter à la succession. Cette précision supprime la difficulté de fixation de cette valeur, surtout si le bien a été vendu, remplacé par un autre lui-même revendu.

Si la donation a été consentie avec une charge

Si une donation a été consentie avec une charge d'entretien du donateur, le rapport doit être calculé en déduisant de la valeur donnée le montant de la charge.

> **Cas pratiques**
>
> - Lorsque la charge est une rente versée au donateur, les arrérages versés sont soustraits de la valeur brute du bien (à laquelle il faut ajouter les revenus procurés au donataire par le bien donné) (C. cass., civ. 1re, 24.11.1987, D. 1988, II, p. 260).
> - Il faut évaluer la charge au jour de son exécution et non pas revaloriser cette charge de la même façon que le bien (C. cass., civ. 1re, 17.12.1991, Bull. civ. n° 355).

Si la donation porte sur une somme d'argent

Lorsqu'il est fait don d'une somme d'argent, le bénéficiaire doit rapporter à la succession le montant nominal de cette somme (C. civ., art. 860-1).

Par ailleurs, le même article prévoit que si la somme a servi à acquérir un bien, le rapport est égal à la valeur de ce bien à l'époque du partage d'après son état a l'époque de l'acquisition.

Dès lors que l'argent est en général toujours destiné à une acquisition à plus ou moins long terme, les litiges entre les héritiers peuvent naître du fait de la différence entre le montant de la somme donnée et la valeur du bien après plusieurs années (le bien peut totalement être déprécié ou au contraire avoir gagné beaucoup de valeur).
La jurisprudence distingue les cas où la donation d'argent correspondait exactement à l'acquisition (il en est ainsi lorsque le prix est payé par le donateur) et les cas où la somme a été remise au bénéficiaire qui a, par la suite, procédé à une acquisition.

Cas pratique

Un enfant reçoit de son père la somme de 10 000 € pour lui permettre d'acquérir une voiture. Il ne déclare pas le don manuel au fisc.
Lors de l'ouverture de la succession, le fisc opère un redressement en demandant de réintégrer dans la déclaration de succession la somme donnée quelques années avant.
Le fils conteste le montant réintégré dans la succession, estimant qu'il fallait retenir la valeur du bien acquis avec cette somme, c'est-à-dire la valeur de la voiture puisque l'acquisition du bien a eu lieu avant la révélation du don au fisc.
Cette solution est écartée par la Cour de cassation.
Le bénéficiaire d'un don manuel doit effectuer une déclaration de ce don au fisc. Puis, lors de l'ouverture de la succession, l'héritier doit mentionner toutes les donations antérieures reçues du défunt.
Il s'ensuit que c'est bien le montant du don manuel et non la valeur du bien acquis avec cet argent qui doit être intégré dans la déclaration de succession (C. cass., com., 20.10.1998, Bull. civ. n° 245, p. 203).

Cette règle s'applique quelle que soit la date d'acquisition du bien (avant ou après le décès du donateur).

Cas pratique

Une personne propriétaire d'un terrain avait reçu de ses parents diverses sommes d'argent ayant servi à la construction d'une maison sur ce terrain. La question se posait de savoir si l'argent avait servi à l'acquisition d'un bien et dans ce cas, s'il fallait évaluer le rapport en fonction de la valeur de la maison ou, au contraire, s'il fallait considérer que la donation ne portait que sur les sommes d'argent et retenir en conséquence leur valeur nominale.
La Cour de cassation a considéré que l'argent n'avait pas servi à l'acquisition d'un bien et que le rapport dû à la succession devait être égal aux montants des sommes données.
La construction a été assimilée à une amélioration d'un bien, en l'occurrence le terrain (C. cass., civ. 1re, 21.5.1997, Bull. civ. n° 167).

Si la donation porte sur la nue-propriété

En cas de donation faite en nue-propriété, la valeur à prendre en compte pour le calcul du rapport est celle de la pleine propriété du bien.

Cas pratique

Un père fait donation à son fils de la nue-propriété d'une maison avec réserve d'usufruit à son profit.

Lorsque le père décède, sa fille assigne son frère en liquidation de la succession.

La cour d'appel avait fixé la valeur du rapport dû par le fils à la valeur de la nue-propriété, l'article du Code civil prévoyant que le rapport sera égal à la valeur du bien à l'époque du partage, d'après son état à l'époque de la donation.

L'arrêt est cassé. Lorsqu'il s'agit de la donation d'un immeuble en nue-propriété avec réserve d'usufruit au profit du donateur, la valeur à prendre en compte pour le calcul du rapport est celle de la pleine propriété du bien (C. cass., civ. 1re, 28.9.2011, n° 10-20354).

› La clause de rapport forfaitaire

Le donateur peut fixer d'avance le montant du rapport qui sera dû à la succession.
Le rapport est en principe calculé en fonction de la valeur des biens donnés au moment du partage de la succession.
Mais le donateur peut demander au notaire d'insérer dans l'acte de donation une clause de rapport forfaitaire. Cette clause est expressément autorisée par l'article 860 du Code civil et permet au donateur de déterminer à l'avance le montant que le donataire devra rapporter à la succession.
La liberté dans ce domaine est totale.
C'est ainsi qu'il peut décider que la valeur du bien devant être rapportée sera celle fixée au jour de la donation (et non la valeur du bien au jour de l'ouverture de la succession). Cette valeur est fixée de façon invariable.
La clause de rapport forfaitaire peut avantager le donataire (bénéficiaire de la donation) dans la mesure où le bien donné a pris de la valeur entre le jour de la donation et le jour de l'ouverture de la succession.
S'il existe une différence entre le montant du rapport fixé dans l'acte et la valeur du bien donnée au jour de l'ouverture de la succession, la différence constitue un avantage accordé au bénéficiaire de la donation. Cet avantage vient s'ajouter à sa part (C. civ., art. 860).
Mais il faut toutefois que cet avantage ne dépasse pas la valeur de la quotité disponible (établie le jour de l'ouverture de la succession). Si tel était le cas, l'excédent serait réduit (sur la réduction des donations, voir *Qu'est-ce que la réduction des donations ?*, p. 303).

Modèles de lettres et de documents

- Informer les héritiers que le conjoint reste dans le logement familial 335
- Donner mandat à un héritier de souscrire la déclaration de succession au nom de tous 336
- Relancer un assureur qui tarde à régler les capitaux décès ou la rente souscrite par un proche décédé 337
- Informer les cohéritiers du souhait de sortir de l'indivision 338
- Saisir l'AGIRA après le décès pour savoir si une assurance-vie a été souscrite 339
- Contacter l'huissier de justice afin qu'il demande à un héritier de prendre parti sur l'héritage 340
- Demander à un cohéritier le versement d'une indemnité d'occupation pour un logement en indivision 341

Informer les héritiers que le conjoint reste dans le logement familial

Le conjoint qui survit à l'autre doit adresser une lettre recommandée avec avis de réception à chaque héritier l'informant de sa décision de demeurer dans la résidence principale du couple. Cette démarche est à faire par le conjoint survivant dans le délai maximal d'1 an suivant le décès (C. civ., art. 765-1). L'envoi sous forme de recommandé avec avis de réception permet de se ménager une preuve.

Recommandé avec avis de réception

Nom, prénom, adresse du conjoint survivant

Nom, prénom, adresse de l'héritier

À (*ville*), le (*date*)

Objet : information d'occupation du domicile familial en tant que conjoint survivant

Madame, Monsieur,

Je souhaite vous avertir que conformément aux droits accordés au conjoint survivant par l'article 764 du Code civil, j'ai décidé de continuer à habiter le logement (*indiquer l'adresse*) que nous occupions à titre de résidence principale avec mon époux(se) décédé(e) le (*date du décès*).

Je vous prie d'agréer, Madame, Monsieur, l'expression de mes salutations distinguées.

Signature

Donner mandat à un héritier de souscrire la déclaration de succession au nom de tous

Chaque héritier doit rédiger et signer la procuration qui peut être saisie sur ordinateur ou rédigée à la main.

Procuration

Je soussigné(e) (*nom, prénom*), né(e) le (*date de naissance*) à (*ville de naissance*), demeurant au (*adresse*) donne mandat à (*lien de parenté*), (*nom, prénom*), né(e) le (*date de naissance*) à (*ville de naissance*), demeurant au (*adresse*), à l'effet de souscrire la déclaration de succession au titre de la dévolution successorale de notre (*lien de parenté avec le défunt*), (*nom, prénom du défunt*), décédé(e) le (*date du décès*).

Fait à (*ville*), le (*date*)

Signature

Relancer un assureur qui tarde à régler les capitaux décès ou la rente souscrite par un proche décédé

Après avoir reçu les pièces justificatives, l'assureur doit au plus tard dans le délai d'1 mois verser les capitaux ou la rente à la ou aux personnes bénéficiaires. À défaut, il doit des intérêts de retard.

Recommandé avec avis de réception

Nom, prénom, adresse

Nom, adresse de l'assureur

À (*ville*), le (*date*)

Références du dossier

Madame, Monsieur,

Je vous ai adressé le certificat de décès de (*nom et prénom de la personne décédée*), ainsi que les pièces justificatives à l'effet d'obtenir le versement des capitaux décès souscrit à mon profit.

À ce jour, ce versement n'a toujours pas eu lieu.

Aux termes de l'article L. 132-23-1 du Code des assurances, à réception des pièces justificatives, l'entreprise d'assurance verse, dans un délai qui ne peut excéder 1 mois, le capital ou la rente au bénéficiaire du contrat d'assurance-vie.

Par les présentes, je vous mets en demeure de me régler, au plus tard sous 10 jours, les sommes qui me sont dues, majorées des intérêts prévus à l'alinéa 3 de l'article L. 132-23-1 précité.

Je vous prie de croire, Madame, Monsieur, à l'expression de ma parfaite considération.

Signature

Informer les cohéritiers du souhait de sortir de l'indivision

Si l'entente existe, exprimez verbalement votre souhait qu'on rachète votre part d'indivision, sinon vous pouvez envoyer un mot au ton aimable, en la forme simple dans un premier temps à chacun de vos cohéritiers

Nom, prénom, adresse

Nom, prénom, adresse
de votre ou vos cohéritiers

À (*ville*), le (*date*)

Cher (*ou chère*) (*prénom*),

À plusieurs reprises, j'ai exprimé mon souhait de ne pas rester dans l'indivision qui nous unit. Je demande donc que l'un de vous ou tous ensemble puissiez étudier la possibilité de me racheter dans les meilleurs délais, ma quote-part de droits indivis. Si cette solution de rachat n'est pas possible, je propose d'envisager le partage amiable des biens qui composent notre héritage.

Cela me désolerait d'avoir à demander un partage judiciaire, long, lourd et très coûteux.

Merci de me dire rapidement le parti que vous comptez prendre.

Affectueusement,

Signature

Saisir l'AGIRA après le décès pour savoir si une assurance-vie a été souscrite

L'AGIRA (Association pour la gestion des informations sur le risque en assurance) peut interroger gratuitement l'ensemble des assureurs pour rechercher si vous êtes bénéficiaire d'un contrat d'assurance-vie.

Seule obligation, joindre le certificat de décès.

Nom, prénom, adresse

AGIRA
1, rue Jules Lefebvre
75431 Paris Cedex 09

À (*ville*), le (*date*)

Objet : demande de recherche de contrat d'assurance-vie

Madame, Monsieur,

En application de l'article L. 132-9-2 du Code des assurances, je souhaite savoir si (*nom, prénom, date de naissance et du décès du défunt, lien de famille s'il existe*) a souscrit à mon bénéfice un contrat d'assurance-vie ou un contrat d'une autre nature.

À l'appui de cette demande, vous trouverez copie du certificat de décès.

Je vous prie d'agréer, Madame, Monsieur, l'expression de mes salutations distinguées.

Signature

Contacter l'huissier de justice afin qu'il demande à un héritier de prendre parti sur l'héritage

Après le décès d'un proche, la succession est bloquée.

L'un des héritiers refuse tout contact et/ou ne dit pas sa décision d'accepter ou non la succession.

Il est possible de mandater un huissier de justice afin qu'il questionne l'héritier silencieux.

Noms, prénoms, adresses des cohéritiers

Nom, adresse de l'huissier de justice

À (*ville*), le (*date*)

Maître,

Nous vous prions de bien vouloir, conformément aux dispositions de l'article 771 du Code civil, délivrer sommation d'option successorale à (*nom, prénom, adresse, lien de famille*).

À la suite du décès de notre (*lien de parenté et nom, prénom du défunt*) survenu le (*date du décès*), notre (*lien de parenté*) garde le silence et refuse de faire savoir quel parti il (*ou elle*) compte prendre à propos de la dévolution successorale de notre (*lien de parenté avec le défunt*).

Vous trouverez ci-joint un chèque bancaire de (*montant*) € à titre de provision sur vos honoraires, selon montant indiqué par votre secrétariat.

Nous vous remercions, et vous prions de croire, Maître, à l'expression de notre parfaite considération.

Signatures

Demander à un cohéritier le versement d'une indemnité d'occupation pour un logement en indivision

L'héritage comprend un logement qui est occupé gratuitement par l'un des héritiers. Rien ne vous empêche de lui demander le versement d'une indemnité d'occupation, une sorte de loyer.

Recommandé avec avis de réception

Nom, prénom, adresse

Nom, prénom, adresse du cohéritier

Cher (*ou chère*) (*prénom*),

Depuis le décès de notre (*lien de parenté avec le défunt*), tu as l'usage et la jouissance privative et exclusive du logement situé (*adresse*) qui fait pourtant partie de l'indivision.

Conformément aux dispositions de l'article 815-9 du Code civil, je t'invite à verser à l'indivision une indemnité d'occupation à compter du (*date*).

Selon les valeurs du marché immobilier local, ce logement, s'il était loué, procurerait un loyer hors charge de (*montant*) €. Je propose donc de retenir cette valeur et d'y ajouter les charges locatives, soit une indemnité d'occupation totale de (*montant total*) € par mois. Je te remercie de me faire savoir rapidement si cette proposition rencontre ton agrément et, dans le cas contraire, indiquer la solution que tu envisages pour mettre fin à cette situation inéquitable.

Bien cordialement.

Signature

Lexique

A

Abattement : en matière successorale, partie de la somme reçue exonérée de droits de mutation.

Actifs : biens de toute nature, valeurs, et sommes qui composent un patrimoine.

Action en réduction : action visant à réduire une donation ou un legs qui excède la quotité disponible.

Action en retranchement : action ouverte aux enfants du défunt à l'encontre de leur beau-père ou belle-mère (conjoint survivant du défunt) qui bénéficie d'un avantage matrimonial portant atteinte à leur réserve héréditaire.

C

Clause d'inaliénabilité : clause insérée dans une donation ou un legs interdisant la vente du bien donné ou légué.

Clause de retour : clause insérée dans une donation stipulant que si le donataire décédait avant le donateur, le bien donné reviendrait dans le patrimoine de ce dernier.

D

Degrés : dans un même ordre, les parents sont rangés en degrés séparés par une génération. Exemple : du grand-père à son petit-fils ou à sa petite fille : il y a deux degrés.

Descendants : enfants, petits-enfants, arrière-petits-enfants, etc.

Dévolution : attribution des biens d'une succession.

Donataire : bénéficiaire d'une donation.

Donateur : auteur d'une donation.

Donation excessive : la valeur de la donation dépasse la part disponible de la succession et entame la réserve des héritiers dits réservataires. Une indemnité équivalente à ce dépassement doit leur être versée.

Donation ou legs graduels : donation ou legs comportant l'obligation pour le donataire ou le légataire de conserver les biens ou droits de cette donation ou ce legs, et de les transmettre, à son décès, à un second bénéficiaire, désigné dans l'acte.

Donation ou legs rapportables : bien donné ou légué à un héritier devant s'imputer sur sa part d'héritage. Ils s'opposent aux biens donnés ou légués « hors part successorale » qui s'ajoutent à la part successorale.

Donation ou legs résiduels : donation ou legs comportant l'obligation pour le bénéficiaire de transmettre à un tiers, à son décès, ce qui subsistera du bien donné ou légué. Il y a donc une obligation de transmettre sans obligation de conserver.

Donation-partage : acte notarié par lequel le donateur donne et répartit ses biens entre ses enfants, petits-enfants ou autres héritiers qui en deviennent seuls propriétaires.

Droits de mutation : impôt payé lors de la transmission d'un bien. On distingue les droits de mutation à titre onéreux (vente) et les droits de mutation à titre gratuit (donations, successions ou legs).

E

Émolument : rémunération du notaire.

H

Héritier réservataire : héritier à qui la loi réserve obligatoirement une certaine partie des biens de la succession et ce, quelle que soit la volonté du défunt. Les héritiers réservataires sont les enfants et, à défaut, le conjoint survivant.

I

Immeubles (ou biens immobiliers) : en droit, ce ne sont pas seulement les maisons et les immeubles à proprement parler, mais aussi les terrains construits ou non, les champs.

Indignité successorale : déchéance frappant un héritier coupable d'une faute grave vis-à-vis de celui dont il devrait hériter.

Indivision : avant le partage des biens d'une succession, les héritiers ont chacun un droit de propriété sur l'ensemble des biens sans avoir de droits exclusifs.

L

Legs : bien transmis par testament.

Libéralité : donation ou legs à un tiers d'un droit ou d'un bien dépendant de son patrimoine. La libéralité peut être assortie d'une condition (charge).

N

Nue-propriété : propriété d'un bien sans en avoir la jouissance.

P

Passif : dettes d'une personne à la date de son décès, à déduire de l'actif brut pour la détermination du patrimoine net.

Pleine propriété : propriété d'un bien comprenant l'usufruit et la nue-propriété.

Q

Quotité disponible : part d'une succession qui n'est pas réservée à une catégorie d'héritiers par la loi et dont le défunt a pu disposer librement par testaments ou donations en faveur des personnes de son choix.

R

Rapport : opération qui consiste à réunir fictivement les biens existant dans la succession et les biens donnés par le défunt pour assurer l'égalité entre les héritiers.

Réduction : indemnité due par le bénéficiaire d'une libéralité dont la valeur excède la quotité disponible.

Réserve d'usufruit : une donation avec réserve d'usufruit ne porte que sur la nue-propriété du bien donné, le donateur conservant le droit de se servir du bien donné, d'y habiter s'il s'agit d'immeuble ou d'en percevoir les revenus comme les loyers, les intérêts ou les dividendes.

Réserve héréditaire : part d'une succession devant obligatoirement être transmise à certains héritiers dits réservataires, sauf renonciation de leur part.

T

Testament-partage : testament aux termes duquel le testateur attribue et partage ses biens entre ses héritiers.

Tontine (ou clause d'accroissement) : clause insérée dans l'acte d'achat d'un bien acquis par deux personnes, prévoyant qu'au décès d'un des acquéreurs, le second sera seul et unique propriétaire du bien.

U

Usufruit : droit de jouir d'un bien sans en avoir la propriété.

Index

A

Abattement
- ascendant : 273
- conjoint : 199
- don à une association : 252
- donations : 246
- enfant : 154
- enfant en situation de handicap : 155
- membre de la famille : 211
- minimum : 246
- PACS : 204
- personne en situation de handicap : 245
- personne étrangère : 217
- petit-enfant : 246
- renonciation : 249

Acte de notoriété : 277

Action en retranchement : 197
- renonciation : 30

Action en revendication : 137

Action paulienne : 25

Actions, obligations : 243

Adoption : 149, 156

Annulation
- donation : 23
- testament : 22

Argent
- usufruit : 35

Arrière-petit-enfant : 161

Ascendant
- abattement : 273
- droit successoral : 6, 12
- grand-parent : 12, 208
- mère : 208
- pension alimentaire : 12
- père : 208
- père et mère : 5, 10, 11

ASI : 295

ASPA : 295

Association : 219
- abattement : 248
- avantages fiscaux : 221, 252
- exonération de droits : 252
- réduction d'impôt : 252

Assurance-vie
- bénéficiaire : 66
- concubin : 202
- conjoint survivant : 183
- contrat : 66
- contrat de capitalisation : 78, 326
- dispense de rapport : 323
- droits de mutation : 250

• prime exagérée : 78, 324
• recours des héritiers : 78
• suicide de l'assuré : 66
• taxation des primes : 73

Attribution préférentielle : 265

Avantage matrimonial
• clause d'attribution de la communauté : 194
• clause de parts inégales : 193
• clause de *préciput* : 193
• clause de prélèvement : 193
• divorce : 180
• droits de mutation : 200

B

Biens propres : 135, 186, 189

Biens ruraux
• droits de mutation : 254

Bijoux
• évaluation fiscale : 242

Bois et forêts
• droits de mutation : 253

C

Changement de régime matrimonial : 190

Charge ou condition
• donation : 52
• donation-partage : 136
• inexécution : 126
• legs : 52
• renonciation : 58

Clause d'inaliénabilité : 46

Clause de retour : 40

Collatéral
• abattement : 212
• cousin : 7
• droits successoraux : 5
• oncle et tante (voir aussi Frère et sœur, Neveu et nièce) : 7

Commune : 218

Compte bancaire
• don manuel : 89

Concession funéraire : 27

Concubin
• donation : 201
• droits de mutation : 204
• PACS : 202
• testament : 201

Conjoint déshérité : 164

Conjoint divorcé
• droit successoral (voir aussi Divorce) : 14

Conjoint survivant
• assurance-vie : 183
• donation : 171
• droit successoral : 9, 299
• droits de mutation : 199
• logement familial : 167
• pension alimentaire : 13
• quotité disponible spéciale du conjoint : 165, 174
• rente viagère : 183
• réserve : 211
• tableau récapitulatif : 166
• testament : 181
• usufruit : 175

Contrat de mariage : 184

Contrôle fiscal : 270

Corse : 282

Cousin (voir Collatéral)

Créancier
• de la succession : 289
• du donateur : 25

D

Dation en paiement : 263
Déclaration de succession : 278
Degré : 2
Descendant (voir Enfant, Petit-enfant)
Dette de la succession : 289
Divorce : 14, 180, 291
Domicile conjugal
- évaluation fiscale : 237

Domicile familial
- évaluation fiscale : 237
- immeuble : 34
- usufruit : 196

Don familial exonéré
- argent : 155

Don manuel
- déclaration : 92
- dispense de rapport : 322
- fisc : 92
- rapport : 320

Donataire
- dette de la succession : 291
- ingratitude : 120

Donation
- acceptation : 87
- annulation : 18, 23
- avancement de part successorale : 151
- charge ou condition (voir ce mot)
- concubin : 201
- conjoint survivant : 173
- déduction des charges : 241
- don manuel : 89
- dot : 152
- enfant : 87, 148
- frais de notaire : 226
- frère et sœur : 209
- graduelle : 58
- médecin : 214
- membre de la famille : 211
- ministre du culte : 216
- neveu et nièce : 209
- notariée : 86
- parts d'indivision : 83
- parts de SCI : 81
- personne étrangère : 213
- personne interdite : 214
- personne morale : 218
- personnel des hôpitaux : 215
- petit-enfant : 158
- rapport : 314
- réduction : 303
- réduction des droits de mutation : 257
- rémunération : 326
- renonciation à l'action en réduction : 28
- réserve d'usufruit : 32, 236
- réserve du droit d'usage et d'habitation : 37
- résiduelle : 61
- révocation : 122
- tuteur : 217

Donation au dernier vivant : 146, 173
- frais de notaire : 232
- option du conjoint : 175

Donation déguisée : 97
Donation entre époux : 172
- divorce : 180
- présent d'usage : 180
- recours des enfants : 195
- révocation : 177

Donation indirecte : 98
Donation par personne interposée
- entre époux : 176

Donation-partage : 128, 153
- acceptation : 128
- annulation : 136
- bien commun : 135
- bien présent : 135
- bien propre : 135

INDEX

• condition : 136
• don manuel : 129
• donation antérieure : 131
• donation-partage successive : 134
• droit de partage : 232
• droit de retour : 43
• droits de mutation : 232
• entreprise : 139, 214
• frais de notaire : 232
• lot d'inégale valeur : 136
• nue-propriété : 135
• parts de SCI : 81
• réduction : 311
• soulte : 133
• vente des biens donnés : 137

Droit d'habitation et d'usage
• droit de l'usager : 37
• évaluation fiscale : 170, 239
• évaluation successorale : 170
• logement : 168
• paiement différé des droits de succession : 269
• réserve du droit d'usage et d'habitation : 37
• taxe d'habitation : 38
• taxe foncière : 38

Droit de retour
• clause de retour : 40
• enfant adopté : 45
• frère et sœur : 11, 45, 166
• père et mère : 46, 166

Droits de mutation
• abattement : 245
• adjudication : 237
• ascendant : 273
• assurance-vie : 250
• avantages matrimoniaux : 250
• biens ruraux : 254
• bois et forêts : 253
• concubin : 204
• conjoint : 199
• contrôle fiscal : 270
• dation en paiement : 263
• donation antérieure : 248
• donation ou legs graduel : 58
• donation ou legs résiduel : 61
• donation-partage d'une entreprise : 141
• enfant : 154
• évaluation des biens : 235
• exonération : 250
• immeuble : 33, 255
• membre de la famille : 211
• paiement : 206, 261, 262, 263
• paiement différé : 266
• paiement fractionné : 264
• personne étrangère : 217
• personne morale : 223
• petit-enfant : 160
• réduction : 257, 260
• réversions de rentes viagères : 250
• tableau récapitulatif : 273
• tontine : 238
• transmission d'entreprise : 257, 260

E

Émolument : 227, 230, 233, 344
• fixe : 227, 230
• proportionnel : 228

Enfant
• adopté : 149, 156
• de son conjoint : 150
• descendant : 4
• droit successoral : 3, 9
• droits de mutation : 154
• marié : 149
• mineur : 18
• non encore né : 148

Entreprise
- donation : 260
- donation au personnel : 247
- donation-partage : 139
- droits de mutation : 269
- évaluation : 243
- paiement des droits : 261
- transmission par décès : 257
- transmission par donation : 260

Établissement public : 219

État héritier : 8, 218

Évaluation des biens
- bijoux : 242
- déduction des charges : 241
- entreprise individuelle : 243
- immeubles : 235
- meuble : 240
- objet d'art : 242
- valeurs mobilières : 243

Exécuteur testamentaire : 110

F

Fente : 3

Fondation : 220, 248, 252

Fraude : 25

Frère et sœur
- donation : 209
- droit de retour : 11, 166
- droit successoral : 5, 11
- droits de mutation : 210
- testament : 209

G

Grand-parent (voir Ascendant)

Groupements fonciers agricoles ou forestiers : 254

H

Handicap : 152, 155, 245

Héritier
- dette de la succession : 289
- indignité successorale : 15
- ordre : 3

I

IFI : 169
- clause d'inaliénabilité : 48

Immeuble (voir aussi Domicile familial, Droits de mutation)
- constitution d'une SCI : 81
- évaluation fiscale : 237
- résidence principale : 203, 236
- usufruit : 34, 236

Impôts
- déclaration après décès : 279
- réduction : 221

Incapable majeur
- Voir Majeur protégé

Indignité successorale
- cause : 15
- héritier : 15
- pardon du défunt : 16

Indivision
- donation-partage : 233
- transmission de parts d'indivision : 83

Ingratitude
- donataire : 120, 123
- légataire : 120

Interdiction de donner ou de léguer
- majeur incapable : 20
- mineur : 18

L

Légataire
- attribution des biens légués : 284
- dette de la succession : 290
- ingratitude : 120

Legs
- annulation : 19
- attribution aux légataires : 284
- bien en indivision : 83
- concession funéraire : 27
- enfant adopté : 149
- enfant adultérin : 151
- enfant de son conjoint : 150
- enfant marié : 149
- enfant non encore né : 148
- graduel : 58
- par personne interposée : 182
- particulier : 109, 287
- rapport : 321
- réduction : 303
- résiduels : 61
- universel : 108, 285, 287

Ligne
- collatérale : 3
- directe : 3

Logement familial (voir Domicile familial, Droit d'habitation et d'usage)

M

Majeur protégé : 20
- curatelle : 21
- démence : 21
- sauvegarde de justice : 21
- tutelle : 20

Mandat de protection future : 20

Mandataire successoral : 111

Mécénat
- abattement : 252
- réduction d'impôts : 221

Meuble
- évaluation fiscale : 240
- usufruit : 36

N

Neveu et nièce
- donation : 209
- droit successoral : 6
- représentation : 210

Notaire
- débours : 228
- émoluments : 227

Nue-propriété
- paiement différé des droits de succession : 266, 267
- valeur mobilière : 268

O

Oncle et tante (voir Collatéral)

Ordre successoral légal : 2

Œuvre d'art
- dation en paiement : 263
- évaluation fiscale : 242

P

PACS
- abattement : 206
- concubin : 202
- droits de mutation : 204
- protection du logement : 202

Pacte de famille : 28
- action en réduction : 28
- action en retranchement : 30

Paiement différé des droits : 266
Paiement fractionné des droits : 264
Parent (père et mère) (voir Ascendant)
PEA (plan d'épargne en actions) : 36
Pension alimentaire
- conjoint : 13
- grand-parent : 12

PER (plan d'épargne retraite) : 77
Personne interposée
- donation : 176
- legs : 182

Personne morale
- droits de mutation : 223
- privée : 219, 223
- publique : 218

Petit-enfant
- abattement : 160, 246
- descendant : 4
- donation : 158
- droit successoral : 4
- droits de mutation : 159
- représentation : 4, 160
- testament : 158

Présent d'usage : 19, 96, 180, 323
Prestation compensatoire : 291
Prime exagérée : 324
Procuration : 90
Protection du mariage : 25

Q

Quotité disponible (voir aussi Réserve héréditaire)
- conjoint : 165

R

Rapport des donations : 314
- bénéfices d'une entreprise : 319
- calcul du rapport : 328
- clause de rapport forfaitaire : 332
- dispense : 321
- don manuel : 320
- donation rémunératoire : 326
- droit d'usage gratuit : 317
- héritier renonçant : 328
- présent d'usage : 323
- somme d'argent : 319

Rapport des legs : 321
Recel : 320, 322
Réclamation des familles : 222
Rectification fiscale : 270
Réduction
- action : 305
- calcul : 306
- donation-partage : 311
- en nature ou en valeur : 308
- ordre : 303
- renonciation à l'action en réduction : 28

Régime matrimonial : 184
- avantage matrimonial : 193
- changement : 190
- communauté universelle : 189
- récompense : 186
- régime légal : 185
- séparation de biens : 188

Renonciation
- action en réduction : 28
- action en retranchement : 28
- légataire : 288
- réserve : 28
- succession : 328

Rente viagère
- constitution mutuelle : 183
- conversion de l'usufruit en rente viagère : 195
- réversibilité : 183

Représentation (voir Neveu et nièce, Petit-enfant)

Rescrit : 142, 272

Réserve héréditaire : 24
- conjoint : 211, 301
- enfant : 298
- protection en cas de décès du parent à l'étranger : 299
- quotité disponible : 297
- réduction (voir ce mot)
- tableau récapitulatif : 302

Retranchement (voir Action en retranchement)

Réversion de l'usufruit : 32, 176

Révocation des donations
- inexécution des charges : 126
- ingratitude : 123
- survenance d'enfant : 122

Révocation des testaments : 115

S

Salaire différé : 251

Salarié (donations) : 247

SCI
- (voir aussi Valeur mobilière)
- constitution : 81
- donation de parts : 81

Soulte
- donation-partage : 133

T

Tarif : 226, 273

Testament
- annulation : 19, 117
- authentique : 105
- caducité : 118
- cause immorale : 120
- concubin : 201
- désignation d'un mandataire : 111
- enregistrement : 283
- entre époux : 181
- frais de notaire : 230
- frère et sœur : 209
- legs (voir ce mot) : 108
- médecin : 214
- membre de la famille : 211
- ministre du culte : 216
- mystique : 107
- olographe : 101
- personne étrangère : 213
- personne interdite : 214
- personne morale : 218
- personnel des hôpitaux : 215
- réduction : 303
- révocation : 115
- sommes léguées en euros : 110
- tuteur : 217

Testament-partage : 143

Tontine
- concubin : 202
- fisc : 238

Transmission d'entreprise : 260

Tutelle : 20, 217

U

Usage et habitation (voir Droit d'habitation et d'usage)

Usufruit

- argent : 35
- concubin : 201
- conjoint survivant : 175
- conversion de l'usufruit en capital : 197
- conversion de l'usufruit en rente viagère : 195
- conversion de la libéralité en usufruit : 198
- déclaration de succession : 236
- détenu par le défunt : 271
- domicile familial : 196
- droit de l'usufruitier : 33
- évaluation : 238
- immeuble : 34, 235
- meuble : 36
- réserve d'usufruit : 32
- réversion : 32
- taxe d'habitation : 34
- taxe foncière : 34
- usufruit à durée fixe : 239
- valeur mobilière : 35, 268

V

Valeur mobilière

- évaluation fiscale : 243
- nue-propriété : 268
- usufruit : 35